杭　　州

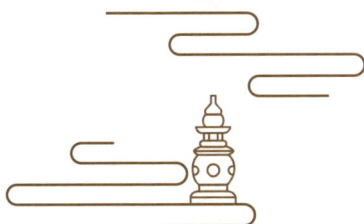

贰零贰零

2020

HANGZHOU JISHI

纪　　事

中共杭州市委党史研究室（杭州市人民政府地方志办公室）　编

ZHEJIANG UNIVERSITY PRESS
浙江大学出版社

图书在版编目（CIP）数据

杭州纪事. 2020 / 中共杭州市委党史研究室（杭州
市人民政府地方志办公室）编. -- 杭州 ：浙江大学出版
社，2021.11
　　ISBN 978-7-308-21681-4

　　Ⅰ．①杭… Ⅱ．①中… Ⅲ．①杭州－地方史－大事记
－2020 Ⅳ．①K925.51

中国版本图书馆CIP数据核字(2021)第164569号

杭州纪事2020

中共杭州市委党史研究室（杭州市人民政府地方志办公室）　编

图书策划	柯华杰
责任编辑	柯华杰
责任校对	马海城
装帧设计	林智广告
出版发行	浙江大学出版社
	（杭州市天目山路148号　　邮政编码　310007）
	（网址：http://www.zjupress.com）
排　　版	杭州林智广告有限公司
印　　刷	杭州捷派印务有限公司
开　　本	710mm×1000mm　1/16
印　　张	27
字　　数	467千
版 印 次	2021年11月第1版　2021年11月第1次印刷
书　　号	ISBN 978-7-308-21681-4
定　　价	128.00元

杭州市地方志编纂委员会

主　任　刘忻

副主任　戚哮虎　许　明　戴建平　王　宏　丁狄刚

成　员　郭东风　陈　健　阮重晖　马杭军　郭初民
　　　　　　朱　华　骆安全　龚志南　金志强　孔春浩
　　　　　　夏积亮　楼建忠　楼俹捷　沈建平　何凌超
　　　　　　谢建华　叶茂东　郑洪彪　孙璧庆　王　剑
　　　　　　宦金元　施华淼　翁文杰　高小辉　郎健华
　　　　　　董　悦　刘　冬

办公室主任　郎健华

《杭州纪事》编辑部

主　编　郎健华

副主编　阮关水　金利权

执行主编　郦　晶

编　辑（以姓氏笔画为序）
　　　　　　孙晟珂　金利权　郦　晶　秦文蔚

编　务　吴陈英

地　址　杭州市解放东路18号市民中心C座15楼

邮　编　310026

电　话　0571-85253695

数字杭州 2020

- 全市常住人口1196.5万人
  户籍人口813.8万人
  新增城镇就业人员69.05万人
  安置失业人员再就业3.44万人

- 地区生产总值16105.8亿元，增长3.9%

- 财政总收入3854.2亿元，增长5.6%
  一般公共预算收入2093.4亿元，增长6.5%

- 社会消费品零售总额6055.5亿元，下降3.5%

- 固定资产投资增长6.8%
  基础设施投资增长7.7%

- 三次产业结构为2.0：29.9：68.1

- 全市居民人均可支配收入61879元，增长4.4%
  扣除价格因素实际增长2.3%

- 城镇居民人均可支配收入68666元，增长3.9%
  扣除价格因素实际增长1.8%

- 农村居民人均可支配收入38700元，增长6.7%
  扣除价格因素实际增长4.5%
  低收入农户人均可支配收入增长13.7%

- 全市居民人均消费支出38235元，下降4.5%

- 货物进出口总额5934亿元，增长5.9%
  出口3693亿元，增长2.1%
  进口2241亿元，增长12.9%

- 服务贸易出口138.4亿美元，增长10.8%

- 新引进外商投资项目804个
  实际利用外资72.0亿美元，增长17.5%

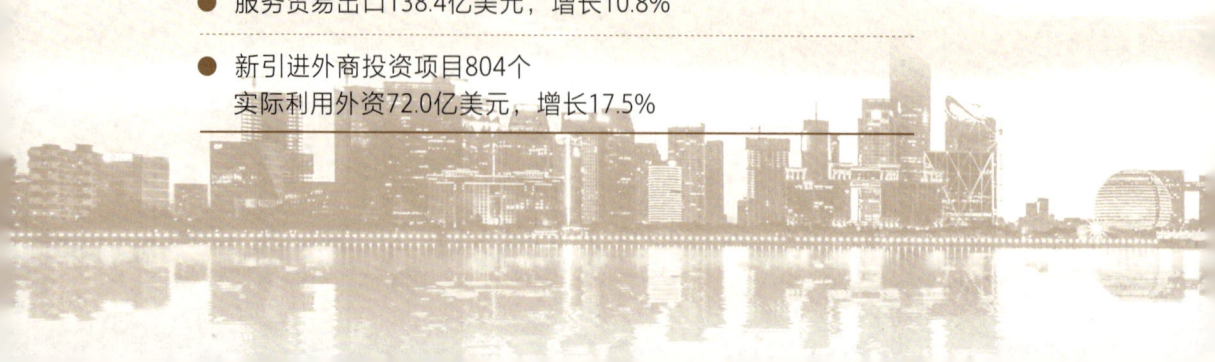

- 研究与试验发展经费支出占地区生产总值比重为3.59%

- 发明专利申请量55297件，增长27.7%
  发明专利授权量17327件，增长47.5%

- 有国家技术创新示范企业11个
  有省级技术创新示范企业11个
  有市级以上企业技术中心817个，其中国家级45个

- 境内公路总里程16919千米
  高速公路801千米

- 主城区公共交通运营线路367条

- 地铁运营里程306.3千米
  在建里程210千米

- 新建成停车泊位10.2万个，其中公共泊位1.3万个

- 一般公共预算支出中民生支出1583.6亿元
  占一般公共预算支出的76.5%

- 年末职工基本养老保险参保人数751.5万人，增长6.7%
  城镇职工基本医疗保险参保人数713.5万人，增长6.3%

- 有城乡社区居家养老服务照料中心2910个
  有各类福利院、敬老院330所
  有儿童福利机构8个

- 市区空气优良天数334天，优良率91.3%
  地表水国考断面达到或优于Ⅲ类比例100%
  省考断面达到或优于Ⅲ类比例100%

- 森林覆盖率66.85%

十件民生实事 2020

① 建成市本级生物安全加强型二级实验室
区县（市）疾控机构实现核酸检测全覆盖

② 提升67.6万人农村居民饮用水标准
城乡规模化供水工程覆盖人口比例达94.8%
完成110个老旧高层住宅小区二次供水设施改造

③ 建成放心城乡农贸市场73个、农村家宴放心厨房
107个、中小学和等级幼儿园食堂智能"阳光厨
房"412个

④ 完成302个老旧小区综合改造提升
完成住宅加装电梯项目1005处
出台老旧小区住宅加装电梯政府规章
建成"美好家园"住宅示范小区120个

⑤ 调整优化地铁配套公交线路53条
完成提升农村公路491.8千米、农村港湾式停靠站
320个、农村物流服务点170个

6

建成农村文化礼堂531个

基本实现500人规模以上村全覆盖

组织2531场文化惠民活动进农村文化礼堂

7

新建中小学、幼儿园87所，新增学位8万个

新增城镇公办幼儿园、中小学安装空调的教室1.2万个

新增3岁以下婴幼儿照护服务机构70个，新增托位2626个

8

建设镇街级示范型居家养老服务中心73个

新增养老机构床位3255张

完成1978户老年人家庭适老化改造

9

完成1768户残疾人家庭无障碍设施改造

提升86个星级"残疾人之家"

10

建成市级生活垃圾分类示范小区500个

编辑说明

一、《杭州纪事》是中共杭州市委党史研究室（杭州市人民政府地方志办公室）编纂的年度出版物，由原《杭州日记》《杭州纪事》整合提升后重新改版，以编年体大事纪要的形式，忠实记录、真实反映杭州城市发展历程，为保存城市历史留存基础资料，为社会各界了解杭州提供权威参考。

二、《杭州纪事（2020）》坚持以马克思列宁主义、毛泽东思想、邓小平理论、"三个代表"重要思想、科学发展观、习近平新时代中国特色社会主义思想为指导，坚持辩证唯物主义和历史唯物主义的立场、观点和方法，存真求实，全面记录2020年在中共杭州市委、杭州市人民政府正确领导下，杭州统筹推进新冠肺炎疫情防控和经济社会发展，加快建设社会主义现代化国际大都市、高水平打造"数智杭州·宜居天堂"、奋力展现"重要窗口""头雁风采"的奋斗历程。

三、《杭州纪事（2020）》记录时间为2020年1月1日至12月31日。全书按月分为12个部分，以时间为序，记录2020年杭州市自然、经济、政治、文化、社会等方面的大事、要事和新事。

四、《杭州纪事（2020）》涉及的数据来自杭州市《政府工作报告》、杭州市国民经济和社会发展统计公报等正式文件和官方媒体。无特别说明时，书中提及的"上年"均指"2019年"，"省"均指"浙江省"，"市"均指"杭州市"。

目录

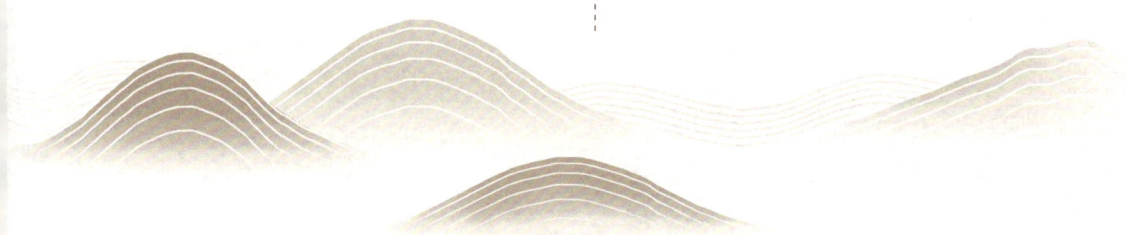

一月

HANGZHOU JISHI

1 日 YI YUE

●● 第十四届运河健走活动举行。健走活动以香积寺广场为起终点，途经大兜路历史文化街区、运河文化广场、桥西历史文化街区、小河直街历史文化街区、小河油库等。活动沿途设置10多处以运河景区商户及拱墅区各街道社区民间艺术家表演为主的演绎点位，涵盖古筝、禅舞、变脸、吉他、昆曲、萨克斯演奏等节目，营造喜庆氛围。活动还设置4处打卡点，都是运河沿岸的标志性建筑。

●● 2020年"我们的中国梦"——文化进万家活动暨走进大运河文艺演出在运河广场拉开帷幕。启动仪式现场，市领导向杭州"文艺轻骑兵"代表授队旗。

元旦、春节期间，杭州坚持市、区县（市）、街道（乡镇）、社区（村）四级联动，组织上千支为杭州市民服务的"文艺轻骑兵"进乡村、进社区、进企业、进军营，送演出、送村晚、送春联、送福字、送窗花、送影像、送图书、送辅导、送培训、送讲座，开展上千项文化文艺活动。

●●《杭州市高质量建设美丽城镇实施方案》新闻发布会召开。杭州将以环境美、生活美、产业美、人文美和治理美"五美"打造为切入点，实施环境综合提升、功能服务提质、生活品质提高、产业统筹提效、基层治理提能五大行动，在基础设施建设、环境整治、产业扶持、公共设施完善等方面对小城镇进行全方位的提升，全年将投入110多亿元、实施项目230多个，打造29个美丽城镇，力争把20个以上小城镇创建成为市级美丽城镇，10个以上成为省级样板美丽城镇。

●● 即日起，跨境电商零售出口企业所得税可以选择核定征收。8时许，由浙江物产安橙代理申报、杭州直行便供应链有限公司的首批8票、价值16美元的服装订单成功申报，海关验放后，搭乘全日空航空公司飞往日本东京、大阪，标志着中国（杭州）跨境电子商务综合试验区走通企业所得税核定征收模式下跨境电商零售出口全国首单。

2

日 YI YUE

●● 市人大常委会主任于跃敏到桐庐县横村镇开展深化"走亲连心三服务"、助推"开门红"活动。于跃敏先后考察白云村大坑溪综合整治项目、白云间绿道和浙江春风米兰鸥服饰有限公司，看望慰问老党员，详细了解项目建设情况，为企业和群众鼓劲加油、排忧解难。于跃敏指出，村两委班子负责人要以整治项目为抓手，打造美丽乡村建设新样板；要利用良好的自然山水和历史文化资源，打造精品景观，让美丽环境产生"美丽效益"。她强调，基层党组织要做好对困难党员的帮助照顾，切实解决他们的实际困难；相关部门要围绕打造中国围巾城目标，落实各项助企强企、减税降费政策，为企业提供更好的服务，赋能企业发展，打响横村"中国针织名镇"品牌，合力营造良好营商环境。

●● 杭州市召开区县（市）委副书记工作交流会，总结2019年工作，研究部署2020年重点任务。市委副书记、政法委书记张仲灿出席并讲话，要求认真学习贯彻中央和省委、市委全会精神，坚持发展与安全"两手抓"，聚焦重点，长远谋划，推动杭州市政法三农群团工作部署到位。

●● "城市大脑·萧山平台"2019年建设成果发布会上，萧山正式发布服务萧山区域的数字驾驶舱V3.0，"云啸智查""宁聚蓝""e键就医""一路清新""码上游萧山"五大民生应用创新场景与公众见面。10月，"城市大脑·萧山平台"AI视觉算法开放平台在2020年政府信息化大会上获得2020年政府信息化管理创新类大奖。12月，"城市大脑·萧山平台"区、镇、村三级驾驶舱上线发布。这是全省首个数字赋能基层治理一体化建设的数字平台。

●● 浙江省百万亩国土绿化行动在余杭区启动。来自浙江省林业局、杭州市林水局和市园文局、余杭区政府和区林水局的300多名干部职工在余杭区长乐林场虎山林区合力种植浙江楠、浙江樟、红豆杉、枫香、山樱花、浙江润楠、湿地松等珍贵彩色树2000多株。

●● 杭报集团融媒体云智造集群总部基地项目一期工程开工仪式在杭州钱塘新区隆

重举行。该项目位于杭州钱塘新区，东临青西三路，北临江东三路，区域位置优势明显。项目总用地面积约4公顷，计划总建筑面积约8万平方米，整体拟打造成为集媒介的设计制作中心、印刷、出版发行、数字资源服务、文创孵化平台为一体的现代文化创意产业和智能制造基地。项目一期工程总建筑面积约6.7万平方米，其中：地上建筑面积约5.7万平方米，包括厂房约4.8万平方米，配套服务用房9000平方米；地下一层建筑面积约1万平方米。一期工程将打造"智能制造园"，实现数字出版、纸媒体印制、智慧物流仓储等功能，预计2022年建成并投入使用。

●● 近期，为贯彻落实市委十二届八次全会部署，推进统筹之治，打造高能级的城市，上下协同做好杭州市国土空间规划编制，杭州市国土空间规划总规编制专班成员，密集赶赴钱塘新区、萧山、余杭、临安、富阳、桐庐、淳安、建德，重点同各区县（市）就空间底数、底盘和底线情况进行对接，听取各地空间布局、"三线"划定、重大基础设施布局等方面的设想，完成总规编制首轮对接工作。

各区县（市）在国土空间规划谋划中，结合各自特点，分别呈现出了高点站位、生态优先、区域统筹、聚焦精准等一些好的经验做法。各区县（市）基本已开展基数转换和分区规划编制工作。下一步，将在收集各区县（市）基数转换成果的基础上，完善市级总规底图、底数，加快全市国土空间规划信息平台和系统建设，以全市底图、底数"一张图"，支持区县（市）运用市级平台和系统开展分区规划编制工作，同时结合区县（市）空间发展意图，完善总报告和规划方案的编制。

2—3日 YI YUE

●● 市政协主席潘家玮到淳安县千岛湖镇开展"深化三服务、助推开门红"活动。

潘家玮先后走访了千岛湖镇农林村、东汉村和金家村山，并专门前往"联乡结村"联系点富城村看望困难群众。潘家玮详细了解各村经济作物培育和村集体经济"消薄增收"情况，与村干部群众一起算集体账、谋发展路，鼓励大家多措并举抓增收，用好用活村级留用地，不断增强村集体经济造血功能。座谈中，潘家玮充分肯定了千岛湖镇的工作。他强调，要认真学习贯彻党的十九届四中全会和省委、市委全会精神，切实把思想和行动统一到中央和省委、市委部署要求上来。要深入贯彻落实"绿水青山就是金山银山"理念，扎实推进千岛湖特别生态功能区建设，巩固临湖整治成果，加强水源地保护，建设美丽乡村，积极探索具有千岛湖特点的生态治理新路子。要强化党建引领，创新基层治理机制，深化基层民主协商，推进共建共治共享，提升基层治理现代化水平。

3 日 YI YUE

● ● 市人大常委会党组2020年第一次会议召开，研究部署机关党建工作。市人大常委会党组书记、主任于跃敏主持会议并讲话，党组副书记、副主任许勤华、张建庭，党组成员、副主任郑荣胜、陈红英，党组成员、秘书长张如勇参加会议，副主任罗卫红应邀列席。

于跃敏指出，2019年，机关党委和纪委以习近平新时代中国特色社会主义思想为指导，以政治建设为统领，以"围绕中心、建设队伍、服务群众"为核心任务，以开展"不忘初心、牢记使命"主题教育为主线，以提升党支部组织力为重点，紧紧围绕市委决策部署和人大中心工作，推动党建和业务深度融合，压紧压实推进机关党建的政治责任和工作责任，建立健全抓机关党风廉政建设的长效机制，着力提高机关党建质量，有力保障了常委会依法履职和机关高效运转。

● ● 民革杭州市委会十一届五次全体（扩大）会议召开，传达学习中央和省市有关会议精神，听取审议常委会工作报告。会议号召，民革市委会要围绕"建设政治坚定、组织坚实、履职有力、作风优良、制度健全的中国特色社会主义参政党"目标，不忘初心、政治引领，着力构筑宣传思想新高地；立足优势、精耕细作，着力展现参政履职新作为；做深做实、久久为功，着力提升社会服务新实效；深挖资源、拓展渠道，着力实现祖统工作新突破；注重质量、优化结构，着力激发组织建设新活力。坚定信念、履职担当，为杭州加快建设"一城一窗"建设做出新的贡献。

● ● 2019年度杭州市精神文明建设十件大事揭晓。此前，市委宣传部、市文明办对

2019年全市重要的精神文明建设工作进行盘点，梳理出了具有一定影响力的16项重要工作，作为杭州市精神文明建设年度十件大事候选项目。通过在杭州网、杭州文明网上开展网络投票，以及在"杭州发布""政在解读"微信公众号上进行微信投票等方式，经广大市民积极参与，最终评选产生了2019年杭州市精神文明建设十件大事——杭州荣膺"幸福示范标杆城市"、中宣部授予陈立群"时代楷模"称号、全国首条"爱国主义教育"公交专线开通运营、"孝心车位"成为新时代文明实践新品牌、杭州"一站式"党建综合体精彩亮相、杭州设立全国首个"926工匠日"、网络公益品牌建设载誉全国、"学习强国"杭州学习平台精彩上线、杭州地铁"彩虹服务"温暖乘客出行路、杭州让老年人打车约车"不烦心、不揪心"。良渚古城遗址被列入"世界遗产名录"、庆祝中华人民共和国成立70周年系列文化活动异彩纷呈获2019年度杭州市精神文明建设十件大事特别奖。

4 日 YI YUE

● ● 中国诗歌春晚——"文明圣地，活力余杭"大型诗歌音乐晚会在杭州举行。传统诗歌经过创造性转化，以诗歌朗诵、诵唱、舞蹈、器乐等形式在舞台上精彩展现，多维度、全方位绽放了中国诗歌之美，展现了文化自信。

● ● 杭州市公共关系协会召开三届一次会员代表大会暨成立十周年庆祝大会。

● ● 杭州都市圈文化旅游新春惠民大联展启动，市文化广电旅游局、杭州都市圈旅游和文化专委会等单位联合推出了230多项春节"文旅年货"以及226项优惠政策，重拾传统春节元素，文旅融合、民俗年味成为农历新年杭州及周边景区的主打项目。

4－8
日 YI YUE

● ● "2020年杭州市·都市圈优质农产品迎新春大联展"在杭州和平国际会展中心（浙江农业展览馆）举行。联展由市政府主办，市农业农村局和下城区政府共同承办，设置550多个展位，展销杭州市和杭州都市经济圈的嘉兴、湖州、绍兴、衢州、黄山5个城市最有特色、最受市民喜爱的名特优新农产品。同时邀请了丽水市、台湾南投县、新疆阿克苏市、贵州黔东南州、湖北恩施州、吉林长春市等地组团参展。

5
日 YI YUE

● ● 新未来艺术联盟发布会在杭州大剧院举行。该联盟由杭州大剧院发起，联合杭城优秀幼儿园及中小学，为孩子们打造一个展示自我、点亮梦想的国际化舞台，并让青少年能在日常的学习与生活中拥有接触世界一流大师的机会。同时，联盟将营造一个触手可及的艺术氛围，培养属于杭州的未来艺术家。

发布会现场，杭州演艺集团总经理、杭州大剧院负责人与20个理事单位进行签约，并举行了交换聘书仪式。巴伐利亚交响管乐团指挥亚历山德罗·维拉被任命为新未来艺术教育联盟的首位艺术总监。新未来艺术联盟成立后，计划每年组织多场活动，将在公益音乐教育和音乐普及领域继续探索，以更加国际化的视野开创国内公益艺术教育的新理念和新途径。

6 日 YI YUE

● ● 浙江农信丰收驿站省级旗舰店"杭州月"活动开幕。省、市领导孙景淼、张仲灿出席开幕仪式。丰收驿站作为浙江农信金融服务的创新模式，也是全省城市展形象、聚乡贤、惠民生的平台。开幕式上，省农信联社杭州办事处与市建委签订战略合作协议，并发布"金融服务在杭乡贤计划"，杭州联合银行与在杭商会签订服务协议。现场还进行了萧山区乡村振兴主办银行授牌仪式和村银共建新农村捐赠活动。张仲灿代表市委、市政府向长期以来关心支持杭州发展的广大乡贤和各界人士表示感谢。他说，希望广大乡贤以本次活动为契机，在"后峰会、亚运会、现代化"的重要历史时期，携手做深做实做好"拥江发展"大文章，打造高质量发展共同体，共绘杭州美好发展蓝图。

● ● 市政府召开座谈会，就2020年《政府工作报告》征求老领导意见建议。会上，安志云、陈重华、项勤、金胜山、徐兆骥、胡克昌、马时雍等老领导围绕《政府工作报告》，结合杭州发展实际，分别就"新制造业计划"实施、"三化融合"推进、城市能级提升、社会治理创新、公共服务优化等提出意见建议。会议指出，《报告》坚持以习近平新时代中国特色社会主义思想为指导，深入贯彻中央和省委、市委重大决策部署，总结成绩实事求是，分析形势客观清醒，谋划举措精准有力，是一个求真务实、凝聚共识、鼓劲提神的好报告。过去一年，全市政府系统紧紧围绕"干好一一六、当好排头兵"，奋发有为、勤勉实干，推动杭州经济社会平稳健康发展，在"双稳"工作、项目建设、改革深化、民生改善、风险防范化解等方面实现了新突破，较好完成了市十三届人大四次会议确定的目标任务。会议认为，老领导提出的一系列意见建议站位高、思路清、见解深，对修改完善《政府工作报告》、抓实抓好新一年政府工作具有重要参考意义。下一步，报告起草组将认真梳理、充分吸纳大家的真知灼见，把《报告》修改得更具前瞻性、引领性和可操作性，真正成为指导新一年政府工作的科学行动纲领。

● ● 市纪委召开常委会，专题传达学习市委十二届八次全会（扩大）会议精神，研究提出贯彻落实意见。会议强调，要充分认识全会召开的重大意义，增强做好纪检监察工作的责任感、使命感。市委全会深入学习贯彻党的十九届四中全会、省委十四届六次全会精神，提出了创新治理机制、提升治理能力，奋力开创具有杭州特点的大城市治理现代化新路的决策部署。推动全面从严治党，坚持完善监督体系是治理体系和治理能力现代化建设的重要组成部分。全市各级纪检监察机关要深刻认识做好纪检监察工作、完善监督体系对城市治理现代化的重要意义，自觉强化使命担当和责任意识。要全面贯彻市委全会精神，积极探索纪检监察工作质效提升的路径方式。

7 日
YI YUE

●● 市红十字会第十一次会员代表大会召开。大会表彰了一批为红十字事业做出特殊贡献的先进集体和先进个人，审议通过了《市红十字会第十届理事会工作报告》。大会选举产生了杭州市红十字会新一届理事会，聘请张仲灿为杭州市红十字会名誉会长；选举陈卫强为杭州市红十字会会长，魏丹英、章仕才、马志清为常务副会长、专职副会长、副会长，毛根洪、蒋锋、应旭旻、陈小旦为副会长。

●● 市政协召开首次港澳委员年度远程述职会。市政协主席潘家玮出席并讲话。王立华参加。述职会首次采用网络远程形式在香港、杭州两个会场同步进行。沈墨宁等18名港澳委员围绕2019年政协履职和发挥双重作用情况做述职交流。潘家玮强调，2020年是全面建成小康社会和"十三五"规划收官的关键之年。希望各位港澳委员进一步强化政协委员责任担当，旗帜鲜明讲政治，不断增进对中国特色社会主义的政治、思想、理论和情感认同，在重大原则问题上立场坚定、敢于发声，在关键时刻靠得住、站出来。要按照"懂政协、会协商、善议政，守纪律、讲规矩、重品行"的要求，加强履职学习，增强履职本领。

●● 浙江自贸区杭州联动创新区获得授牌。杭州联动创新区涵盖主城片区、钱塘片区、临空片区、余杭片区四大片区，并将积极探索六大任务，着力建设成为以数字经济为核心特色的数字自贸区。四大片区功能定位各有侧重。主城片区包含杭州高新区（滨江）、上城区山南基金小镇和江干区杭州金融城，重点发展关键控制芯片、软件研发、终端设备制造、云计算、大数据、区块链等网络信息技术产业，私募投资基金、财富管理等金融产业，以及移动支付、跨境支付与清算等国际金融科技产业；钱塘片区则将利用综合保税区、新加坡杭州科技园等平台，推动产业数字化、数字产业化，重点发展跨境电商、智能物流、汽车及航空等智能装备制造业以及生命健康等产业，加快打造一批千亿级产业集群；临空片区将重点发展跨境电商、临空总部、临空物流、临空服务和临空智造等临空相关产业，建设全球跨境电商标杆、亚太国际航空枢纽、全国临空产业高地、长三角对外开放门户和生态智慧航空都市；余杭片区包含未来科技城和余杭经济技术开发区，构建以数字经济为引领，以"新制造业"为新增长点，以新一代信息技术、高端装备制造、生物经济等战略新兴产业为支撑的现代产业集群，全面打响"数字余杭·双创天堂"品牌，争创"全国数字经济第一城"先行区。

●● 杭州海塘遗址博物馆开馆。历时三年竣工的杭州海塘遗址博物馆位于江干区九堡文体中心南楼一至二层和四层局部。博物馆总面积6200平方米，是展示杭州钱塘江海塘文化，集收藏、研究、体验、教育为一体的遗址类专题博物馆。一层为海塘遗址厅和临展厅，其中遗址厅是整个博物馆的核心部分，实景展现明清时期古海塘风貌。二层为海塘文化厅，以"沧海桑田隔一堤"为主题，设潮涨潮落、塘筑千年、涛声依旧3个单元。四层局部为江干区非物质文化遗产馆。

8 日 YI YUE

●● 第十五届杭州市道德模范（平民英雄）、第七届"最美杭州人"评选结果揭晓。获得第十五届杭州市道德模范（平民英雄）的是：建德市乾潭镇梅塘村卫生室乡村医生吴光潮、浙江省第四监狱生活卫生科科长靳毅、杭州市肿瘤医院副主任医师张方林、临安区湍口镇迎丰村村委会原主任王丰华（已故）、富阳区春江街道春江村村民胡小燕、西湖区公安分局转塘派出所警长隋永辉、上城区清波街道清波门社区居民俞涤萍、滨江区六和社区居民沈怀花、上城区紫阳街道彩霞岭社区居民何阿奎、阿里巴巴有限公司员工刘新停。

● ● 民进杭州市第十三届委员会第五次全体（扩大）会议召开。会议传达学习了中央和省委、市委有关会议精神，学习贯彻民进中央十四届三次全会精神和民进浙江省会十届四次全会精神，听取并审议常委会工作报告，并表彰先进。

● ● 浙江大学医学院附属邵逸夫医院大运河分院开工。该项目计划于2023年12月竣工，建成拥有1000多张床位的现代化、国际化的一流三甲医院。邵逸夫医院大运河分院位于杭州大城北规划建设核心区，拱墅区康桥健康产业园内，东至俞家桥河，南至杭钢河，西至拱康路，北至马桥路，距离拱宸桥地区约5千米，占地面积5公顷，总建筑面积21.4万平方米，其中地上建筑面积12.9万平方米，总投资16.8亿元，由拱宸桥旧城改造指挥部负责建设。建成后的大运河分院将与邵逸夫医院实行同质化、一体化管理，满足居民的基本和高端医疗服务需求，成为大城北地区乃至辐射全市全省的公共医疗资源新高地。

9 日 YI YUE

● ● 杭州市召开"不忘初心、牢记使命"主题教育总结大会。市委主要领导和省委主题教育第一巡回指导组组长尚清讲话。市人大常委会主任于跃敏、市政协主席潘家玮出席，市委副书记张仲灿主持，省委主题教育第一巡回指导组副组长何智蕴、指导组成员和市委常委参加。会上，防台救灾和市级"党建双强"先进集体、个人受到表彰。

● ● 杭州市"春风行动"20周年暨2020年动员大会召开。市四套班子领导出席。会上，市领导为荣获"春风行动"20周年美好奖和2019年爱心奖的先进代表颁奖。

● ● 杭州市林业水利局直属单位杭州市农村水利管理服务总站被水利部授予"全国水利系统先进集体"称号。近年来，杭州市农村水利管理服务总站坚持以"质量强市"战略为引领，强化水利工程质量安全监督，为百年大计的工程质量提供有力技术保障，重点实施湖、库、闸、堤防"四大类工程"质量监督。同时，坚持以"乡村振兴"为依托，杭州全面启动"农村饮用水达标提标行动"，扎实推进农村饮水从"有水喝"向"喝好水"转变。

10
日 YI YUE

●● 市政府常务会议召开。会议审议《2020年政府工作报告》(审议稿)、《杭州市2019年国民经济和社会发展计划执行情况与2020年国民经济和社会发展计划草案的报告》(简称《计划报告》)、《杭州市及市本级2019年预算执行情况和2020年预算草案的报告》(简称《预算报告》)等文件。会议强调,《政府工作报告》的起草修改工作,对于准确反映2019年政府工作情况、科学指导2020年政府工作具有重要意义。要充分吸纳各方意见建议,高标准高水平编制好《计划报告》《预算报告》。要坚持稳中求进工作总基调,加快推进市域治理体系和治理能力现代化,持续深化"六大行动",全力打好高质量发展组合拳,用心用情办好年度民生实事,确保杭州经济社会持续健康发展。要更好发挥财政资金作用,坚持收支平衡、量入为出原则,更加注重保重点、保民生、保基本,做到部门预算、项目支出、三公经费三个"零增长",进一步加强预算执行和过程绩效管理,为城市发展提供坚强财力保障。会议还研究了省生态环保督察反馈意见整改、政策性租赁住房试点等工作。

●● 杭州市召开全市深化市域社会治理"六和工程"推进会。市委副书记、政法委书记张仲灿出席并讲话,强调要坚定信心、趁势而上,全面深化"六和工程",积极打造城市版"枫桥经验",为创建全国市域社会治理现代化标杆城市提供支撑。张仲灿指出,推进市域治理现代化是党的十九届四中全会做出的重大决策部署,是杭州创造性贯彻落实中央和省委全会精神的重要实践。要认真对标上级要求,进一步完善"六和塔"工作体系,加强市、区两级工作专班建设,确保上下贯通、协同联动,把"六和塔"架构优势转化为治理效能。会前,"六和工程"各专项组代表和各区县(市)干部群众代表在六和塔文化公园共同宣读了"平安六和宣言",并举行"平安六和碑"揭幕仪式。

●● 农工党杭州市十届六次全体(扩大)会议召开。会议传达学习了中央和省委、市委有关精神,听取并审议常委会工作报告。会议号召,农工党全市各级组织和广大农工党党员要以习近平新时代中国特色社会主义思想为指导,以农工党成立90

周年为契机，着眼2021年市委会换届工作，不断深化"不忘合作初心，继续携手前进"主题教育活动，提高自身建设水平，夯实社会服务成果，提升履职责任担当，自觉践行习近平总书记对民主党派提出的"四新""三好"新要求，为谱写中华民族伟大复兴中国梦的杭州篇章贡献力量。

● ● 国家科学技术奖励大会在北京举行。2019年度国家科学技术奖，浙江省有27项科技成果获奖，其中主持完成获奖项目11项，参与完成16项，主持完成的获奖项目包括国家技术发明奖二等奖2项，国家科学技术进步奖二等奖9项。其中，杭州师范大学谢恬教授牵头主持的"新型稀缺酶资源研发体系创建及其在医药领域应用"项目，获国家科技进步奖二等奖。这是杭州市属高校在这一领域的历史性突破。

11 日 YI YUE

● ● 杭州市第八届青少年西湖明信片大赛颁奖典礼在西湖博物馆举行。大赛以"红色记忆"为主题，以明信片为创作载体，让孩子们充分发挥想象力和创造力，用动漫描绘他们心中关于革命岁月的记忆，从他们的视角诠释峥嵘岁月的红色精神。杭州地区200多所学校及美术机构参赛，参赛作品1万余幅。经过专家组初评论、现场决赛，最终评选出331幅获奖作品，其中特等奖2名、一等奖20名、二等奖53名、三等奖81名、优胜奖175名。此外，大赛还评出最佳指导老师奖20名、优秀指导老师奖22名，最佳组织奖23名、优秀组织奖25名。

● ● "方寸小天地，艺术大世界"青少年鼠生肖邮票绘画大赛优秀作品展在韩美林艺术馆开幕。大赛由韩美林艺术馆联合中国邮政杭州分公司、杭州市美术家协会青少年分会共同举办。大赛自2019年11月3日正式启动，截至2019年11月30日共收到来自全国的参赛作品4752幅，最终有40名选手进入决赛现场创作环节并角逐出一、二、三等奖，另有60名选手获得优秀奖。

12
日 YI YUE

●● 省委书记、省人大常委会主任车俊参加杭州代表团审议。车俊强调，杭州市要更好地成为代表浙江向世界展示习近平新时代中国特色社会主义思想生动实践的重要"窗口"，就必须提高政治站位、拓宽战略视野、强化使命担当，高水平谋划、高标准建设、高质量管理，不断提升城市能级、城市气质、城市底蕴，努力使"窗口"更加敞亮、更具魅力。姒健敏、王文序、任少波、戴建平、许勤华、郑荣胜等参加审议。于跃敏、罗卫红等列席会议。会上，11位代表围绕大力发展民营经济、深化"最多跑一次"改革和"走亲连心三服务"活动、深入实施"融资畅通工程"、做好对口帮扶工作、加快建设城市大脑、办好民生"关键小事"等问题发表意见建议。

●● 2020年中德生物经济及健康产业高端论坛暨中德生物经济产业园年会在杭州举行。德中卫生组织主席迪特、市委副书记张仲灿出席并致辞。论坛回顾了2019年双方合作共建成果，交换了中德共塑创新对接中心合作文本。与会专家和企业代表围绕中德生物经济和健康产业高质量发展，开展了广泛深入交流，畅谈思路理念。

12—13
日 YI YUE

●● 杭州代表委员热议省政府工作报告。杭州出席省十三届人大三次会议和省政协十二届三次会议的代表、委员，围绕省政府工作报告和计划、预算报告以及《浙江省民营企业发展促进条例（草案）》进行分团、分组审议和讨论，大家结合实际，畅所欲言，共话发展。

●● 市商务工作会议召开。市、区两级各商务部门齐聚一堂，总结分享经验，谋定年度大计。

14 日 YI YUE

●● 市基层党建和人才工作述职评议会召开。市委主要领导出席。会上，省委组织部副部长、省委人才办常务副主任温暖讲话，萧山、余杭、下城、江干、拱墅、临安、淳安和市教育局、市卫生健康委、市国资委党委（党组）书记做口头述职，其他区县（市）和市直单位做书面述职。省委组织部相关处室负责人参加会议。

●● 市农业和农村工作领导小组会议召开。市委副书记张仲灿出席并讲话，强调要聚焦富民强村、消薄增收、美丽提升，对标补短争先、锐意改革创新，坚决抓好收官之年各项任务落实，不断开创"三农"工作新局面。王宏主持。会议传达了中央农村工作会议精神，集体学习了《中国共产党农村工作条例》，研究部署了2020年"三农"工作要点和农业农村领域高水平全面建成小康社会补短板工作。

15 日 YI YUE

●● 杭州市援派挂职干部人才工作交流汇报会召开。会上，杭州市援藏、援疆、援青和赴贵州黔东南州、湖北恩施州、宁夏、吉林长春和省内山海协作等地的8位援建地负责人就2019年的援派挂职工作、学习和生活情况做了交流汇报。会议充分肯定了2019年杭州援派挂职工作取得的成绩，并向全体援派挂职干部人才及家属致以衷心感谢和新春祝福。

●● 2020年杭州市民政工作会议召开，确定了2020年民政工作重点。

●● 第45届世界技能大赛参赛总结暨杭州市高技能人才建设推进会召开，一批在本届大赛取得优秀成绩的选手和为参赛工作做出突出贡献的单位及个人被表彰。

在本届大赛美发项目中勇夺金牌的石丹及其技术指导专家团队分别获奖人民币50万元，该项目的国家级集训基地杭州市运河技工学校（杭州市拱墅区职业高级中学）获得人民币100万元的资助；汽车喷漆项目优胜奖获得者胡斌及其技术指导专家团队分别获奖人民币15万元，该项目的国家级集训基地杭州技师学院获得人民币30万元的资助。会议还为20名新晋首席技师颁发了证书，为新认定的32个省、市级技能大师工作室授牌。会议还为拔尖、杰出技能人才和杭州市技术能手代表颁证。

●● 萧山经济技术开发区落实"三个年"奋进开新篇誓师大会召开，开发区机构改革方案发布。该方案突出科技创新、双招双引、优化营商环境的要求，对组织架构、人才服务、企业管理、安全生产等工作职能进行了优化。其中，将科技城管理局职责整合，组建科技城管委会，充分赋予管委会管理权限，依法下放实现科技城范围内开发建设、经济管理等各项职能和审批权限规划、经济管理、各项职能和审批权限的有机整合。

●● 杭州萧山国际机场航空物流有限公司与杭州综合保税区的城市货站合作项目正式签约揭牌。这是国内首个机场综合保税区"城市货站"项目，实现了萧山机场与杭州综合保税区区港联动，将萧山机场口岸功能延伸到杭州综合保税区。

●● 中国人民大学支持帮扶浙江工商大学合作协议签约仪式在北京举行。根据协议，中国人民大学支持和帮扶浙江工商大学统计学和法学学科，积极创新合作机制和模式，深化帮扶学院内部管理体制改革，以"双一流"高校建设标准推动浙江工商大学提升学科建设水平和高层次人才培养能力。两校不但在师资队伍建设、学生培养、管理队伍提升、学科建设工作，以及服务地方经济发展等方面进行合作，中国人民大学还将帮助浙江工商大学统计学科建设之江大数据统计研究院和浙江工商大学法学学科建设长三角（先行）法治研究院，通过项目制的方式开展合作研究，建成可持续发展的开放式学科平台。

16 日 YI YUE

●● 杭州警备区党委八届五次全体（扩大）会议召开。市委常委、杭州警备区司令员任明龙出席，警备区政委徐建国主持。会议表彰了警备区2019年度先进单位和先进个人。警备区党委常委吴仿根、张军、朱涛，警备区党委委员参加会议。

● ● 意大利普拉托省省长普吉利·弗朗西斯科率领的代表团到杭州访问，市领导陈卫强会见代表团一行。陈卫强简要介绍了杭州历史文化、创新创业、城市大脑等方面的基本情况。双方希望在旅游、商贸、文化遗产保护等领域深化交流、加强合作。

● ● 由杭州东站枢纽管委会牵头起草的《高铁站枢纽区域综合管理规范》浙江省地方标准在杭州发布。新发布的规范以市民群众的交通需求为导向，将"最多跑一次"改革理念以标准化、可复制的载体形式向全省范围推广，为已建、在建及新建的高铁枢纽区域治理提供参考依据。

● ● 中国共产党杭州市互联网行业委员会（简称市互联网行业党委）正式揭牌成立。市互联网行业党委依托市委网信办设立，由市委网信办领导管理，隶属市委直属机关工委，接受市委组织部（市委两新工委）、市委宣传部指导。

市互联网行业党委成立后，将以落实党管互联网原则，推动杭州市互联网行业管理和网络综合治理更加科学、规范、有效；负责全市互联网行业党建工作的宏观指导，统筹推进网络社会组织、互联网企业和新兴精神生产群体党建工作，努力构建党委领导、政府管理、企业履职、社会监督、网民自律等多主体参与的网络综合治理体系，确保互联网行业发展始终沿着正确的政治方向前进。

阿里巴巴、网易、二更等杭州互联网企业、自媒体平台参与成立仪式。

● ● 杭州市城市会展研究会成立。杭州市城市会展研究会的主要宗旨是为杭州会展业发展的规划与研究提供学术支持，有效整合杭州乃至国内外会展业资源，为政府制定会展业发展专项规划提供决策咨询；发布研究成果，推动会展业与商贸金融、科技文化、旅游休闲等方面的融合，促进杭州会展业国际化、市场化、品牌化、专业化、智慧化和生态化发展，为杭州会展业的转型发展提供智力支持。该研究会首届近70名会员具有专业性、区域性与行业性。大会选举产生了会长、副会长、秘书长、理事，赵晴当选首届杭州市城市会展研究会会长。

17
日 YI YUE

● ● 市十三届人大常委会第四十二次主任会议召开。会议由市人大常委会主任于跃敏主持，副主任许勤华、张建庭、郑荣胜、陈红英、罗卫红，秘书长张如勇参加会议。

会议讨论了拟提交市十三届人大常委会第二十四次会议审议的有关内容。要求各有关部门认真做好各项准备工作，确保会议顺利举行。会议讨论并通过市人大常委会人事代表工委关于2019年度代表工作表彰暨履职经验交流会方案，要求市人大常委会人事代表工委根据主任会议讨论的意见，组织好代表工作表彰暨履职经验交流会，以进一步激励代表履职。

会议讨论并通过关于开展《中华人民共和国禁毒法》执法检查的实施方案，要求市人大常委会监察司法工委根据主任会议讨论的意见，对实施方案做进一步修改完善后印发实施。会议书面审议市人大常委会关于《杭州市公共场所控制吸烟条例》执行情况报告的审议意见（草案）、关于市政府2019年度环境状况和环境保护目标完成情况及生态文明建设规划执行情况报告的审议意见（草案）、市人大代表团关于出访希腊、土耳其情况的报告。

●● 市政府新闻办、市教育局联合召开新闻发布会，发布了《中共杭州市委杭州市人民政府关于全面深化新时代教师队伍建设改革的实施意见》。该意见根据省委、省政府《关于全面深化新时代教师队伍建设改革的实施意见》和杭州市《关于深化基础教育改革建设"美好教育"的实施意见》制定，涵盖四大方面与三项保障，共22条。

18 日 YI YUE

●● 根据省委、省政府开展2019年度美丽浙江建设和"五水共治"考核工作的有关要求，连日来，省考核组对杭州市美丽浙江建设和"五水共治"工作进行督查考核，并召开汇报会。

会上，省考核组对杭州市2019年美丽浙江建设和"五水共治"工作所取得的成绩给予肯定，并要求将生态环境质量持续向好、发展质量不断提高的态势保持下去。2020年是新时代"美丽杭州"建设的开局之年，也是全面建成小康社会和三大污染防治攻坚战的收官之年。杭州将持续推进生态环境治理体系、治理能力现代化，努力打造成美丽中国建设的先行示范区、美丽浙江建设的综合引领区、展示中国生态文明成果的国际窗口区。

● ● 第十届"童画杭州名人"颁奖典礼在唐云艺术馆举行。活动由市精神文明建设委员会办公室、市园文局、市教育局、杭州西湖风景名胜区管委会、杭报集团主办，杭州名人纪念馆（唐云艺术馆）、杭州日报社、杭州市美术家协会承办，主题紧扣热点，抓住中华人民共和国成立70周年的契机，以"红色记忆"为活动主题，推荐章太炎、秋瑾、李成虎、郁达夫、高志航、于子三等"杭州革命名人"，组织现场采风、流动展览、专题讲座等活动，发动孩子们挖掘杭州本地的革命文化，寻找名人身上的革命故事进行创作。"童画杭州名人"优秀作品展同时开幕。

19
日 YI YUE

● ● 省纪委十四届五次全会在杭州召开。省委书记车俊在会上强调，要深入学习贯彻十九届中央纪委四次全会精神特别是习近平总书记重要讲话精神，拿出"三个地"的责任担当，把"严"的主基调长期坚持下去，把"进"的思路举措落实下去，推动浙江省全面从严治党更快一步、更进一步，推动清廉浙江建设取得更大成果。袁家军、葛慧君和其他副省级以上领导干部出席会议。省纪委常委会主持会议。上午会议以视频形式召开，各市设分会场。省纪委委员、在杭省部属有关单位主要负责人等在主会场参加会议。省委常委、省纪委书记、省监委主任许罗德在下午的会议上做了题为《坚定不移推进纪检监察工作高质量发展，为浙江省高水平全面建成小康社会提供坚强保障》的工作报告。市四套班子领导在杭州分会场参加。

● ● 市委常委会召开会议，传达学习省"两会"精神和省委书记、省人大常委会主任车俊在参加省"两会"杭州代表团审议政府工作报告时的重要讲话精神，研究部署杭州市贯彻落实工作。

● ● 市委常委会召开会议，传达学习十九届中央纪委四次全会和省纪委十四届五次全会等重要会议精神，研究部署贯彻落实意见。

● ● 市政府召开党组（扩大）会议，传达学习贯彻习近平总书记在十九届中央纪委四次全会上的重要讲话和全会精神、省纪委十四届五次全会精神、省"两会"以及车俊书记在参加杭州代表团审议时的重要讲话精神。

● ● 九三学社杭州市委会八届五次全体（扩大）会议召开。会议传达学习中央和省市有关会议精神，听取审议常委会工作报告和监督委员会工作报告，并表彰先进。

● ● 自然资源部办公厅发布《轨道交通地上地下空间综合开发利用节地模式推荐目录》。杭州等6个城市的轨道交通节地模式被列入该目录，以指导各地自然资源主管部门学习借鉴。

此次列入该目录的杭州市七堡车辆段项目在满足综合维修大楼、控制中心等建筑布置的情况下，对列车停放区、检修库等区域的土地进行分层利用，落地区为地铁车站、地下公共过街通道和停车泊位等居住配套；上盖区首层为地铁功能区，二层为公共停车位，三层及以上为绿化、教育、居住等多种业态。通过充分优化城市轨道交通场站单一的建设模式，增加商服、住宅及公共配套等功能，有效推动土地复合利用，提高土地产出效益。

20日 YI YUE

● ● 市人大常委会主任于跃敏到临安区走访看望王丰华代表家属和市人大代表潘曙龙，向他们送上节前祝福和问候。郑荣胜参加。于跃敏细心询问他们的工作生活情况，叮嘱王丰华家属要保重身体，坚定信心、乐观生活。于跃敏充分肯定了上田村探索"党建引领、三治融合"基层善治新模式、打造美丽乡村升级版的做法。希望潘曙龙代表一如既往扎根农村、扎根农民，多为老百姓办实事好事，在密切联系群众、帮助群众排忧解难上发挥更大作用。王丰华生前是湍口镇迎丰村村委会主任，曾担任过四届临安区人大代表，他一心为民谋幸福、用生命践行承诺的事迹经《人民日报》等媒体报道后广为传颂。

● ● 杭州市文联第八届委员会第六次会议召开。会议总结2019年工作，部署2020年任务，审议通过有关委员调整事项和杭州市文联2019年工作报告，团结动员全市广大文艺工作者，当好全面推进"文化盛兴行动"排头兵。

●● 西湖区政府与西湖大学签订全面战略合作协议。签约仪式上，双方签订西湖区、西湖大学"1+3"合作协议，即"区校战略合作框架协议"，以及"共建生命科学研究院合作协议""组建西湖大学产业投资基金战略合作协议""科创直投基金合作框架协议"4份协议，共同谋划协同发展，努力将西湖大学建设成世界一流新型研究型大学，奋力开创西湖区高质量发展新局面。除了签约仪式所在的云栖校区一期，西湖区正在抓紧建设云谷校区，该校区总规划面积约99.66公顷，其中，一期约42.33公顷，二期约8.33公顷，三期约49公顷。一期、二期计划2021年同步竣工交付，三期计划2025年竣工交付。

20—23日 YI YUE

●● 杭州交通多举措做好疫情防控工作。为积极应对新冠肺炎疫情，1月22日，市交通运输局成立由主要领导任组长的新冠肺炎疫情防控工作领导小组，切实做到主动防控、精准防控、科学防控，全力保障人民群众春运期间安全出行，维护正常的运输秩序。做好全市码头、客运站、地铁站等场所开展体温测量等检疫、查验工作，全市30个跨县市道路客运站、52个客运码头均配备体温检测仪，地铁配置650台体温测量仪。武汉方向的班车和旅游包车全部停开。从1月20日晚起，杭州萧山国际机场对航站楼旅客通道等重要场所进行全面消毒，对来自疫情发生地武汉的所有进港航班固定廊桥和机位，并对进港航班的人员实施体温检测。当日起，杭州公共自行车公司员工前往地铁口、交通枢纽周边及其他人流量大的重要点位，对小红车的车把、车凳以及服务点终端查询机进行消毒。1月23日起，铁路杭州站在杭州东站、杭州城站火车站增设红外热成像体温快速筛检仪，对到站旅客进行集中测温。同时加强车站空调通风设施检查、维修、消毒，做好候车室通风换气。杭州公交强化中心站停车场的保洁力度，加强车厢消毒，执行严格的消毒程序，梳理排查通风设备，确保空调、换气扇、车窗等正常运行。市地铁集团强化通风、消毒、加密清洁、宣传等方面工作，同时加强一线人员的个人防护。杭州出租汽车集团对下辖的大众、之江、和谐、华旅和营运5个公司的3000辆出租车，喷洒消毒杀菌剂，还在祥园路、电商园

2个主要出租车站点设置了消毒点，对进场清卡的出租车进行消毒工作。杭州市水上公共观光巴士有限公司制订新冠肺炎疫情应急预案，按要求组织对船舶进行消毒，强化船舱通风、运力调配等方面工作，对每一位进站乘客进行体温检测，并在码头设置临时隔离间，确保乘客安心出行。

中旬 YI YUE

●● 市领导带领市级有关部门负责人，分别走访慰问老红军和副市级以上老同志，代表市四套班子向他们致以新春的美好祝愿。

市领导向老同志介绍了杭州经济社会发展情况和2020年工作安排，衷心感谢老同志为杭州市各项事业发展做出的贡献，并认真听取老同志的意见建议，希望他们一如既往地关心支持市委、市政府的工作。老同志感谢市委、市政府的关心照顾，对杭州市经济社会发展取得的成绩感到由衷高兴。市领导还看望了因病住院的老同志，祝福他们早日康复，并向亲属和医务人员表示慰问。

21日 YI YUE

●● 省长袁家军在杭州检查新冠肺炎疫情防控和春运、市场供应、安全生产工作。省、市领导冯飞、成岳冲、戴建平、缪承潮、胡伟分别参加检查。袁家军一行先后到浙江大学附属第一医院、杭州城站火车站、华润万家超市云河店和地铁3号线武林门站施工现场，听取防控工作汇报，实地检查重点场所疫情防控和运力保障、车站安检、便民服务等情况，察看生鲜、猪肉、家禽等年货供应和卫生防疫情况等。袁家军强调，百姓过节，干部过关。各地各部门要始终坚持以人民为中心的发展思想，全力以赴做好新冠肺炎疫情防控工作；强化市场监管，稳定市场物价，增加货源供应；加强安全生产，时刻绷紧安全生产这根弦不放松，层层压实责任，筑牢安全生产防线；坚决维护社会大局稳定，确保人民群众度过一个安定祥和的新春佳节。

●● 市委常委会召开会议，传达学习全国组织部长会议，全国宣传部长会议、全省宣传思想工作会议，全国、全省统战部长会议，中央政法工作会议和中央、全省扫黑除恶专项斗争有关会议等重要会议精神，研究贯彻落实意见。会议强调，要保持坚定清醒，深刻领会中央政法工作会议和中央、全省扫黑除恶专项斗争有关会议精神，切实把思想和行动统一到中央和省委决策部署上来。要增强斗争意识和斗争本领，奋发有为做好政法各项工作，推动建设更高水平的平安杭州、法治杭州；强化担当作为，在创建全国市域社会治理现代化标杆城市中再立新功；坚持热情关心、严格要求，切实加强政法队伍建设，努力开创新时代杭州政法工作新局面。

●● 市委、市政府举行2020年新春团拜会。市四套班子领导与社会各界代表欢聚一堂，清茶一杯，共迎新春佳节，共话美好未来。

●● 市人大常委会召开老干部新春座谈会，市人大常委会党组书记、主任于跃敏讲话，通报常委会主要工作，并代表常委会和机关向全体离退休老干部、老同志致以崇高的敬意和美好的祝福。许勤华、张建庭、郑荣胜、陈红英、罗卫红、张如勇等参加座谈会。于跃敏强调，2020年市委明确了高水平建设小康社会和"十三五"规划收官之年的主要任务，市人大常委会将在市委的领导下，围绕党委的中心工作，推进城市治理现代化的"善治六策"，依法履行好人大的各项职责，筹备并开好市人大十三届五次会议。要在老同志打下的好的基础上，继续努力，"不忘初心、牢记使命"，只争朝夕、不负韶华，不断提高履职质量。会议期间，老领导一同观看《与人民在一起——市人大代表风采》专题片。

●● 民建市委会召开十三届八次全体（扩大）会议，学习中央和省市有关会议精神，听取审议常委会工作报告，省政协副主席、民建省委会主委陈小平应邀参加会议并讲话。会议要求，2020年，要坚持以习近平新时代中国特色社会主义思想为指导，深入学习贯彻中共十九届四中全会精神，认真贯彻落实习近平总书记提出的"四新""三好"要求，按照中共杭州市委十二届八次全会和民建浙江省委会九届六次全会工作要求，聚焦经济社会发展，切实履行参政党职能，为"高水平推进城市治理现代化，走出一条具有杭州特点的大城市治理新路子"贡献杭州民建智慧和力量，以优异的成绩迎接民建成立75周年。

22 日 YI YUE

● ● 省委书记车俊在杭州看望慰问春节期间一线执勤人员。陈金彪、王双全、许明等参加。车俊一行先后到省疾控中心、铁路杭州东站、省市场监管局、杭州消防救援支队西湖消防救援站、省应急管理厅，与一线执勤人员握手问好，向大家道一声辛苦，并代表省委、省政府向大家拜年。车俊强调，全省各地各有关部门要牢固树立以人民为中心的发展思想，以更高标准、更严要求、更实举措，全力以赴保安全、保畅通、保供应，确保广大群众欢乐祥和过大年。

● ● 杭州市少工委发布紧急通知，暂停通过雏鹰假日小队等集体形式开展活动，引导少先队员尽量避免外出活动，不到封闭、空气不流通的公众场所和人员密集的地方活动，杜绝到存在新冠肺炎疫情防控隐患的地方活动。同时指导少先队员从实际出发，特别是从疫情防控实际出发，通过在家查阅书籍、网络、亲子交流等安全有益的方式开展活动，确保安全。为避免人群聚集导致的传染风险，杭州青少年活动中心也发布公告，活动中心儿童乐园，城西分中心儿童乐园，桐庐儿童乐园，发展中心"Do都城"少儿社会体验馆、儿童运动馆、健身馆、游泳馆，滨江分中心"笑笑橙"青少年消防应急安全体验馆、游泳馆，杭州（国际）青少年洞桥营地等场馆在寒假期间均暂停对外开放，原定相关的活动同步取消。

22—26 日 YI YUE

● ● 海康威视红外测温产品驰援武汉协助当地防控疫情。据不完全统计，1月22—26日，发往武汉的视频采集与分析、红外测温等系列产品近千套。1月23日，获悉湖北红外测温仪仍存在短缺情况后，海康威视公司又连夜调拨40台红外测温设备驰援武汉。该批产品安装在武汉市第七医院等地，协助进行高精度体温筛检，扎牢疫情防控"第一道防线"。

23
日 YI YUE

●● 市政府召开专题会议，迅速学习传达省市新冠肺炎疫情防控工作会议精神，研究部署杭州市防控工作。会议强调，要认真贯彻习近平总书记重要指示精神和省市防控工作部署要求，充分认识疫情防控的重要性、紧迫性，守土尽责，严防死守，不留死角，全力以赴抓好疫情防控各项工作，坚决维护社会大局稳定。会议要求，各级领导干部要勇于担当、扛起责任，细化落实防控方案，加强春节值班和应急值守，落实好"日报告"、信息发布、督查跟踪和应急响应等制度，确保责任到位、工作到位、举措到位。要确保指令畅通、应急及时、形成"市—区—镇（街）—村（社区）"一体贯通的疫情监测防控格局。要强化联防联控、群防群治，积极组织群众提高自我保护意识，严格落实集中隔离救治制度，有力有效做好疫情防控工作，让广大市民度过一个平安祥和的春节。

●● 市政府印发通知，全面启动杭州市第七次全国人口普查工作。

24
日 YI YUE

●● 杭州市新冠肺炎防控指挥部发布给全体市民的10条建议。（1）减少流动，尽量不外出，不去人员密集场所，不去密闭公共场所。注意保持室内环境卫生和空气流通，尽量不用空调尤其是中央空调。（2）外出尽量戴口罩，口罩要注意正反和上下，包住口鼻，紧贴皮肤，保持干燥。口罩丢弃时，可反折装入塑料袋扎紧后，按生活垃圾扔进垃圾箱。（3）保持良好卫生习惯，咳嗽或打喷嚏用纸巾或肘部捂住口鼻，勤洗手，揉搓的时间不少于15秒。（4）加强体育锻炼，提倡走路、爬山、打球等运动。（5）保持作息时间规律，充足睡眠。（6）加强营养摄入，尽量不吃生冷食品，不吃野生动物。可适当补充维生素C，可适量饮酒。（7）保持乐观开朗态度，心情舒畅可提高机体免疫力。（8）留意身体变化，一旦发现有发热、咳嗽、打喷嚏及其他症状，请戴好口罩到医疗机构发热门诊就诊。（9）留意需要医学观察的人员，如有疑点及时向社区工作人员或12345市长热线反映。（10）做好宠物管理，目前对宠物没有特殊卫生要求。

25
日 YI YUE

●● 杭州13名医护人员组成的医疗队紧急驰援武汉，共同抗击新冠肺炎疫情。出征的13名医疗队员分别来自杭州市第一人民医院、杭州师范大学附属医院、杭州市第三人民医院、杭州市红十字会医院、杭州市中医院的呼吸科、感染科护理、重症医学护理、内科和ICU护理等专业。

●● 新华三产品设备紧急援助武汉火神山医院。新华三在海宁和东莞两地仓库完成了产品设备的调集完货，随即安排物流发货。此次向武汉蔡甸区火神山医院所提供的产品设备包含了核心交换机、汇聚及接入交换机、无线网络（无线控制、无线汇聚、无线接入）、安全防护（路由器、防火墙、行为管理、堡垒机、日志审计、数据库审计、准入认证设备）等种类。在武汉蔡甸区火神山医院建设规划发布之后，紫光集团携手旗下新华三第一时间启动了紧急援助项目，与武汉市卫生健康委员会联系，向蔡甸区火神山医院捐赠所需的网络通信与信息安全产品设备，并负责相关设备的部署、安装、调试等实施工作。

26
日 YI YUE

●● 作为省级唯一新冠肺炎的诊治定点医院——浙江大学附属第一医院（简称浙大一院）紧急启动之江院区应急保障，预案充分,30分钟就能安全转运新冠肺炎患者。

这也是浙大一院第一时间响应省委、省政府指示的实际行动，为全省疫情防控起了示范、指导作用。之江院区应急保障工作启动后，浙大一院保留庆春路院区的发热门诊，患者如被筛查为疑似病例或确诊病例，立即由专业医护人员护送到之江院区接受医学观察和治疗。同时，之江院区也开放发热门诊，收治全省的危重症患者。当日晚，有来自省内的5例重症、危重症患者转入之江院区。

27
日
YI YUE

● ● 市委常委会召开会议，传达学习习近平总书记在中央政治局常务委员会会议上的重要讲话精神和省委常务委员会会议精神，听取杭州市新冠肺炎疫情防控工作情况汇报，研究贯彻落实意见。

会议指出，2020年农历正月初一，中央政治局常委会召开会议，专门听取新冠肺炎疫情防控工作汇报。习近平总书记在会上的重要讲话，思想深邃、饱含深情，充分体现了对当前疫情形势的精准把握和对防控工作的周密部署，体现了以习近平同志为核心的党中央对人民群众生命安全和身体健康高度负责的态度和担当，为做好疫情防控工作提供了根本遵循。大家要认真学习贯彻习近平总书记重要讲话精神，全面落实党中央、国务院和省委、省政府的决策部署，把疫情防控作为增强"四个意识"、坚定"四个自信"、做到"两个维护"的现实检验，作为高水平推进城市治理现代化的重要考验，坚定信心、科学施策，坚决打赢疫情防控阻击战，确保人民群众生命健康安全和社会大局稳定。

● ● 为更好保障人民群众生命安全和身体健康，按照中央应对新冠肺炎疫情工作领导小组有关会议精神和浙江省重大突发公共卫生事件一级响应机制的有关规定，经市政府研究决定，就延迟杭州市企业复工和学校开学发出紧急通知。杭州市区域内各类企业不早于2月9日（正月十六）24时前复工。涉及保障城市运行、疫情防控、群众生活必需的水电气、医疗器械、药品用品、食品保障等相关企业除外。对于员工的合法权益，用人单位必须依法保障。杭州市各级各类学校（高校、中小学、中职学校、幼儿园等）不早于2月17日（正月二十四）前开学，具体开学时间另行通知。开学前，学校不组织学生返校、不举行任何线下教学活动和集体活动（包括培训机构）。针对确因工作需要近期返杭的人员，各相关部门和所在单位要加强检疫查验和健康防护，所在单位要及时报告相关信息，对来自或去过疫情重点地区的人员一律严格落实医学观察、隔离等措施，做到全覆盖、不遗漏。

● ● 杭州市召开新冠肺炎疫情防控工作第一次新闻发布会。1月26日15时至27日15时，无新增确诊病例，新增疑似病例5例，居住地分别为萧山区2例（其中1例机场检疫发现）、余杭、富阳、桐庐各1例，分别在西溪医院、萧山一院、余杭区一院、富阳一院和桐庐县人民医院隔离治疗。

截至1月27日15时，全市累计报告新冠肺炎确诊病例27例，其中，余杭区9例，江干区4例，萧山区（其中机场检疫发现2例）、西湖区各3例，下城区、临安区各2例，上城区、滨江区、富阳区、拱墅区各1例。分别在浙大一院（11例）、市西溪医院（9例）、萧山区一院（3例）、余杭区一院（2例）、富阳一院（1例）和临安一院（1例）隔离治疗。27例中武汉人或者去过武汉的15人，接触过病例或者武汉人的12人。

截至1月27日15时，有新冠肺炎疑似病例14例，其中，余杭区、萧山区各3例，桐庐县2例，上城区、下城区、西湖区、滨江区、富阳区、临安各1例，分别在浙大一院（2例）、市西溪医院（5例）、萧山区一院（3例）、余杭区一院（1例）、富阳区一院（1例）、临安一院（1例）和桐庐县人民医院（1例）隔离治疗。14例中武汉人或者去过武汉的7人，接触过病例或者武汉人的6人，1例调查中。

28 日 YI YUE

● ● 杭州市召开视频点验会议，研究部署新冠肺炎疫情社会面防控工作。市委副书记、政法委书记张仲灿强调，要健全联防联控、群防群治工作机制，充分发挥基层党组织、群团组织、行业协会、社会组织、自治组织作用，发动群众、依靠群众，坚决打赢疫情防控阻击战。

● ● 14时30分，杭州市召开新冠肺炎疫情防控工作第二次新闻发布会。1月27日0—

24时，杭州市新增新冠肺炎确诊病例5例，其中上城区、下城区、滨江区、萧山区、桐庐县各1例。新增重症病例6例。

截至1月27日24时，全市累计报告新冠肺炎确诊病例32例，重症病例8例。确诊病例中，余杭区9例，江干区4例，萧山区4例（其中机场检疫发现2例），下城区、西湖区各3例，上城区、滨江区、临安区各2例，拱墅区、富阳区、桐庐县各1例。所有病例均在定点医疗机构接受隔离治疗，除8例重症外，其余病例病情均稳定。

全市确定市、区县（市）两级定点医院8个，设置发热门诊37个、新冠肺炎救治专用病床563张、新冠病毒核酸PCR检测实验室4个。1月27日0—24时，全市发热门诊接诊3206人次。10时起，全市入杭通道防疫检查工作启动。经报市政府同意，市交警局将不实施错峰限行的便民措施延后至2月9日，西湖景区同步不实施机动车单双号限行措施。

29

日 YI YUE

●● 16时45分，杭州市召开新冠肺炎疫情防控工作第三次新闻发布会，1月28日0—24时，杭州市新增新冠肺炎确诊病例19例，其中有3例尚未明确感染来源。

截至1月28日24时，全市累计报告新冠肺炎确诊病例51例，其中，余杭区15例，萧山区7例（其中机场检疫发现4例），江干区、西湖区各5例，下城区、临安区各4例，桐庐县3例，上城区、滨江区、富阳区各2例，拱墅区、钱塘新区各1例。所有病例均在定点医疗机构接受隔离治疗，除14例（新增6例）重症外，其余病例病情均稳定。全市共追踪到密切接触者863人，已解除医学隔离16人，尚有847人在接受医学观察。

杭州市新冠肺炎两部24小时咨询热线电话同步开通，分别是：杭州市心理危机研究与干预中心（设在市第七人民医院）7×24小时心理危机干预热线电话0571—85029595，杭州市疾控中心新冠肺炎防控知识24小时咨询热线0571—85155039。

杭州的蔬菜批发市场货源非常充足，供应方来自广东、福建、云南、山东等全国各地。全市市场监管系统严查各农批市场、农贸市场、超市、餐饮单位、电商平台等经营场所任何形式的野生动物交易（包括采购、加工、销售等）和消费活动。

● ● 截至1月29日，全市各级财政安排防控资金2.7亿元，实际下达资金2.24亿元，有效保障疫情应急处置的药械、医疗救治等所需经费。1月22日，杭州市财政局成立疫情工作防控领导小组。随后启动应急响应机制，建立财政党员24小时值守制度，春节无休，迅速与市卫生健康、经信部门无缝对接，积极落实预算费用的安排工作，支持防控医疗物资生产采购；研究制订临时性补贴发放统计表，明确参保人员的医疗费用开支政策，确保患者不因费用问题影响救治；与各区县（市）建立信息联动、部门联动、区域联动、上下联动的应急联动机制，每日动态更新全市资金数据和当天财政信息。

29—30日 YI YUE

● ● 市政协主席潘家玮到江干区调研指导新冠肺炎疫情防控工作。潘家玮先后到沪杭甬高速彭埠入城口、华家池社区、江干区疾控中心和华润超市等地，看望慰问一线工作人员，详细了解生活物资供应等情况。他指出，春节返城高峰将至，要科学制订应对预案，坚决果断防控，防止疫情输入扩散。要继续做好全面防控、居家医学观察人员生活保障等工作。要坚定信心，在打赢疫情防控阻击战中展现责任担当。他强调，当前疫情防控进入关键期，要全面落实中央和省委、市委部署，加强疫情监测、重点管控，切实做好疫情防控各项工作。要千方百计加强防护物资、生活物资保障，维护市场秩序和社会稳定。要加强城市社区联防联控、群防群治，打好疫情防控人民战争。

30日 YI YUE

● ● 新冠肺炎疫情防控工作视频会议召开，对当前杭州市疫情防控工作进行再动员、再部署、再落实。市委副书记张仲灿，市领导许明、戴建平、金志、陈卫强出席。

● ● 市人大常委会主任于跃敏一行到富阳区杭新景高速富阳互通防疫检查点、鹿山街道陆家村、区疾控中心、富春街道金色家园小区、世纪联华育才路店、区疫情防控工作应急指挥部调研疫情防控工作，慰问奋战在疫情防控一线的党员干部和医护人员。于跃敏强调，要切实把思想和行动统一到习近平总书记的重要指示精神和党中央决策部署上来，坚持把人民群众生命安全和身体健康放在第一位，把疫情防控工作作为当前最重要的任务来抓，更加务实推动疫情防治工作各项举措落细落实。要高度关注返岗、返校、返工人群，做到早发现、早隔离，从源头上防止疫情蔓延。要充分发挥基层党组织的战斗堡垒作用，动员党员干部、人大代表和人民群众广泛参与，全力打赢疫情防控阻击战。

● ● 市委副书记张仲灿到桐庐检查疫情防控工作。张仲灿先后到杭新景高速桐庐出口和桐庐县疫情防控指挥部看望工作人员。他要求工作人员检查到位、文明服务，坚决守牢疫情防控的公路关口。并听取相关工作汇报，现场协调解决问题。

● ● 16时45分，杭州市召开新冠肺炎疫情防控工作第四次新闻发布会。副市长陈卫强参加。1月29日0—24时，杭州市新增新冠肺炎确诊病例18例，新增重症3例。截至1月29日24时，全市累计报告新冠肺炎确诊病例69例。发布会上，陈卫强科学理性分析疫情，肯定杭州前一阶段防控有力有效，同时呼吁市民再坚持居家隔离7天。

截至1月29日，全市慈善会系统累计接收善款1297.86万元，其中多数为在线捐赠。市级153个社会组织共捐赠现金8907万元、物资2053万元。

31 日 YI YUE

● ● 为全面落实中央和省委防控新冠肺炎疫情的决策部署，根据全市疫情防控工作视频会议精神，市领导分赴各区县（市）、钱塘新区，深入乡镇（街道）、社区（农村）和高速公路卡口，以及企业、药店、农贸市场、车站等地，暗访检查疫情防控工作。

一段时间以来，全市上下全面落实联防联控措施，形成群防群治的强大合力，坚决遏制疫情扩散蔓延，取得了阶段性成效。

● ● 根据浙江省新冠肺炎疫情防控工作领导小组统一部署，为进一步阻断疫情的传播渠道，自1月31日16时起，杭州市启动入杭铁路站点通道防疫管控工作。重点在杭州东站、杭州城站火车站、余杭站、富阳站、桐庐站、建德站、千岛湖站7个站点设立防疫检查点，实行24小时检查，重点对抵站的湖北籍旅客实施精准有效管控并进行健康检查。按照"属地负责，部门联动"原则，市级层面成立由市域入杭通道防控工作专班统筹负责，交通运输部门牵头，铁路、卫生健康、公安等部门组成工作小组，具体组织入杭湖北籍铁路旅客管控工作。全市7个站点均建立由属地党委政府负责，交通、公安、铁路、卫生健康等部门组成的工作专班，具体落实湖北籍铁路旅客管控工作。

● ● 16时45分，杭州市召开新冠肺炎疫情防控工作第五次新闻发布会。1月30日0—24时，杭州市新增新冠肺炎确诊病例16例，其中，萧山区5例（其中机场检疫1例），西湖区、余杭区各3例，拱墅区、桐庐县各2例，江干区1例。新增重症病例1例，原有重症病例转轻症7例。

截至1月30日24时，杭州市累计报告新冠肺炎确诊病例85例。其中，余杭区20例，萧山区14例（其中机场检疫5例），西湖区11例，江干区8例，上城区、桐庐县各6例，下城区5例，临安区4例，拱墅区、滨江区、富阳区各3例，钱塘新区、建德市各1例。所有病例均在定点医疗机构接受隔离治疗。除11例重症外，其余病例病情均稳定。截至1月31日12时，全市共追踪到密切接触者948人，已解除医学隔离或诊断为疑似或确诊60人，尚有888人在接受医学观察。

截至1月31日中午12时，杭州市红十字会本级累计接收捐赠款1.28亿元，累计接收物资56.48万元。所有社会捐赠款物由杭州市新冠肺炎疫情防控工作领导小组办公室统筹使用，市红十字会将每天的捐赠款物收入和支出情况在《杭州日报》上公示，同步在杭州市红十字会官方网站和杭州市红十字会微信公众号公布，接受社会监督。

二月

HANGZHOU JISHI

1日 ER YUE

●● 市委常委会召开扩大会议，学习贯彻习近平总书记重要指示和省委常务委员会会议精神，进一步研究部署杭州市新冠肺炎疫情防控工作。会议以视频形式召开，各区县（市）和钱塘新区、杭州西湖风景名胜区管委会及各乡镇（街道）设分会场。

●● 16时45分，杭州市召开新冠肺炎疫情防控工作第六次新闻发布会。1月31日0—24时，全市新增报告新冠肺炎确诊病例13例，原有重症病例转轻症2例，无新增重症病例。截至1月31日24时，全市累计报告新冠肺炎确诊病例98例，确诊数量已连续3天下降。所有病例均在定点医疗机构接受隔离治疗。除已有的9例重症外，其余病例病情均稳定。

2日 ER YUE

●● 16时45分，杭州市召开新冠肺炎疫情防控工作第七次新闻发布会。2月1日0—24时，全市新增报告新冠肺炎确诊病例12例，原有重症病例转轻症2例，治愈出院3例（含绍兴病人1例）。截至2月1日24时，杭州市累计报告新冠肺炎确诊病例110例。所有病例均在定点医疗机构接受隔离治疗。除10例重症外，其余病例病情均稳定。市卫生健康委加强了应对疫情的心理危机干预工作。发布会上，市教育局表示，疫情的防控措施没有到位，杭州中小学校将不开学。

●● 杭州市转拨、划拨460万元党费支持疫情防控工作。杭州市转拨中管党费50万元、省管党费180万元，划拨市管党费230万元，合计460万元给13个区县（市）和市直有关单位，用于支持新冠肺炎疫情防控工作。党费具体用于3个方面：一是用来慰问战斗在疫情防控斗争第一线的医务工作者和基层党员、干部，为他们加油鼓劲；二是用来支持基层党组织开展疫情防控工作；三是用来补助因患新冠肺炎而遇到生活困难的党员和群众，让人人都能感受到党的温暖。要求各区县（市）根据实际，从本级管理党费中进一步落实配套资金，并尽快把党费划拨给基层，投入疫情防控工作，及时把党的关心关爱送到疫情防控一线，做到专款专用。

3 日

ER YUE

●● 市疫情防控工作领导小组专题会议召开。会议听取了近日市领导暗访情况和疫情防控各项措施落实情况汇报。要完善管控方案，运用"大数据+网格化"手段实时掌握重点人员流动情况，实时跟踪监测健康状况，做好信息传播、医学观察、流行病学调查等工作，形成人员确定、实时交办、科学管控的工作闭环。要采取最严管控措施，将所有重点地区的人员及其密切接触者全部纳入管控视野，根据疫情发展适时加大集中隔离力度、扩大集中隔离覆盖面，进一步严格居家隔离管控措施，严防疫情的扩散传播。要强化物资保障，做好更充分的场所准备、物资储备、人员配备，更好满足疫情防控、患者救治的需要，更好保障市民群众包括管控人员的正常生活和城市的有序运行。

会议指出，当前疫情防控已经进入最关键时期。希望广大市民继续支持配合全市疫情防控工作，进一步提高防控意识、遵守防控规定、服从指挥调度，保持理性科学的态度，近期尽量减少外出活动，注重个人卫生和健康管理，不断形成人人尽责、同舟共济的浓厚社会氛围。

●● 杭州市召开新冠肺炎疫情防控工作第八次新闻发布会。2月2日0—24时，全市新增报告新冠肺炎确诊病例8例，无新增重症病例，确诊数量已连续5天下降。截至2月2日24时，全市累计报告新冠肺炎确诊病例118例，所有病例均在定点医疗机构接受隔离治疗。市卫生健康委公布了两条重要措施：第一，在杭州疫情防控措施正式解除之前，全市民营医疗机构中的门诊部、诊所（含中医、中西医结合）一律不得开展诊疗活动，而民营医院、康复医院等不停诊，公立医院更不受影响。第二，市区医疗机构将暂停择期手术以及口腔、耳鼻喉科、眼科等门诊服务。部分医疗机构将开设独立诊区，专门接诊因其他疾病就诊的居家隔离和集中医学观察的患者。

●● 杭州市江干区、拱墅区、余杭区、桐庐县、西湖区及西湖风景名胜区等陆续发布疫情防控"最严禁令"。拱墅、余杭、江干、西湖四区通告均严格执行"全民不出门"行动，每户家庭（居家隔离家庭除外）每两天可指派1名家庭成员外出采购生活物资，其余人员无特殊原因，一律不得外出。在西湖风景名胜区，除了开放式景区一律设卡、测量体温，并严控人流量，封闭式景区一律关闭外，还要严控村（社区）出入口数量，外来人员和车辆一律不得进入，本村（社区）人员未经体温检测及登记不得进入，特殊情况由管理人员备案。此外，淳安县发出倡议，提出全县居民主动居家自我防护14天，每户家庭（居家隔离家庭除外）每两天可指派1名家庭成员上街采购生活物资，外出时建议佩戴口罩，尽量选择步行、私家车等方式出行，并及时返回。家庭其他人员除疫情防控工作需要、生病就医以及在农贸市场、超市和药店上班外，尽量不外出。

●● 市贸促会出具了杭州地区首份与新冠肺炎疫情有关的不可抗力事实性证明。这份证明从申请到出具证明整个过程都是"云办理"，让企业享受到了"跑零次"服务。不可抗力事实性证明属于商事证明领域中的事实性证明行为，是指由中国贸促会及其授权的分、支会应申请人的申请，对与不可抗力有关的事实进行证明，出具后当事人可以部分或全部免除不履行、不完全履行和迟延履行合同的责任。开出的第一张证明，申请单位是杭州一家从事药物进出口的企业。该公司原定近期向埃塞俄比亚客户交付一批药品，但受疫情影响，工厂暂时无法开工、货物无法按期交付。

4
日 ER YUE

●● 市新冠肺炎疫情防控工作领导小组召开会议，研究部署杭州市下一步疫情防控工作。会议强调，要科学分析研判疫情形势，准确把握疫情发展新趋势，提出更多具有前瞻性、针对性的措施，不断提升疫情管控力和物资保障力，确保疫情防控有力有序有效。要加大隔离管控力度，加强网格化管理、开展地毯式排查，坚决有力落实"集中硬隔离+居家隔离硬管控"等管控机制，努力做到"外防输入、内防扩散"。要引导广大市民自觉落实"防控疫情，人人有责"十项措施，严格遵守国家和省市出台的疫情防控各项规定，最大限度避免人员流动和集聚所带来的交叉感染风险。党员干部、人大代表、政协委员要发挥带头作用，管好家人、亲属，积极主动参与疫情防控工作，带动街坊邻居自觉遵守规定。要加大依法管控力度，严肃追究不主动申报、拒绝接受测温、不配合医学观察等行为的法律责任。要关心关爱医护人员和基层一线工作人员，加强口罩、测温仪、消毒用品等物资筹措和调配，优先保障疫情防控工作一线需要，做好医疗资源配置、人员轮班值守等工作，保护好医护人员和一线工作人员的身心健康。要把疫情防控与做好"六稳"工作紧密结合起来，在做好防控工作的前提下，统筹抓好全市改革发展稳定各项工作，进一步做好物资储备和调配，加强市场供应，满足群众日常所需，维护社会和谐稳定。

● ● 杭州市召开新冠肺炎疫情防控工作第九次新闻发布会。2月3日0—24时，全市新增报告新冠肺炎确诊病例14例，原有重症病例转轻症2例，治愈出院4例。截至2月3日24时，全市累计报告新冠肺炎确诊病例132例，所有病例均在定点医疗机构接受隔离治疗。

● ● 新冠肺炎疫情防控工作进入关键时期，为打赢这场阻击战，杭州市政府决定实施"防控疫情，人人有责"十项措施。（1）全体市民要以高度的责任感自觉遵守国家和省、市出台的疫情防控各项规定。（2）全市所有村庄、小区、单位实行封闭式管理，人员进出一律测温，并出具有效证件。外来人员和车辆一律严控，特殊情况由管理人员做好登记备案。（3）居民出现发热、咳嗽等症状，必须及时就诊，并第一时间向村、社区报告。对出现确诊病例的，视情对小区、村组、住宅楼单元实行封闭式硬隔离。（4）近14天有疫情重点地区旅居史的市外返回人员，须在1小时内主动向居住地村、社区报告；不主动申报、拒绝接受测温、医学观察等防控措施，将依法追究责任。（5）非涉及居民生活必需的公共场所一律关闭。农贸市场、超市、药店等场所合理安排营业时间，定期消杀，进入人员一律测温、佩戴口罩。快递、外卖实行无接触配送。（6）"红事"停办，"白事"从简，并提前报村、社区备案。对举办或承办集体聚餐、参与聚众活动的单位和个人，将严肃处理。（7）做到不串门、不集聚，尽量不外出，外出必须戴口罩。除特殊需要外，倡导每户家庭每两天指派1名家庭成员外出采购生活物资。（8）落实出租房管理主体责任，加强对承租人员的管控和及时报告，如出租房发生疫情而未及时报告，将依法追究房屋出租主体单位或个人的责任。（9）严禁各单位在2月9日之前通知疫情重点地区人员返杭。除经批准同意的企业外，一律不得开（复）工。（10）党员干部、各级人大代表、政协委员要发挥带头作用，管好家人、亲属，积极主动参与疫情防控工作，带动街坊邻居自觉遵守规定。

●● 中国工程院院士，浙江大学医学部教授、博士生导师，国家卫生健康委高级别专家组成员李兰娟及其团队，在武汉公布治疗新冠肺炎最新研究进展。第一批预测有效的"阿比朵尔"和"达芦那韦"两个药物抑制效果，在传染病诊治国家重点实验室的体外细胞实验中的结果得到证实。第二批预测有效的两个药物还在进行实验室检测中。

5日 ER YUE

●● 省委书记、省新冠肺炎疫情防控工作领导小组第一组长车俊在杭州指导督查疫情防控工作。车俊先后到萧山道谷酒店和杭州市疫情防控指挥部，听取有关情况汇报，了解疫情防控工作，检查集中隔离点设施配备、医疗保障、食宿安排等情况。他还与湖北籍隔离人员代表和杭州各区县（市）疫情指挥部值班同志视频连线。车俊强调，各地各部门要全面贯彻落实习近平总书记提出的落实落细的要求，继续牢牢抓住阻断和治疗这两个关键点，紧紧依靠广大人民群众共同参与，以铁的决心、铁的举措、铁的纪律，推动中央和省委决策部署落实落细、落地见效，坚决打赢疫情防控战，确保人民群众生命安全和身体健康。车俊指出，杭州市是杭州的，省会是全省的。杭州的疫情防控对全省来说至关重要。杭州市要清醒认识当前疫情防控的严峻性、复杂性、长期性，进一步发挥大数据等科技手段的作用，进一步发挥网格化管理的经验，把工作做到每家每户、细化到每人每天，做到"不留死角、不留盲区、见底穷尽"，该隔离的坚决隔离，该治疗的悉心治疗。要以更大力度引导居民群众少出门、不聚集，坚决减少人员流动。在杭的省属和中央单位要率先带头，服从市及社区的管控，当好表率。特别要扎实做好返工、返岗、返学高峰节点即将到来的应对工作，做好对外地返杭人员的摸排工作，妥善安排好企业复产工作，研究落实稳企业保生产的有力政策举措，既坚定不移打好疫情防控战，又稳妥有序打好经济发展总体战。

●● 市新冠肺炎疫情防控工作领导小组召开会议，学习贯彻省委书记车俊在杭州指导督查疫情防控工作时的重要讲话精神，研究部署杭州市下一步疫情防控工作。会议强调，要认真学习贯彻车俊书记的重要讲话精神，切实扛起"三个地"省会城市的使命担当，严而又严、细而又细地抓好中央和省委决策部署落地落实，坚持最严标准，落实最严举措，坚决减少人员流动，坚决守住疫情防控的各个关口，真正让城市"静下来"，确保人民群众生命安全和身体健康，为全省打赢疫情防控阻击战做出杭州贡献。

●● 杭州市召开新冠肺炎疫情防控工作第十次新闻发布会。2月4日0—24时，全市新增报告新冠肺炎确诊病例9例，新增重症4例，治愈出院1例。截至2月4日24时，全市累计报告新冠肺炎确诊病例141例，累计治愈出院8例，所有病例均在定点医疗机构接受隔离治疗。

6

ER YUE

日

●● 市新冠肺炎疫情防控工作领导小组召开专题会议，研究部署杭州市企业复工有关工作。会议强调，要深入贯彻落实习近平总书记重要讲话和中央政治局常务委员会会议精神，按照省委、省政府安排部署，组织企业严格防控有序复工，统筹推进疫情防控和经济社会发展，最大限度减少疫情对经济社会发展的冲击，最大限度消解疫情对杭州市"一城一窗"建设的影响。会议指出，2020年是高水平全面建成小康社会的收官之年，各级党委和政府要继续为实现全年经济社会发展目标任务而努力。当前，杭州市疫情防控形势依然严峻，必须把疫情防控和做好"六稳"工作紧密结合起来。要在做好疫情防控工作的前提下，分类分区分时组织企业有序复工，努力推动经济平稳健康发展。疫情防控必需、群众生活必需以及其他涉及重要国计民生的相关企业要抓紧复工，保障城市正常运行。要实行企业复工申报备案制度，明确企业复工的条件和报备程序，建立全市统一的数字化申报平台，引导企业制订详细的防控操作方案，做好充足的疫情防控准备，切实做到健康信息系统到位、防疫物资到位、防控措施到位。要鼓励支持企业采取网上办公、远程办公、居家办公等措施，减少交叉感染和降低传播风险。要充分运用大数据等技术手段，完善落实企业内部医学观察、自行隔离等措施，实行个人电子健康码，实现信息及时共享、实时追踪，形成无遗漏、全覆盖的管控体系。

●● 杭州市召开新冠肺炎疫情防控工作第十一次新闻发布会。2月5日0—24时，全市新增报告新冠肺炎确诊病例10例，新增重症2例，原有重症病例转轻症4例，治愈出院8例。截至2月5日24时，全市累计报告新冠肺炎确诊病例151例，累计治愈出院16例（含绍兴病人1例），所有病例均在定点医疗机构接受隔离治疗。对确诊的新冠肺炎病人进行救治过程中，杭州坚持中西医并重、相互协同，注重发挥中医药在重大传染病防治的独特优势。

●● 即日起，杭州市针对机关事业单位人员因工作需要，除了单位可制作纸质出行证明外，还可办理电子出行证明。办理电子出行证明的流程是：机关事业单位人员可通过钉钉"掌上政务"中的"抗疫出行证明"应用，提交出行申请，由各单位办公室负责人审批，即提即办。该电子出行证明与原加盖公章的纸质证明具有同等效力，凡机关事业单位工作人员持电子出行证明的，可在规定时间出入居住小区。

7

日 ER YUE

●● 市委、市政府召开视频会议，专题部署全市企业严格疫情防控和有序推进复工工作。市委副书记张仲灿主持，戴建平部署，柯吉欣参加。会议强调，要按照中央和省、市部署要求，在抓好疫情防控各项举措落实前提下，有序推进企业复工复产，确保杭州市疫情防控与企业复工"两手抓""两不误"。会议指出，在严格防控疫情基础上有序恢复正常生产，既是贯彻落实党中央、国务院和省委、省政府决策部署的实际行动，也是保障疫情防控物资及生活必需品供应，回应企业需求的客观需要，事关全市经济社会发展大局稳定。要充分认识推动企业有序复工的重要意义，有效应对返岗人员流动带来的防疫风险挑战，严格按照重大公共突发卫生事件一级响应机制要求和杭州市防疫体系标准，做到思想不松、力度不减、举措不断、严而又严、细而又细地做好复工审核、返岗人员情况摸排、企业生产生活管理等工作。会议强调，要加强全市统筹，把握重要时间节点，坚持稳字当头，分时段、分类别、分区域精准引导推进企业有序复工。市级层面要迅速组建工作专班，加强领导，建立全市统一的复工申报平台和员工健康管理系统，统筹协调各区域各类型企业复工。各区县（市）要压实属地责任，严格把关，做好复工审批和服务保障，监督指导企业落实场所人员防护制度。企业要严格落实疫情防控与安全生产主体责任，全面掌握员工身体健康状况，周密制订疫情防控和复工方案，将防疫机制措施落实到车间班组，逐步恢复正常生产秩序，坚决阻断传染渠道，遏制疫情扩散。全市道路小区各卡口的人车进出管理，要做到依法依规、严格有序，确保复工后城市社会运行秩序正常。

● ●《杭州市企业复工疫情防控工作导则》发布，提供了一份复工申报和疫情防控"全指南"。

根据新发布的工作导则，全市企业复工实行申报备案制，分类分区分时段有序复工。企业需提前三天通过"杭州市企业严格防控有序复工数字平台"申报，经核准后才能复工。其中，涉及疫情防控必需、保障城市运行和企业生产必需、群众生活必需、重点项目建设施工及其他涉及重要国计民生相关的"白名单"企业，以及通过互联网等信息计划开展网上办公、远程办公和居家办公的企业，在优先复工企业之列。为指导企业在复工同时做好疫情防控工作，杭州市对复工企业提出了主体责任落实到位、防控方案制订到位、员工信息摸排到位、联动防控机制到位、防控物资到位六方面要求。工作导则还对复工企业的员工管理、就餐管理、卫生防护、教育宣传、应急预案等提供了具体可实际操作的指导。

● ● 杭州市召开新冠肺炎疫情防控工作第十二次新闻发布会。2月6日0—24时，全市新增报告新冠肺炎确诊病例5例，新增重症病例2例。截至2月6日24时，全市累计报告新冠肺炎确诊病例156例。所有病例均在定点医疗机构接受隔离治疗，除12例重症病例（其中危重6例）外，其余病例病情均稳定。

● ● 市市场监督管理局、市医疗保障局发布《关于暂停全市所有零售药店销售发烧咳嗽药品的紧急通知》。鉴于新冠肺炎疫情防控形势，为进一步加强对发热、咳嗽病人的管理，根据杭州市新冠肺炎疫情防控指挥部要求，该通知决定自2月8日起，全市所有零售药店暂停向市民销售治疗发热、咳嗽的药品。该通知仅用于新冠肺炎疫情重大突发公共卫生事件一级响应期间。8日下午，市市场监管局又对通知补充了一些细节。根据最新规定，各零售药店不允许调配退热、止咳药品（包括西药、中成药），特别是含有可待因、麻黄碱、乙酰氨基酚、阿司匹林、吲哚美辛、舒林酸、萘普生、右美沙芬、喷托维林、布洛芬这十种成分的退热、止咳药。

8 日 ER YUE

●● 市十三届人大常委会第二十四次会议表决通过《杭州市人民代表大会常务委员会关于依法全力做好当前新型冠状病毒肺炎疫情防控工作的决定》，对杭州市疫情防控工作的基本原则和总体要求、各级政府职责、单位和个人权利义务、信息公开和宣传、人大监督和司法保障等做出规定。该决定自2月8日起实施。

●● 杭州市召开新冠肺炎疫情防控工作第十三次新闻发布会。2月7日0—24时，全市新增报告新冠肺炎确诊病例6例，新增重症病例1例，治愈出院6例。截至2月7日24时，全市累计报告新冠肺炎确诊病例162例，累计治愈出院22例，所有病例均在定点医疗机构接受隔离治疗。

即日起，全市企业复工实行申报备案制，企业复工平台上线，符合"六个到位"的企业，通过钉钉App工作台"杭州市企业复工申报"微应用或"杭州市民卡"App即可提交复工申报。

●● 来自重庆的2万千克榨菜和800箱藿香正气口服液抵达杭州。这是新冠肺炎疫情发生以后，重庆涪陵区政府向浙江捐赠的首批抗疫物资。首批抵达杭州的捐赠物资通过省卫生健康委、省公安厅和杭州市对口支援和区域合作局、杭州市民政局等单位，第一时间分配给在抗疫一线的医务人员、警务人员和社区工作者。重庆涪陵区是杭州的对口支援地区。杭州共安排援助资金6.95亿元，实施援助项目128个。

9 日 ER YUE

●● 省长、省新冠肺炎疫情防控工作领导小组组长袁家军在杭州看望慰问奋战在防控一线的广大基层干部、社区工作者和志愿者，并实地检查物流畅通和市场供应工作。袁家军实地走访顺丰快递和菜鸟物流两个企业、检查了西湖区翠苑街道翠苑三区和文新街道五联社区防控措施落实情况，向值守一线的快递小哥和社区工作者表示慰问，重点了解物流畅通存在的突出问题和进货渠道、货源储备、商品价格和质量检测等情况。他强调，当前，全省疫情防控出现一系列阶段性的新特征，巩固扩大防控救治成果至关重要，保障市场供应和物流畅通至关重要，做好返程人员疫情防控和企业复工复产至关重要。要突出"人要管住、物要畅通"，坚持服务群众与防控疫情并重，充分发挥"最多跑一次"改革和政府数字化转型优势，统筹抓好疫情防控大事和民生关键小事，持续有力落实重点人群管控各项措施，扎实做好保障快递、物流畅通等便民工作，努力在防控疫情中更好地服务群众，做到精准严密防控疫情、贴心暖心方便生活。

●● 市委常委会召开扩大会议，学习贯彻习近平总书记在中央全面依法治国委员会第三次会议上的重要讲话精神，研究杭州市贯彻落实意见。

　　会议指出，在新冠肺炎疫情防控的关键时期，习近平总书记的重要讲话深刻阐明了法治对于防控疫情的重要意义，从立法、执法、司法、守法等方面对加强防控工作做出系统部署，为依法做好疫情防控工作提供了行动指南。全市各级各部门要自觉把思想和行动统一到习近平总书记重要讲话精神上来，进一步增强"四个意识"、坚定"四个自信"、做到"两个维护"，始终把人民群众生命安全和身体健康放在第一位，从立法、执法、司法、守法等各个环节发力，依法全力推进疫情防控各项工作，全面提高依法防控、依法治理能力。

　　会议强调，要完善疫情防控的法律规范体系，认真贯彻落实《中央关于依法防控新型冠状病毒感染肺炎疫情、切实保障人民群众生命健康安全的意见》，严格执行相关法律法规，针对此次疫情防治工作的新形势新问题新要求，结合杭州实际制定地方性法规和政府规章，构建系统完备、科学规范、运行有效的疫情防控法规体系。同时，要及时把基层探索出来的合情合理合法的经验做法转化为市民公约、乡规民约、行业规章、团体章程等制度规定。

● ● 杭州市再次集结266名医护人员组成紧急医疗队奔赴武汉，共同抗击新冠肺炎疫情。全体医护人员表示将不负重托、不辱使命，与先行两批紧急医疗队员并肩作战，全力援助武汉打好疫情防控阻击战。

● ● 杭州市召开新冠肺炎疫情防控工作第十四次新闻发布会。2月8日0—24时，全市新增报告新冠肺炎确诊病例3例，新增重症病例2例，治愈出院7例。截至2月8日24时，杭州累计报告新冠肺炎确诊病例165例，累计治愈出院29例，所有病例均在定点医疗机构接受隔离治疗。

● ● 市商务局会同市市场监管局印发了《关于疫情防控期间开展供配餐服务的通知》，并对外公布了首批21个提供餐饮预订、配送服务的品牌餐饮企业及门店名单。首批名单中的企业基本上都是品牌餐饮企业，能提供包括早餐、中餐、晚餐在内的订餐及配送服务，既有传统杭帮菜，也有西式简餐、咖啡轻食等。首批供餐企业分别是：杭州楼外楼实业集团股份有限公司、杭州满江红大酒店、杭州名人名家餐饮投资有限公司、杭州川味观餐饮管理有限公司、杭州照晖冠江楼餐饮有限公司、杭州新白鹿餐饮管理有限公司、杭州全聚德餐饮有限公司、杭州肯德基有限公司、上海必胜客有限公司、杭州鼎香餐饮有限公司、杭州百穗餐饮有限公司、瑞幸咖啡（杭州）有限公司、老娘舅餐饮有限公司。

10 日 ER YUE

● ● 杭州市召开新冠肺炎疫情防控工作第十五次新闻发布会。市委常委、常务副市长戴建平参加。2月9日0—24时，全市新增报告新冠肺炎确诊病例2例，新增重症病例5例，治愈出院12例。2月9日，根据国家最新病例归属地统计口径，非杭州市感染，在杭州市也无居住地的确诊病例，按其常住地归口统计。为此，杭州市核减确诊病例数12例。截至2月9日24时，全市累计报告新冠肺炎确诊病例155例，累计治愈出院41例，所有病例均在定点医疗机构接受隔离治疗。

因疫情延期开学，根据杭州市教育局统一部署，很多学校都利用"互联网+"开展远程教学，实现"停课不停学"。杭州市专门出台严格做好疫情防控帮助企业复工复产的"1+12"系列政策。"1+12"政策中，为破解企业现金流短缺问题，杭州推出临时性降低医保费率措施，对符合条件的参保企业，2月和3月按职工基本医疗保险单位缴费费率的75%缴纳。为破解员工返工住宿难问题，由属地政府统一协调一批宾馆酒店，以优惠价格出租给相关企业，解决员工临时过渡性住宿。全市统筹床位5万张以上，政府安排2亿元予以补助。据初步测算，"1+12"政策涉及支持企业资金达到100亿元左右。"1+12"政策中还明确了企业员工可享受租房补贴的具体条件，对按规定缴纳社会保险费、2019年全年工资收入低于7.2万元、未承租公租房和未享受政府住房补贴且在外租住房屋的企业员工，政府给予每人500元租房补贴。

● ● 杭州市企业分类分区分时段有序复工。根据2月6日市新冠肺炎疫情防控工作领导小组发布的《关于杭州市企业严格疫情防控有序推进复工的通告》，即日起，市企业分类分区分时段有序复工。为确保企业复工复产和疫情防控"两不误"，杭州建立复工"一企一联络员"制度，精准有效强化服务保障。根据复工"一企一联络员"制度安排，杭州进一步深化"走亲连心三服务"机制，由各区和平台为每个复工企业确定一名服务联络专员，建立"一对一"常态化联系，"点对点"指导企业做好疫情防控，协助解决企业在生产经营中存在的困难和问题，既确保各项防疫措施落实到位，又帮助支持企业恢复生产。同时，加大各级党委政府有关减负惠企政策的宣传，增强企业发展信心，政企合力推动经济高质量发展。

● ● 市委全面依法治市委员会办公室出台《关于为新冠肺炎疫情防控期间企业复工复产提供法治保障的意见》，积极发挥法治保障职能，全力支持全市企业在严格做好疫情防控工作的同时有序复工复产。

11日

ER YUE

●● 市新冠肺炎疫情防控工作领导小组召开会议，研究部署杭州市疫情防控和企业复工有关工作。会议强调，要认真贯彻习近平总书记在北京调研指导新冠肺炎疫情防控工作时的重要讲话精神，把疫情防控和做好"六稳"工作紧密结合起来，坚持数字赋能、全市统筹、科学管控、精准服务，坚决遏制疫情扩散蔓延势头，尽可能降低疫情对经济的影响，确保疫情防控的总体战、阻击战"两战全胜"。

●● 杭州市召开新冠肺炎疫情防控工作第十六次新闻发布会。2月10日0—24时，全市新增报告新冠肺炎确诊病例2例。新增重症病例1例，治愈出院7例。截至2月10日24时，全市累计报告新冠肺炎确诊病例157例，累计出院47例。所有病例均在定点医疗机构接受隔离治疗。除16例重症病例（其中危重5例）外，其余病例病情均稳定。

随着企业陆续复工复产，市民对公共交通的需求量不断上升，市公交集团逐步恢复公交运营。为保障企业复工通行需求，市公交集团还提供了定制服务。杭州小红车也增加投放，保障市民的出行。10日零时开始，地铁集团也再次调整加密了列车运行间隔，并兼顾交通枢纽站返程客流需求，末班车延长运营服务30分钟。

●● 为了运用数字赋能加强疫情防控，做好广大市民群众的健康监测服务，方便大家出行，杭州市政府推出"杭州健康码"。"杭州健康码"是根据省政府办公厅《浙江省疫情防控责任令》（第2号）及《杭州市疫情防控指挥部令》（第34号）要求，针对当时"三返"（返工返学返岗）形势，以及重点区域、重点场所分级分类管控需要，为了方便广大市民及待入杭人员正常出行，坚决打赢疫情防控总体阻击战，所采取的一项数字化管理措施。要求广大市民和拟入杭人员主动填写申报，通过审核后，每个人都将产生一个颜色码。"绿码、红码、黄码"三色动态管理：显示绿码者，市内亮码通行，进出杭州扫码通行；显示红码者，要实施14天的集中或居家隔离，在连续申报健康打卡14天正常后，将转为绿码；显示黄码者，要进行7天以内的集中或居家隔离，在连续申报健康打卡不超过7天正常后，将转为绿码。同时要求拟入杭人员，必须申领到"绿码"后才能入杭。

●● 为进一步做好新冠肺炎疫情防控工作，落实《杭州市人民代表大会常务委员会关于依法全力做好当前新型冠状病毒肺炎疫情防控工作的决定》，市信用办发布《关于在新型冠状病毒肺炎疫情防控期间将个人隐瞒病史等行为纳入失信监管的实施意见》，将各隐瞒病史等情形列为失信信息，并依法采取惩戒措施。该意见规定，疫情防控期间，存在个人因隐瞒病史、重点地区旅行史、与患者或疑似患者接触史、逃避隔离医学观察等行为而受到行政处罚的，公安机关将依法将其认定为失信行为。该失信信息将计入个人公共信用记录，并通过"信用杭州"网站、移动终端等多种方式进行公示。该意见明确，疫情防控期间有瞒报疫情等失信行为的，将对其开展失信联合惩戒，鼓励银行、企业等开展市场联合惩戒，对疫情防控期间存在瞒报疫情等情形的主体，采取降低优惠、提高保证金、取消交易等约束措施。支持社会组织和公众举报瞒报疫情情况，完善社会公众举报途径和方式。此外，该意见对此类失信信息的信用修复也将从严处理，从失信行为认定之日起1年内不允许修复。满1年以上的，应当主动签署和公开信用承诺书，并将失信行为认定之日起至提出修复申请之日期间主动参与社会公益事业或志愿服务、接受信用修复培训作为必要修复条件。

12 日
ER YUE

●● 杭州市召开新冠肺炎疫情防控工作第十七次新闻发布会。2月11日0—24时，全市新增报告新冠肺炎确诊病例2例，重症病例减少1例，治愈出院3例。截至2月11日24时，全市累计报告新冠肺炎确诊病例159例，累计出院51例（含核减1例），所有病例均在定点医疗机构接受隔离治疗。

●● 市区两级通过简化流程、线上线下同步审核等方式，加快全市建筑工地复工申请审核，引导企业科学防控、尽快有序复工复产。截至2月12日16时，全市有效申报复工工地59个，其中市级监管项目25个。25个市级项目中，审核通过复工工地13个。

13 日 ER YUE

●● 杭州市召开新冠肺炎疫情防控工作第十八次新闻发布会。2月12日0—24时，全市新增报告新冠肺炎确诊病例3例。无新增重症病例，治愈出院12例。截至2月12日24时，全市累计报告新冠肺炎确诊病例162例，累计出院63例（含核减2例）。所有病例均在定点医疗机构接受隔离治疗，除15例重症病例（其中危重6例）外，其余病例病情均稳定。

●● 经市委组织部、市人力社保局、市卫生健康委研究决定，对杭州市支援武汉医疗队、杭州市西溪医院、杭州市急救中心、杭州市疾病预防控制中心4个集体给予记功奖励。

14 日 ER YUE

●● 全省新冠肺炎疫情防控工作视频会议召开。省长、省新冠肺炎疫情防控工作领导小组组长袁家军强调，从即日起到2月底，是全省实行分区分级精准防控、统筹疫情防控与经济社会秩序的关键阶段。要深刻领会习近平总书记在中央政治局常务委员会会议上的重要讲话精神，按照车俊书记"两手都要硬、两战都要赢"的要求，建立健全精密智控机制，着力防输入防集聚，着力畅通物流人流商流，实现疫情防控、百姓生活、企业生产、经济运行、社会秩序多目标优化。陈金彪、冯飞、朱国贤、王双全、高兴夫、成岳冲出席会议。各市、县（市、区）设分会场。

全省会议以后，杭州市召开续会，听取各区县（市）和钱塘新区、西湖风景名胜区主要负责人有关情况汇报。会议在充分肯定全市前一阶段疫情防控和复工复产工作成效后指出，要深入贯彻习近平总书记重要指示精神，全面落实全省新冠肺炎疫情防控工作视频会议精神，补短板、强弱项、扬优势、增效能，努力实现疫情防控的总体战阻击战"两战全胜"。

●● 杭州市召开新冠肺炎疫情防控工作第十九次新闻发布会。2月13日0—24时，全市新增报告新冠肺炎确诊病例3例。新增重症病例3例，治愈出院6例。截至2月13日24时，全市累计报告新冠肺炎确诊病例165例，累计出院69例（含核减3例），所有病例均在定点医疗机构接受隔离治疗。

15 日 ER YUE

●● 杭州市召开新冠肺炎疫情防控工作第二十次新闻发布会。2月14日0—24时，全市新增报告新冠肺炎确诊病例1例。重症病例减少2例，治愈出院4例。截至2月14日24时，全市累计报告新冠肺炎确诊病例166例，累计出院73例（含核减5例），所有病例均在定点医疗机构接受隔离治疗。

●● 杭州市水运经济逐步恢复运转。杭州港第一艘隔离船舶结束14天的隔离期，在杭州港航服务中心内河处义桥水上查控点正式解除隔离，标志着全市营运船舶和港口企业也陆续复工。

16 日 ER YUE

●● 杭州市召开新冠肺炎疫情防控工作第二十一次新闻发布会。2月15日0—24时，全市无新增报告新冠肺炎确诊病例。无新增重症病例，治愈出院2例。截至2月15日24时，全市累计报告新冠肺炎确诊病例166例，累计出院75例（含核减5例）。所有病例均在定点医疗机构接受隔离治疗，除16例重症病例（其中危重6例）外，其余病例病情均稳定。

为保障城市正常运行，满足复工复产出行需求，经市新冠肺炎疫情防控工作领导小组批准，决定自2020年2月17日零时起，恢复全市城市公共交通和市域道路客运正常运营。即日起，杭州所有出租车在继续严格做好人测温、车消毒、戴口罩的基础上，启动"防疫二维码"，要求乘客配合扫码、实名认证，做到司乘信息真实、可追溯。随着企业陆续复工复产，杭州各区也坚持"严格防控"和"有序复工"两手抓的原则，通过部门、街道、平台齐心发力，协同作战，保证各项工作平稳有序开展。

● ● 杭州发布《关于加快推进企业和建设工程复工复产的通知》，指导全市企业和建设工程加快推进复工复产等相关事宜。针对全市企业复工复产，该通知从简化复工手续、服务复工复产、做好生活配套、强化主体责任、落实属地责任、严肃失信惩戒等方面明确了意见。

● ● 22时07分，杭州定制的全国首趟复工人员免费专列G4138次列车载着300名贵州籍旅客从贵州直达杭州，驶入杭州东站。在全力抗击疫情的同时，杭州企业正在有序地复工复产。为了满足企业复工的用工需求、降低返程运输的疫情传播风险，杭州率全国之先，创新定制了返程复工人员专列，组织疫情相对平稳、来杭就业人员集中的贵州、成都等部分省市人员返杭。

● ● 市总工会对杭州市支援武汉医疗队、杭州市西溪医院、杭州市急救中心、杭州市疾病预防控制中心、杭州市红十字会、杭州市公路管理服务中心6个先进集体授予杭州市五一劳动奖状。这是全省工会系统内首次对新冠肺炎防控中表现出来的先进集体予以表彰。

17 日 ER YUE

● ● 市委常委会召开扩大会议，学习贯彻习近平总书记在中央政治局常务委员会会议和中央全面深化改革委员会第十二次会议上的重要讲话精神、省委常务委员会会议精神，听取市疫情防控工作领导小组关于疫情防控、企业和重大项目复工复产情况的汇报，研究部署下一步工作。

会议指出，新冠肺炎疫情发生以后，在中央和省委、省政府的坚强领导下，全市上下同舟共济、众志成城，坚持因势而动，强化数字赋能，做好精细服务，党员率先垂范，打响了一场疫情防控的阻击战和总体战，取得了阶段性明显成效。当前，全市正处于防控新一轮疫情输入和集聚、从启动复工到正式复产实现达产、城市运转由静向动、市民群众心理调适的转换期。要坚定信心、保持清醒，科学研判疫情和经济社会发展趋势，坚持以区县（市）为单位，坚定目标、精密智控、综合施策，实现"两确保三争取"，努力在抓防控、促发展上走在前列。

会议强调，要打赢疫情防控阻击战、总体战，必须做到有令必行、有禁必止。各地各部门要严格落实统一指挥、统一协调、统一调度的要求，切实做到方向不能偏、力度不能减、速度不能慢。要认真落实省、市激励关爱基层党员干部和医务工作者各项举措，让大家以更加健康的身体、饱满的状态保障"两战全胜"。

●● 杭州市召开新冠肺炎疫情防控工作第二十二次新闻发布会。2月16日0—24时，全市新增报告新冠肺炎确诊病例2例。重症病例减少1例，治愈出院6例。截至2月16日24时，全市累计报告新冠肺炎确诊病例168例，累计出院81例（含核减5例）。所有病例均在定点医疗机构接受隔离治疗，除15例重症病例（其中危重5例）外，其余病例病情均稳定。

●● 市建委发布消息，全市重点项目工程均已全面复工。全市办理监督手续的在建工地4178个，其中517个在建省市重点工程已全面复工，复工备案463个；全市轨道交通百余个重点项目和亚运村地块建设项目均已复工。各建筑工地的防疫事中事后监管也全面跟进。全市建筑工地均采取封闭式管理、返回人员集中医学隔离观察、常态化防护及消毒、每日为工人测量体温等举措，有效保障在杭建筑工人的防疫安全。

●● 为着力解决援鄂一线的医护人员及其家庭的后顾之忧，杭州市总工会在全国工会系统率先出台了关于援鄂医疗队员及其家属保障的"暖八条"。全市工会系统进一步整合资源优势，倾力构建立体式关心关爱机制，真情服务奋战在援鄂一线的医护人员及其家庭，确保他们在一线安心战斗。全市市属医院驰援湖北医护人员122名、区属驰援武汉医护人员199名，合计321名。

"暖八条"的具体内容为：

开展走访慰问。通过基层工会对市属医院每位援鄂医疗队队员家庭进行一次走访慰问，送上慰问金2000元/人。建立关爱台账，做到家庭情况清、通讯地址明、困难需求晓、联系方式畅。

开设服务专线。在职工服务中心开设一条服务专线，及时了解并对接援鄂医疗队队员及其家属的困难及需求。组织一支专业心理咨询师队伍在专线或杭工e家

App免费为医护人员及其家属提供心理疏导和咨询服务。

建立工会志愿服务队。联合产业工会、基层工会征集志愿者，会同单位、社区为市属医院援鄂医疗队队员及其家属提供一对一志愿服务，帮助解决生活必需品采购、老弱病残成员护理等实际困难，帮助医护人员解决后顾之忧。

提供家政服务。以购买服务的方式，联合三替家政服务公司为市属医院援鄂医疗队队员家庭提供家政服务卡，协助做好居家清洁卫生工作。

开通听书会员卡。联合"喜马拉雅"，为医护人员及其家属免费开通一年的会员权益，畅听"喜马拉雅"精彩节目。

安排免费疗休养计划。建立专项资金100万元，在疫情防控阻击战全面胜利后，统筹安排市属援鄂医疗队队员及其家属疗休养，一线医护人员在休假、疗养期间享受所在单位在岗人员同等待遇。

实施春风救助。市属医院援鄂医疗队队员因援助行动不幸感染新冠肺炎，可向春风行动申请急难险反哺救助或应急救助。

表彰先进典型。疫情防控阻击战全面胜利后，对疫情防控工作中表现突出的医护人员即时授予市五一劳动奖章等荣誉称号，宣扬事迹，弘扬精神。

17—21日 ER YUE

●● 市人大常委会主任会议成员分7组到各区县（市）和市有关部门走访调研，助力推动市委有关疫情防控、复工复产部署落实，深化开展"走亲连心三服务"活动。市人大常委会主任于跃敏，副主任许勤华、张建庭、郑荣胜、陈红英、罗卫红参加。

调研组实地走访了40多个企业，看生产、问经营、查防控，详细了解疫情防控、复工复产情况以及存在困难和问题，听取了50位人大代表的意见建议。召开14场座谈会，听取各区县（市）和市有关部门贯彻执行省市人大《关于依法全力做好当前新型冠状病毒肺炎疫情防控工作的决定》以及疫情防控和复工复产情况介绍。人大代表和相关部门负责人围绕精准落实防控举措、加大惠企政策力度、打通城市间物流交通、畅通上下游产业链物资供应、强化物资保障等，提出了60多条意见建议。

调研组指出，各区县（市）和市相关部门认真贯彻中央和省委、市委决策部署以及省市人大决定，结合实际抓好落实。各级人大和人大代表当好示范、主动作为，汇聚疫情防控和复工复产强大合力。

调研组建议，要坚定工作目标，认真贯彻落实中央和省委、市委决策部署，在"两手都要硬、两战都要赢"中争当排头兵，实现战疫发展"两不误"。要坚持问题导向，贴近企业需求，主动靠前服务，加强统筹协调，精准有效指导，切实帮助企业解决关键问题和实际困难。要推动转型发展，补齐短板、强化基础，加快企业新旧动能转换，充分运用大数据，以数字赋能疫情防控和复工复产，激发经济社会创新发展活力。要强化法治保障，将法治贯穿疫情防控全过程，全面提高依法防控、依法治理能力，推动中央和省委、市委决策部署，省市人大有关决定及各项惠企政策落实到位。各级人大代表要带头宣传相关法律法规和政策措施，带头做好疫情防控和复工复产，人大机关党员干部要深入开展"走亲连心三服务"活动，为坚决打赢疫情防控阻击战和经济保卫战贡献人大力量。

18
日
ER YUE

●● 省人大常委会党组书记、副主任梁黎明到杭州开展"走亲连心三服务"活动。于跃敏、戴建平、张振丰陪同考察或参加座谈。梁黎明实地走访了浙江健拓医疗仪器科技有限公司、贝达药业股份有限公司、杭州微光电子股份有限公司、杭州西奥电梯有限公司、浙江华为通信技术有限公司、杭州博世电动工具（中国）有限公司6个企业，详细了解企业疫情防控和复工复产情况以及存在困难问题，听取在企人大代表意见建议。她希望企业在做好防控的前提下，坚定发展信心，加快复工复产，争取把疫情造成的损失夺回来，并叮嘱市区部门坚持问题导向、需求导向，提供精准服务，帮助企业尽快达产稳产。

在随后召开的座谈会上，市人大常委会、市政府及滨江区汇报贯彻执行省人大有关决定、疫情防控和复工复产情况。梁黎明在充分肯定杭州市疫情防控和企业复工复产工作成效后指出，要突出目标导向，认真贯彻落实中央和省委决策部署，在"两手都要硬、两战都要赢"中当好排头兵，为全省实现"两确保三争取"多做杭州贡献。于跃敏表示，市人大将按照市委要求，推动省市人大决定贯彻，监督支持各项政策举措落到实处，为确保"两手都要硬、两战都要赢"提供坚强法治保障。

● ● 杭州市召开新冠肺炎疫情防控工作第二十三次新闻发布会。2月17日0—24时，全市无新增新冠肺炎确诊病例。重症病例减少4例，治愈出院13例。截至2月17日24时，全市累计报告新冠肺炎确诊病例168例，累计出院94例（含核减7例）。所有病例均在定点医疗机构接受隔离治疗，除11例重症病例（其中危重3例）外，其余病例病情均稳定。

● ● 即日起，杭州市区五大客运站全面恢复运营；杭州至萧山机场大巴，杭州至富阳、新登等公交，杭州至千岛湖、新安江客运班车恢复营运。

19 日 ER YUE

● ● 杭州市召开新冠肺炎疫情防控工作第二十四次新闻发布会。2月18日0—24时，全市无新增新冠肺炎确诊病例。重症病例减少2例，治愈出院4例。2月19日0—8时，新增1例确诊病例，这是两天零增长后再现确诊病例。

● ● 即日起，西湖风景名胜区按规定有序开放关停的公园景点，所属的露天型收费景点原则上按正常经营时间开放。各类博物馆（含景区内的故居、阁、楼）等密闭场所继续关闭，开放时间另行通知。为确保安全，景区进行实时游客量控制，日接待量原则上不超过承载量的50%，并分时段安排团队游客间隔性入园，提倡团队游客不超过30人。所有游客要求佩戴口罩参观游览。此次有序开放的收费公园景点实施进门必检。所有游客入园必检，要求出示杭州健康码并测量体温，同时就近设置临时隔离点。

20 日 ER YUE

●● 杭州市召开新冠肺炎疫情防控工作第二十五次新闻发布会。2月19日0—24时，全市新增报告新冠肺炎确诊病例1例。无新增重症病例，治愈出院10例（其中原重症病例5例）。截至2月19日24时，全市累计报告新冠肺炎确诊病例169例，累计出院108例（含核减9例）。所有病例均在定点医疗机构接受隔离治疗，除9例重症病例（其中危重3例）外，其余病例病情均稳定。

●● 随着西湖景区各公园景点的有序开放，景区内配套旅游服务商业网点也陆续恢复经营。在持续做好疫情防控工作的同时，为出游的市民游客提供服务便利。景区资产经营公司下属的西湖礼物苏堤南口店、圣塘闸亭店和湖滨木平台店率先通过现场复工审核，对外开放营业。

西湖水域逐步恢复船舶经营。西湖游船采取的是部分恢复开放经营，20多个码头中只开放中山码头、断桥码头、五公园码头、钱王祠码头、马家湾码头，实际经营的手划（摇橹）船共92艘。同时，手划（摇橹）船实行单双号经营。

●● 扶贫专机兼任复工专机第一次前往凯里。受新冠肺炎疫情影响，即日上午9点，杭州市帮扶黔东南州工作队全体队员第一次统一乘坐浙江长龙航空的扶贫专机兼复工专机前往凯里。

21 日 ER YUE

●● 市新冠肺炎疫情防控工作领导小组召开会议，研究部署全市疫情防控和企业复工有关工作。会议强调，抓好疫情防控和复工复产"双线作战"，既是一道高难度的综合题，也是必须答好的政治责任题。要强化统筹协调，加强疫情期间社会心理疏导，及时回应群众关切，加强矛盾纠纷调处化解，确保人心安定和社会稳定。要全面突破提升，及时固化各地各部门疫情防控、复工复产的好经验好做法，强化数字赋能，突出精准施策，推动"健康码"、企业复工申报平台等功能不断完善升级，努力在应对重大突发公共卫生事件、保障市民健康生活、构建亲清政商关系、优化营商环境等方面提供数字治理解决方案，不断提高城市治理现代化水平。

● ● "杭州健康码"应用升级，率先实现与电子健康卡、电子社保卡的互联互通。杭州市民打开支付宝搜索"杭州健康码"，在"我去就医"选择"市医保用户"或"非市医保用户"，将分别唤起电子社保卡和电子健康卡。在充分保护隐私的情况下，患者不再需要携带实体就诊卡和纸质病历本，通过"杭州健康码"，就能实现挂号、取号、就诊、检验检查、取药、电子发票等医院就诊和医保支付应用。实现互联互通后，疫情防控工作中三种不同颜色的杭州健康码也将为临床医生接诊患者提供更为及时准确的辅助信息支持。

● ● 团市委出台《关于对援鄂医疗队员、疫情防控一线医务人员实施"关爱六条"行动的方案》。

"关爱六条"的具体内容为：

免除兴趣活动费用：对杭州市派出的援鄂医疗队员，杭州市新冠肺炎定点救治医院、急救中心、疾控中心等参加一线防控救治的医务人员子女，需参加2020年杭州青少年活动中心暑期、秋季兴趣培训班的，由杭州青少年活动中心进行统筹，根据个人意愿报名，每期优先安排不多于3个兴趣班。参加杭州青少年活动中心2020年春季班、暑期班、秋季班的上述医务人员子女，免除兴趣班学费。

提供免费体验：对有未成年人子女的杭州市派出的援鄂医疗队员，杭州市新冠肺炎定点救治医院、急救中心、疾控中心等参加一线防控救治的医务人员每人发放2张免费活动券。每张券可到"Do都城"少儿职业体验馆、"笑笑橙"消防应急体验馆、杭州（国际）青少年洞桥营地、杭州青少年活动中心游乐场等团市委所属校外活动场地的其中一个场地参加活动1次。

组建志愿者队伍：组建一支帮扶一线医务人员的志愿服务队伍，下设若干专业服务分队，重点围绕一线医务人员及其家属的切实需求，提供免费理发、心理疏导、交通服务、物资代购、日常通勤、生活应急服务等服务项目，帮助解决后顾之忧。

设立关爱基金：依托团市委下属杭州青荷公益基金会设立"抗击新冠肺炎疫情

医务人员关爱基金"。杭州市派出的援鄂医疗队员，杭州市新冠肺炎定点救治医院、急救中心、疾控中心等参加一线防控救治的医务人员如因参与疫情防控救治导致生活困难等需要迫切帮助情况的，通过关爱基金给予切实帮扶。

搭建共建平台：整合青联委员、青企协会员、青农协会员、12355青少年服务台等团属社会组织资源优势，为一线医务人员及其家属提供切实帮助；推动各地团委主动联系辖区内参与疫情防控的医院团组织，建立"院地"共青团区域共建机制，积极整合辖区内资源为医院团组织做好疫情防控工作提供支撑。

选树先进典型：对在防疫一线中表现突出的青年医务人员和青年集体授予杭州青年五四奖章、优秀团干部、优秀团员、杰出青年突击手，先进团委、先进团支部、优秀青年突击队等荣誉称号。符合条件的推荐参加全国和省级团内先进评比，进一步宣扬事迹，弘扬精神。

22 日 ER YUE

●● 市市场监督管理局、市医疗保障局发布《关于恢复全市所有零售药店销售治疗发烧、咳嗽药品的通知》。该通知规定，即日起，全市所有零售药店恢复向市民销售治疗发热、咳嗽的药品。此前禁止销售此类药品的相关通知停止执行。

●● 千岛湖景区正式恢复旅游接待。为切实做好旅游接待和防疫工作，保障游客安全，千岛湖景区专门推出"安全官"制度——"安全官"经过系统的专业培训后上岗，除了要对景区景点、游船等向游客开放的场所进行消毒，在游客入园时要求游客出示健康码并测量体温之外，还将在必要时向游客提供口罩、消毒酒精等防疫安全服务。

24 日

ER YUE

● ● 全市统筹推进新冠肺炎疫情防控和经济社会发展工作部署会议召开。会议强调，要深入学习贯彻习近平总书记在统筹推进新冠肺炎疫情防控和经济社会发展工作部署会议上的重要讲话精神，认真落实省委、省政府部署要求，统筹推进疫情防控和经济社会发展"双线作战"，推动疫情风险不断降下来、各行各业有序动起来、城市加速跑起来，不断提高杭州大城市治理的能力和水平。会议以视频形式召开，各区县（市）和钱塘新区、杭州西湖风景名胜区管委会，各乡镇（街道）设分会场。

会前，市委常委会扩大会议召开，传达学习习近平总书记在中央政治局会议、统筹推进新冠肺炎疫情防控和经济社会发展工作部署会议上的重要讲话精神和关心爱护参与疫情防控工作医务人员重要指示精神，及省委常务委员会会议、省委视频会议等精神，研究杭州市疫情防控和复工复产等工作。

● ● 市人大常委会党组召开扩大会议，传达学习习近平总书记在中央政治局会议、统筹推进新冠肺炎疫情防控和经济社会发展工作部署会议上的重要讲话精神，传达学习省、市部署会议精神，按照市委要求，研究部署贯彻落实工作。市人大常委会党组书记、主任于跃敏主持并讲话，许勤华、张建庭、郑荣胜、陈红英、罗卫红参加。

会议指出，习近平总书记的重要讲话全面总结了新冠肺炎疫情防控工作，深刻分析了疫情防控形势和对经济社会发展的影响，提出了加强党的领导、统筹推进疫情防控和经济社会发展的重点任务和重大举措，为打赢疫情防控的人民战争、总体战、阻击战指明了方向、提供了遵循、增强了信心。市人大常委会及机关要认真学习贯彻习近平总书记重要讲话精神，切实把思想和行动统一到中央和省委、市委的决策部署上来，发挥人大制度优势、职能优势、工作优势，助力统筹推进疫情防控和经济社会发展"双线作战"，为提高杭州大城市治理的能力和水平做出人大应有贡献。

● ● 市十三届人大常委会第四十四次主任会议召开。市人大常委会主任于跃敏主持，副主任许勤华、张建庭、郑荣胜、陈红英、罗卫红，秘书长张如勇参加会议。

会议听取了市人大法工委关于市政府要求暂时调整商品房预售条件有关规定事项答复有关情况的汇报。会议原则同意市人大法工委提出的答复意见，要求做进一步修改完善后尽快答复市政府。

会议讨论并通过了无障碍环境建设专项监督实施方案。会议要求，市人大常委会社会工委根据主任会议讨论提出的意见，对方案做进一步修改完善后印发实施，并牵头做好无障碍环境建设专项监督的准备工作。

●● 市政府召开党组（扩大）会议，学习贯彻习近平总书记系列重要讲话精神和省、市统筹推进新冠肺炎疫情防控和经济社会发展工作部署会精神，研究部署政府系统贯彻落实工作。会议强调，要紧紧围绕中央和省委、市委决策部署，以"头雁"标准把各项工作抓实抓细抓落地，确保疫情防控和经济社会发展"两手都要硬、两战都要赢"。

会议指出，前一阶段，在各地各部门和全市人民的共同努力下，杭州市疫情防控取得阶段性成效，复工复产稳步推进，城市运转和民生保障等工作有力有序开展。同时还要清醒看到，当前疫情防控仍处于最吃劲的关键阶段，"两手都要硬、两战都要赢"的总要求，给下一步政府工作指明了努力方向，提出了更高要求。

●● 杭州市召开新冠肺炎疫情防控工作第二十七次新闻发布会。2月23日0—24时，全市无新增新冠肺炎确诊病例。无新增重症病例，治愈出院8例。截至2月23日24时，全市累计报告新冠肺炎确诊病例169例，累计出院131例（含核减11例）。

●● 经杭州市妇联党组研究，决定对杭州市支援武汉医疗队等表现突出的17个集体授予杭州市三八红旗集体荣誉。这17个集体分别是：杭州市支援武汉医疗队、杭州市第一人民医院感染科、杭州市红十字会医院结核重症监护室、杭州市西溪医院隔离病房医疗救治组、杭州市中医院丁桥院区发热门诊医疗护理组、杭州市儿童医院派驻抗疫医疗队、杭州市疾病预防控制中心卫生检验中心微生物检测组、杭州市急救中心抗击新冠肺炎疫情洗消队、上城区疾病预防控制中心、下城区疾病预防控制中心、江干区疾病预防控制中心、萧山区疾病预防控制中心、萧山区第一人民医院新冠肺炎救治组、余杭区第一人民医院感染科、富阳区第一人民医院感染科、临安区人民医院感染科、桐庐县第一人民医院感染科。

25 日

ER YUE

●● 杭州市召开专题会议研究杭州市政商"亲清在线"系统建设工作。中国工程院院士王坚和许明、戴建平、柯吉欣出席。

会议强调，要统筹推进疫情防控和经济社会发展"双线作战"，固化提升"企业复工数字平台"和杭州健康码工作成果，按照"清上加亲、在线互动"的理念，加快建设一键通的杭州市政商"亲清在线"系统，努力构建亲清新型政商关系。会议指出，建设杭州市政商"亲清在线"系统是智能互联时代构建亲清新型政商关系的具体实践，是杭州打造国际一流营商环境的重要抓手。要加强"数字赋能"，运用大数据、区块链、云计算等数字技术，推动政府资源整合、数据协同，形成政商"直通车式"的在线服务系统，全面提升城市数字化治理水平，更加主动精细服务好企业，更加自觉接受企业监督。要加快"机制重构"，坚持以人民为中心的发展思想，厘清政府权力边界，依托政商诚信体系，推动政府办事环节减少、服务流程再造，真正建立起政府与市场主体平等互信的发展共同体。要强化"双线互动"，线上加快实现诉求在线直达、事项在线许可、政策在线兑付、服务在线落地、绩效在线评价，线下辅助做好政策解读、事项办理等工作，确保政策兑付不因系统上线而推脱，不因流程变更而止步。要实现"三感俱增"，充分依托平台，加强数据安全管理，切实保护合法权益，为市场主体发展提供高效便捷优质的服务，努力增强获得感、幸福感、安全感。

●● 市政协党组召开扩大会议，传达学习贯彻习近平总书记在统筹推进新冠肺炎疫情防控和经济社会发展工作部署会议上的重要讲话精神和省委、市委工作部署会议精神，紧密结合政协实际，研究部署贯彻落实意见。市政协党组书记、主席潘家玮主持并讲话，翁卫军、汪小玫、叶鉴铭、谢双成、陈永良、王立华、周智林、冯仁强参加。

会议指出，习近平总书记的重要讲话进一步发出了巩固扩大疫情防控成果、加快推动经济社会发展的动员令，为夺取疫情防控和经济社会发展双胜利进一步指明了方向、提供了遵循、划定了重点。全市政协系统要深刻学习领会，自觉把思想和行动统一到中央和省委、市委决策部署上来，以强烈的责任感使命感，积极投身统筹推进疫情防控和经济社会发展"双线作战"，在助力"两手都要硬、两战都要赢"中展现政协的担当作为。

25—26日 ER YUE

●● 省人大常委会党组书记、副主任梁黎明到余杭区指导督查疫情防控和复工复产工作，宣传省委、省政府有关惠企惠民政策，帮助协调解决当前困难和问题，深化开展"走亲连心三服务"活动。于跃敏、张振丰参加。梁黎明一行先后到图维科技、诺尔康、华立集团、鸿雁电器等企业，及径山旅游集散中心、径山村、淡竹元民宿、小古城村、骆驼九宇和茶博园等地。梁黎明充分肯定余杭区疫情防控和复工复产工作成效后指出，要坚持统筹兼顾、综合施策，算好"眼前账"和"长远账"，努力实现既定目标任务。要有序有效、精准到位，加强政策宣传解读，加强点对点帮扶，尽快推动政策落细落实。要坚定信心、率先发展，充分发挥区位、资源、产业、人才等综合优势，始终保持奋发有为精神状态，交出统筹推进疫情防控和经济社会发展的高分答卷。

26日 ER YUE

●● 杭州市召开新冠肺炎疫情防控工作第二十八次新闻发布会。25日0—24时，全市无新增新冠肺炎确诊病例。无新增重症病例，治愈出院3例。截至2月25日24时，全市累计报告新冠肺炎确诊病例169例。所有病例均在定点医疗机构接受隔离治疗，除6例重症病例（其中危重1例）外，其余病例病情均稳定。25日，杭州发布了《杭州市先期开放餐饮服务单位疫情防控指引》，开放部分餐饮服务单位堂食。截至25

日，杭州市前100强外贸企业已全部复工；879个出口1000万美元以上重点外贸企业全部复工，4226个出口100万美元以上企业已复工4156个，复工率98%。杭州是全国首个跨境电商综合试验区，受疫情影响，许多跨境电商企业也受到了不小的冲击。在疫情面前，跨境电商企业充分发挥了物流资源、渠道资源、平台资源、行业组织资源等优势，在全球采购抗疫急需的物资，并通过各种渠道运输回国内。

26—27日 ER YUE

●● 市政协党组书记、主席潘家玮到江干区走访调研疫情防控和复工复产工作，深化开展"走亲连心三服务"活动。潘家玮先后到多个企业和项目施工现场，详细了解疫情防控、复工复产、企业经营、项目施工等情况，积极宣传有关惠企惠民政策，深入询问企业面临的困难和问题，听取意见建议。在走访调研中，潘家玮要求市和区有关部门认真贯彻落实市委的部署，靠前服务、主动作为，加强政策宣传解读，抓好政策细化落地，千方百计推动企业复工达产。全市政协系统要立足职能优势，坚持双向发力，全力为统筹推进疫情防控和经济社会发展添助力、献智力、聚合力。

27日 ER YUE

●● 省委常委、政法委书记王昌荣到杭州调研。张仲灿、佟桂莉陪同。王昌荣走访萧山区宁围街道综合信息指挥室、江干区社会治理综合服务中心、西湖区文新街道登云圩社区、健康码工作专班等。他强调，要紧紧围绕省委决策部署，巩固疫情防控积极向好态势，健全完善"一中心四平台一网格"工作机制，不断提升社会治理社会化、法治化、智能化、专业化水平，为做深做实精密智控、服务保障"两战"提供有力支撑。他指出，现代化的治理，必然是高效能的治理。在疫情防控中，浙江省各地注重发挥"一中心四平台一网格"社会治理机制优势，搭建联防联控平台，集合形成了一套全方位、数字化"防疫系统"。要借势推进、乘势而上，平战结合、补齐短板，不断提升整体效能。要更好地发挥人工智能、大数据优势，加快推进数字化应用向基层社会治理一线拓展，努力消除基层智慧治理的死角与盲区。要更好地推动社会治理领域"最多跑一地"改革，以县级社会矛盾纠纷调处化解中心建设为牵引，不断健全完善基层社会治理模式。要更好地防范化解风险，提高预测预警预防能力，妥善应对涉疫情风险隐患，努力为"两手都要硬、两战都要赢"营造安全稳定的政治社会环境。希望杭州市继续发挥数字治理优势，因时施策、因地制宜，不断提升精密智控的能力水平，为全国市域社会治理现代化探索经验、提供样本。

● ● 省人大常委会副主任姒健敏带队到下城区深化开展"走亲连心三服务"活动，调研督查疫情防控和复工复产工作。罗卫红陪同。督查组一行实地调研了杭汽轮、下城区卫生健康局、恒隆广场地块和银泰武林店，查防控、看生产、问经营，向奋战在疫情防控和复工复产一线的干部职工表示慰问和感谢，并就全力保障疫情防控和经济社会发展"两手都要硬、两战都要赢"提出意见建议。姒健敏指出，新冠肺炎疫情发生以后，下城区坚决贯彻落实中央、省和杭州市决策部署，全面动员、迅速行动、担当有为，严格落实"大包围"和"硬隔离"措施，用心用情提供人性化"软服务"，探索创新"大数据+网格化"联防联控模式，推动疫情防控取得阶段性明显成效。在疫情防控形势平稳向好的基础上，下城区有力有序推进企业复工复产，坚持政策支持和智慧赋能相结合，打好企业服务组合拳，保障省市重点项目建设进度，加快恢复城市正常运转，为完成全年经济社会发展目标任务奠定了坚实基础。

● ● 市人大常委会主任于跃敏到富阳区深化开展"走亲连心三服务"活动，调研疫情防控和复工复产工作情况，宣传中央和省委、市委有关决策部署及各项惠企援企助企政策，帮助协调解决复工复产中的困难和问题。于跃敏走访了国自机器人、惠迪森药业、吉众机电等企业，充分肯定富阳区疫情防控和复工复产工作成效后指出，要深入贯彻落实习近平总书记在统筹推进新冠肺炎疫情防控和经济社会发展工作部署会议上的重要讲话精神，落实好省委、市委的部署要求，切实帮助企业解决难题。要强化数字赋能、创新发展，加大机器换人、技术改造力度。各级人大代表要带头示范，主动担当作为，为统筹推进战疫发展"双线作战"贡献力量。

28 日

ER YUE

●● 市委全面依法治市委员会第二次会议召开，深入贯彻中央全面依法治国委员会第三次会议和省委全面依法治省委员会第二次会议决策部署，总结2019年法治杭州建设工作，谋划2020年及今后一个时期的法治杭州建设主要任务。

会议审议并原则通过了2019年法治杭州建设工作情况和2020年工作要点，调整后的市人大常委会五年立法规划，市人大常委会、市政府2020年立法计划，加强综合治理从源头切实解决执行难问题的意见等，听取了法治建设第一责任人履职情况汇报。

会议在肯定2019年法治杭州建设和疫情期间法治保障工作后指出，新冠肺炎疫情防控是对杭州法治建设的一场大考，是对党员干部能力水平的一场测试。各级各单位要自觉把思想和行动统一到习近平总书记重要讲话精神上来，按照中央和省委、省政府的决策部署，在法治轨道上统筹推进疫情防控和经济社会发展各项工作，以"头雁"标准建设法治杭州，将法治体系建设作为城市治理的骨干工程来抓，推进良法之治，努力打造法治建设示范城市。

●● 市新冠肺炎疫情防控工作领导小组召开会议，研究部署杭州市疫情防控和经济社会发展工作。

会议指出，当前杭州市疫情态势持续向好，生产生活秩序加快恢复，但疫情风险依然存在，疫情防控仍处在最吃劲的"下半场"。越是在承上启下、爬坡过坎的关键时期，就越是要坚定清醒，及时准确分析把握疫情和经济社会发展形势，遵循规律、把握节奏、精准施策，统筹推进"双线作战"，推动疫情风险不断降下来、各行各业有序动起来、城市加速运转起来，不断提高杭州大城市治理的能力水平。会议要求，全市广大党员干部特别是领导干部要增强必胜之心、责任之心、仁爱之心、谨慎之心，全心全力履职尽责，奋力夺取疫情防控和经济社会发展全面胜利。

●● 省政协党组副书记、副主席孙景淼率调研组在杭州围绕"更好发挥大数据在基层治理中的作用"开展专题调研。潘家玮、张振丰参加。调研组一行实地调研了余杭区综合治理服务中心，并召开座谈会，交流大数据在疫情防控中发挥的作用、主要特点及存在问题。

孙景淼对杭州充分利用大数据优势在疫情防控和基层治理中发挥重要作用表示充分肯定。他指出，杭州市特别是余杭区依托大数据优势，靠前谋划，强化协同，精密智控，全力打好疫情防控阻击战和经济社会发展总体战，是全省的生动缩影，为全省推进基层治理现代化提供重要启示和有益借鉴。要继续发扬大干、苦干、实干加巧干、智干的作风，加大力度、更加精准做到"两手都要硬、两战都要赢"，努力交出"双线作战"高分答卷。要认真梳理、全面总结疫情防控中大数据应用的好经验好做法，为推进基层治理现代化提供强大科技支撑，开拓新的方法路径。

潘家玮指出，在这次疫情防控总体战阻击战中，杭州市充分运用大数据技术，在科学精准抓好疫情防控，提升城市治理精细化高效化方面做了积极探索、取得了明显成效。市政协按照市委部署，第一时间响应，主动担当作为，全力服务助推疫情防控、企业复工复产和经济社会发展，接下来将努力发挥政协职能优势，围绕更好发挥大数据在基层社会治理中的作用、高水平推进城市治理现代化，深入调查研究，积极建言献策、助力助推。

● ● 为进一步推动企业复工，实现精准管控，统筹推进疫情防控和经济社会发展，市疫情防控指挥部发布《关于完善企业复工"负面清单"管理机制的通知》。该通知明确，对影剧院、棋牌室、游艺厅、网吧、舞厅、酒吧、KTV、线下培训机构（学历及非学历培训）等人员集聚场所，继续实施"负面清单"管理。景点、农家乐等旅游休闲类企业，专业市场，餐饮企业，书店、美容美发、公共浴室（先期复工仅提供淋浴服务）、足浴店等服务经营类企业，按照《关于加快推进企业和建设工程复工复产的通知》要求，事先承诺，即可复工。该通知要求，企业必须严格落实疫情防控主体责任。所有人员实行"扫码+测温"进入，按"杭州健康码"管理办法。同时，做好日常消毒消杀，直接接触宾客的公用服务用品做到"一客一换一消毒"，公共用品用具受到污染时应随时消毒。经营场所应加强通风换气，尽量选择自然通风、机械通风。一旦发现有发热、干咳等症状的宾客要及时劝阻，并第一时间报告属地政府。

● ● 杭州市召开新冠肺炎疫情防控工作第二十九次新闻发布会。2月27日0—24时，全市无新增新冠肺炎确诊病例。重症病例减少4例，治愈出院6例。截至2月27日24

时，全市已连续8天无新增新冠肺炎确诊病例，累计出院151例（含核减12例）。除2例重症病例（其中危重1例）外，其余病例病情均稳定。

下旬 ER YUE

●● 响应党中央对广大党员的号召，党员市领导在所在支部为支持新冠肺炎疫情防控工作捐款。此次捐款主要用于慰问战斗在疫情防控斗争第一线的医务人员、基层干部群众、公安民警和社区工作者等，资助因患新冠肺炎而遇到生活困难的群众和因患新冠肺炎去世的群众家属，慰问在疫情防控斗争中牺牲的干部群众家属等。

●● 杭州各级机关党员干部深入基层一线开展"走亲连心三服务"活动，以指导企业做好防疫防控和帮助企业复工复产为重点，坚决打好打赢疫情防控阻击战和总体战，帮助企业解决各类问题1万余个。73个市直单位联系服务2600个企业，1.1万名党员干部奔赴复工一线，各区县（市）机关对口联系服务1.9万个企业。同时，杭州各级机关单位为各大产业的复工复产复市出谋划策解难题，加大在土地、资金、招工、农产品销售、恢复市场营业等方面的帮扶力度，进一步优化政府服务，完善审批工作"直通车"机制，强化涉企各项服务支持。

三月

HANGZHOU JISHI

1

●● 浙江大学附属第一医院之江院区第一批56名医护人员走出隔离病房，到安吉隔离和疗养。其中15名医护人员来自浙江医院、浙江省人民医院、浙江大学附属第二医院、邵逸夫医院等单位。对于抗疫一线医务人员的关心关爱，浙江推出了非常多的贴心举措，其中一条就是确保轮换休整到位，及时把高强度工作的医务人员调整出来，进行必要的疗养，使他们能够更好恢复状态，缓解疲劳。浙江大学附属第一医院普通病房和监护室还有300多名医护人员奋战在一线。

●● 为更好地养护水生生物资源，保护钱塘江生物多样性，促进杭州市渔业可持续发展和生态文明建设，据《农业农村部关于实行海河、辽河、松花江和钱塘江等4个流域禁渔期制度的通告》和《浙江省农业农村厅关于加强2020年度钱塘江流域禁渔管理的通知》文件精神，市农业农村局于2月24日发布杭州市2020年钱塘江禁渔通告。

3月1日0时至6月30日24时，钱塘江干流（含南北支源头）杭州段，重要支流分水江、浦阳江、渌渚江、葛溪、壶源溪、大源溪禁止除娱乐性游钓和休闲渔业以外的所有作业方式。

凡违反禁渔期规定的，由县级以上渔业部门根据《中华人民共和国渔业法》《浙江省渔业管理条例》《杭州市渔业资源保护管理规定》等法律法规予以行政处罚；情节严重构成犯罪的，根据《中华人民共和国刑法》三百四十条，最高人民检察院、公安部《关于公安机关管辖的刑事案件立案追诉标准的规定（一）》以非法捕捞水产品罪追究刑事责任。

2

日 SAN YUE

●● 全市"战疫情、促发展"工作推进会召开。会议强调，要深入贯彻习近平总书记重要指示精神，全面落实省委、省政府决策部署，树信心、鼓干劲、战疫情、促发展，合力完成2020年各项目标任务，奋力夺取疫情防控和经济社会发展"两战全胜"。政府和企业是城市发展的共同体，要清上加亲、亲清一家，加快构建新型政商关系。各级党委、政府要坦荡真诚、靠前服务，不断拓展政商"亲清在线"平台应用服务，持续深化"走亲连心三服务"，帮助企业解决实际困难。希望广大企业积极主动、率先突围，以实际行动为"两战全胜"做贡献。要翘首企足、化危为机，使眼前难迈的"坎"成为向上攀登的"梯"；做强主业、苦练内功，真正成为基业长青的老字号；爱国爱家、心系桑梓，紧紧扎根杭州、积极回报社会。会议以视频形式召开，各区县（市）、钱塘新区、西湖风景名胜区和各乡镇（街道）分别设分会场，属地规上企业和人才代表参加。市四套班子领导出席。会上，"鲲鹏"企业等受表彰，企业家代表宣读倡议书，发布杭州市"读地云"及产业用地全球招商计划、政商"亲清在线"平台，举行招商引资项目网上签约，阿里巴巴集团、吉利集团、贝达药业股份有限公司、恒逸集团、市经信局主要负责人做交流发言。

●● 杭州市召开新冠肺炎疫情防控工作第三十次新闻发布会。3月1日0—24时，全市无新增新冠肺炎确诊病例。重症病例减少1例，治愈出院1例。截至3月1日24时，全市已连续11天无新增新冠肺炎确诊病例，累计报告新冠肺炎确诊病例169例。全市无重症病例，所有病例病情均稳定。

●● 杭州市亲清新型政商关系数字平台——"亲清在线"正式上线。为实现"战疫情、促发展"目标，在做好顶层设计的基础上，新冠肺炎疫情期间惠企政策陆续通过"亲清在线"平台实现在线兑付，"2+3"政策也首发上线。"亲清在线"平台是杭州城市大脑的重要组成部分。"亲清在线"平台前端可以分别向企业、政府部门提供政策兑现和互动交流服务等操作功能；后端就是通过城市大脑中枢系统，与部门及区县（市）业务系统进行数据协同，实现政策服务、在线互动和决策支持等功能。

● ● 一款和"杭州健康码"一样的绿色二维码——"杭州品质绿码"在电商平台应用。企业登录系统，上传系统要求的强许可、3~5个关键检测项以及相关资质，系统即会自动考量该商品的生产能力、品质能力、发货能力和运营能力，并对达到要求的商品直接出示品质绿码。仅得到黄码、红码的企业，可根据系统提示补充相应材料，补正通过即可晋升绿码。同时，电商平台可通过微信扫描绿码，得到供应商填写的所有信息，并随机复核供应商填写的内容。

3 日 SAN YUE

● ● 市委常委会召开会议，传达学习习近平总书记在中央政治局常务委员会会议和在北京考察新冠肺炎防控科研攻坚工作时的重要讲话以及省委常务委员会会议精神，研究贯彻落实意见；听取全市疫情防控和复工复产情况的汇报，部署下一步工作。

会议指出，习近平总书记的重要讲话深刻分析当前疫情形势，对统筹做好疫情防控和经济社会发展工作做出重要部署，具有很强的政治性、思想性、针对性、指导性，为大家指明了工作方向，提供了根本遵循。各地各部门要切实把思想和行动统一到习近平总书记重要讲话精神和省委、省政府决策部署上来，坚决扛起"三个地"省会城市担当，围绕"树信心、鼓干劲、战疫情、促发展"，坚持精准施策、强化科技支撑，统筹推进疫情防控和经济社会发展"双线作战"，为全省全国大局做出更大贡献。

● ● 市委决定，追授韦长春同志和张超同志为"杭州市优秀共产党员"，并号召全市党员干部向韦长春同志和张超同志学习。新冠肺炎疫情暴发后，韦长春同志积极参加江干区丁兰街道建塘社区、赵家苑社区防疫指导工作，以党员干部的坚守和担当成为勇敢的"逆行者"。但因多年积劳成疾且连日坚守疫情防控一线，韦长春同志于2月18日在家突发心梗，经医院抢救无效，不幸去世，享年56周岁。张超同志从医22年，始终坚守一名医生治病救人的初心与使命，分别于2018年10月、2019年5月和2020年1月，3次到贵州省丹寨县兴仁镇中心卫生院挂职帮扶，在支医扶贫第一线为人民群众干实事、谋福祉。2020年1月10日，张超同志在丹寨挂职期间因突发疾病抢救无效，不幸去世，年仅43岁。

4
日 SAN YUE

●● 省政协主席葛慧君在杭州走访调研，指导统筹做好疫情防控和经济社会发展工作，并看望慰问奋战在抗疫一线的部分省政协委员和医务工作者。潘家玮参加。葛慧君先后到省红十字会、杭州市疾控中心、浙江大学医学院附属第一医院、广宇集团、浙江林东新能源科技有限公司和杭州宏胜饮料集团走访调研，深入了解企业复工复产情况，并视频连线慰问一线医护人员。她指出，目前疫情防控正向积极向好态势拓展，要进一步把思想和行动统一到中央和省委的决策部署上来，清醒认识统筹做好疫情防控和经济社会发展工作的重要意义和复杂性，持之以恒、再接再厉抓好各项工作，为"两手都要硬、两战都要赢"持续贡献力量。她鼓励委员和企业坚定信心，坚持疫情防控和复工复产"两手抓"，为夺取疫情防控和实现2020年经济社会发展目标的双胜利做出积极贡献。

潘家玮指出，新冠肺炎疫情发生以后，市政协按照市委的部署，坚持双向发力，主动担当尽责，全力服务助推统筹推进疫情防控和经济社会发展"双线作战"。市政协应努力发挥政协职能优势，持续深化"走亲连心三服务"活动，积极围绕公共卫生体系建设、高水平推进城市治理现代化等调查研究、建言献策，在奋力夺取"两战全胜"中展现省会城市政协的责任担当。

●● 市人大常委会主任于跃敏到江干区采荷街道参加市人大机关"走亲连心三服务"活动。于跃敏走访了杭州宋都物业经营管理有限公司、杭州华水市政工程有限公司和中国服装第一街综合服务中心，详细了解企业疫情防控、复工复产情况，询问存在困难问题，听取企业负责人和在企人大代表意见建议，还慰问参与防控值守的社区工作人员和市人大机关党员干部，以及市人大机关驻点企业服务小组成员。于跃敏鼓励企业坚定信心，积极应对大考，尽快复产达产，全力完成全年目标任务。于跃敏充分肯定江干区疫情防控和复工复产工作成效后指出，要深入贯彻习近平总书记关于统筹推进疫情防控和经济社会发展工作重要讲话精神，按照中央和省委、市委有关决策部署，进一步深化市人大机关"走亲连心三服务"活动，以实际行动助力战疫情、促发展。

● ● 由西湖区委、区政府主办的2020年中国杭州"云上西湖"金融服务峰会召开。西湖区委副书记、代区长董毓民担任"网络主播"，在线发布了"一个联盟、三方协同、四大专项"八项金融服务举措。一个联盟，即组建"云上西湖金融服务联盟"，建立"政银企"之间常态化对接和服务机制。三方协同，即发挥好银行机构、地方金融机构、股权投资机构三大主体机构的作用。四大专项扶持包括短期专项转贷资金、科技金融风险池专项支持、区科创直投基金专项投资、防控重点保障企业专项扶持等。

6 日 SAN YUE

● ● 市新冠肺炎疫情防控工作领导小组召开会议，研究部署杭州市疫情防控和经济社会发展工作。领导小组还视频连线区县（市）部署相关工作。会议强调，要深入学习贯彻中央政治局常务委员会会议精神，按照省委、省政府决策部署，坚定"战疫情、促发展"目标不动摇，针对疫情变化新特点，更加精准有力地做好"外防输入、内防扩散、严防集聚"各项工作，以不获全胜决不轻言成功的决心和韧劲，不断巩固成果、扩大战果。要清醒认识疫情防控和经济社会发展形势的复杂性，增强统筹抓好各项工作的责任感和紧迫感，决不能有丝毫松懈麻痹和侥幸心理。要严格落实分区分级精准防控措施，压实各领域各行业防控主体责任，管好人员密集场所，切实防范集聚性疫情风险。要全力抓好复工达产，实现人财物有序流动、产供销有机衔接、内外贸有机贯通，把失去的时间抢回来、把落下的任务补上去。

● ● 杭州市召开防范化解涉疫情风险隐患任务交办会。市委副书记、政法委书记张仲灿出席并讲话。许明主持。张仲灿强调，要认真学习贯彻习近平总书记重要讲话精神，按照省委、市委决策部署，全面开展涉疫情风险隐患防范化解工作，严防发生影响经济运行秩序和社会平安稳定的重大问题，为全市夺取战疫情促发展"两战全胜"营造安全稳定的政治社会环境。张仲灿指出，全市疫情防控工作形势持续向好，社会大局总体稳定，但受疫情影响，在经济运行秩序、社会平安稳定方面也出现了一些新情况新问题。各地各有关部门既要充分看到防控发展向好态势，又要清醒认识涉疫情风险隐患的复杂性严峻性，全面树立风险防范的整体观大局观，坚定必胜信心，紧绷维稳之弦，坚决扛起防范化解涉疫情风险的责任担当。

●● 杭州市召开全市安全生产和消防工作会议暨创建安全发展示范城市推进视频会。2019年，杭州市生产安全事故起数、死亡人数连续16年双下降，在全省安全生产和消防工作目标管理责任制考核中名列第一。2019年，全市发生各类生产安全事故229起、死亡190人，比上年分别下降27.3%、38.5%，未发生生产经营性较大事故，未发生较大以上亡人火灾。

7
日 SAN YUE

●● 市妇联联合市统计局向社会发布了2019年杭州市妇女发展监测报告。报告显示，杭州妇女在参政议政、教育培训、卫生保健、就业保障、法律保护等各项事业上全面进步，学习、事业、生活均衡发展，幸福指数越来越高。其中：杭州女性身心越来越健康，两项阻断率指标首次达到100%；"女学霸"越来越多，46.5%为女研究生；女干部能力越来越强，形成良好的梯次结构，全市村委会成员中女性比例为35.7%，社区（居委会）成员中女性比例54.4%；女性就业面越来越广，权益保障更健全，全市已建会企业的女职工权益保护专项集体合同（集体合同专章）签订率保持在95%以上，执行《女职工劳动保护特别规定》的企业占建会企业的93%以上。

●● 杭州"云聘会"开启云面试环节。"杭向未来"云聘会推出的3万余个岗位，涵盖数字经济、生物医药、智能制造、医疗卫生等重点行业。截至3月7日，为参加云面试投递的简历已超10万份次，其中数字经济、生命健康领域简历投递量占70.3%，北上广深应聘者占1/4，其他省、市、区包括海外应聘者占1/2。

8 日 SAN YUE

● ● 为致敬奋战在新冠肺炎疫情防控一线的医护工作者，3月8日至12月31日，杭州西湖风景名胜区管委会所属的各收费景点、环湖观光电瓶车、游船向全国（含港澳台地区）医护工作者实行免票政策。以实际行动，感恩全国医护工作者在抗击新冠肺炎疫情中冲锋在前、守护生命的无私大爱。

9 日 SAN YUE

● ● 省委农村工作会议在杭州召开。省委书记车俊做出批示。省长袁家军提出要求。省委副书记郑栅洁讲话。彭佳学主持会议。张仲灿在杭州分会场参加。

省委书记车俊批示指出，2020年要如期高水平全面建成小康社会，成色如何关键看"三农"。要坚持以习近平新时代中国特色社会主义思想为指导，统筹推进农村疫情防控和经济社会发展，对标对表同步高水平全面建成小康社会目标任务，聚焦聚力把农业基础打得更牢、把"三农"领域短板补得更实，争当农村改革探路者、城乡融合先行者和乡村振兴排头兵，努力使农业强、农村美、农民富成为"两个高水平"建设的最鲜明特征和最亮丽底色。

省长袁家军批示要求，要以打造"千万工程"升级版为抓手，以全面构建"两进两回"长效机制为支撑，以乡村数字化变革为动力，聚焦农业农村补短板、乡村产业高质量发展、农民可持续增收、乡村治理现代化，加快谋划实施一批牵一发动全身的重大改革、重大项目、重大平台、重大政策，确保农村如期同步高水平全面建成小康社会。

会议深入学习领会习近平总书记对"三农"工作特别是对当前全国春季农业生产工作做出的重要指示精神，贯彻落实中央和省委统筹推进疫情防控和经济社会发展工作会议精神，按照中央一号文件要求，研究部署当前农业生产、如期完成高水平全面建成小康社会目标等工作任务。会议指出，各地各部门要深刻认识做好2020年"三农"工作的重要性，高度重视新冠肺炎疫情对农业农村发展的冲击，坚决稳住农业和粮食生产，发挥好"三农"工作压舱石作用。要把做好春耕生产作为最紧迫的任务，将粮食播种面积落实到村到户到田，确保播种面积种实种足。要加快恢复生猪生产，做好蔬菜、畜禽和水产品的产销工作，确保"菜篮子"主要产品保供稳价。要加快推动农业企业全面复工投产、农家乐和民宿逐步恢复经营，把疫情对"三农"的影响降到最低程度，持续促进农民增收。

● ● 市人大常委会召开第三十次主任办公会议，市人大常委会主任于跃敏，副主任许勤华、张建庭、郑荣胜、陈红英、罗卫红，秘书长张如勇以及机关各部门主要负责人参加会议。会议明确了3月常委会重点工作，对开展"战疫情、促发展"工作、组织"走亲连心三服务"活动、市十三届人民代表大会五次会议筹备工作进行了讨论研究。

● ● 市十三届人大常委会第四十五次主任会议召开。市人大常委会主任于跃敏主持，副主任许勤华、张建庭、郑荣胜、陈红英、罗卫红，秘书长张如勇参加会议。

会议听取了市人大常委会法工委关于调整市人大常委会2020年立法计划和五年立法规划的汇报，要求围绕市委决策部署和全市中心工作，做好年度立法计划和五年立法规划的调整完善工作，报市委审定后印发实施。市人大常委会财经工委关于近期全市财政收支情况的汇报，要求结合疫情防控形势，协调有关部门修改完善2020年度市本级预算草案，并做好市十三届人大五次会议预算草案审查有关准备工作。市人大常委会办公厅关于组建专业代表微信群参与全市"战疫情、促发展"工作情况的汇报，要求以专业代表微信群为阵地，进一步加强与代表的联系，及时收集代表意见建议，充分发挥好专业代表微信群在助力全市"战疫情、促发展"工作中的积极作用。

会议讨论并通过了关于开展"最美人大代表"风采展示工作的方案，要求市人大常委会人事代表工委根据主任会议提出的意见，对方案做进一步修改完善后印发实施。讨论并通过了2020年度市人大常委会重点调研课题，要求市人大机关各部门根据调研课题方案认真组织实施。

● ● 市政协主席潘家玮到市政协医卫界别委员工作站和政协委员企业走访调研，看望慰问市政协委员，深入了解疫情防控和企业复工复产情况。汪小玫参加。

　　潘家玮一行先后到市政协医卫界别委员工作站、杭汽轮集团、爱科科技公司走访调研，听取市卫生健康委负责人和医卫界别政协委员疫情防控工作介绍，实地查看生产车间，详细询问企业疫情防控和复工复产情况，为企业短时间内克服困难、迅速恢复生产点赞。潘家玮强调，杭州市广大政协委员一定要把思想和行动统一到习近平总书记重要讲话精神上来，按照市委的部署要求，立足本职，担当作为，抓紧抓实疫情防控、企业复工复产和经济社会发展各项工作，努力在助力"两战全胜"中再立新功。

10 日 SAN YUE

●● 市委常委会召开会议，传达学习习近平总书记在中央政治局常务委员会会议、决战决胜脱贫攻坚座谈会上的重要讲话和在武汉考察时的重要指示精神及省委常务委员会会议精神，研究贯彻落实意见；听取市疫情防控工作领导小组关于疫情防控和复工复产工作的汇报，部署下一步工作。

　　会议指出，习近平总书记的重要讲话和重要指示，深刻分析了疫情防控和经济社会发展形势，全面部署了加强疫情防控、推动复工复产的各项重点任务，为做好当前及下一阶段工作指明了前进方向、提供了根本遵循。各级各部门要自觉把思想和行动统一到中央和省委的决策部署上来，全面学习领会、主动对标对表，进一步把"战疫情、促发展"各项任务抓实、抓细、抓落地，努力夺取"双线作战"的全面胜利。

●● 杭州市召开新冠肺炎疫情防控工作第三十二次新闻发布会。3月9日0—24时，全市无新增新冠肺炎确诊病例。截至3月9日24时，全市已连续19天无新增新冠肺炎确诊病例，累计报告确诊病例169例。无重症病例，其他病例病情均稳定。尽管国内疫情防控形势向好，但境外疫情日趋严重，防控境外疫情输入风险成为重中之重。截至3月9日24时，浙江共公布境外输入病例10例，均为从意大利回国人员，其中有病例的密切接触者涉及杭州。

●● 杭州2022年第19届亚运会组委会正式启动杭州亚运会官方赞助商和官方供应商

征集工作。首批征集赞助类别包括网络安全、物联感知与认知技术、摄影摄像、非酒精饮料、出行服务平台、西式快餐、家用厨电等。这标志着杭州亚运会市场开发工作进入加速阶段。

根据杭州亚运会市场开发计划，官方赞助商和官方供应商划分的主要依据是对杭州亚运会的贡献和投入以及享受权益的不同。官方供应商又以排他性原则，区分为独家供应商和非独家供应商。入选的企业将享有市场营销权、接待权益、产品服务提供权及优先谈判权等相关权益。

● ● 浙江省重大文旅项目集中开工仪式在湖州安吉县白茶小镇项目现场举行，杭州、绍兴、嘉兴、衢州等10个市设分会场进行视频连线开工，这标志着浙江省文化和旅游项目全面开复工。

2020年杭州市在建重大文旅项目64个，总投资971.65亿元。10日集中开工的32个重点项目，是2020年新签约的项目，总投资338.74亿元，年度计划完成投资57.35亿元，涵盖文旅综合体、特色小镇、主题公园建设等。其中，遗产资源开发、景区提升、重大文化设施、休闲保健、商务会展等项目投入不断加大。

● ● 2019年浙江省改革创新最佳实践案例评选结果正式揭晓，"杭州市西湖区街道人大工作和建设试点"案例荣获全省最佳实践案例，这也是全省人大系统唯一入选的改革创新最佳案例。

11
日 SAN YUE

● ● 省长袁家军到杭州城西科创大走廊调研，并主持召开座谈会专题研究科创大走廊建设和发展工作。袁家军强调，创新是最持续、最长久的竞争力。新时代高起点推进杭州城西科创大走廊建设，是省委、省政府提升浙江发展竞争力重中之重的抓手。要深入贯彻习近平总书记关于科技创新的重要论述，统筹各方资源力量，做强以之江实验室、浙江大学、阿里巴巴为核心的"一体两核多点"，大力度推动平台集聚、人才集聚、政策集聚、要素集聚和体制机制创新，高起点打造面向世界、引领未来、辐射全省的创新策源地。袁家军指出，四年多来的实践充分证明，杭州城西科创大走廊的决策是完全正确的。在万物互联时代，科创大走廊建设要主动拥抱数字革命着眼面向世界、引领未来、辐射全省，加快推进平台集聚，大力支持高校、企业、新型研发机构加快发展，做大做强电商、钉钉、工业互联网、重大装置等新型平台；加快推进人才等高端要素集聚，不断提升城市能级，切实加强土地、资金、人才和优质公共服务保障；加快推进体制机制创新，把科创大走廊作为改革试验田，精准高效优化配置各种资源要素，充分激发龙头型大企业和科技型小企业的创新活力。下一步，要着力抓好以下重点工作：一要制定新一轮规划，聚焦创新策源地，大胆设想，小心求证，深度谋划一批未来技术、产业、生活、城市、治理、"新基建"等硬核成果；二要制定新一轮国土空间规划，率先在科创大走廊完成"多规合一"改革试点，一张蓝图绘到底；三要加快形成省市县的工作合力，省级部门和杭州市、余杭区西湖区临安区要快速行动，推动未来社区、全域土地综合整治等重大改革全面落地。

●● 全市机关"战疫情、促发展、争模范"工作交流会暨机关党建工作座谈会召开，贯彻落实习近平总书记系列重要讲话精神，交流前阶段战疫情促发展工作经验，部署下一步工作。市纪委市监委、市卫生健康委、市公安局、市财政局、江干区和萧山区做交流发言。

会议强调，全市机关要全面贯彻落实中央和省委、市委决策部署，进一步提高政治站位，带头做到"两个维护"，充分发挥各级党组织战斗堡垒、广大党员先锋模范"两大作用"，在斗争实践中全面提升机关党建水平，让党旗在"两战全胜"一线高高飘扬。要持续深化"走亲连心三服务"，扎实开展"助万企、帮万户"活动，组织广大党员干部，深入基层、企业、群众，积极当好助理员、网格员、办事员，为提高基层治理能力、企业复工达产、群众排忧解难，提供有效助力和指导服务，在战疫情促发展中再立新功。要准确把握新时代机关党建的使命任务和特点规律，切实提升机关基层组织力战斗力，建设让党中央放心、让人民群众满意的模范机关。要落实"两个责任"，建立完善工作机制，形成强大合力，抓责任强担当，抓党建强业务，抓督导强队伍，全面加强对机关党建工作的领导。

●● 市委召开农村工作会议，深入学习领会习近平总书记对"三农"工作特别是对当前春季农业生产工作的重要指示精神，贯彻落实中央和省委、市委决策部署，总结工作、交流经验、分析形势，研究部署农业生产和全年"三农"重点工作。市建委、市交通运输局、余杭区、建德市、淳安县、舒兰农业有限公司做交流发言。

会议强调，全市上下要对照目标要求，倒排工期、补齐短板、精准攻坚，确保农村如期实现高水平全面建成小康社会目标。要统筹推进农村疫情防控和农业经济发展工作，抓好春耕生产、保供稳价、复工达产，把疫情对农业的影响降到最低。要加快补齐农业、农村基础设施建设和农村公共服务领域短板，为高水平全面小康奠定坚实基础。要争当部省共建乡村振兴排头兵，高质量推进乡村产业发展，高标准深化美丽乡村建设，高水平完成"消薄增收"任务。要系统集成推进农村改革，健全完善乡村善治格局，以数字赋能提升治理水平，加快推进乡村治理体系和治理能力现代化。要加强党对"三农"工作的领导，加强农村基层党组织建设，强化要素支撑，层层压实责任，有力推进杭州市"三农"工作走在全省前列、展现"头雁"担当，为全国全省大局和杭州市经济社会平稳发展做出贡献。

●● 市人大常委会主任于跃敏到余杭区艺尚小镇和钱江经济开发区走访调研。

于跃敏到小镇客厅，了解艺尚小镇规划建设、疫情防控、复工达产等情况，并实地走访李加林织锦艺术中心、JAC生活馆、伊芙丽、分水契等入驻企业，仔细询问企业在疫情防控和复工复产中遇到的困难问题，听取意见建议，并召开座谈会。于跃敏充分肯定了艺尚小镇、钱江经济开发区"战疫情、促发展"取得的工作成效。她说，艺尚小镇要认真贯彻落实省委、市委要求，按照省委车俊书记提出的"把艺尚小镇打造成全省时尚产业的核心、制高点"的目标定位，发挥人才引领、产业集聚、设计研发、文化创意等优势，发展新时尚，拉动新消费，释放消费潜能，不断满足群众对美好生活的需要；要发挥特色小镇引领作用，带动周边环境的整治提升，为余杭美丽大花园增光添彩；要持续推进疫情防控和复工复产"双线作战"，确保"两手都要硬两战都要赢"，圆满完成全年目标任务。钱江经济开发区要按照市委部署，慎终如始抓好疫情防控，全力推动企业复工达产，锚定智能制造、总部基地、产城融合目标，拉高标杆，体现特色，发挥优势，优化环境，为全市发展大局多做贡献。

●● 省文化和旅游厅与拱墅区政府就"共建运河大剧院"签约。这是大运河文化带浙江段建设中，第一个省区协作的亿元级重大文化项目。

运河大剧院位于拱墅区十大文化项目之一的大运河中央公园二期，用地面积约9.47公顷，主要用于运河大剧院和配套用房建设，其中运河大剧院为1.9万平方米，地下约5万平方米。大剧院的设计融入了运河元素，包含一个1200座通用剧院，可演出歌舞剧、戏曲、话剧、交响乐、音乐剧等；400座多功能小剧院，可兼顾音乐剧、亲子儿童剧以及会议、讲座功能。该项目于2018年1月开工建设，预计于2021年上半年正式交付。

●● 杭州市网红巾帼联盟成立。现场共推选出51位杭州市网红巾帼联盟成员，同时还为这些有意愿做公益献爱心的网红巾帼颁发了"杭州网红巾帼公益大使"聘书。联盟成立首日，第二直播间就启动了首场联盟公益直播。

●● 杭州科技技工学校（暂定名）项目在富阳永昌镇唐昌村开工。

由西湖区科技职业培训学校投资8500万元建设的杭州科技技工学校（暂定名）项目，选址原永昌镇中学校区，计划于2020年9月建成投用，面向全国招生。小匠网等双创平台和孵化器项目同时迁入永昌镇，年营收4000万元。杭州科技技工学校（暂定名）将围绕富阳及永昌镇的产业特色，订单式培养中职学历技能型人才，校企合作打造"创客孵化中心""产业互联网联盟""特色产业孵化培训中心"等。2020年秋季开学后，在校生预计1000人，力争5年内培训8000名以上技工。

12 日 SAN YUE

●● 省委书记车俊，省委副书记、省长袁家军，省政协主席葛慧君，陈金彪、冯飞、朱国贤、许罗德、黄建发等省领导到杭州萧山区钱江世纪城亚运村地块景观绿化带，参加义务植树活动。副省级领导干部，市四套班子领导，省、市、区机关干部，解放军、武警官兵代表等300多人参加植树活动。

植树前，车俊一行听取了杭州亚运场馆及设施建设情况汇报，并号召大家动手种好亚运林，为筹备好杭州亚运会多添一片绿。车俊指出，植树造林是加快建设美丽浙江的实际行动，是顺应人民群众对美好生活新期待的重要举措，是一项普惠的民生工程。这些年来，浙江省委、省政府深入贯彻习近平总书记在浙江工作时提出的"绿水青山就是金山银山"发展理念和"生态省"建设重大战略部署，坚持一张蓝图绘到底、一任接着一任干，大力开展国土绿化和城乡绿化美化，推动生态文明建设不断迈上新台阶。2020年是"绿水青山就是金山银山"发展理念提出15周年，开展植树造林特别有意义。希望全省上下积极行动起来，利用春天的大好时光，多种树、种好树、护好林。特别要更加重视彩化，多种彩色树种、珍贵树种、乡土树种，把浙江的山川大地装扮得更加美丽，为子孙后代留下更多的"绿色银行"，为野生动物留下充足的栖息空间，促进人与自然和谐相处。

● ● 省委全面深化改革委员会第八次会议召开，举行了第一次党委（党组）书记改革工作述职。

● ● 市政府召开常务会议，研究疫情防控形势，部署加快经济社会发展、做好亚运会筹办等工作。会议强调，要深入贯彻习近平总书记重要讲话和指示精神，坚决落实省委、省政府和市委决策部署，统筹推进疫情防控和经济社会发展"双线作战"，落实落细各项政策举措，积极有序实施亚运城市行动，为"两手都要硬、两战都要赢"做出更大贡献。

会议指出，面对依然复杂的疫情防控形势，各地各部门绝不能掉以轻心、松劲懈怠，要清醒认识到境外疫情输入风险上升、产业链协同不够顺畅、部分服务行业经营压力较大等问题和难点，坚持政府过"紧日子"，统筹抓好"战疫情、促发展"两方面工作，持续强化精准防控，全力帮助企业纾困解难，抢抓"新基建"、新消费等发展机遇，激发经济社会发展活力，确保完成年度目标任务。

会议审议并原则通过了《2022年杭州亚运城市行动计划纲要（送审稿）》，研究了国土空间规划编制、城镇生活垃圾分类中长期规划等，并对3月市政府重点工作进行了部署。

● ● 杭州市召开新冠肺炎疫情防控工作第三十三次新闻发布会。3月11日0—24时，全市无新增新冠肺炎确诊病例。截至3月11日24时，全市已连续21天无新增新冠肺炎确诊病例。全市累计报告新冠肺炎确诊病例169例。全市累计出院179例（其中划归外省病例12例）。无重症病例，其余2例病例病情均稳定。12日凌晨，市疾控中心报告了一名无症状的感染者，已对与该名人员有关的密切接触者，按照相关要求，在属地进行集中隔离医学观察。

● ● 首届中国（千岛湖）数字经济创新创业大赛在千岛湖智谷举行。大赛由淳安县委、县政府主办，有10个优质项目进入决赛。

● ● 南京的溧水生态智慧未来城正式开建，将依托高铁站打造站城一体的4.0版火车站，兼具商业、文化、展览、休闲等多种功能。该项目开工建设意味着宁杭合作试验区取得新突破。

溧水生态智慧未来城位于南京南部，依托宁杭高铁溧水站，规划总面积约40平方千米，将按照生态化、一体化、智慧化的建设理念，建设引领未来的智慧标杆城市，核心区面积约10平方千米。其中5平方千米率先启动，包括站前片区功能提升、市政道路等6个方面，总投资约15亿元。

13 日 SAN YUE

●● 中国共产党杭州市第十二届纪律检查委员会第五次全体会议召开，市四套班子领导出席。市委常委、市纪委书记、市监委主任陈擎苍代表市纪委常委会做工作报告。会议以视频形式召开，各区县（市）、钱塘新区、西湖风景名胜区分别设分会场。副市级以上领导干部，市纪委委员、市监委委员，市直部门主要负责人等在市主会场参加会议。

●● 市新冠肺炎疫情防控工作领导小组召开会议，研究部署杭州市疫情防控和经济社会发展工作。

会议强调，要深入学习贯彻习近平总书记在湖北武汉考察时的重要指示精神，认真落实中央和省委、省政府工作部署，坚持慎终如始、善作善成，毫不放松抓实抓细疫情防控和经济社会发展工作，坚决做到不麻痹、不厌战、不松劲。

会议指出，要把严防境外疫情输入蔓延作为杭州市疫情防控的首要任务，始终保持头脑清醒，准确把握和主动应对疫情形势变化，按照周密、细致、联动的要求，全流程、全方位做好精密应对和精细准备工作。要强化首站负责制、属地责任制，加快完善以国际健康码和海外侨胞回国健康信息预申报平台为核心的管控体系，把"点对点"受控接送和"应隔尽隔"等管控措施落实到位。要加强协调联动，完善联防联控机制，做好数据共享、远端防控、口岸检疫、应急处置等各项工作。要及时了解海外侨胞、留学生、外籍人士的困难和需求，用心用情做好帮扶工作。

●● 杭州2022年第19届亚运会监督委员会第二次全体会议召开。亚组委副主席、副省长、亚运会监督委员会主任成岳冲，缪承潮、陈卫强出席会议。

会议审议了监督委员会2019年工作总结和2020年工作建议的报告，听取了专项工作汇报，并对之后监督委员会工作开展进行了部署。会议指出，2019年，监督委员会围绕亚组委中心工作，抓住制度建设、风险防控、监督合力等关键举措，积极打造"责任共同体"，整合监督力量，压实监督责任，构建了一张运行有力的监督网络。通过参与监督市场开发、政府采购、场馆建设等工作，有力发挥了"免疫系统"功能，推动了亚运筹办事业在阳光下进行。

●● 杭州市召开信访联席会议，学习贯彻中央和省委、市委有关精神，总结工作、分析形势，研究部署下阶段信访工作。市委副书记、政法委书记张仲灿强调，要坚持以人民为中心，畅通群众诉求渠道，把矛盾纠纷化解在早、处置在小，进一步提升人民群众获得感、幸福感、安全感。张仲灿指出，过去一年，全市上下认真贯彻落实习近平总书记加强和改进人民信访工作的重要讲话精神，坚决扛起省会城市信访工作的责任担当，全面梳理工作短板，合力破难攻坚，在全省率先实现县级社会矛盾纠纷调处化解中心（信访超市）市域全覆盖，充分发挥信访工作联席会议机制作用，各项工作成效明显。

●● 市政府印发《关于疫情防控期间支持旅游行业共渡难关的补充意见》（简称《补充意见》），涵盖了国有景区免费开放、向旅游企业输血、宾馆住宿降价优惠、"杭州人游杭州"、拓展文旅数字服务场景等八项举措，帮助旅游行业纾困解难、有序复工，推动旅游市场复兴。

根据《补充意见》，杭州将设立旅游行业纾困资金，用于重点难点问题处置，加快旅游服务质量保证金暂退工作，加大对旅行社境外法律纠纷援助。2020年，全市所有A级景区对全国医务工作者实行全年免费开放；5月1日前，符合疫情防控要求的国有A级景区向境内外游客实行免门票开放，鼓励非国有A级景区参加免费开放活动。鼓励宾馆提供五折房费降价优惠。鼓励旅行社加大客源引进力度，对旅行社招揽境内到杭州过夜游客实施奖励。

14
日 SAN YUE

●● 即日起，根据《关于疫情防控期间支持旅游行业共渡难关的补充意见》要求，西湖风景名胜区下属岳王庙、黄龙洞、飞来峰、郭庄、三潭印月、钱王祠、木兰山茶园、城隍阁、玉皇山、万松书院、六和塔、虎跑、云栖、植物园、动物园、少儿公园及胡雪岩故居17处收费公园景点，在5月1日前对境内外游客实行免门票政策。但，胡雪岩故居等密闭场所（含景区内的阁、楼、塔等）根据疫情防控需要继续关闭，恢复运营后方可游览。

16
日 SAN YUE

●● 全省制造业高质量发展大会在杭州召开。省委书记车俊出席并讲话。省委副书记、省长袁家军主持。陈金彪、冯飞、熊建平、李学忠、朱从玖、高兴夫、陈铁雄，工业和信息化部复工复产联络员浙江组成员代表在主会场出席。市领导在杭州分会场参加会议。省经信厅、宁波市、杭州钱塘新区等负责人做了交流发言。会议以视频形式召开，各市、县（市、区）设分会场。

车俊强调，要深入贯彻习近平总书记重要讲话精神，全面落实制造强国战略，进一步凝聚共识、提振信心、营造氛围，坚持以新发展理念引领制造业高质量发展，加快建设全球先进制造业基地，为"两手都要硬、两战都要赢"注入强劲动力，为"两个高水平"建设提供强大支撑。

车俊指出，制造业是立国之本、强国之基。浙江从制造业起步，以民营经济、实体经济见长，这是富民强省的奥秘所在，也是迈向现代化的必由之路。建设全球先进制造业基地，是深化落实习近平总书记关于制造强国战略论述和决策部署的浙江担当，是顺应大变局、把握大变革、应对大事件的战略选择，是开启高水平现代化建设新征程的重大举措。我们必须站在全局和战略高度，以更强的使命感、责任感落实好制造强国战略，在"八八战略"指引下，以"三个地"的政治自觉扛起建设全球先进制造业基地的新使命。

袁家军强调，要着力培育数字安防、汽车及零部件、绿色化工等世界级先进制造业集群，打造十大标志性产业链。着力提升重大平台能级，推进"三廊四新区""万亩千亿"新产业平台、创新示范区、工业互联网发展示范区建设。着力招引重大项目，大力度谋划引进建设省市县长项目、高质量外资项目、"六个千亿"产业项目等具有乘数效应、牵一发动全身的标志性引领性项目。着力释放重大改革红利，全面整合提升开发区（园区）和产业集聚区，深化"多规合一"、天然气电力和投资审批领域改革。着力加强重大政策供给，坚持"亩均论英雄"，引导资源要素向优势区域、优势产业、优势企业集中，实施减税减费减租减息减支共克时艰行动，特别是要以政府实打实减支推动企业减租、银行减息，定向精准支持疫情期间贡献大的企业，形成政银企携手共渡难关、共促高质量发展的良好局面。

●● 杭州市总工会召开第十五届委员会第六次全体（扩大）会议。会上，市人大常委会副主任、市总工会主席郑荣胜做了题为《永葆初心本色，扛起使命担当，为夺取疫情防控和经济社会发展"两战全胜"发挥主力军作用》的工作报告。

●● 杭州市直机关党员干部"助万企、帮万户"活动全面启动。由市委办公厅、市委政研室、市委改革办选派的21名机关干部组建起4支服务小分队，第一时间分赴萧山区瓜沥镇、江干区四季青街道、建德市乾潭镇、淳安县枫树岭镇驻点办公，持续深化"走亲连心三服务"。

"助万企、帮万户"活动至6月底结束。其间，市和区县（市）两级机关选派2万余名党员干部，以服务小分队、企业服务网格员、助企健康服务专员等形式，陆续到杭州各乡镇街道和重点项目、企业开展驻点服务，实现全市190个乡镇（街道）驻点服务全覆盖。同时，2万余名机关党员干部参与"万名机关党员结对帮扶万户城乡困难家庭"活动，对结对的困难家庭进行走访慰问。

●● 市教育局印发《杭州市中小学、幼儿园2020年春季开学前后疫情防控工作方案》，要求各地各校根据本地本校实际进一步细化方案，并于3月25日前上报市教育局。

●● 市人力社保局、市医保局、市财政局、市税务局等多部门正式启动杭州市阶段性减免企业社保费操作，为全市企业减轻社保费单位缴费负担369亿元，政策受益面覆盖39.7万个参保单位（含单位方式参保的个体工商户）。

●● 由团市委、市青年联合会、市青年企业家协会主办的"中国青年电商网红村"在未来科技城挂牌成立。蚊子会董事长王俊桦被聘为村长，知名电商达人薇娅、李子柒、吴蚊米、烈儿宝贝、左岩、祖艾妈、fashion美美搭、宝剑嫂、heika-Z、三个妈妈六个娃被聘为首批名誉村民。名誉村民代表左岩还代表村民们宣读了"中国青年电商网红"宣言，呼吁广大青年电商网红自觉做到"五个严格，四个绝不，一个积极"，共同维护行业秩序。

17 日 SAN YUE

●● 杭州市组织工作会议召开。会议贯彻落实全国全省组织部长会议和市委部署要求，总结2019年工作，部署2020年重点任务。会议肯定了2019年全市组织系统各项工作取得的成果，并强调全市组织系统要以聚焦高质量谱写新时代党的建设和党的组织路线的杭州篇章为总目标，以更好精神状态、更实工作举措，围绕干部、组织、人才、公务员等方面履行主责主业，加强组织部门自身建设，争取更丰硕成果，为统筹疫情防控和经济社会发展、推动杭州城市治理现代化和"一城一窗"建设提供坚强组织保证。

会议要求，2020年，杭州组织系统要聚力引领党员干部创新理论武装，发挥"三个地"省会城市优势，持续推动理论学习，加强学思践悟，常态抓好主题教育终身课题。要聚力服务保障"两手都要硬、两战都要赢"，总结推广基层经验，深化考核成果运用，精准落实关爱激励，积极助力复工复产。要聚力锻造高素质干部队伍，扎实做好"选育管用"工作，强化政治把关，加强干部能力建设与梯队建设，强化"两个担当"良性互动，加强公务员"职业生涯全周期管理"，统筹推进机构编制和老干部工作。要聚力从严治吏强化干部管理监督，突出政治监督，提升选人用人监督水平，健全完善干部大监督机制。要聚力提升基层党组织政治功能和组织力，探索党建引领城市治理新路径，打好村社换届攻坚战，深化"整乡推进、整县提升"和两新党建"三整一全"建设，持续加强党员教育管理和党群服务阵地建设。要聚力打造人才生态最优市，大力打造高能级人才平台和载体，重视发挥市场主体引才作用，全面提升服务人才水平。

18日 SAN YUE

●● 省人大常委会副主任姒健敏带队到杭州调研居民生活垃圾分类处置情况。市人大常委会主任于跃敏、副主任罗卫红陪同。调研组先后到建德市莲花镇齐平村、法院机关，西湖区村口家园小区、双浦易腐垃圾资源化处置中心、杭州绿能环保发电有限公司、滨江区太阳国际公寓小区等地，实地察看了解居民生活垃圾投放、收运、回收利用、无害化处理及源头减量等情况，并就"桶长制""积分奖励制"等做法，与村社干部、物管人员进行交流。

姒健敏充分肯定杭州市城乡居民生活垃圾处置工作成效。他指出，杭州深入践行习近平生态文明思想，围绕省委、省政府"一年见成效、三年大变样、五年全面决胜"的总目标，高水平推进居民生活垃圾分类处置各项工作，生活垃圾源头减量明显，资源利用率逐步提高，城乡居民生活环境质量进一步提升。于跃敏表示，市人大常委会将在市委领导下，按照省人大常委会的部署要求，全力推动《杭州市生活垃圾管理条例》的落实，用法治力量助推垃圾分类。

●● 浙江大学医学院附属第一医院携手马云公益基金会、阿里巴巴基金会，通过阿里云、阿里健康技术支持，向全球发布《新冠肺炎防治手册——浙江大学医学院附属第一医院临床经验》（中英文版）。手册在两个基金会官网、阿里云官网和浙江大学医学院附属第一医院官网正式发布上线，意大利语、韩语、日语、西班牙语版也在随后发布。手册是浙江大学医学院附属第一医院在中国国家卫生健康委防控及诊疗指南基础上，通过两个月的实战，探索总结出的一套适用于医疗机构且有实际操作性的经验手册，特别是在重症、危重症患者救治方面，针对患者不同分型的救治原则及诊疗过程中可能发生的各类问题，均提供了细致及全面的解答。

●● 为更好满足市民通勤需求，助力城市复工复产，提升公共交通出行分担率，根据杭州市新冠肺炎疫情防控工作领导小组出台的《关于优化公共交通、服务复工复产有关措施的通告》，暂定从3月18日起至3月31日，工作日7：00—9：00、16：30—18：30，主城区公交线路（包含主城区与四区连接线，专线除外）、已开通运营的地铁线路，试行免费乘车措施。疫情防控期间，杭州公交与地铁继续实行"亮码乘车"，并且严格落实防疫举措，保障乘客出行。

18—19日 SAN YUE

●● 省委书记车俊在淳安调研，考察乡村经济社会秩序恢复情况。车俊首先到基层联系点下姜村，随后考察千岛湖中心湖区、文渊狮城特色小镇等地。车俊强调，要全面落实中央部署要求特别是习近平总书记重要讲话精神，把深化"走亲连心三服务"与推动复工复产紧密结合起来，在落实政策、创新政策上更加给力，在打通堵点、解决难点上更加精准，加快推动春耕备耕动起来、乡村旅游旺起来、生态建设活起来，确保全省农村同步高水平全面建成小康社会。希望大家牢记习近平总书记的嘱托，坚定不移把"大下姜"建设好，在未来发展中树立更高目标，在"大融合""大手笔""大治理"上下更大功夫，更好做到平台共建、资源共享、产业共兴、品牌共塑，争当"发展带头人、新风示范人、和谐引领人、群众贴心人"。同时，把"大下姜"模式推广到全县域。

●● 杭州市召开新冠肺炎疫情防控工作第三十五次新闻发布会。3月18日0—24时，全市无新增新冠肺炎确诊病例。截至3月18日24时，全市累计报告新冠肺炎确诊病例169例和根据国家要求重新纳入杭州市的病例12例（即2月10日国家核减的在杭州市治愈的TR188新加坡航班湖北籍病例9例和河南籍病例3例）以及境外输入型病例2例。

●● 来自湖北省恩施州的6辆复工大巴分别抵达余杭区、萧山区。6辆复工大巴上搭载的146名乘客，是新冠肺炎疫情发生后，首批跨省到杭州返岗复工的恩施籍务工人员，也是企业复工复产急需的"第一资源"。疫情期间，杭州共梳理符合恩施州需求的2万余个企业用工信息，通过当地驻村"尖刀班"下沉通知至每村每户，并做好预登记。同时，杭州还优选了一批针对贫困户的岗位，帮助有外出就业意愿的恩施人提前了解杭州的就业信息。杭恩两地人力社保部门联手推出"2020杭州—恩施就业扶贫线上招聘会"，借力人工智能、大数据等技术，实现人岗精准匹配。

19—20日 SAN YUE

●● 市政协主席潘家玮分别到临安区、淳安县走访调研，深入了解疫情防控、企业复工复产和春季农业生产情况，深化开展"走亲连心三服务"活动。潘家玮走访杭州天恒机械、锦海农业科技、永通电缆公司，临安区上田茶叶合作社、淳安县鸠坑一品茶业公司，以及板桥镇花戏村、千岛湖镇富城村。调研期间，潘家玮看望了参加"助万企、帮万户"活动驻点服务的市政协机关党员干部，叮嘱大家要认真学习请教，积极发挥优势，倾力做好服务，展现政协机关干部良好形象。

20日 SAN YUE

●● 市新冠肺炎疫情防控工作领导小组召开会议，研究部署全市疫情防控和经济社会发展工作。根据国家卫生健康委口罩使用指南对低风险区的要求，在做好会场通风工作的前提下，全体与会人员摘下了口罩。

会议指出，在中央和省委坚强领导、全市人民共同努力下，全市统筹推进疫情防控和经济社会发展"双线作战"取得积极成效。同时，也要清醒看到境外疫情扩散给全市防控工作带来的风险和挑战。要准确把握国内外疫情防控和经济形势的阶段性变化，因时因势调整工作着力点和应对举措。要落实外防输入重点任务，强化精密智控，加强长三角地区联防联控，完善数据共享、信息通报和入境人员核查机制，合力形成航空运输、口岸检疫对接、目的地送达、社区防控闭环。

●● 市委全面深化改革委员会第五次会议召开。会议审议通过了市委改革委2019年工作总结报告和2020年工作要点及试点清单，完善公共卫生应急机制和大健康体制机制、破解企业员工子女就近"入好园"推进产业园区嵌入式幼儿园（含托育）发展、创新"一地一码"协同服务平台助推项目精准快速实施等改革方案。

会议指出，2020年是高水平全面建成小康社会和"十三五"规划的收官之年，也是党的十八届三中全会确定的"在重要领域和关键环节改革上取得决定性成果"的收官之年。要做好"固化提升"文章，把疫情防控中形成的改革成果转化为制度规范。积极拓展"健康码"应用场景，使"健康码"成为市民爱不释手、高频使用的健康顾问；全面提升"亲清在线"的应用效能，推动平台由服务企业"复工复产"向"走亲连心三服务"在线化常态化转变；放大"读地云"在线服务功能，提高对企业的吸引力和黏合度；构建机关党员干部"助万企、帮万户"长效机制，推动机关党员干部走基层、接地气、转作风。

● ● "跨省互认健康码"上线，可通过浙里办、支付宝等移动App获取。外省来浙人员可通过登录浙里办、支付宝等移动App的"跨省互认健康码"功能实现互认。与杭州健康码不同的是，"跨省互认健康码"只有红绿两色，其中红码人员将根据具体情况采取送医、集中隔离、居家隔离等管控措施，绿码人员可在浙江省内通行，无须再进行隔离。

● ● 西湖区茶农用工补贴政策正式在"亲清在线"平台上线，全区所有茶农都可享受到补贴政策。根据《西湖区2020年新冠肺炎疫情期间春茶生产扶持方案》规定，疫情期间对全区茶农进行补贴，每亩补贴标准不超过100元。该项政策惠及约7000名农户，发放补贴近160万元。

21 日 SAN YUE

● ● 杭州市新冠肺炎疫情防控指挥部发布《关于调整疫情防控措施的通告》。杭州市将在全力防范境外疫情输入的基础上，适时调整前期的一些防控措施，尽快恢复正常生产生活秩序。

● ● 中国茶叶博物馆、杭州南宋官窑博物馆、杭州名人纪念馆、韩美林艺术馆、杭州工艺美术博物馆按规定有序开放，各公园景点内的故居、阁、楼、塔等场所也同步有序开放。为实现可控、有序参观，景区内博物馆、纪念馆提倡实名预约参观和无现金支付，同时进行实时人流量控制，日接待量原则上不得超过最大承载量的50%，并分时段安排观众间隔性入内。所有人员一律要求佩戴口罩。疫情期间暂不提供讲解及寄存服务，不使用中央空调，原则上不接受团队参观。

●● 2020年杭州市总工会万名一线职工免费疗休养活动正式启动。首批100名坚守在社区防疫一线的杭州职工走进余杭大径山疗休养。杭州市总工会还建立了专项资金100万元，统筹安排市属援鄂医疗队队员及其家属进行疗休养，这些职工（劳模）在疗休养基地不仅可以享受免费疗休养，还可享受免费住宿、免票服务、免费暖心菜、免费维修等服务。

●● 杭州市新冠肺炎疫情防控指挥部发布《关于2020年清明安全祭扫管理服务的通告》，倡导市民绿色祭扫，现场祭扫需预约，每个墓位限约3人，暂停组织群众集中祭扫。

22日 SAN YUE

●● 2020年杭州市"3·22世界水日、中国水周"主题活动暨杭州水利科普馆开馆仪式在三堡排涝工程现场举行。副省长彭佳学宣布科普馆开馆，张仲灿为杭州林水志愿服务队授旗，王宏致辞。活动以"坚持节水优先，建设幸福河湖"为主题，并增加线上互动环节。杭州水利科普馆以"水与杭州"为主题，通过"序厅""水之利""水之治""水之灵""水之梦""水之苑"六大展区，生动讲述杭州江、河、湖、海、溪、泉、井等多水共导的江南水乡故事。杭州市林水局还发布了《2019年杭州市水资源公报》。

●● 杭州市打通"市民卡+健康码"系统，通过刷市民卡显示健康码。市健康码专班和市教育局召开视频会议，部署老人少儿健康码赋码应用工作。会议明确，开学前，全市所有学生必须申领到健康码，以备学校进行检查。

23 日 SAN YUE

●● 拱康路应急提升改造工程（石祥路—余杭界、含上塘路延伸段）完工，实现全线通车，全市首条渣土专用道也正式投用。改造提升后的拱康路，双向六车道，专用道用挡板隔开，指示牌上写着"工程车专用"。这条专用道从上塘路到康桥路，共约3千米，专用道设置宽度为4.5米。

在道路结构设计上，渣土专用道采用钢筋混凝土结合重载沥青的方式，使道路更能承受大流量、超重载的车辆通行。为了尽量减少重载车通行在安全、扬尘等方面带来的不利影响，专用道与普通车道之间设置了隔板，配备了专用雨水收集口和喷雾降尘装置。为了方便渣土车行驶，特地根据码头的位置设置了最近的路线，专门设置了重载专用车道的转弯车道。

24 日 SAN YUE

●● 市委理论学习中心组召开专题学习会，学习《2019—2023年全国党政领导班子建设规划纲要》（简称《规划纲要》）和《中国共产党党校（行政学院）工作条例》（简称《党校工作条例》）。市委理论学习中心组成员、市直有关部门负责人参加会议。毛溪浩等做交流发言。会议强调，要深入学习贯彻习近平总书记关于加强党政领导班子建设和党校（行政学院）工作的重要论述，全面落实中央和省委的决策部署，把全市各级党政领导班子建设和党校（行政学院）工作抓细抓实抓好，为夺取"战疫情、促发展"双胜利提供坚强保障。会议指出，《规划纲要》和《党校工作条例》是新时代做好党政领导班子建设和党校（行政学院）工作的纲领性文件。要突出政治引领，做到"见思想"与"见行动"有机统一。坚定不移用党的创新理论武装头脑，不断树牢"四个意识"、增强"四个自信"、做到"两个维护"，以实际行动、工作成效来诠释忠诚、展现忠诚。要强化整体功能，做到"共振性"与"互补性"有机统一。进一步选优配强"领头羊"，不断加大对优秀年轻干部培育选用力度，做好女干部、少数民族干部和党外干部的配备工作，使班子成员经验能力互补、性格气质相容。要注重实践检验，做到"平时建"与"战时练"有机统一。把领导班子建设融于日常、抓在经常，通过急难险重的任务检验领导班子，特别要在"战疫情、促发展"的双线作战中考察识别领导班子和领导干部。要抓好责任落实，做到"书记抓"与"组织管"有机统一。各级党委（党组）主要负责同志要切实加强对干部工作的领导和指导，各级组织部门要为党委用人当好参谋，纪检监察等部门要与组织部门协同配合，形成干部队伍建设的最大工作合力。

● ● 省人大常委会召开视频会议，部署进一步深入宣传、全面贯彻、有效落实《浙江省民营企业发展促进条例》。随后，市人大常委会召开续会具体部署。市人大常委会主任于跃敏讲话，许勤华主持，郑荣胜、陈红英、罗卫红参加，柯吉欣发言。

作为全国首部省级层面促进民企发展的地方性法规，该条例于2月1日起施行，重点聚焦平等准入、保障措施、权益保护、行政行为规范等内容，规定了一系列支持民营经济发展壮大、保障民营企业合法权益的制度措施。贯彻落实该条例有利于把新冠肺炎疫情影响降到最低，更好保障和促进民企健康发展，为制造业高质量发展营造良好法治环境。

● ● 杭州市涉疫情风险隐患防范化解工作推进会在上城区召开。市委副书记、政法委书记张仲灿强调，要认真贯彻落实习近平总书记重要指示精神和省委、市委决策部署，紧盯重点领域，聚焦突出问题，抓机制促实效，全力打好防范化解涉疫风险隐患整体仗，为全市疫情防控和经济社会发展大局守牢底线。

张仲灿指出，全市统筹推进疫情防控和经济社会发展"双线作战"取得积极成效，各地各有关部门在看到向好态势的同时，也要清醒认识到新情况新问题新挑战交织、境外输入病例增加、复工复产、国际市场变数带来的风险隐患，做到早发现、早预防、早化解。要进一步认清形势，提升紧迫感责任感，把做好涉疫风险隐患防范化解工作放到服务市委中心大局中去谋划和推进，有力提升政法平安维稳工作的理念水平。

25日 SAN YUE

●● 市政府召开党组（扩大）会议和常务会议，深入学习贯彻习近平总书记关于疫情防控工作的系列重要讲话和指示精神，全面落实中央和省委、市委决策部署，研究推进消费提振、企业扶持、杭州都市区建设等工作，确保"战疫情、促发展"各项任务抓实抓细抓落地。

会议指出，当前全市本地疫情防控工作已取得决定性胜利，但境外疫情输入风险较大，防控任务依然艰巨，不能有一刻放松懈怠、丝毫麻痹大意。要深入学习领会习近平总书记系列重要讲话精神，准确把握疫情防控最新态势和阶段性特征，因时因势调整工作重点，统筹抓好防范境外疫情输入、恢复生产生活秩序、提振消费需求、扩大有效投资、稳住外贸外资、补好城市治理短板、提升领导干部能力水平七个方面重点工作，真正把学习成效体现在创造性贯彻落实党中央决策部署上。

会议审议通过了《发放杭州电子消费券的实施方案（送审稿）》《支持文化企业"战疫情、渡难关"的补充意见（送审稿）》《杭州湖州嘉兴绍兴共建杭州都市区行动计划（送审稿）》。

26日 SAN YUE

●● 省委书记车俊在杭州就推动重大交通项目建设做专题调研。车俊先后考察了杭州萧山国际机场三期、杭州绕城高速西复线、杭州地铁16号线、铁路杭州西站综合交通枢纽等项目。他强调，要深入贯彻习近平总书记关于统筹推进疫情防控和经济社会发展的系列重要讲话精神、加快建设交通强国的重要指示精神，以"三个地"的使命担当，全力推进交通强国建设试点，加快建成基础设施强、运输服务强、创新动能强、治理能力强、支撑带动强的高水平交通强省，为全省加快"两个高水平"建设提供有力保障。

车俊指出，交通是经济发展的命脉和民生改善的保障。浙江作为"三个地"，有责任有义务、也有基础有条件走在全国前列，率先建成交通强省。大家要牢牢把握交通"先行官"定位，抢抓国家战略交汇叠加机遇，围绕"人民满意、保障有力、世界前列"的要求，高水平推进交通强省建设。要强化规划引领，以超前的眼光、一流的标准进行谋划布局，构建安全、便捷、高效、绿色、经济的现代化综合交通体系。要强化改革创新，深化交通投融资体制改革，加强交通领域关键核心技术研究，不断提升交通数字化、智慧化水平。各地各部门要坚持全省"一盘棋"，加强协同、形成合力，深化"走亲连心三服务"，强化要素保障，注重工程质量，守牢安全生产底线，确保落地项目早开工、开工项目快投产、投产项目快见效。

●● 全市"战疫情、促发展"比学赶超会议召开。会议以视频形式召开，各区县（市）、钱塘新区、市发改委、市经信局主要负责人做汇报发言，市领导围绕转型升级攻坚"七大经济指标"落实和"亲清在线"平台应用推进情况做工作点评。各地各部门进行了扫码测评、成绩实时呈现。

会议强调，要深入贯彻习近平总书记重要指示精神，全面落实省委、省政府决策部署，延续当前抓疫情防控和复工复产的工作态势，不断巩固成果、扩大战果，打好疫情防控"下半场"，跑出复工复产加速度，力争圆满完成年度目标任务。

会议指出，当前全市疫情态势持续向好、生产生活秩序加快恢复，但也面临着全球疫情扩散、国际金融市场动荡带来的新风险新挑战。要准确把握国内外疫情防控和宏观形势的阶段性变化，因时因势、精准施策，奋力推动经济社会秩序尽快全面恢复，全面提升复工复产效率，努力把时间抢回来、把损失补回来。

●● 市政协召开"请你来协商"网络专题协商会，围绕"战疫情、促发展"建言资政、凝聚共识。市政协主席潘家玮主持并讲话，市委副书记张仲灿到会听取意见，与委员互动交流。汪小玫、叶鉴铭、谢双成、陈永良、王立华、周智林、冯仁强参加。

本次协商会是市政协2020年首场"请你来协商"活动，以网络视频会议形式召开，设市民中心主会场和萧山区政协、余杭区政协、医卫界、特邀三组4个分会场，12位委员在各会场做视频发言，467人次委员通过市政协智慧履职平台连线参与、提出建议138条。

潘家玮说，疫情发生以后，全市政协组织和广大委员认真落实中央和省委、市委部署要求，主动担当作为，为助力"战疫情、促发展"贡献了政协智慧和力量。要深入学习、坚决贯彻习近平总书记重要讲话精神，坚持建言资政和凝聚共识双向发力，持续助力参与疫情防控，齐心协力促进经济高质量发展，精准发力抓好政协履职，更好发挥人民政协作为专门协商机构、国家治理体系重要组成部分的作用。

张仲灿对全市政协积极参与助力疫情防控和复工复产表示感谢。他希望全市政协进一步发挥优势、凝心聚力，深入开展调研，积极建言资政，在助推党委政府决策部署落实落地、确保"两战全胜"等方面做出更大贡献。

27日 SAN YUE

● ● 市委党建工作领导小组会议召开。会议听取了2019年度"大党建"考核情况和2020年度党建工作安排汇报。

会议强调，要深入学习贯彻习近平总书记关于党的建设的重要论述，切实增强"抓好党建是最大政绩"的政治意识和责任意识，深入推进强基固本行动，不断提高党的建设质量，为"战疫情、促发展"提供根本保证。2020年是极不平凡的一年，统筹推进疫情防控和经济社会发展的艰巨任务，对党的建设提出了新的更高要求。要旗帜鲜明讲政治，坚决做到"两个维护"，把党的领导体现到统筹推进"五位一体"总体布局、协调推进"四个全面"战略布局各方面，强化党组织的领导能力建设。要结合这次抗击疫情，在宏观决策、统筹协调、政策执行、风险应对、能力素质等方面，抓紧补短板、堵漏洞、强弱项，把各级党组织打造成为敢于担当、能谋善断的坚强领导集体。

● ● 市新冠肺炎疫情防控工作领导小组召开第十六次会议，研究部署杭州市疫情防控和经济社会发展工作。

会议强调，要深入学习贯彻习近平总书记重要指示精神，认真落实中央和省委、省政府的决策部署，持续抓紧抓实抓细"外防输入、内防反弹"各项工作，在疫情防控常态化条件下加快全面恢复生产生活秩序。

会议指出，要持续推进精密智控，坚决防止境外疫情输入。加强对近期拟到杭州的境外人员信息排摸，完善数据共享、信息通报和入境人员核查机制，确保潜在的风险源全链条可控受控。加强机场卫生检疫，优化入境流程，严格落实入境健康申报、体温检测、健康管理等举措，健全专用通道分流、"直通车"运达等机制，确保境外到杭人员"点对点"接送转运。全面落实入境人员14天集中隔离医学观察规定，压实属地责任和各单位防控主体责任，守住社区"小门"，形成航空运输、口岸检疫对接、目的地送达、社区防控的完整闭环。同时，要认真做好入境人员的关心关爱工作，安排好生活服务和健康监测，做到一个标准、一视同仁。

●● 市委机构编制委员会召开第三次会议，认真学习贯彻习近平总书记关于机构编制工作的重要讲话精神，研究部署杭州市机构编制工作。

会议指出，做好2020年机构编制工作，要提高政治站位，深入学习贯彻习近平总书记关于机构编制工作的重要指示精神，坚决落实《中国共产党机构编制工作条例》和党管机构编制要求，确保全市机构编制工作始终沿着正确方向前进。要完善机构编制管理的体制机制，自觉把机构编制工作放到全市改革发展大局中去谋划推进，围绕重大任务实施、重大改革攻坚、重大项目落地，主动对接、认真谋划，合理有效配置机构编制资源，以机构编制效用的最大化，为全市各项事业发展提供坚强保障。特别要针对疫情防控和复工复产工作中暴露出来的短板和弱项，主动研究、科学谋划，着力完善公共卫生、应急管理等体制机制，切实提高城市治理能力水平，真正做到市委决策部署到哪里、体制机制就保障到哪里、编制资源就跟进到哪里。要主动担当作为，聚焦关键环节和重要节点，全面高效完成各项体制机制改革任务；高质量做好机构改革的"后半篇"文章，推动市场监管、文化、交通、生态环保、农业五大领域综合行政执法改革实施，推进部门间"最多跑一次"等各项配套改革，推动机构职能更加优化协同高效。

●● 杭州市向全体在杭人员发放总额为16.8亿元的消费券。其中，政府发放额度为5亿元，商家匹配优惠额度约11.8亿元。这是杭州市促消费的一项重要举措。

消费券作为促进服务业数字化升级的新方式，能推动多种业态消费需求分阶段释放，有效推动市场回暖，提振消费信心。本轮消费券政府发放额度中，有1500万元用于困难群众的消费补助，剩余4.85亿元用于电子消费券发放，消费券活动周期为3月27日至5月31日。全体在杭人员（包括域外来杭人员）均可申领消费券。困难群众除人均100元的现金消费补助外，仍可以按常规方式参与本轮电子消费券的申领和使用。

● ● 2020年西湖龙井爱茶日宣传活动在中国茶叶博物馆（双峰馆区）内正式开幕。本次西湖龙井爱茶日活动由杭州西湖风景名胜区管委会主办，中国茶叶博物馆、西湖街道等承办，同时得到了中国国际茶文化研究会、中国茶叶学会等单位的大力支持。

来自西湖龙井茶"狮龙云虎梅"老字号的20多个茶企，献上"斗茶"盛宴。斗茶环节通过专家盲评，分别评选出了全手工加工及半手工加工两大组别金银铜奖，其他优胜茶样也被授予特别的"抗疫爱心奖"。主办方还为中国茶叶博物馆颁发了"2020西湖龙井爱茶日斗茶大赛传承奖"。

杭州市茶文化研究会发布《西湖龙井茶骨干生产企业诚信、守法、廉洁经营联合倡议书》，希望与社会各界茶友达成共识，共同迎接特殊时期的产业难题，共同为茶产业发展壮大贡献力量。为了纪念2020年这一特定年份，延伸中国茶叶博物馆已有的"我要种一棵茶树"的宣传概念，西湖景区的战疫先锋们在现场一同种下"爱你爱你"西湖龙井茶树。

28 日 SAN YUE

● ● "浙里来消费·万企联动促万亿消费"发布会暨"云购武林"启动仪式在杭州武林商圈举行。即日起至4月18日，武林商圈四大商业综合体、千家店铺、万件商品在线上线下不间断供货。杭州大厦、银泰集团、国大城市广场、杭州嘉里中心，阿里巴巴集团、蚂蚁金服集团、字节跳动浙江分公司及30多个党建联盟单位负责人参加。

活动期间，武林商圈发动杭州大厦、银泰百货、国大城市广场、杭州嘉里中心四大商业综合体及省土畜集团、省粮油集团等30多个品牌产商共同参与，举办了亮点纷呈的"线上+线下"展销活动，进一步帮助企业减损失、去库存。

29
日 SAN YUE

●●● 3月29日至4月1日，中共中央总书记、国家主席、中央军委主席习近平在浙江省委书记车俊和省长袁家军陪同下，先后到宁波、湖州、杭州等地，深入港口、企业、农村、生态湿地等，就统筹推进新冠肺炎疫情防控和经济社会发展工作进行调研。丁薛祥、刘鹤、何立峰和中央有关部门负责同志陪同考察。

3月31日，习近平先后到杭州西溪国家湿地公园和杭州城市大脑运营指挥中心，沿着绿堤、福堤察看湿地保护利用情况，观看了"数字治堵""数字治城""数字治疫"等应用展示。习近平指出，湿地贵在原生态，原生态是旅游的资本，发展旅游不能牺牲生态环境，不能搞过度商业化开发，不能搞一些影响生态环境的建筑，更不能搞私人会所，让公园成为人民群众共享的绿色空间。习近平强调，水是湿地的灵魂，自然生态之美是西溪湿地最内在、最重要的美。要坚定不移把保护摆在第一位，尽最大努力保持湿地生态和水环境。要把保护好西湖和西溪湿地作为杭州城市发展和治理的鲜明导向，统筹好生产、生活、生态三大空间布局，在建设人与自然和谐相处、共生共荣的宜居城市方面创造更多经验。习近平指出，推进国家治理体系和治理能力现代化，必须抓好城市治理体系和治理能力现代化。运用大数据、云计算、区块链、人工智能等前沿技术推动城市管理手段、管理模式、管理理念创新，从数字化到智能化再到智慧化，让城市更聪明一些、更智慧一些，是推动城市治理体系和治理能力现代化的必由之路，前景广阔。习近平希望杭州在建设城市大脑方面继续探索创新，进一步挖掘城市发展潜力，加快建设智慧城市，为全国创造更多可推广的经验。

31 日 SAN YUE

●● 杭州市委向各民主党派、工商联主要负责人和无党派人士代表通报了2019年全市党风廉政建设和反腐败工作情况，并征求意见建议。2019年，市委坚决扛起管党治党的政治责任，坚定不移推进全面从严治党，深化清廉杭州建设，政治生态持续净化优化。全市各级纪检监察机关认真履行职责，协助市委抓好党风廉政建设和反腐败工作，为"干好一一六、当好排头兵"提供了坚强保障。

会议通报了2020年杭州纪检监察工作部署安排，还针对2019年党外人士提出的18条意见建议，逐条通报市纪委市监委推进落实情况。各民主党派、工商联主要负责人和无党派人士代表对全市2019年党风廉政建设和反腐败工作给予充分肯定，并就进一步做好2020年的党风廉政建设各项工作积极建言献策，提出意见建议。

●● "创客天下，杭向未来"2020年杭州海外高层次人才创新创业大赛启动。大赛由市委、市政府主办，市委人才办、市人力社保局、市科技局承办，以发展杭州市数字经济、推动智慧应用为重点，着力打造政府主导、多方参与，聚集政策、人才、资金、行业、市场等资源在内的综合性平台，旨在引进一批属于智慧产业、高新技术产业、战略性新兴产业和传统产业改造提升等重点产业的领域项目，提升创新氛围，激发创新活力，引导创新投入，吸引更多的海外人才到杭创新创业。大赛于11月8日举行总决赛，决出一等奖、二等奖、三等奖和优胜奖，获奖项目可分别获得20万元、10万元、5万元和2万元的奖金。获奖项目在杭州落地的，可不经评审获得500万元、300万元、200万元、100万元或20万元~100万元资助经费。

赛程中，有10个海内外知名风投机构加盟，由相关领域投资专家参与到项目筛选、评审、对接等环节，深入促进智资对接交流。中国银行杭州分行成为新的大赛合作伙伴，为获奖项目在杭州落地的企业提供至少3亿元无抵押银行贷款，加快项目孵化进程。

●● 中国（良渚）数字文化社区线上线下同步开园。率先开园的是中国（良渚）数字文化社区先导区，位于杭州良渚新城永旺梦乐城北、104国道南侧，建筑面积13

万平方米，距杭州绕城良渚互通、地铁2号线不到500米，交通便利。该数字文化社区以"数字+文化+社区"发展为根本，以游戏、动漫、影视等数字文化产业作为核心发展方向，以"三生融合"为理念，构筑"生态为纽带，生产与生活为两端，数字文化产业为重点"的综合产业体系，致力于打造"中国数字文化创意产业新高地、数字文化未来社区的中国样板"。中国（良渚）数字文化社区秉承"有核无边"的理念，将呈现"一核两翼、一街多廊"整体空间格局。除了数字文化社区外，未来还将建设数字文化潮生活翼和环中国美术学院良渚校区的数字文化创意产业带。

开园仪式上，中国创新设计大数据杭州中心和浙江省设计智能与数字创意研究重点实验室揭牌。淘宝直播综合体项目、网易传媒（良渚）数娱创新基地、创梦天地华东总部项目、亚马逊msp项目等11个首批重点项目签约入驻。

为更好推动数字文化产业和数字文化社区发展，良渚新城还发布"数字文化良渚十条"。该政策涉及孵化器创建、海内外人才项目、知识产权申请与保护、企业上市、产业基金、税收、科技创新、高层次人才认定及生活保障等全方位的扶持。

● ● 2020年西湖龙井茶手工炒制炒茶技师考核评定在狮峰山炒茶中心举行，来自西湖风景名胜区和西湖区的30位西湖龙井炒茶技师参加。考核采用推荐制，每个出产西湖龙井的茶村推荐一个技师参加市级评定。

● ● 杭州绕城西复线湖州段京杭运河桥顺利合龙，标志着浙江省单体投资额最大的在建高速公路工程杭州绕城西复线主线顺利实现贯通。杭州绕城西复线项目是国家"十三五"期间重点建设项目，也是中国首批智慧公路试点，全线长149千米，连接练杭、杭宁、杭长、杭徽、杭新景、杭金衢、诸永7条高速公路，是杭州、嘉兴、湖州、绍兴4个城市的新快速通道。

● ● 退役军人事务部与滴滴出行等4个企业采取"云签约"方式，签署退役军人就业合作协议。在2020年，除了快车和代驾司机岗位外，滴滴还为退役军人提供超过1.5万个就业岗位，包括豪华车司务员、专车司机和两轮车运维。退役军人可在滴滴司机端App注册，并报名加入。

● ● 菜鸟国际包机航线（杭州—吉隆坡）正式首航。该货运航线实现了eWTP（世界电子贸易平台）杭州枢纽和吉隆坡枢纽直连，进一步助力浙江和东南亚的商贸往来。

下旬 SAN YUE

●● 市人大常委会主任于跃敏先后到桐庐县横村镇、富阳区胥口镇参加市人大机关"助万企、帮万户"活动。

于跃敏实地走访了奥兴筑友、中果食品、宇鑫汽配、金竺机械、海正药业等企业，考察杭州梦想田园农业开发、白云村梧桐山旱地改水田提升等项目，走访看望全国人大代表、江南镇环溪村村委主任周忠莲，并组织召开座谈会。

于跃敏充分肯定了有关镇疫情防控和复工复产工作成效后指出，市人大机关服务小分队要按照中央和省委、市委部署要求，在"助"上下功夫，在"帮"上出实招，当好基层治理助理员、企业服务网格员、群众服务办事员、人大工作调研员，助推经济社会秩序尽快全面恢复。要广泛宣传政策，加强《浙江省民营企业发展促进条例》、杭州市"1+12"惠企政策宣传解读，指导企业用好"亲清在线"数字平台，推动各项政策落地落实。要着力解决问题，深入走访调研，摸实情、出实招，真情实意帮助基层、企业、群众解决实际困难。要联系人大工作，广泛听取基层人大和人大代表的意见建议，总结代表联络站密切联系群众、发挥代表主体作用等方面的经验做法，不断提高人大履职能力水平，增强人大工作整体实效。

四月

1
日 SI YUE

● ● 省人大常委会副主任史济锡率调研组到建德市、桐庐县调研乡村振兴、小城镇建设、农业生产和春耕备耕等工作。市人大常委会主任于跃敏，郑荣胜、王宏陪同调研。调研组先后考察了建德市的梅城古镇、三都镇橘子小镇、杭州茶乾坤有机食品有限公司和桐庐县的杭州艺福堂茶业有限公司、桐庐恒信农业开发有限公司茶叶基地、莪山畲族乡等地，还实地考察了西金坞村、龙峰民族村的人大代表联络点，了解选民接待、代表活动开展等情况。

史济锡指出，农业具有保供给、富民惠民和生态保护等功能，特别是在新冠肺炎疫情形势下，农业生产的基础性战略性地位进一步彰显。桐庐与建德要依托历史文化资源和自然生态禀赋，抓住美丽城镇创建契机，把美丽生态转化为美丽经济，提升人民群众的幸福感和获得感。要大力发展茶、橘等特色产业，着力做好新品种培育开发和新标准提升工作，提高品牌知名度和影响力，走出一条全产业链、高附加值、有竞争力的高质量发展之路。要突出三产融合，加强现代生态农业与乡村旅游产业统筹联动，发展民宿经济，讲好人文故事，做深做透农文旅融合文章，持续助力乡村全面振兴和农业农村现代化。于跃敏表示，市人大常委会将在市委领导下，按照省人大常委会的部署要求，深入开展监督调研活动，精准助推乡村振兴，助力提升生态文明建设水平。

● ● 市政协主席潘家玮到所联系的重要产业平台杭州临空经济示范区走访调研。潘家玮走访了示范区内的顺丰全国航空枢纽分拣中心、杭州中车车辆有限公司。在随后的座谈会上，潘家玮对临空经济示范区有力有效推进新冠肺炎疫情防控、复工复产和项目建设表示充分肯定。他指出，临空经济示范区要深入贯彻落实市委、市政府决策部署，坚定目标定位，加大工作力度，努力走出一条特色鲜明的临空经济区发展路子。要以更高站位抓谋划，从长三角区域一体化、全省"四大"建设和杭州"拥江发展"行动全局出发，着力在空间布局统筹、交通条件改善、政策要素保障、临空产业培育等方面寻求突破。要以更强定力抓产业，以"航空+"为导向，围绕机场枢纽、浙江自贸区联动创新区、杭州湾生物科技谷等重点，发展跨境电商、临空总部、临空现代服务、生命健康和智能制造等五大产业，打造产业发展新高地。要以更大力度抓项目，紧盯重大交通、基础设施和产业化项目建设，有效发挥项目引领作用。要以更大决心抓改革，积极拓展思路，强化市区联动，构建一体化发展新格局，努力把临空经济示范区打造成杭州发展新的增长极。

● ● 玉皇山游步道路灯改造提升工程启动。改造提升涉及游步道约长5千米，从北大门口一直延伸到紫来洞，同时覆盖停车场等公共区域，采用庭院灯和壁灯，局部区域增加侧壁灯。

2 日

SI YUE

● ● 市委常委会召开扩大会议，传达学习中央政治局会议精神和习近平总书记在浙江、杭州考察时的重要讲话精神，以及省委常委会扩大会议精神，研究杭州市贯彻落实意见。

会议指出，在统筹推进新冠肺炎疫情防控和经济社会发展的关键时刻，习近平总书记亲临浙江、杭州考察指导，意义影响十分重大，充分体现了总书记对浙江、杭州工作的高度重视和亲切关怀，全市干部群众备受鼓舞、倍感振奋。要把学习贯彻习近平总书记重要讲话精神作为当前和今后一个时期的首要政治任务，用心感悟习近平总书记的谆谆教诲，切实增强拥护核心、追随核心、捍卫核心的思想自觉和行动自觉，统筹抓好疫情防控和经济社会发展工作，干在实处、走在前列、勇立潮头，深入推进"八八战略"在杭州的具体实践，全面展现中国特色社会主义制度优越性，向习近平总书记、向党中央交出满意答卷。

● ● 市人大常委会党组召开扩大会议，传达学习习近平总书记在浙江、杭州考察时的重要讲话精神，以及市委常委会扩大会议精神，按照市委部署要求，研究贯彻落实工作。市人大常委会党组书记、主任于跃敏讲话，许勤华、张建庭、郑荣胜、陈红英、罗卫红发言。

会议指出，全市各级人大要把学习贯彻习近平总书记重要讲话精神作为当前和今后一个时期的首要政治任务，用心学、用情悟、用力干，切实把思想和行动统一到讲话精神上来，干在实处、走在前列、勇立潮头，为努力成为新时代全面展示中国特色社会主义制度优越性的重要窗口做出人大应有贡献。

●● 市政协党组召开扩大会议，传达学习习近平总书记在浙江、杭州考察时的重要讲话精神，以及省委、市委常委会扩大会议精神，研究部署全市政协系统贯彻落实工作。市政协党组书记、主席潘家玮主持并讲话。翁卫军、汪小玫、叶鉴铭、谢双成、陈永良、王立华、周智林、冯仁强参加。

会议指出，全市政协系统要高标准抓好学习贯彻，深刻领会把握讲话丰富内涵和精神实质，用心感悟，用功践行，把思想和行动统一到讲话精神上来，切实增强"四个意识"、坚定"四个自信"、做到"两个维护"。会议要求，全市政协系统要立足职能优势，主动担当作为，深入开展专题调查研究，积极协商建言，深化"走亲连心三服务""岗位建功、履职为民""助万企、帮万户"等活动，持续服务助力新冠肺炎疫情防控、复工复产和经济社会发展。

●● 杭州首条地下环路——未来科技城地下环路竣工。环路由4条地下道路围合而成（即余杭塘路、景兴路、向往街、创景路），共设置4个进口和5个出口。环路全长4.7千米，其中主环长2.7千米，采用3车道逆时针单向运行。地下环路是未来科技城核心区块地下空间综合开发项目的一部分。除地下环路外，还有3个公共空间以及5条地面道路。其中，公共空间由B、E、H3个地块组成，B、E地块的地下一层为下沉式商业广场，地下二层为停车场，H地块二层是停车场。同时，3个地块间设置有15个接入口。

3 日 SI YUE

●● 中共杭州市委召开全委扩大会议。省委常委、组织部部长黄建发出席会议并讲话。省委组织部常务副部长张学伟宣读中央和省委任职决定：刘忻同志任中共杭州市委委员、常委、副书记，并提名为市长候选人。刘忻在会上做表态发言。市四套班子领导及省委组织部副部长温暖出席会议。

黄建发指出，这次杭州市政府主要领导调整，是中央根据工作需要，从杭州市领导班子建设实际出发，经过通盘考虑、慎重研究决定的，体现了中央对杭州市领导班子建设的高度重视，省委坚决拥护中央的决定。刘忻说，组织上决定我来杭州工作，我衷心拥护、坚决服从，深感使命光荣、责任重大。在今后工作中，我将深学彻悟笃行，在省委、省政府和市委的坚强领导下，干在实处、走在前列、勇立潮头，为把杭州建成独特韵味别样精彩世界名城而努力奋斗。

●● 市委常委会召开会议，研究杭州市新冠肺炎疫情防控、复工复产和开学复课工作。会议指出，要深入学习贯彻习近平总书记在浙江、杭州考察时的重要讲话精神，坚持"外防输入、内防反弹"，慎终如始抓好疫情防控，有力有序推进复工复产和开学复课工作，努力实现2020年经济社会发展目标任务，确保如期高水平全面建成小康社会和"十三五"圆满收官。会议强调，要把严防境外疫情输入作为当前乃至较长一段时间疫情防控的重中之重，全面落实入境人员14天集中隔离医学观察规定，做到从入境开始各环节无缝对接、不留盲点。加大对无症状感染者管理工作力度，落实筛查报告、隔离和医学管理、密切接触者管控等措施，最大限度阻隔风险。要建立健全及时发现、快速处置、精准管控、有效救治的常态化防控机制，严格执行"景区预约制、餐饮隔位坐"等具体规定，严控密闭环境下的聚集活动，坚决防止聚集性感染。

●● 市十三届人大常委会召开第二十五次会议。会议决定接受徐立毅辞去杭州市政府市长职务，报杭州市人民代表大会备案；决定任命刘忻为杭州市政府副市长、代理市长职务。会后，刘忻进行了宪法宣誓。

●● 市政府党组召开扩大会议，传达学习习近平总书记在浙江、杭州考察时的重要讲话精神，以及省委、市委常委会扩大会议精神，研究部署贯彻落实工作。市委副书记、市政府党组书记刘忻主持并讲话。

会议指出，在"战疫情、促发展"的关键时刻，习近平总书记亲临浙江、杭州考察指导并做重要讲话，就切实抓好复工复产、国际供应链畅通、人才招引、数字经济新动能培育、重要领域和关键环节改革等工作提出明确要求，这为我们高水平做好政府各项工作指明了努力方向、提供了根本遵循。要把学习贯彻习近平总书记重要讲话精神作为当前和今后一个时期的首要政治任务和头等大事，从总书记的关心关怀中坚定信心、增强定力，从总书记的殷切期望中认清使命、扛起担当。

●● 杭州2022年第19届亚运会吉祥物通过互联网云端正式向全球发布。亚奥理事会主席艾哈迈德·法赫德·萨巴赫亲王发来贺信。杭州亚运会吉祥物"江南忆"组合的琮琮、莲莲、宸宸三个小伙伴分别以机器人的造型，代表世界文化遗产良渚古城遗址、西湖和京杭大运河。其中："琮琮"名字源于良渚古城遗址出土的代表性文物玉琮，散发出永恒的魅力；"莲莲"源于西湖中无穷碧色的接天莲叶，代表纯洁、高贵、祥和的姿容；"宸宸"源于京杭大运河杭州段的标志性建筑拱宸桥，承载着一代又一代人的美好记忆。

3—4 日 SI YUE

●● 市委副书记、代市长刘忻调研"战疫情、促发展"和城市运行保障工作。他强调，要认真学习贯彻习近平总书记在浙江、杭州考察时的重要讲话精神，精准落实新冠肺炎疫情防控和复工复产各项举措，切实办好老百姓身边的"关键小事"，加快恢复杭州城市发展的生机与活力，奋力打造新时代全面展示中国特色社会主义制度优越性的重要窗口。3日下午，刘忻到市疫情防控指挥部，看望慰问专班工作人员，详细了解当前杭州市疫情防控形势。走访城市大脑运营指挥中心，与运营团队围坐一堂，共商创新发展大计。4日上午，刘忻深入地铁9号线三堡站施工现场、采荷中学和杭州第二中学，以及浙江大立科技股份有限公司、浙江正泰太阳能科技有限公司、新华三集团等企业，全面调研杭州市复工复产复学推进情况。4日下午，刘忻实地调研九溪水厂、阮家桥公交停保基地、市城投集团应急指挥中心、万寿亭农贸市场、国家电网杭州供电公司等。

4 日 SI YUE

●● 庚子年清明节，上午10时整，防空警报鸣响，全国各地各族人民向新冠肺炎疫情牺牲烈士和逝世同胞默哀。在杭州，人们静立垂首、悲痛万分，全城肃穆、寄托哀思。

5—6
日 SI YUE

●● 市委副书记、代市长刘忻到淳安县和建德市调研，考察了下姜村、农业园、蜂业基地、抹茶庄园、公路项目、集镇规划展示馆等，还调研了千岛湖临湖地带综合整治项目。刘忻主持召开座谈会，听取淳安县工作汇报。他在肯定成绩后强调，要提高政治站位，从保护人民群众饮用水安全的高度，守护好一湖秀水、满目青山。要把握全局定位，全面推进特别生态功能区建设。要优化发展战略，探索饮用水源保护与发展的千岛湖模式。要抓好新冠肺炎疫情防控，以防输入为重点，精准落实各项防控措施。要改进工作作风，一任接着一任干，打造践行"绿水青山就是金山银山"理念的示范和标杆。

随后，刘忻赴建德市，调研朝美日化公司、梅城镇美丽城镇建设等。座谈会上，他强调，建德市在下一步工作中，要深学笃行习近平总书记重要讲话精神，持续深化"千万工程"和美丽乡村、美丽城镇建设，发挥历史文化底蕴优势，打造乡村振兴新样板，进一步把生态效益转化为经济效益、社会效益，创造建德发展的更大辉煌和美好未来。

8
日 SI YUE

●● 市委理论学习中心组召开会议，专题学习习近平总书记在浙江、杭州考察时的重要讲话精神。市领导和市数据资源局、市发改委、西湖区委负责人做交流发言。

会议指出，抓好习近平总书记重要讲话精神的学习、宣传、贯彻，是摆在我们面前的首要政治任务。全市各级各部门要站在增强"四个意识"、坚定"四个自信"、做到"两个维护"的高度，迅速行动、有力组织、周密安排，带着感情学、带着责任学、带着使命学，真正把习近平总书记的殷殷嘱托落实到具体工作中去，转化为"干好——六、当好排头兵"的生动实践。副市级以上领导干部，市直有关单位主要负责人，各区县（市）党委和政府主要负责人参加会议。

● ● 市委常委会召开会议，听取市政府、市人大常委会、市政协、市法院、市检察院党组工作汇报，并讨论市人大常委会、市政府、市法院、市检察院提交市十三届人大五次会议的工作报告稿和市政协常委会提交市政协十一届四次会议的工作报告稿。

会议强调，市政府党组要统筹推进新冠肺炎疫情防控和经济社会发展，守牢"外防输入、内防反弹"底线，全力做好企业复工达产，科学谋划"十四五"规划，确保完成"1+2+3"年度发展目标。市人大常委会党组要紧扣市委决策部署，聚焦法治杭州建设重大问题推进立法工作，积极回应人民群众重大关切，在依法履行职能上更加规范精准高效，推进人民代表大会制度在杭州的生动实践。市政协党组要牢牢把握人民政协的新方位新使命，强化政治引领、广泛凝聚共识，发挥专门协商机构作用，不断提高履职水平和成效。市法院党组、市检察院党组要加强改革创新，切实履行好审判和检察职能，着力提升司法公信力，不断强化司法保障。

● ●《杭州市居家养老服务条例》发布，于10月1日起施行。该条例共8章50条，在配建服务设施、推进医养结合、保障特殊困难老年人需求等方面做出规定。

● ● 杭州市爱国主义教育"四季歌"主题教育实践活动启动仪式在岳王庙举行。爱国主义教育"四季歌"实践活动是依托"杭州市爱国主义教育公交专线"、沿线红色景点及场馆、各级爱国主义教育基地，结合中国传统节日和民族重大纪念日，以"英雄、感恩、爱国、传承"为四季主题，开展爱国主义教育实践活动。启动仪式以网络直播"云启动"的形式举行。

8—9 日 SI YUE

● ● 省人大常委会副主任李学忠率调研组到杭州调研数字经济发展情况。市人大常委会副主任许勤华陪同调研。调研组一行实地考察了滨江区恒生电子股份有限公司、杭州医慧科技有限公司、浙大中控股份有限公司、余杭区中移（杭州）信息技术有限公司、杭州迅蚁网络科技有限公司、杭州遥望网络科技有限公司、杭州申昊科技股份有限公司等数字经济企业，并召开座谈会听取了省、市人大代表和数字经济企业的管理者关于数字经济发展有关意见建议。调研组听取市政府柯吉欣副市长与市有关部门全面推进杭州"三化融合"、打造全国数字经济第一城相关工作情况的汇报。

9 日 SI YUE

●● 省政协副主席、党组副书记孙景淼率调研组到萧山区，围绕"党建引领政协履职提质增效、持续助力'两手都要硬、两战都要赢'"开展专题调研。翁卫军参加。调研组实地考察了微医集团及设在该集团内的廖杰远委员工作室，并召开座谈会听取萧山区政协在贯彻落实加强新时代人民政协党的建设工作要求，坚持双向发力，着力破解"两个薄弱"问题，不断推动政协工作高质量发展，助力打赢"两战"的做法、成效和有关意见建议。

孙景淼对萧山区政协突出党建引领，坚持强基固本，主动站位一线，助力"两手都要硬、两战都要赢"的做法表示肯定。他指出，要重点聚焦"努力成为新时代全面展示中国特色社会主义制度优越性的重要窗口"新目标新定位，提高政治站位，加强思想政治引领，切实增强"四个意识"、坚定"四个自信"、做到"两个维护"。要强化排头兵意识和实干精神，进一步完善政协工作的制度机制，聚焦协商主业，注重提质增效。要持续助力"两手都要硬、两战都要赢"，在凝聚共识、建言资政、助推发展上展现担当作为，为实现浙江省全年经济社会发展目标提供助力。要着力加强政协系统党建工作，强化工作协同，提升整体效能，破解市县政协"两个薄弱"问题，深入研究剖析，总结提炼经验，切实推动政协工作高质量发展。

●● 市委副书记、代市长刘忻专题调研亚运会、亚残运会筹办工作。他首先来到亚运村实地调研，认真了解建设进度、功能布局等情况，随后，在亚组委主持召开会议，听取亚运会、亚残运会筹办工作汇报。刘忻指出，办好2022年亚运会，是以习近平同志为核心的党中央交给杭州的一项光荣任务。在新冠肺炎疫情的影响下，亚组委上下凝心聚力、克难攻坚，扎实推进各项筹办工作，场馆建设热火朝天，赛事组织紧张有序，干部队伍务实高效，真正做到了"两手抓、两不误"，前期工作成效值得充分肯定。佟桂莉、缪承潮、陈卫强分别参加。

● ● 市十三届人大常委会第四十八次主任会议召开。市人大常委会主任于跃敏主持，副主任许勤华、张建庭、郑荣胜、陈红英、罗卫红，秘书长张如勇参加会议。

会议讨论拟提交市十三届人大常委会第二十六次会议审议的有关内容。会议的建议议程为：审议市政府关于提请审议《2019年政府重大投资项目计划执行情况和2020年第一批政府重大投资项目计划（草案）》的议案；审议市政府关于2019年度法治政府建设情况的报告；审议并表决市人大常委会关于召开杭州市第十三届人民代表大会第五次会议的决定（草案）；听取和审议关于市十三届人大五次会议筹备工作情况的报告；审议并通过市十三届人大五次会议议程、日程和有关名单草案；审议关于代表提交议案截止时间的决定（草案）；审议并通过《杭州市第十三届人民代表大会第五次会议民生实事项目人大代表票决办法（草案）》；审议并通过《杭州市第十三届人民代表大会第五次会议关于杭州市第十三届人民代表大会专门委员会部分组成人员人选通过办法（草案）》；审议并通过杭州市第十三届人民代表大会专门委员会部分组成人员建议名单（草案）；讨论并原则通过市人大常委会工作报告（稿），征求对政府工作报告（征求意见稿）、市中级人民法院工作报告（征求意见稿）、市人民检察院工作报告（征求意见稿）的意见；审议并原则通过市人大常委会2020年工作要点（稿）；审议并表决市十三届人大常委会代表资格审查委员会关于个别代表的代表资格审查报告；审议市人大法委关于2019年度市人大常委会规范性文件备案审查情况的报告（书面）；审议并表决有关人事任免事项；其他。会议要求各有关部门认真做好各项准备工作，确保会议如期顺利举行。

会议听取了关于撤销杭州经济技术开发区人民法院、设立杭州钱塘新区人民法院有关情况的报告。经研究，会议同意该报告，并要求及时函告市法院。会议讨论并通过市人大常委会世界文化遗产保护相关条例执法检查和专题询问实施方案。会议书面审议了市人大代表团关于出访印度、日本情况的报告。

10 日 SI YUE

●● 2020年度杭州亚运会场馆及设施建设工作会议在杭州召开。会议总结2019年亚运场馆及设施建设工作，分析当前场馆及设施建设面临的形势，进一步明确下一阶段建设工作任务。杭州亚组委副主席、副省长成岳冲出席并讲话。缪承潮、陈卫强参加会议。

杭州亚运会共有比赛场馆53个，亚运村和亚运分村5个，训练场馆31个。截至2019年底，58个场馆及设施中，有40个项目在建。在所有场馆和设施中，8个第一批开工的场馆及设施（含7个新建场馆和1个亚运村）完成总工程量的51.9%；32个场馆及设施项目按计划开工或正常推进；其余18个场馆及设施项目推进前期工作，为2020年开工做好准备。31个训练场馆启动建设，完成功能评估。场馆及设施建设年度目标任务基本完成。

根据2020年大部分比赛场馆基本完工和2021年3月竣工交付的工作目标，会议研究确定工作目标：力争42个比赛场馆工程完工，完成总工程量的85%以上；其余16个比赛场馆及设施按计划全面推进；31个训练场馆完成项目前期，做好开工前的准备。

●● 在全国安全生产电视电话会议结束后，市委副书记、代市长刘忻主持召开续会，研究部署杭州市当前安全生产工作。戴建平、柯吉欣出席。

会议指出，当前杭州市新冠肺炎疫情防控和复工复产取得了阶段性成效，经济社会运行秩序加快恢复。要实现"两战全胜"目标，安全生产是底线、是前提、是重中之重。要继续抓好"外防输入、内防反弹"，全面落实精密智控举措，最大限度减少境外输入关联本地病例。要着重抓好复工复产安全，重点关注产业园区、租赁房、建设工地等安全问题，切实做好风险防控。要全力抓好重大项目推进安全，强化对重点环节和关键部位的风险识别管控，确保亚运场馆、轨道交通等重大项目建设顺利推进。要重点抓好防火、防汛、防台等自然灾害防治，开展专项检查和拉网式排查，织密织牢安全防控一张网。要统筹抓好道路交通等各方面安全，持续开展道路运输专项整治，严查交通违法行为。要强化安全风险源头管控和隐患排查，用好科技化、数字化手段，提升系统预警监测能力。

● ● 杭州召开全市事业单位改革工作会议暨市属事业单位改革方案实施推进会。按照全省的部署要求，除学校、医院外，通过清理规范整合，杭州市市属事业单位总数精简40%左右，各区县（市）也将结合实际精简整合事业单位。市、县两级经营类事业单位改革方案于2019年年底全部批复实施；公益类事业单位改革于2020年5月底完成。

会议在充分肯定前期调查摸底、方案谋划论证的成果后指出，推进事业单位改革是为了加快推进政事分开、事企分开、管办分离，优化布局结构、调整职能配置、完善制度机制、强化公益属性，更好地服务保障全市经济社会发展，为人民群众提供更加优质公平高效的公益服务。要精简整合事业机构，全面撤销"空壳"单位，整合撤并"小弱散"单位，优化整合职能交叉重叠单位。要优化理顺职能配置，以"三定"规定为载体，规范和强化公益职能定位，理顺事业单位管理体制和运行机制。要盘活用好编制资源，按照既"瘦身"又"健身"原则，提高编制资源使用效益；强化资源统筹调配，精简收回的事业编制将重点保障基础教育、公共卫生等领域。要规范定类和经费形式，按照省、市有关公益类事业单位的分类要求，对事业单位定类和经费保障形式予以规范。

● ● 市建设国际一流营商环境工作领导小组办公室发布《2020年杭州市建设国际一流营商环境实施方案》，通过对标世界银行营商环境评估标准，描绘杭州市推动简政放权、提升服务效能、优化创新环境等清晰"路线图"。该方案共有12类、37条举措，其中包括深化商事制度改革、深化工程建设项目审批制度改革、推进市政接入工程服务便利化改革、优化提升财产登记便利化改革、深化信贷金融改革、优化税收服务便利化改革和推进跨境贸易便利化改革等举措。

● ● 杭州正式启动"杭信贷"融资业务。该融资业务由市商务局、市科技局、市金融办等单位牵头，由中国出口信用保险公司浙江信保营业部提供保险风险保障，引入杭州高科技融资担保有限公司提供补充担保，并由中国工商银行、浙商银行、杭州银行等合作银行快速放贷，形成融资闭环。在启动仪式现场，市商务局与中国银行杭州市分行达成战略合作，为"杭信贷"配套资金10亿元。至年末，合作银行由3个扩大到14个，共为84个企业授信5.4亿元，发放贷款4.75亿元。

11
日 SI YUE

● ● 市委副书记、代市长刘忻到余杭区和临安区调研指导。张振丰在余杭参加。刘忻强调,要深入对标习近平总书记对浙江、杭州提出的新目标新定位,坚持以制度创新为引领,真抓实干、担当有为,打造国内领先、世界一流的创新策源地。要做强重大产业,牢牢抓住产业招商不动摇,大力招引数字经济、生命健康、新能源新材料等战略性新兴产业项目,加快推进传统制造业改造升级,努力打造数字经济和制造业高质量发展"双引擎"。要深化科技创新,更好发挥之江实验室、阿里达摩院、超重力实验室等科研重器支撑作用,加快建设未来科技文化中心、南湖科学中心等创新基础设施,进一步加强国际化、创新型人才引育,为科技创新提供强大要素保障。要做优发展环境,积极利用好自然生态、培育好创新生态,深入推进"最多跑一次""亩均论英雄"等改革,持续深化美丽乡村和美丽城镇建设,打造更优人居环境和营商环境,不断提升城市能级,为建设全面展示中国特色社会主义制度优越性的重要窗口做出更大贡献。

13
日 SI YUE

● ● 市委副书记、代市长刘忻到富阳区和桐庐县调研。他强调,要深学笃行习近平总书记在浙江、杭州考察时的重要讲话精神,坚持以"八八战略"为统领,精准落实省委、市委决策部署,统筹推进疫情防控和经济社会发展,奋力推进高水平生态保护、"高新特精"产业发展、高能级城市建设,打造高质量发展重要增长极,为展示新时代中国特色社会主义制度优越性做出新的贡献。

刘忻来到富通集团有限公司、杭州海康威视数字技术股份有限公司、英飞特电子(杭州)股份有限公司、中通供应链管理有限公司等企业,仔细察看疫情防控和复工复产情况，重点了解企业的困难和诉求，希望政企同心，化危为机，共克时艰。他在调研时指出，总书记的重要讲话精神，为富阳和桐庐的下一步工作指明了发展方向、提供了根本遵循。作为富春山居图的实景地，富阳桐庐要厚植绿色生态底色，把生态文明建设摆在更加突出位置，紧紧围绕富春江这条生态主轴，持续深化"千万工程"和美丽乡村建设，深入挖掘东吴文化、诗词文化、隐逸文化等资源，推进文旅融合，带动乡村振兴，有效打通绿水青山与金山银山的转化通道，让绿色成为杭州发展最动人的色彩。

● ● 市委副书记、代市长刘忻到浙江大学、西湖大学、中国科学院大学杭州高等研究院等在杭高校走访调研。他强调，要认真学习贯彻习近平总书记在浙江、杭州考察时的重要讲话精神，精准落实中央和省委、市委"战疫情、促发展"决策部署，严格落实学校复学复课的疫情防控措施，确保广大师生身心健康。要进一步深化市校合作战略，坚持以制度创新为引领，全面深化科技创新、产业创新和服务创新，为浙江当好"重要窗口"提供强大的智力支撑。

在浙江大学、西湖大学、中国科学院大学杭州高等研究院，刘忻参观校史陈列馆、询问复学复课准备工作，与浙江大学党委书记任少波、西湖大学校长施一公、中国科学院大学杭州高等研究院院长王建宇等座谈交流，充分肯定在杭高校作为城市"创新之源、发展之基"的重要作用，感谢大家长期以来对杭州经济建设的支持。

● ● 市人大常委会召开第二十六次会议。市人大常委会主任于跃敏，副主任许勤华、张建庭、郑荣胜、陈红英、罗卫红出席。

会议听取审议了常务副市长戴建平代表市政府所做的《2019年政府重大投资项目计划执行情况和2020年第一批政府重大投资项目计划（草案）》议案，表决通过市人大常委会关于市政府《2020年第一批政府重大投资项目计划（草案）》审议意见，提出要把政府重大投资项目建设作为战疫情、促发展重要抓手，采取更加有力和有效的措施推进项目实施。会议首次审议市政府关于2019年度法治政府建设情况报告，提出要严格规范公正文明执法，不断提升法治政府建设水平。

会议表决通过市人大常委会关于召开市十三届人大五次会议的决定，决定会议于4月下旬召开；通过市十三届人大五次会议议程、日程和有关名单（草案），市十三届人大五次会议民生实事项目人大代表票决办法（草案），关于市十三届人大专门委员会部分组成人员人选通过办法（草案）、市十三届人大专门委员会部分组成人员建议名单（草案）；原则通过常委会工作报告（稿）、常委会2020年工作要点；表决通过关于个别代表的代表资格审查报告及市人大常委会主任会议、市政府、市法院、市检察院人事任免事项。

副市长柯吉欣，市监委、市法院、市检察院负责人列席会议。会后，新任命人员进行宪法宣誓。

●● 市政协召开十一届三十九次主席会议，审议市政协十一届四次会议有关事项。会议建议，中国人民政治协商会议第十一届杭州市委员会第四次会议于2020年4月下旬在杭州召开。建议会议的主要议程为：听取和审议政协第十一届杭州市委员会常务委员会工作报告；听取和审议政协第十一届杭州市委员会常务委员会关于提案工作情况的报告；列席杭州市第十三届人民代表大会第五次会议，听取并讨论政府工作报告及其他报告；通过有关人事事项；审议通过政协第十一届杭州市委员会第四次会议建议案；审议通过政协第十一届杭州市委员会第四次会议决议；通过政协第十一届杭州市委员会提案委员会关于十一届四次会议提案审查情况的报告；其他事项。

●● 杭州市召开深化"最多跑一次"改革推进政府数字化转型优化营商环境一季度推进会。会议学习贯彻了习近平总书记在浙江、杭州考察时的重要讲话精神，并明确2020年杭州将以"最多跑一次"改革为牵引，以数字赋能为动力，协同推进营商环境建设和政府数字化转型，为全市疫情防控和经济社会发展以及加快建设"一城一窗"注入强大动力。

●● "电商助农·杭州行动"正式启动。活动由杭州市商务局、杭州市对口支援和区域合作局、杭州市农业农村局、黔东南州商务局、恩施州商务局联合主办。杭州市商务局通过前期发动，汇集13个杭州电商企业，通过贯穿全年的34个重点电商扶贫助农项目，以"杭州之能"全面对接"帮扶之需"。

13—14日 SI YUE

●● 市委副书记、代市长刘忻先后到上城区和拱墅区调研。他强调，要坚持以"八八战略"为统领，精准落实党中央和省委、市委"战疫情、促发展"决策部署，加快推进产业新旧动能转换，努力提升城市功能品质，精心做好文化传承创新和生态环境保护文章，努力打造杭州国际化现代化发展的时代地标，为建设全面展示中国特色社会主义制度优越性的重要窗口做出新贡献。

刘忻考察了上城区玉皇山南基金小镇、拱墅区智慧网谷小镇，了解小镇和入驻企业的发展情况。他强调，上城区和拱墅区要着力深化改革，坚持以制度创新为引领，不断优化区域营商环境，打通基层治理"最后一公里"，为城市治理体系和治理能力现代化探索"上城模式"、打造"拱墅样板"。要着力做强产业，全力建设基金小镇、智慧网谷小镇等核心产业平台，大力实施数字经济与新制造业"双引擎"驱动战略，优化产业结构、增强发展动能。要着力提升城市品质，发挥南宋文化、运河文化等底蕴优势，深化城中村改造和城市有机更新，精心打造始版桥、瓜山等未来社区，更好满足居民的美好生活向往。要着力保护生态，切实抓好玉皇山周边、大运河沿岸等地块的生态保护，让绿水青山成为发展最宝贵的资源。

14 日 SI YUE

● ● 市委副书记、代市长刘忻到拱墅区康桥街道第三人大代表联络站开展联系基层代表和人民群众活动。于跃敏、郑荣胜参加。在交流座谈时，陈旭伟、钱志卫、胡胜龙等人大代表分别发言，就做好大运河保护和利用文章、抓好大城北区域规划建设、加快公共租赁住房建设等提出一系列积极建议。刘忻对各位代表切实履职尽责、积极建言献策表示肯定和感谢。

刘忻指出，人大代表联络站是人大代表联络选区选民的有效载体，是畅通民情民意的重要平台，也是中国特色社会主义制度优越性的生动体现。各位人大代表提出的意见建议反映了百姓呼声、切中了民生关切，为我们进一步做好政府工作、增进民生福祉提供了重要参考。政府及部门要认真分析研究，扎实做好办理，以实际成效取信于民。

于跃敏说，人大代表联络站是人大代表联系服务群众的重要平台和载体，要进一步建好用好管好。市十三届人大五次会议计划于4月下旬召开，市人大常委会将在市委的领导下，依法认真做好大会各项筹备工作，进一步传递好"战疫情、促发展"的必胜信心，凝聚起奋力实现全年经济社会发展目标任务的智慧力量。

●● 市政府办公厅印发《杭向未来·大学生创业创新三年行动计划（2020—2022年）》。按照计划，杭州将实施百万大学生"杭聚工程、双创项目扶持工程、双创人才培育工程、双创平台提升工程、双创服务优化工程"五大工程。到2022年，全市将新引进100万名以上大学生到杭州创业创新，形成充满活力的大学生创业创新体系，成为大学生"双创"人才集聚地、"双创"成果转化地、"双创"文化引领地。

●● 杭州亚组委与浙江广播电视集团签订战略合作协议。根据协议内容，双方将加强宣传资源整合，充分发挥浙江广电集团全媒体融合传播作用，开展新闻报道和活动宣传，多角度多维度宣传杭州亚运会；在举办重大节点性活动和相关庆典等活动时开展合作。同时，浙江广电集团还将通过线上线下，持续提升杭州亚运会的社会关注度，营造全民盼亚运、迎亚运的强烈社会氛围；在技术和影音支持、人才和基地建设、品牌和市场开发等各个方面，双方还将深化探索合作方式，创造更多合作契合点、共赢新亮点。

15 日 SI YUE

●● 省委书记车俊调研重大交通项目和企业。他强调，全省交通系统要认真学习贯彻习近平总书记考察浙江时重要讲话精神，发挥交通在"重要窗口"建设中的先行作用，谋划打好综合交通三年大会战，努力在建设高水平交通强省、推进交通现代化中展现更大作为。

车俊到京杭运河杭州南段，考察八堡船闸项目建设，了解京杭运河浙江段三级航道整治工程推进情况。车俊要求在疫情防控常态化条件下加快施工进度，确保工程质量。省有关部门和运河沿线市、县要树立一盘棋理念，强化系统统筹，把运河航道整治与大运河文化带建设结合起来。沪杭甬高速杭州市区段改建和杭州机场轨道快线建设是保障杭州亚运会的重大交通基础设施配套项目。车俊说，这两个项目对缓解杭州进出城交通状况、完善综合交通枢纽功能意义重大，要对照任务节点倒排工期，科学组织施工，努力跑出高质量复工复产的加速度，力争早日投产见效。

●● 省政协主席葛慧君到杭州调研"请你来协商"平台建设和运行情况。她强调，人民政协作为专门协商机构，要聚焦协商主责主业，发挥好"请你来协商"平台功能作用，在浙江省"重要窗口"建设中展现政协作为。

上午，葛慧君前往富阳区，走访调研程美玲委员工作室和富阳区"请你来协商"平台，召开座谈会听取情况介绍。下午，葛慧君前往西湖区，走访卢莹委员工作室，调研西溪湿地保护利用情况，召开座谈会听取工作汇报。葛慧君强调，深入推进"请你来协商"平台建设和运用，协商选题要更精准，协商调研要更深入，协商形式要更开放，协商程序要更规范。要积极培育协商文化，弘扬兼容并蓄、开放包容等传统文化，营造良好的协商氛围。

市政协主席潘家玮介绍全市政协推进"请你来协商"平台建设的情况，表示将按照省委、市委部署和省政协要求，进一步聚焦协商主业，完善制度机制，坚持数字赋能，提升协商质效，高标准推进"请你来协商"平台建设。

●● 市人大常委会主任于跃敏带队到市城市大脑运营指挥中心，进一步学习领会习近平总书记在杭州城市大脑运营指挥中心考察时的重要讲话精神，观看"数字治堵""数字治城""数字治疫"等应用展示，并召开座谈会，听取中国工程院院士、杭州城市大脑总架构师王坚对立法工作的意见。许勤华、陈红英参加调研或座谈。

于跃敏强调，要坚持党对立法工作的领导，严格执行立法重大事项向市委请示报告制度。要坚持科学立法、民主立法、依法立法，下足"绣花"功夫，着力提高立法质量。要紧扣数字赋能、城市治理、应用场景、社会协同等重点内容，总结固化实践经验，鼓励促进探索创新，进一步挖掘城市发展潜力，让城市更聪明、更智慧。要坚持以城市治理理念创新为引领，推进城市大脑中枢协同机制建设，推进城市公共资源配置更加高效，让这部法规具有时代性、引领性、开创性，为杭州打造"全国数字治理第一城"提供有力法治保障。

●● 杭州市传承弘扬千鹤妇女精神座谈会在建德召开。座谈会上，7位基层代表和建德市委、市妇联分别做交流发言，以鲜活事例和切身体会诠释了千鹤妇女精神的丰富内涵与时代意义，表达传承红色基因的信心决心。市委副书记张仲灿强调，要深入学习领会习近平总书记在浙江、杭州考察时的重要讲话精神，贯彻落实省委、市委部署，传承弘扬"自强奋斗撑起半边天，创新创业敢为天下先，忠诚奉献共圆家国梦"的新时代千鹤妇女精神，激励全市妇联组织和广大妇女在建设重要窗口中贡献巾帼智慧和力量。陈国妹主持。

●● 博奥隧道越江盾构段实现双线贯通，标志着博奥隧道包括两岸明挖段隧道和越江盾构段隧道在内的主体隧道结构全部完成，后续将全面展开隧道内部结构、附属工程及机电、装修等施工。博奥隧道位于钱江三桥和庆春路过江隧道之间，从钱江新城的新业路出发，穿过钱塘江底，直通奥体博览城的博奥路，与亚运核心区块近在咫尺。该隧道全线长2.8千米，设双向四车道，设计行车速度60千米/小时。

15—18日 SI YUE

●● 市委副书记、代市长刘忻分别到下城区、江干区调研。调研期间，他先后走访了杭州汽轮动力集团有限公司、杭州浮云网络科技有限公司、"衣邦人"服装定制平台、巨星控股集团有限公司、万事利集团有限公司等企业，查防疫、看生产、问经营，与企业负责人深入交流。在下城数字经济产业园、江干钱塘智慧城，刘忻要求紧紧围绕数字经济和制造业"双引擎"驱动战略，做大做强跨境电商、数字娱乐、智能制造等重点产业，打造高质量发展的主平台和新引擎。在察看恒隆广场、江河汇综合体等项目时，刘忻指出要坚持高起点规划、高标准建设、高水平管理，早日把项目打造成杭州城市新地标。

刘忻强调，下城区和江干区要聚焦城市高水平建设管理，坚持建管并重，加快推进城市有机更新，深化美丽河道、美丽街巷等建设，强化科技支撑和数字赋能，以绣花功夫推进精细化管理，让城市更有魅力和韵味。要聚焦产业高质量发展，强化招商引资"一把手"工程，招引一批成长性高、引领性强的骨干企业，提升楼宇经济、总部经济发展质效，培育壮大数字经济、新制造业、金融科技等新动能，带动上下游产业集聚，形成产业发展新增长极。要聚焦民生高品质服务保障，以国际一流标准提升公共服务水平，持续推进文化惠民工程，打造全域优质"美好教育"，办好既有住宅电梯加装、小区管家服务、安置房建设等民生实事，让群众生活更便捷、更舒适、更美好。

16日

SI YUE

●● 市委以视频会议形式，召开全市乡镇（街道）党（工）委书记工作交流会。市四套班子领导出席。望江、天水、彭埠、拱宸桥、三墩、长河、场口、高虹、杨村桥、河庄等乡镇（街道）党（工）委书记围绕"战疫情、促发展"比干劲、晒业绩、亮服务，在各分会场做交流发言。

全市各乡镇（街道）要深入学习贯彻习近平总书记在浙江、杭州考察时的重要讲话精神，更好发挥战斗堡垒作用，以"战疫情、促发展"的实际成效交出满意答卷，充分展示中国特色社会主义制度在基层治理中的生动实践，充分展示新时代杭州基层干部的靓丽风采。

●● 杭州2022年第4届亚洲残疾人运动会吉祥物正式向全球发布，良渚神鸟"飞飞"在互联网云端与全球网友见面。杭州亚洲残疾人运动会组委会副主席、副省长王文序，代市长刘忻在线上共同启动吉祥物发布，亚洲残疾人奥林匹克委员会主席马吉德·拉什德发来贺信。

吉祥物"飞飞"与会徽"向前（Ever Forward）"和口号"Hearts Meet，Dreams Shine（心相约，梦闪耀）"一脉相承。第一个"飞"，是鸟的飞翔。天高任鸟飞，代表着人类社会包容、尊重、友爱的良好氛围。第二个"飞"，是残疾人运动员追逐梦想，飞跃自我的精神状态。

●● 杭州举行"创响青春·杭向未来"2020年杭州大学生"双创日"发布活动。市委常委、组织部部长毛溪浩出席活动，宣布"每年6月13日为杭州大学生双创日"。活动现场，市委人才办发布大学生"双创日"系列活动。市人力社保局公布《杭向未来·大学生创业创新三年行动计划（2020—2022年）》和"十大黄金政策点"。市科协启动杭州市十大青年科技英才遴选活动。市文化广电旅游局发布征集大学生"双创日"吉祥物、"唱响青春杭州"抖音小视频、创业故事等活动。

●● 市委教育工作领导小组召开第三次全体（扩大）会议，总结2019年工作，部署2020年重点任务。市委副书记、市委教育工作领导小组组长张仲灿主持会议并讲话。戚哮虎、毛溪浩、陈国妹参加。

会议认为，2019年以来，领导小组和各成员单位认真贯彻落实中央和省委、市委决策部署，建章立制、各司其职、担当有为，合力协调破解了一批教育工作重点难点问题，有效服务市委、市政府决策。面对"战疫情、促发展"的特殊要求，教育工作必须增强紧迫感责任感，以习近平总书记在浙江、杭州考察时的重要讲话精神为指引，以"美好教育"蓝图为奋斗目标，加强分析研判，深化改革创新，扎实推动杭州市教育事业均衡化、现代化发展，为杭州经济社会发展提供人才支撑。

17 日 SI YUE

●● 杭州亚运城市行动推进大会召开。

会上发布《杭州市亚运城市行动计划纲要》，明确了赛前、赛时、赛后三大时间节点，内容包含健康城市打造、城市国际化推进、基础设施提升、绿水青山守护、数字治理赋能、产业发展提质、文化名城传播、城市文明共建 8 项具体行动。市四套班子领导出席。省体育局、绍兴市、市发改委、萧山区、阿里巴巴集团、城市品牌促进会有关负责人做表态发言。杭州与宁波、温州、绍兴、金华、湖州等城市代表和省发展改革委等省直部门代表共同上台启动亚运城市行动，发出亚运城市行动倡议。

●● 市新冠肺炎疫情防控工作领导小组召开会议，分析研判当前杭州市疫情防控形势，研究部署复工复产和经济社会发展工作。市委副书记、代市长刘忻主持并讲话。市委副书记张仲灿、戚哮虎、许明、戴建平、金志、柯吉欣、胡伟、陈国妹、陈卫强出席。

会议指出，当前杭州市疫情防控形势持续稳定向好，但境外输入和本地反弹的风险隐患依然存在，决不能心存侥幸、麻痹大意。全市上下要清醒认识疫情防控工作的长期性、艰巨性和复杂性，做好较长时间应对外部环境变化的思想准备和工作准备，持续深化疫情防控和经济社会发展"双线作战"，努力在常态化疫情防控中跑出复工达产加速度，加快推进生产生活秩序全面恢复，确保实现"两手都要硬、两战都要赢"。

●● 市政协召开十一届十四次常务委员会会议，传达学习贯彻习近平总书记在浙江、杭州考察时的重要讲话精神，协商审议市政协十一届四次会议有关事项。市政协主席潘家玮讲话，陈卫强通报杭州市新冠肺炎疫情防控工作情况，翁卫军、汪小玫、叶鉴铭、谢双成、陈永良、王立华、周智林、冯仁强参加。

会议听取市政府关于市政协十一届三次会议以来提案、建议案办理情况的通报；审议通过关于召开市政协十一届四次会议的决定及议程（草案）、日程（草案）；审议通过十一届市政协常委会工作报告（草案）、提案工作情况报告（草案）及报告人；审议通过市政协十一届四次会议秘书长、副秘书长名单，市政协十一届四次会议候选建议案，有关人事事项，以及关于授权市政协主席会议审议市政协十一届十四次常务委员会会议未尽事宜的决定。

●● 市政协在全省政协"请你来协商"平台建设工作经验交流会后，召开全市深化"请你来协商"平台建设视频会，对全市政协深化"请你来协商"平台建设工作进行部署。市政协主席潘家玮讲话。翁卫军、汪小玫、叶鉴铭、谢双成、陈永良、王立华、冯仁强参加。

潘家玮强调，要进一步聚焦协商主业，完善协商格局，优化平台架构，改进活动设计，健全运行机制，推动协商活动主动对接党政中心任务、协商成果有效转化运用。要注重特色运作、集成履职，做好结合、联动、协作的文章，推动两级政协履职协同联动、相互赋能。要深入践行以人民为中心的发展思想，坚持数字赋能、协商为民，更好便捷委员履职、群众参与，不断提升平台的开放性参与度和影响力。要坚持质量导向、探索创新、强化品牌，不断提升"请你来协商"平台工作的质效，更好推动人民政协制度优势转化为社会治理效能。

●● 全市电动自行车安全专项整治工作部署会召开。市委副书记、政法委书记张仲灿主持并讲话，强调要学习贯彻习近平总书记在浙江、杭州考察时的重要讲话精神和全省平安浙江建设大会部署要求，以对人民群众生命财产安全绝对负责的精神，聚焦聚力开展道路交通安全暨电动自行车安全专项整治，坚决把近期交通事故频发势头压下去。金志参加。会前，与会人员调研了上城区近江交通治理工作站。

19 日 SI YUE

●● 市委副书记、代市长刘忻到高新区（滨江）和萧山区调研指导。佟桂莉在萧山区参加调研。刘忻走访浙江大华技术股份有限公司、华为技术有限公司杭州研究所、杭州海康威视数字技术股份有限公司、浙江吉利控股集团、万向集团公司、微医集团（浙江）有限公司等数字经济领军企业、新制造业骨干企业和"双创"示范企业。

刘忻强调，要构建一流产业生态，紧紧围绕数字经济和新制造业"双引擎"驱动战略，加强对产业关联度的分析研究，明确产业发展路线图，做大做强汽车制造、集成电路、现代物流等重大产业，完善"产学研用金、才政介美云"创新创业生态系统。要创造一流营商环境，以深化改革破解发展中的难题和瓶颈，形成市场有效、政府有为、企业有利的体制机制新优势。要彰显一流城市品质，统筹生产、生活、生态三大空间布局，依托钱塘江、湘湖等优质自然资源禀赋，打造"山水林田湖城"生命共同体，优化城市设计、完善城市功能，提升教育、医疗、文体等公共服务国际化水平，真正成为天下英才的向往之地。

20 日 SI YUE

●● 市委副书记、代市长刘忻到钱塘新区调研，考察浙江西子势必锐航空工业有限公司、广汽乘用车（杭州）有限公司、杭州中欣晶圆半导体股份有限公司、杭州医药港小镇等。柯吉欣参加调研。

刘忻强调，要认真学习贯彻习近平总书记在浙江、杭州考察时的重要讲话精神，紧紧把握浙江建设"重要窗口"的战略机遇，精准落实市委、市政府决策部署，充分发挥钱塘新区体制机制优势，深入实施"新制造业计划"，奋力打造世界级智能制造产业集群，努力建好全省标志性战略性改革开放大平台。政府及相关部门要全力支持钱塘新区建设，为新区发展营造一流环境。要强化制度创新，加快推进"亩均论英雄"、用地保障机制等改革，以政府有为促进市场有效。要强化产业集聚，坚持大招商、招大商，加快打造生命健康、汽车制造、航空航天等一批千亿级产业集群。要强化产城融合，抓好交通、港口等基础设施建设，构建现代化城市治理体系，实现以产兴城、以城促产。

● ● 全省城镇污水处理提质增效现场会在余杭区召开，会上推介了城镇污水处理"杭州模式"。与会人员实地探访余杭区临平净水厂。

● ● 支付宝（中国）网络技术有限公司宣布打造"数字景区"，淳安千岛湖成为全国首个"无接触"数字景区试点。"数字景区"建成后，根据支付宝的相关信息，相关部门可以做到精准掌握全域实时游客的数量，为节假日旅游高峰做好景区分流、道路拥堵预警（支付宝消息推送模式等）提供技术支撑。依托支付宝开放数据接口和"千人千面"技术，在"千岛湖旅游官方平台"小程序中，将对千岛湖旅游的游客定向提供当季的节庆活动优惠信息，并建立网络点评矩阵，推荐优质服务。

21
日 SI YUE

● ● 市委召开2020年巡察工作动员部署会。充分肯定过去一年杭州市巡察工作取得的成绩，会议指出，要切实增强把巡察工作推向纵深的使命感、紧迫感，利剑高悬、震慑常在，持续提升"巡"的精准度、"察"的有效性。要突出"三个聚焦"，深化政治巡察。聚焦中央和省委、市委各项决策部署贯彻落实情况、群众身边腐败问题和不正之风、基层党组织软弱涣散和组织力欠缺问题开展巡察，重点加强对新冠肺炎疫情防控责任落实、企业复工达产帮扶等情况的监督。要注重"三个协同"，形成监督合力。强化与纪检监察机关的协同，更大程度地共享共用信息、资源、力量和手段；强化与各类专项检查的协同，做到提升巡察质效和为被巡察单位减负"双赢"，探索巡察与审计的联动机制；强化与省委巡视、区县（市）巡察的协同，推动市县巡察一体化建设不断深化。要紧扣"三个结合"，抓好问题整改。结合巩固主题教育成果抓整改，真正做到问题不解决不放松、群众不认可不罢休；结合完善日常监督抓整改，确保问题件件有落实；结合建立长效机制抓整改，把巡察成果运用到干部日常教育监督中去、运用到领导干部的考察任用中去、运用到反腐倡廉的具体工作中去。

陈擎苍主持，佟桂莉、许明、毛溪浩、张振丰在主会场或分会场出席。桐庐县、市国资委、市审管办负责人做交流发言。

●● 市人大常委会开展数字经济发展情况专题调研。市人大常委会主任于跃敏，副主任许勤华带队到萧山区、钱塘新区实地调研。佟桂莉、柯吉欣参加调研或座谈。20名市人大代表参加。

调研组实地考察信息港小镇、科大讯飞股份有限公司、微医集团（浙江）有限公司、玳能科技（杭州）有限公司等数字经济平台和企业，了解人工智能、数字医疗等数字经济业态发展情况。分别召开座谈会，与12个数字经济企业负责人面对面座谈交流，听取萧山区政府、钱塘新区管委会有关工作情况介绍。座谈中，大家围绕抓住"新基建"机遇、数据要素有序流通、数字技术与全产业融合、数字赋能城市治理、数字经济人才引进、惠企政策宣传对接等提出意见建议。

●● 省人大常委会委员、监察司法委主任委员马以率省人大监察司法委、省检察院组成调研组，到杭州市检察院开展检察法律监督工作和省人大常委会《关于加强检察公益诉讼工作的决定（草案）》调研活动。省检察院副检察长高杰、检委会委员傅国云，市检察院检察长陈海鹰、市人大常委会监察司法工委主任王木刚和市有关单位负责人参加调研。省人大调研组参观了检察文化大厅、干警之家，观看英烈保护公益诉讼与扬尘污染整治行动相关视频，召开杭州市有关单位座谈会，听取市检察院关于检察法律监督工作和《关于加强检察公益诉讼工作的决定（草案）》修改建议的汇报，征求市委政法委、市法院、市公安局、市司法局、市生态环境局、市市场监管局和市律师协会对杭州检察法律监督工作和省人大常委会《关于加强检察公益诉讼工作的决定（草案）》的意见建议。

●● 市委召开加强市直群团部门党的建设工作座谈会，请市纪委、市委组织部和市委宣传部负责人做专题辅导，市总工会、团市委、市妇联等4个单位交流巡察整改做法。市委副书记张仲灿出席会议并讲话。郑荣胜、王立华参加。市直各群团部门主要负责人、分管负责人和组织人事处长参加会议。

●● 湖北省政府发布通知，批准十堰市郧阳区等17个县（市、区）退出贫困县，其中包括杭州对口帮扶的恩施州下辖的恩施市、利川市、建始县、巴东县和咸丰县。

●● 杭州市召开深化拓展新时代文明实践中心建设暨杭州市"文明帮帮码"启用专题会议。会议研究部署了全市深化拓展新时代文明实践中心建设的具体任务，并正式启用杭州市"文明帮帮码"。会上还发布了由国际钢琴大使郎朗担任杭州"文明帮帮码"公益宣传大使的宣传短视频，以及杭州市"文明帮帮码"专属标识。

●● "杭州造"的鲲鹏产品正式发布，浙江省鲲鹏生态创新中心和浙江大学滨江研究院正式成立。同时，高新区（滨江）与华为公司就合作共建浙江省鲲鹏生态创新中心事宜签订合作协议。活动当天，东方通信分别与中国移动杭州分公司、中国电信杭州分公司签订了战略合作协议，共同推进普天鲲鹏产品的市场推广及应用。

21—22日 SI YUE

●● 省长袁家军到萧山区、富阳区、桐庐县和建德市调研"诗画浙江"大花园建设工作。他强调，大花园是浙江的金名片。2020年是"绿水青山就是金山银山"理念提出15周年。要深入贯彻习近平总书记考察浙江重要讲话精神，时刻牢记总书记"把绿水青山建得更美，把金山银山做得更大，让绿色成为浙江发展最动人的色彩"的重要嘱托，全面实施大花园建设行动计划，加快打造一批"耀眼明珠"，加快串珠成链，变盆景为风景，努力让浙江大地更美丽，让全省人民生活更美好。

22日 SI YUE

●● 省长袁家军在建德主持召开部分市县"六保"工作座谈会。他强调，要强化底线思维、风险意识，认真贯彻落实习近平总书记在中央政治局会议上的重要讲话和考察浙江重要讲话精神，准确识变、以变应变，在新冠肺炎疫情防控常态化前提下，切实把精力集中到抓"六稳"促"六保"上来，更好统筹疫情防控和推进经济社会发展工作，确保"两手都要硬、两战都要赢"。

在听取杭州市、金华市、衢州市和建德市、兰溪市、龙游县及省财政厅发言后，袁家军指出，以习近平同志为核心的党中央在"六稳"基础上提出"六保"，是针对当前特殊形势、更接近底线的新要求，是坚持稳中求进、抓实经济社会发展各项工作的重要着力点。抓好"六保"是应对极端条件的保底手段，是奋力实现全年经济社会发展目标任务的根本保证，也是危中见机、化危为机的一项最基础工作。抓"六保"的本质是以底线思维"点穴式"动态管控不确定性。各地各部门要深刻认识当前抓好"六保"的极端重要性，准确研判当前严峻复杂形势和经济运行的突出问题，强化底线思维、战略思维，以更长远目光，从最坏处着想，努力以工作的确定性应对形势的不确定性。

● ● 市十三届人大常委会第四十九次主任会议召开。市人大常委会主任于跃敏主持，副主任许勤华、张建庭、郑荣胜、陈红英、罗卫红，秘书长张如勇参加会议。会议讨论了拟提交市十三届人大常委会第二十七次会议审议的有关议题，同意将市人大常委会主任会议、市检察院有关人事事项列为会议议题。

● ● 2020年杭州市卫生健康工作会议召开。会议学习贯彻习近平总书记在浙江、杭州考察时的重要讲话精神和全国、全省卫生健康工作会议及市委十二届八次全会精神，研究分析当前卫生健康工作面临的形势和任务，总结2019年全市卫生健康工作和新冠肺炎疫情防控阶段性工作，部署2020年全市卫生健康重点工作任务，提出要进一步补短板、强弱项，攻坚克难，推动杭州市卫生健康事业实现新跨越。

● ● 市妇联第十六届三次执委会议公布2020年度妇女工作的7项重点：弘扬千鹤妇女精神，牢记初心使命，加强千鹤妇女精神的活态传承，广泛开展"千鹤巾帼大宣讲"，发动"千鹤"题材的文艺创作等；推动"十三五"妇女儿童发展规划目标如期实现，启动"十三五"妇女儿童发展规划终期监测评估，推进各项指标全面达标；激发创新活力，推动美丽产业转化为美丽经济，以杭州女性众创空间"伊创荟"为圆心，深化"伊创联盟"项目，招募指导女性创业创新项目系列工作，提升"伊创联盟"大家庭的组织力和服务力；助力乡村振兴，全力打赢脱贫攻坚战，开展"助万企、帮万户"直播带货促发展主题活动，举办电商培训、女大学生创业训练营等，推荐湖北省恩施州和贵州省黔东南州"妇字号"产品进入杭州市场；

注重专业治理，提升维权服务实效，完善反家暴工作平台，发挥妇联系统案件联动功能，通过大数据智能分析实现家暴预测预警；立足家庭阵地，实施"家家幸福安康工程"，优化"伊家通"家庭综合服务平台，打造具有"一站式""服务型""智慧化"的"家庭百宝箱"综合服务平台；加强党的全面领导，深化妇联改革，拓展"妇女之家""妇女微家"、女性联盟和团体会员阵地建设，推进市属高校100%建妇联，发挥优秀女性专业技术人才、女干部集聚的优势，为高水平推进杭州城市治理现代化贡献巾帼力量。

●● 杭州市钱江新城二期建设指挥部召开首次会议，明确钱江新城二期建设范围、亚运会前及未来建设计划。钱江新城二期位于钱塘江北岸，为钱江新城一期向东延伸扩容的主要功能承载区，东至和睦港、西至三新路、南临钱塘江、北接艮山东路。区域包括江河汇流区块（景芳三堡单元）、江湾区块（四堡七堡单元），涵盖彭埠、四季青、九堡3个街道，三堡、云峰、御道，五堡、六堡、七堡、红五月、杨公8个社区。绵延钱塘江岸线6千米，规划总面积约10平方千米，总建筑体量约1600万平方米，规划人口规模约23万人。钱江新城二期指挥部将负责该区域内地块开发、工程建设和做地出让等协调管理以及重大项目方案前置审查等任务，指挥部办公室设在杭州市钱江新城投资集团，由其具体负责开发、建设。

23 日 SI YUE

●● 杭州市推进新冠肺炎疫情防控补短板堵漏洞强弱项暨深化作风建设和综合考评大会召开。会议以视频形式召开，副市级以上领导出席。会上通报点评2019年综合考评情况，总结部署作风建设工作。钱塘新区、西湖区、建德市、市委政法委、市卫生健康委、钱江海关负责人做表态发言。

会议肯定各地各部门推进"六大行动"和"战疫情、促发展"中取得的成效后指出，要更加坚定"战疫情、促发展"的信心和决心，对标对表"重要窗口"，全面推进补短板、堵漏洞、强弱项，把"疫情危机"变成攻坚战机、发展转机。要补齐市域统筹之短板，理顺市与区县（市）管理体制机制，着力构建全市"一盘棋"

的工作格局；补齐公共卫生之短板，推动大健康体制机制改革，打造专业化、现代化、数字化三级疫病预防控制网络，加快形成健全的公共卫生安全治理体系；补齐应急管理之短板，加快推进大应急管理体制机制建设，在线、实时、动态、智能监测各类风险，不断提高应对重大突发公共事件的能力水平；补齐基层治理之短板，做实做强街道"大工委"、社区"大党委"，完善"走亲连心三服务"网格员机制，加强社工队伍建设，推进小区三方协同治理，持续夯实城市治理"底盘"；补齐营商环境之短板，对照世界银行标准查漏补缺，用活用好"亲清在线"数字平台，深化"助万企、帮万户"活动，让广大企业更安心、发展动能更强劲。

市委副书记、代市长刘忻要求，各级各部门要结合学习贯彻习近平总书记在浙江、杭州考察时的重要讲话精神，迅速传达、深刻领会、认真贯彻好会议精神，在全市上下掀起"对标补短争先进、实干担当创一流"的热潮。要对标先进，整改好存在的问题。要真抓实干，落实好各项任务，以最佳的精神面貌和最实的工作举措，推动杭州在浙江省打造新时代全面展示中国特色社会主义制度优越性的重要窗口中继续走在前列。

● ● 中国科协创新创业项目云路演——机器人与人工智能专场活动在杭州举行。15万人次通过中国科协创新资源共享平台（绿平台）、科界等平台在线观看路演直播。

迈步机器人、紫燕无人飞行器、"今日人才"、基于AI和IoT的青少年体育智能教育及管理SaaS系统4个项目的技术团队领军人进行线上路演展示。创新创业云路演首场活动得到9个全国学会、14个地方科协、5个园区管委会、10个投资机构、4个创投联盟、6个技术转移服务机构和新闻媒体的支持。活动由中国科协企业创新服务中心主办，深圳产学研合作促进会承办。

● ● 杭州地铁5号线后通段、16号线双线同步开通运营。5号线全长56.21千米，后通段开通后将串联起7个城区；5号线列车采用AH型车，列车设计最高运行速度为80千米/小时。16号线全长35.12千米，线路设站12座，其中高架站4座；线路起点站位于九州街站，终点站为绿汀路站，该站可以与3号线、5号线实现换乘。

● ● "学习强国"学习平台全国首个民生政务服务应用"杭州办事通"上线。首批上线"姓名重名查询""个人社保信息查询""个人医保账户查询""图书借阅""找车位""找公厕"等10个项目，选择时优先考虑市民使用频率较高、操作便捷、技术成熟的政务服务、便民服务项目。

24

日 SI YUE

●● 中国人民政治协商会议第十一届杭州市委员会第四次会议开幕。来自31个界别的近500名市政协委员参加。开幕会由潘家玮、翁卫军、汪小玫、叶鉴铭、谢双成、陈永良、王立华、周智林、冯仁强和金翔主持，全体市政协常委在主席台就座。

会议审议通过市政协十一届四次会议议程、日程后，市政协主席潘家玮代表十一届市政协常务委员会，向大会做工作报告。市政协副主席叶鉴铭受十一届市政协常务委员会委托，向大会做市政协十一届三次会议以来提案工作情况的报告。

会上表彰2019年度优秀提案，举行了大会发言。大会共收到发言材料64份，5位委员在大会上做发言，其他大会发言材料以视频录播或书面发言的形式进行交流。

●● 市委国家安全委员会召开全体会议。会议强调，要深入学习贯彻习近平总书记关于国家安全工作的重要论述和考察浙江、杭州时的重要讲话精神，认真落实十九届中央国家安全委员会第三次会议和省委国家安全委员会全体会议的部署要求，进一步扛起使命担当，推动总体国家安全观落实落细落地见效，更好实现国家安全风险的系统治理、依法治理、综合治理、源头治理，加快形成与"重要窗口"相适应的国家安全体系和能力。

会议审议并通过了市委国家安全委员会2020年工作要点等文件。

●● 市委统战工作领导小组会议召开。

会议审议并通过了《市委统战工作领导小组成员单位2020年重点工作任务》《杭州市贯彻落实〈中共中央关于加强中国特色社会主义参政党建设的意见〉的实施方案》《杭州市贯彻〈社会主义学院工作条例〉的实施方案》《杭州市加强网络人士统战工作2020—2024年实施方案》。

●● 市文明委员会会议召开。会议强调，要坚持以习近平新时代中国特色社会主义思想为指导，深入学习贯彻习近平总书记在浙江、杭州考察时的重要讲话精神，锲而不舍抓好精神文明建设，弘扬主旋律、汇聚正能量、树立新风尚，为确保"两战全胜"、建设"重要窗口"提供坚强思想保证和强大精神力量。

刘忻、佟桂莉、戚哮虎、许明、戴建平、毛溪浩、任明龙、金志、张振丰、罗卫红、柯吉欣、汪小玫出席。

●● 市推进长三角一体化发展工作领导小组会议召开。会议强调，要认真学习贯彻习近平总书记关于长三角区域一体化发展的重要指示精神，以省会城市、中心城市的责任担当，切实肩负起推进长三角区域一体化发展的历史使命，把做强做优自己与推进互利共赢结合起来，全面提升城市综合能级和核心竞争力，全力打造长三角南翼强劲增长极。

会议审议并通过了《杭州市推进长三角一体化发展2020年工作任务清单和重大项目库》《长三角G60科创走廊建设2020年重点工作任务分工方案（杭州）》。

●● 市新冠肺炎疫情防控工作领导小组召开会议，分析研判杭州市疫情防控形势，研究部署复工复产和经济社会发展工作。市委副书记、代市长刘忻主持并讲话。市委副书记张仲灿、戚哮虎、许明、戴建平、金志、柯吉欣、胡伟、陈国妹、陈卫强出席。

会议指出，在全市上下的共同努力下，杭州市疫情防控向好态势进一步巩固，复工复产、复商复市有力推进，生产生活秩序全面加快恢复。但当前时值市"两会"召开、"五一"假期临近，疫情防控容不得丝毫放松懈怠、掉以轻心。各地各部门要深入贯彻落实习近平总书记重要讲话精神，持续深化疫情防控和经济社会发展"双线作战"，始终绷紧疫情防控这根弦，抓紧抓实抓细常态化疫情防控，因时因势完善外防输入、内防反弹各项措施，扎实做好"六稳"工作落实"六保"任务，努力将疫情造成的影响降到最低，确保杭州经济社会持续健康发展。

●● 保俶塔保养维护工程全面结束，恢复开放。保俶塔保养维护工程于2019年10月21日正式开工，主要包括3个部分内容：对塔刹刹顶局部倾斜部分进行归安，对塔身表面的植物进行清理，对塔表面勾缝脱落的部分进行处理。岳庙管理处对观景平台进行绿化提升，范围主要包括保俶塔东西两侧平台。整体绿化在保留原有样貌的同时，增加了彩化量，新种植开花及色叶乔木。

25 日　SI YUE

● ● 市十三届人大五次会议在省人民大会堂召开预备会议。会议由市人大常委会主任于跃敏主持，许勤华、张建庭、郑荣胜、陈红英、罗卫红、张如勇出席。

会议以举手表决的方式进行选举，产生了由73人组成的市十三届人大五次会议主席团和秘书长。会议以举手表决的方式，通过市十三届人大五次会议议程：听取和审查杭州市人民政府工作报告；审查和批准杭州市2019年国民经济和社会发展计划执行情况与2020年国民经济和社会发展计划草案的报告，批准杭州市2020年国民经济和社会发展计划；审查和批准杭州市及市本级2019年预算执行情况和2020年预算草案的报告，批准市本级2020年预算；听取和审查杭州市人民代表大会常务委员会工作报告；听取和审查杭州市中级人民法院工作报告；听取和审查杭州市人民检察院工作报告；通过杭州市第十三届人民代表大会专门委员会部分组成人员人选名单；票决杭州市人民政府2020年度民生实事项目；其他。

● ● 市十三届人大五次会议主席团召开第一次会议，讨论和决定市十三届人大五次会议的有关事项。会议由市人大常委会主任于跃敏主持。

会议推选出了会议主席团常务主席；通过会议主席团执行主席分组名单；决定会议副秘书长；通过会议日程。会议讨论通过市十三届人大五次会议代表提交议案的截止时间为2020年4月26日下午6时整，讨论通过会议表决议案办法草案。会议讨论提出市十三届人大五次会议选举办法草案、民生实事项目人大代表票决办法草案、关于市十三届人大专门委员会部分组成人员人选通过办法草案。

● ● 市十三届人大五次会议主席团召开第二次会议。会议听取各代表团对会议选举办法草案审议情况、对民生实事项目人大代表票决办法草案审议情况、对市十三届人大专门委员会部分组成人员人选通过办法草案审议情况的汇报，并通过了这三个办法草案，提请市十三届人大五次会议第一次全体会议表决。

会议由主席团常务主席张建庭主持。主席团常务主席和主席团成员出席会议。

● ● 市十三届人大常委会召开第二十七次会议。市人大常委会主任于跃敏，副主任许勤华、张建庭、郑荣胜、陈红英、罗卫红出席。

受主任会议委托，郑荣胜做关于接受许勤华、张建庭请求辞去杭州市第十三届人民代表大会常务委员会副主任以及杭州市第十三届人民代表大会有关专门委员会主任委员职务的决定（草案）说明。市检察院负责人提交人事任免报告并做说明。经分组审议，会议表决通过市检察院人事任免事项、市人大常委会关于接受辞职的决定。

●● 市政协十一届四次会议召开"总结应对新冠肺炎疫情防控经验和启示，推进基层社会治理现代化""强化农村公共安全、完善治理体系，建设美丽乡村""优化人居环境、完善基础设施，提升健康城市的建设水平""完善市域突发公共卫生事件应急响应体系"4个联组会议。市领导张仲灿、缪承潮、王宏、陈卫强、翁卫军、汪小玫、叶鉴铭、谢双成、陈永良、周智林、冯仁强分别参加会议听取意见建议。

26

日 SI YUE

●● 杭州市第十三届人民代表大会第五次会议开幕，出席会议的市人大代表在省人民大会堂，听取代市长刘忻做政府工作报告，听取市人大常委会主任于跃敏做市人大常委会工作报告，听取市中级人民法院院长斯金锦做市中级人民法院工作报告，听取市人民检察院检察长陈海鹰做市人民检察院工作报告。

开幕式由会议执行主席、主席团常务主席许勤华主持。会议执行主席和会议主席团全体成员在主席台就座。省人大常委会副主任李卫宁应邀出席会议并在主席台就座。潘家玮、任少波、佟桂莉、陈擎苍、戚哮虎、许明、戴建平、任明龙、金志、陈新华、张振丰、柯吉欣、缪承潮、王宏、胡伟、陈国妹、陈卫强、翁卫军、汪小玫、叶鉴铭、谢双成、陈永良、王立华、周智林、冯仁强、徐建国等有关领导在主席台就座。在主席台就座的还有市十二届人大常委会主任王金财，副主任朱金坤、项勤、陈振濂、吴春莲、徐苏宾等。

会议审查杭州市2019年国民经济和社会发展计划执行情况与2020年国民经济和社会发展计划草案的报告，审查杭州市及市本级2019年预算执行情况和2020年预算草案的报告。会议以举手表决方式通过市十三届人大五次会议选举办法、民生实事项目人大代表票决办法、关于市十三届人大专门委员会部分组成人员人选通过办法。

有关领导和市政府组成人员列席会议。市政协十一届四次会议的委员在驻地通过视频收看会议的实况直播。市直属有关单位主要负责人在市民中心会场通过视频收看会议的实况直播。

●● 市委副书记、代市长刘忻以市人大代表身份来到拱墅代表团，与代表们一起审议政府工作报告和市人大常委会、市法院、市检察院工作报告等。他强调，拱墅区要深入学习贯彻习近平总书记在浙江、杭州考察时的重要讲话精神，全面落实中央和省、市重大决策部署，从打造"重要窗口"的战略高度谋划区域发展，全力推进大城北崛起和运河沿岸名区建设，努力为杭州交出高分答卷多挑重担、多做贡献。柯吉欣参加审议。

●● 市十三届人大五次会议主席团召开第三次会议。会议听取各代表团对政府工作报告、计划、预算报告和市人大常委会、市法院、市检察院工作报告审议情况的汇报；通过财政经济委员会关于杭州市及市本级2019年预算执行情况和2020年预算草案的审查结果报告草案；讨论提出关于政府工作报告、计划、预算报告和市人大常委会、市法院、市检察院工作报告的决议草案，讨论提出有关候选人建议名单草案、市十三届人大专门委员会部分组成人员人选名单草案和总监票人、副总监票人建议名单草案；决定民生实事项目票选总监票人、副总监票人名单。

会议由主席团常务主席郑荣胜主持。主席团常务主席和主席团成员出席会议。代市长刘忻、各位副市长及市法院、市检察院有关负责人到会听取意见建议。

●● 市人大常委会主任于跃敏来到西湖代表团，与代表们一起审议政府工作报告和市人大常委会、市法院、市检察院工作报告等。张建庭参加。

●● 市政协召开十一届十六次常务委员会会议。市政协主席潘家玮主持会议。市委常委、常务副市长戴建平到会听取对政府工作报告和政府工作的意见建议。市政协副主席翁卫军、汪小玫、叶鉴铭、谢双成、陈永良、王立华、周智林、冯仁强出席。会议听取各组讨论情况汇报，审议通过政协第十一届杭州市委员会提案委员会关于十一届四次会议提案审查情况的报告（草案），审议通过政协第十一届杭州市委员会第四次会议决议（草案），审议通过政协第十一届杭州市委员会副主席候选人名单，审议通过大会选举办法（草案），审议通过总监票人、副总监票人、监票人名单（草案）。市政协各界别小组召集人、各区（县、市）政协主席、市政协机关各部门负责人列席会议。

●● 市政协主席潘家玮来到市政协十一届四次会议农工党界别组分组讨论会场，与委员们讨论政府工作报告和市人大常委会、市法院、市检察院工作报告等。

●● 中国人民银行印发《关于同意在上海等6市（区）开展金融科技创新监管试点的批复》，杭州成为第二批金融科技创新监管试点城市之一。

27
日 SI YUE

●● 市十三届人大五次会议圆满完成预定的各项任务，胜利闭幕。闭幕式由会议执行主席、主席团常务主席于跃敏主持。会议执行主席和会议主席团全体成员在主席台就座。刘忻、潘家玮、任少波、佟桂莉、陈擎苍、戚哮虎、许明、戴建平、任明龙、金志、陈新华、张振丰、柯吉欣、缪承潮、王宏、胡伟、陈国妹、陈卫强、翁卫军、汪小玫、叶鉴铭、谢双成、陈永良、王立华、周智林、冯仁强、徐建国、斯金锦、陈海鹰等在主席台就座。在主席台就座的还有市十二届人大常委会主任王金财，副主任朱金坤、项勤、陈振濂、吴春莲、徐苏宾等。

会议通过总监票人、副总监票人名单。会议采用无记名投票方式，依法选举刘忻为杭州市人民政府市长，选举卢春强、徐小林为市十三届人大常委会副主任，选举方月仙、阮英、严伟明、杨英英、汪华瑛、尚永丰、徐文霞、麻承荣、谭飞为市十三届人大常委会委员。会议以举手表决的方式，通过市政府2020年度民生实事项目，通过市十三届人大专门委员会部分组成人员人选名单，通过关于政府工作报告、2019年国民经济和社会发展计划执行情况与2020年国民经济和社会发展计划、市及市本级2019年预算执行情况和2020年预算的决议，通过关于市人大常委会工作报告、市中级人民法院工作报告、市人民检察院工作报告的决议。新当选的刘忻市长在会议主会场进行了宪法宣誓。会后，新当选的市人大常委会副主任、市人大常委会委员和市人大专门委员会有关组成人员进行了宪法宣誓。

●● 中国人民政治协商会议第十一届杭州市委员会第四次会议圆满完成各项议程，在省人民大会堂胜利闭幕。闭幕会由潘家玮、翁卫军、汪小玫、叶鉴铭、谢双成、陈永良、王立华、周智林、冯仁强、滕勇和金翔主持，全体市政协常委在主席台就座。大会以无记名投票的方式，选举滕勇为政协第十一届杭州市委员会副主席。会议通过政协第十一届杭州市委员会提案委员会关于市政协十一届四次会议提案审查情况的报告；通过政协第十一届杭州市委员会第四次会议建议案、政协第十一届杭州市委员会第四次会议决议。

●● 市十三届人大五次会议上，市政府2020年度10件民生实事经市人大代表票决确定。（1）新建市本级生物安全加强型二级实验室1个，区县（市）疾控机构实验室实现核酸检测全覆盖，全市新增负压救护车30辆。（2）提升40万农村居民饮用水标准，城乡规模化供水工程覆盖人口比例90%以上，基本实现城乡居民同质饮水；实施100个老旧高层住宅小区二次供水设施改造。（3）建设城乡放心农贸市场52个、农村家宴放心厨房80个、中小学和等级幼儿园食堂智能"阳光厨房"330个。（4）实施300个老旧小区基础设施、小区环境、配套服务以及智慧安防、消防设施等方面综合改造提升；加快既有住宅电梯加装，以物业综合管理为重点，建设100个"美好家园"住宅示范小区。（5）调整优化地铁配套公交线路45条；全面收官高品质"四好农村路"建设任务，新改建农村公路330千米、农村港湾式停靠320个、农村物流服务点170个。（6）新建400个以上农村文化礼堂，基本实现五百人口规模以上村全覆盖；组织1500场以上文化惠民活动进农村文化礼堂，实现建成的农村文化礼堂惠民服务全覆盖。（7）新建中小学、幼儿园70所，新增学位6.2万个；新增城镇公办幼儿园、中小学安装空调的教室5850个，教室空调覆盖率分别达到95%、65%以上；新增50个3岁以下婴幼儿照护服务机构，新增托位1500个，组织100场以上进社区的婴幼儿照护服务教育培训。（8）建设镇街级示范型居家养老服务中心30个，新增养老机构床位2000张，开展1070户经济困难、高龄、失能失智、独居老年人家庭适老化改造。（9）实施1450户困难残疾人家庭无障碍设施改造，提升60个星级"残疾人之家"。（10）新建市级生活垃圾分类示范小区500个，新建大件垃圾"定时定点"投放和清运商业街40个、生活小区40个。

●● 杭州市总工会在杭州制氧机集团股份有限公司劳模工匠实训基地举行"名师带徒"签约仪式。开展"名师带徒"活动，旨在充分发挥劳模、工匠和各类高技能人才示范带动作用，拓展职工职业技能培养途径。

●● 杭州市皋亭山液化气储配站工程正式启动，今后杭州市唯一的液化气储配站及产业研发中心将落户皋亭山，日供应液化气140吨。

28 日 SI YUE

●● 市委常委会召开会议，分析一季度经济形势，部署下阶段工作。会议强调，要认真学习贯彻习近平总书记在浙江、杭州考察时的重要讲话精神，落实省委部署要求，精准实施新冠肺炎疫情防控和复工复产各项举措，强化"六稳"工作，落实"六保"任务，推进"六新"建设，跑出高质量发展加速度，力争二季度基本实现当季目标、下半年把各项损失补回来，奋力实现"1+2+3"年度目标任务。

会议指出，新冠肺炎疫情发生以来，全市上下坚决落实中央和省委决策部署，统筹推进疫情防控和经济社会发展工作，疫情防控取得阶段性重要成效，复工复产有力有序推进，经济发展低位企稳、风险叠加、危中显机。各地各部门要保持清醒、坚定信心，准确把握当前经济形势，在常态化疫情防控中全力推动经济发展企稳向好。

●● 中国（杭州）直播电商产业基地落地杭州未来科技城，计划在未来三年集聚一批电商平台公司、网红孵化公司、网红经纪公司、供应链公司和网红达人，扶持10个具有示范带动作用的头部直播机构、培育50个有影响力的网红经纪公司、孵化500个网红品牌、培训5000名带货达人、实现1000亿元成交总额。

●● 下城区和阿里拍卖平台联手打造的下城区产权交易服务云平台在淘宝网正式上线，8处物业同步上线启动招租。这是全国首家采用服务全委托政企合作新模式的公共资产线上交易服务平台，有效确保交易前、交易中、交易后全流程公开透明。

●● 时代大道南延（杭州绕城至中环段）工程项目正式开工。该项目总投资35.8亿元，自闻戴公路与绕城公路交叉口以南约60米处（接时代大道改建工程）起，往南跨过浦阳江，经义桥镇、戴村镇，至闻戴公路与规划城市中环线交叉处以南约1千米处。项目工期为30个月，采用"高架+地面道路"的形式，主线高架全长11.2千米，地面道路建设里程3.87千米，均采用一级公路兼顾城市道路功能标准，双向六车道，设计速度为80千米/小时。

●● 第八届杭州西湖月季花精品展暨郭庄·玫昂月季文化交流展正式开幕。月季展共分三大展区，其中郭庄主展区汇聚了月季的名优精品；杭州花圃月季园展区以展示地栽月季为主，打造了一片月季花海；杭州龙坞花园的玫瑰花园芬芳、浪漫。展览持续至5月20日。

29 日

●● 市长刘忻专程到部分创新平台和企业调研。他强调，要深入学习贯彻习近平总书记在浙江、杭州考察时的重要讲话精神，全面落实中央和省市决策部署，坚持以创新为引领发展的第一动力，更好发挥重大创新平台和科研重器的牵引带动作用，不断强化关键核心技术攻坚，加快形成一批引领市场、辐射全国、影响世界的重要成果，以科技创新的更大作为彰显"重要窗口"的制度优越性。张振丰参加。

刘忻走访了钉钉公司，走进企业展厅，观摩健康码、远程办公、智能硬件等产品演示。在阿里巴巴达摩院，刘忻与平台负责人、优秀科学家、一线员工面对面交流，深入了解达摩院的组织架构、研究方向、技术成果、应用场景等。在之江实验室，刘忻认真听取机制创新、团队构建、科学装置部署、重大技术研发等情况介绍。

●● 市十三届人大常委会第五十次主任会议召开。市人大常委会主任于跃敏主持，副主任郑荣胜、陈红英、罗卫红、卢春强、徐小林，秘书长张如勇参加会议。会议讨论通过了市人大常委会主任会议成员工作分工方案，要求及时将主任会议成员分工情况报经市委同意后印发。会议讨论通过了市人大常委会2020年工作要点，要求市人大常委会办公厅根据主任会议意见，尽快将工作要点印发实施。

●● 市人大机关召开重点工作推进会，深入学习贯彻习近平总书记在浙江、杭州考察时的重要讲话精神，对扎实推进市人大机关2020年度重点工作、深化作风建设等做出部署。市人大常委会党组书记、主任于跃敏讲话，郑荣胜主持，陈红英、罗卫红、卢春强、徐小林参加。

于跃敏充分肯定了市人大机关2019年以来的工作，特别是全力助推"战疫情、促发展"工作，全力做好市十三届人大五次会议服务保障工作。她指出，要答好

"政治卷""履职卷""创新卷""作风卷"，为努力成为新时代全面展示中国特色社会主义制度优越性的重要窗口贡献人大力量。会前，市人大机关2020年系列讲座第3讲举行，省委党校董瑛教授做了党风廉政建设专题讲座。会后，市人大机关有关负责人签订落实党风廉政建设责任书。

● ● 杭州市召开庆"五一"劳模先进代表座谈会。市委副书记张仲灿出席并讲话。郑荣胜主持。柯吉欣参加。会上，8位劳模代表围绕"树信心、鼓干劲、战疫情、促发展"主题做交流发言，大家结合本职工作和在新冠肺炎疫情防控、复工复产中的实践经历，畅谈心得体会。

● ● 杭州、厦门两地联合发布市民城市信用分跨城市互认机制，杭州个人诚信分"钱江分"与厦门个人信用分"白鹭分"互认，市民可跨城市享受两地信用应用场景的守信福利，实现城市信用共享、守信联合激励。

● ● 第九届中国（波兰）国际贸易数字博览会在杭州举行。展会由杭州市政府主办，吸引1000个国内外贸企业线上参展，1.5万名来自波兰、德国、白俄罗斯、乌克兰、捷克等中东欧地区的专业观众与中国企业互动洽谈。展会还特设"防疫物资展区"，展品包括医用防护服（衣、帽、鞋、手套、眼镜）、测温计（仪）、防疫口罩、清洁消毒用品等。

● ● "杭向未来"人才成果云享会启动仪式暨生物医药专场发布会在钱塘新区举行。活动由市委人才办、杭州钱塘新区管委会等单位主办，时间为4—7月，举办生物医药、人工智能、数字经济等不同领域专场对接会，精准对接行业内知名企业、风投机构，邀请其参加连线对接，洽谈合作可能，促进成果落地转化。

● ● 2020年"富春山居·味道山乡"推介暨乡村百花大会在龙门古镇开幕。活动现场，发布六条精品旅游线路、"富春山居行旅图""乐游富阳——富阳旅游商城"和"百花百村、百村百味"百重大奖打卡游活动。

30 日 SI YUE

● ● 全市深化城市大脑建设暨平安杭州工作推进大会召开。

市四套班子领导出席。会议部署城市大脑建设任务和平安杭州建设工作，表彰平安建设工作先进单位，临安区、下城区、市卫生健康委、市审管办、市城管局、钱塘新区金沙湖派出所有关负责人做交流发言，城市大脑建设指挥部和城市大脑研究院正式授牌，中国工程院院士王坚做了关于城市大脑的实践与创新的主题演讲。

●● 市新冠肺炎疫情防控工作领导小组召开会议，分析研判杭州市当前疫情防控形势，研究部署"五一"假期疫情防控工作。市长刘忻主持并讲话。市委副书记张仲灿、戚哮虎、许明、金志、柯吉欣、胡伟、陈国妹、陈卫强出席。

会议指出，当前境外疫情暴发增长态势仍在持续，外防输入压力持续加大，内防疫情反弹要求不容放松。特别是"五一"假期来临，人员流动性明显增大，给疫情防控带来新的更大挑战。各地各部门要保持临战状态，毫不放松懈怠，抓紧抓实抓细常态化疫情防控，有针对性地加强外防输入、内防反弹举措，绝不让持续向好的疫情防控形势出现逆转，确保市民游客过一个健康平安的"五一"假期，推进全面复工达产和经济社会秩序恢复。

●● 杭州市召开庆祝"五四"青年节"90后"代表座谈会。市委副书记张仲灿出席并讲话。张仲灿代表市委向全市广大青年朋友致以节日问候，并向获得杭州"最美90后"个人和集体荣誉的优秀代表致以热烈祝贺。他表示，青少年是祖国的未来、民族的希望，也是党的未来与希望。在统筹抓好新冠肺炎疫情防控和经济社会发展过程中，全市各级团组织紧紧围绕市委决策部署，充分发挥组织动员优势和桥梁纽带作用，推动广大团员青年在物资帮扶、服务保障、一线服务、宣传引导等方面积极作为、主动发力，为疫情防控和复工复产做出了积极贡献。

●● 2020年市五一劳动奖状（章）名单发布。发布活动采用云表彰方式，共有85个集体获市五一劳动奖状，188人获市五一劳动奖章。市总工会在杭州电视台西湖明珠频道、"杭州工会"微信公众号、"明珠电视"微信公众号上正式发布《致敬劳动者——2020年杭州市职工庆祝"五一"国际劳动节云表彰》。

五月

1
日
WU YUE

●●《杭州市电梯安全管理条例》施行，这是杭州第一部专门规范电梯安全管理的地方性法规。该条例共8章45条，涵盖了电梯安全管理的各个方面，将电梯生产、经营、使用、维护保养、监督管理、检验检测等各环节已经存在或者可能存在的问题，以制度的形式加以解决和预防。

2
日
WU YUE

●● 市长刘忻专题调研城市管理工作。他走访了下城区"红旗班"管理服务中心、天水街道灯芯巷社区、市城管局。刘忻指出，要切实按照习近平总书记"城市管理要像绣花一样精细"的重要指示要求，坚持问题导向、目标导向、结果导向，以实招硬招不断提升杭州城市管理水平。要狠抓城市洁化，深入开展"城市环境大整治、城市面貌大提升"集中攻坚行动，精心做好日常保洁、垃圾分类、市政设施养护等工作，加快建设"无街不美景、无处不精细"的宜居城市。要健全长效机制，聚焦户外广告管理、渣土处置消纳等重点难点问题，优化职责权限划分，加强综合协调和监督管理，让"看得见的管得了"。要强化比学赶超，压实区县（市）、街道管理责任，完善激励和约束制度设计，用好"赛马"机制，进一步营造互学互鉴、争先进位的浓厚氛围，合力推动杭州城市管理水平再上新高度。

3 日 WU YUE

●● 市长刘忻专程到部分文创企业和平台调研。他到华策影视公司，与公司负责人深入座谈交流，全面了解企业内容生产、营销创新、产业链延伸、文化出口等情况。他充分肯定企业发展成绩，鼓励他们把发展思路打得更开，把创新步伐迈得更大，积极抢抓短视频、网红经济、直播带货等新风口，推进与互联网、广电、影视等领域头部企业的务实合作，聚合项目、资金、人才等各种资源要素，组建投资联盟，共建产业生态，努力打造文化产业高质量一体化发展的新标杆。随后，刘忻来到白马湖畔的中国网络作家村。刘忻与6位知名作家代表围坐一堂，探讨网络文学发展与创新。戚哮虎参加调研。

3—5 日 WU YUE

●● 市长刘忻先后到萧山区、余杭区、钱塘新区专题调研制造业发展，考察恒逸集团、传化集团、工业互联网小镇、艺尚小镇、士兰集昕微电子公司、柔性电子技术协同创新中心、浙江春风动力股份有限公司、贝达药业股份有限公司、中策橡胶集团等企业和平台。他强调，要认真学习贯彻习近平总书记在浙江、杭州考察时的重要讲话精神，全面落实省市部署要求，坚持新发展理念，大力实施"新制造业计划"，深入推进"高端化、智能化、绿色化、服务化"发展，加快产业链培育和产业集群集聚，实现企业提效、产业提档、平台提质，为杭州经济高质量发展注入强劲动能、提供有力支撑。张振丰在余杭参加。

4 日 WU YUE

●● 0—24时，杭州市无新增境外输入新冠肺炎确诊病例，新增出院2例；无新增无症状感染者，无转为确诊病例者，新增出院1例；无新增本地确诊病例。截至24时，累计报告境外输入确诊病例6例，全部治愈出院；无症状感染者全部出院。

5 日 WU YUE

●● "杭向未来，滨朋远至，江成大业"第三届杭州滨江国际人才节在白马湖畔举行，通过线上线下的形式为高新区（滨江）引才"5050计划"实施十周年"庆生"。"人才e码"正式上线。现场，滨江区发布了"双创生态""安居生态""产业生态"和"服务生态"等生态创新举措。

●● "五一"节假日，杭州共接待游客498.05万人次。节假日期间，酒店平均入住率超过45%，比清明小长假提升8%。杭州消费客流显著增加，消费潜力得到释放，消费市场整体回暖向好。同时，消费券拉动作用持续发挥，截至5月5日16：00，杭州兑付政府补贴4.45亿元，带动消费51.35亿元。

6 日 WU YUE

●● 省长袁家军在杭州调研青年浙商企业。刘忻参加调研。

袁家军先后考察了杭州依图医疗技术公司、涂鸦信息技术公司和每日互动网络科技公司，了解企业发展情况，察看最新科研产品。袁家军指出，广大青年创业者一定要提高抢抓机遇、化危为机的意识和能力，树立世界眼光，对标国际一流，遵循科学规律，勇于追梦、勇挑重任、勇当创客，做到无愧于青春、无愧于时代。要善于把企业发展融入区域乃至国家发展战略，特别是要聚焦把浙江省数字经济打造成为"重要窗口"的标志性成果，咬定"创新"不放松，创造性做好数字产业化的文章，聚焦精细化、专业化细分领域，着力掌握关键核心技术，在激烈市场竞争中推出一批"撒手锏"产品，努力打造产业链龙头企业。给企业更多温暖、更多平台就是对企业最大的支持、最大的激励。各地各部门要着眼打造创新创业最佳生态，借助大数据走好新时代群众路线，加快打造整体政府，持续深化"走亲连心三服务"，加强制度政策供给，急企业之所急、解企业之所难，千方百计帮助企业轻装上阵、专注发展，为青年一代演绎精彩提供更大舞台。

●● 市长刘忻就深化推进行政审批服务工作进行再研究、再部署、再推动。结合窗口调研中发现的问题和短板，刘忻主持召开工作推进会，与部门负责人共商推进下一步改革的思路和举措。

刘忻就抓紧抓实抓好下一阶段重点领域改革提出明确要求。在商事登记制度改革方面，要进一步减材料，对提交材料、填报事项的必要性进行再评估，按照能免尽免、能减尽减的原则，精简优化材料清单、表格事项，确保一个材料只提交一次、一个事项只填报一次。要进一步减时间，针对信息录入、公章刻制等耗时较长的环节，坚持审批集成，推进流程再造，强化数字赋能，尽最大努力压减企业和市民的等待时间，实现企业开办、百姓办事"分钟制"。在投资项目审批和工程建设项目审批改革方面，要进一步革新理念，从以部门为中心向以个人和法人为中心转变，一个流程一个流程梳理，一项问题一项问题排查，全力推动建设审批"小时制"，给企业投资和项目建设创造更多便利。要进一步健全机制，牢牢抓住项目立项、规划许可、施工许可、竣工验收四个环节，优化完善并联审批制度、施工图联合图审机制、联合竣工验收机制，探索推进涉审中介机构"信誉制"监管，推动审批提速提效提质，早日把杭州建成审批环节最少、办事效率最高、投资环境最优城市。

●● 为进一步做好城市大脑赋能城市治理相关立法工作，城市大脑立法工作专班召开会议，市人大常委会法工委、财经工委以及市司法局、市数据资源局负责人参加会议。市人大常委会副主任陈红英、市政府副市长胡伟出席会议并讲话。会上，市司法局、市数据资源局就条例的框架内容、主要问题等进行了汇报，与会人员就条例的主要条款逐一进行研究分析，并提出完善的意见建议。

●● 市新冠肺炎疫情防控工作领导小组办公室印发《关于有序恢复校外培训机构线下培训活动的通知》，要求杭州市各类校外培训机构经核验符合复课（复训）标准的，自5月9日起可陆续恢复开展线下培训。

社区学院、乡镇成人文化技术学校、各级青少年活动中心、各级残疾儿童定点康复机构可参照该通知要求执行，并分别由相关主管部门牵头组织开展核验工作。

●● 高新区（滨江）举办"人才强链，智造滨江"制造业高质量发展高峰论坛，中国工程院院士潘云鹤以云直播的方式进行《AI助推制造业高质量发展》主题演讲。

论坛期间，高新区（滨江）经信局、浙江省智能制造专家委员会和杭州安恒信息技术股份有限公司等6个智造供给系统解决问题供应商培育企业进行三方签约。高新区（滨江）每年安排预算不少于1亿元，用于智造供给系统解决问题供应商的培育。培育企业实行责任书管理制度，原则上每年认定2批，每批5个左右。对于列入培育名单的企业给予1000万元的资金支持，用于企业研发投入、扩大规模、创新载体建设、人才引进和开拓市场。

●● 杭州市余杭区气象台与余杭区农业技术推广中心联合向社会公众发布枇杷采摘指数预报，这也是全省首个枇杷采摘指数预报。

"枇杷采摘指数预报"是气象学与农学科学的高度融合，因此，余杭区气象局工作人员深入田间地头，了解枇杷生产情况及服务需求，开展枇杷物候、枇杷灾情等调查，研究影响枇杷生产的关键气象因素，多次与农业部门联合会商调查，通过气象观测大数据分析、整合服务技术，进而确定枇杷采摘指数预报的分级和描述。

●● 中国快递物流装备物资集中采购交易中心在桐庐正式运行。顺丰和"三通一达"快递企业与集采中心签订协议，共同约定将企业的车辆、设备、IT、服装、办公用品等装备物资纳入集采中心采购交易。当日，有"三通一达"总部及直营商、加盟商100个入驻集采平台采购，有102个供应商在平台登记注册，完成线下交易近10.26亿元。集采中心将通过线上线下相结合的方式，为快递物流企业与装备物资供应商提供信息发布、交易撮合、集中议价采购等服务。

7

日

WU YUE

●● 省委书记、省新冠肺炎疫情防控工作领导小组第一组长车俊到杭州大中小学校检查疫情防控和开学复课工作。他强调，要深入学习贯彻习近平总书记考察浙江重要讲话精神，按照中央和省委的部署要求，坚持问题导向，严格落实责任，慎终如始抓防控、热情周到优服务，全力确保开学复课安全、有序、顺畅，切实保障广大师生安全健康。

车俊先后来到杭州师范大学、学军中学、保俶塔实验学校，检查入校通道、教室、餐厅、宿舍、社团活动场所等重点部位，了解疫情防控措施落实和教学情况。车俊强调，要落实落细党委政府属地管理责任、部门监管责任和学校主体责任，及时总结经验，善于发现问题，确保开学复课万无一失。要全面落实常态化疫情防控要求，实施校园封闭式管理，进一步完善日常筛查机制、疫情防护措施和应急处置机制，严格规范教学、住宿、就餐管理，切实降低人员集聚风险。要加强对学生的防护指导，采取多种形式普及防护知识，引导他们培养良好的卫生习惯。要科学调整教学计划，确保网上网下教学有效衔接，高质量完成本学期教学工作。要加强家校沟通，缓解家长焦虑情绪，争取家长理解和支持。

●● 省长袁家军主持召开"十四五"规划编制工作领导小组第一次（扩大）会议。冯飞主持，刘忻在杭州分会场出席。

会议强调，要深入研究"十四五"时期的阶段性特征，深刻把握新冠肺炎疫情背景下世界"百年未有之大变局"的重大变量，深入分析重大机遇和挑战。要认真研究发展目标，按照新目标新定位，坚持问题导向和目标导向，对标先进、补齐短板，统筹谋划"一湾引领、两翼拓展、四极辐射、全域美丽"的发展格局，滚动实施富民强省十大行动计划，起好"第二个高水平"的第一步，争创社会主义现代化先行省。

●● 省人大常委会党组书记、副主任梁黎明带队，在杭州开展居民生活垃圾分类处置专题调研。市人大常委会主任于跃敏参加。调研组实地考察了九峰垃圾焚烧厂，召开座谈会，听取市人大、市政府及有关部门相关工作情况汇报。座谈中，大家围绕加强基础设施建设、培育再生资源回收企业、健全完善配套政策等提出意见建议。

梁黎明指出，杭州市认真落实中央、省委有关决策部署，较早开展地方立法，不断完善政策机制，加大软硬件投入，动员全社会参与，垃圾分类工作走在全国前列。她强调，要进一步提升思想认识，在推进生态文明建设上下功夫。要坚持问题导向，不断提高垃圾分类处置质量和水平。加强统筹谋划、顶层设计，加大执法力度、日常管理，推进城乡生活垃圾分类协调发展，推动可回收垃圾资源化利用全覆盖。要不断总结经验，巩固扩大垃圾分类处置工作成果。加大生活垃圾投放、收集、转运、处理等环节设施建设投入，充分发挥各级人大代表的监督推动作用，依法教育引导群众自觉参与，营造合力推进垃圾分类的良好氛围。

于跃敏说，生活垃圾分类连续两年由市人大代表票决为市政府民生实事项目，市人大常委会将在市委领导下，按照省人大常委会部署要求，全力推进《杭州市生活垃圾管理条例》实施，充分发挥人大代表作用，用好垃圾分类监督App，监督推动生活垃圾分类民生实事落地落实，让垃圾分类成为新时尚，为美丽浙江建设做出新贡献。

●● 杭州市老龄工作委员会全体扩大会议召开，《杭州市2019年老龄事业统计公报》发布。公报显示，至2019年末，全市60岁及以上老年人口为179.57万人，2020年着力要为老年人办十件实事。

截至2019年末，全市60岁及以上老年人口为179.57万人，占户籍总人口数的22.55%，与2015年相比，5年来增加28.67万人。其中，80岁及以上高龄老人28.58万人，占老年人口的15.91%。全市主城区老年人口密集，老龄化程度较高，其中上城区、西湖风景名胜区、下城区的老年人口比例居全市前三位。

●● 全国首个以"数字健康创新谷"命名的科创园区——杭州湾数字健康创新谷在萧山经济技术开发区信息港小镇开园。

首批集中签约的十大项目涉及健康大数据运营、基因检测、人工智能、互联网运动平台、数字家庭护理等领域，既有世界500强投资子公司项目，也有独角兽、准独角兽企业，既有总部项目、平台项目，也有中国科学院、哈佛大学、牛津大学等海内外创新人才项目。

开园仪式上，信息港小镇首次向社会公布信息港1期至10期建设项目，包括数字健康创新谷、浙大（杭州）国际科创中心和生命健康产业园等，预计到2022年整个小镇投资建设双创空间超过300万平方米。

7—8
日 WU YUE

● ● 市政协主席潘家玮围绕服务助力"六稳""六保"工作，到新建的市政协委员工作站走访调研。汪小玫参加。

潘家玮强调，委员工作站是市政协更好发挥界别特色优势和委员主体作用、巩固拓展履职阵地的一项重要举措。要按照"五新"定位和"六个一"要求，持续深入推进委员工作站建设，着力打造政协履职的"金名片"。政协委员要坚持为国履职、为民尽责情怀，紧扣中央和省委、市委扎实做好"六稳"、全面落实"六保"的部署要求，强化责任担当，积极主动作为，不断提升建言资政和凝聚共识的能力，在服务助推杭州经济社会高质量发展中当好表率。

8
日 WU YUE

● ● 市人大常委会开展数字经济发展情况专题调研。市人大常委会主任于跃敏带队，副主任徐小林参加。

调研组首先召开座谈会，与西湖区7个数字经济企业负责人面对面交流，了解企业发展情况，听取意见建议，大家对进一步拓展"亲清在线"数字平台、打造更多数字驾驶舱和应用场景、加强信息安全与立法保障、完善人才评估和激励政策、强化土地能源要素保障、设立数字仪表研究机构等提出意见建议。随后，听取7个区人大常委会数字经济发展专题调研情况汇报，6个区县（市）人大常委会做书面报告。

于跃敏强调，围绕数字经济"一号工程"，充分发挥人大职能作用，全力助推数字产业化、产业数字化和城市数字化协同融合发展。要进一步做实调研。聚焦数字基础设施和项目建设、拓展数字产业规模能级、数字赋能城市治理等重点，深入调研，查找不足，推动补齐短板，切实解决实际问题。要进一步做出实效。结合"十四五"规划编制，推动优化资源配置、释放发展潜力，为杭州打造"全国数字经济第一城""全国数字治理第一城"贡献人大力量。

●● 市工商联（市总商会）召开十三届六次执委（理事）会议，学习贯彻习近平总书记在浙江、杭州考察时的重要讲话精神，总结2019年度和前一阶段新冠肺炎疫情防控复工复产工作情况，部署2020年工作。市委副书记张仲灿出席并讲话。陈新华、陈国妹、冯仁强参加。会议表彰了2019年度先进企业家，企业家代表做交流发言并宣读倡议书。

●● 纪念第73个"五·八"世界红十字日暨杭州城市大脑·杭红捐赠平台发布仪式举行。市红十字会捐赠平台是依托城市大脑推出的全流程线上捐赠平台，实现"一键快速捐赠、全程透明可溯、供需精准对接"，公益捐赠体验更加公开、透明、高效。市委副书记张仲灿在调研并听取工作汇报后表示，近年来市红十字会紧紧围绕中心大局，立足主责主业，开展人道救助服务，在救灾备灾、扶危济困、应急救护和生命关爱等方面取得了积极成效。特别是在2020年新冠肺炎疫情大考中，主动作为、履职担当、服务为民，有力弘扬了"人道、博爱、奉献"的红十字精神，得到了社会各界的普遍赞誉。

●● 中国科学院肿瘤与基础医学研究所（简称中科院肿基所）重大人才项目签约仪式在杭州钱塘新区举行。签约包括启动中科院肿基所核酸适体筛选中心、浙江省肿瘤智能诊断与分子技术诊治技术研究中心、浙江省上消化道肿瘤诊治技术研究中心等建设；聘任马大为院士为中科院肿基所创新药物研发中心主任，与凌科药业签订联合建立中国科学院肿瘤与基础医学研究所凌科药业新药研发中心协议；中国科学院肿瘤与基础医学研究所、钱塘新区与中国科学院近代物理所签约重离子项目。

9 日 WU YUE

●● 市政府与中国建设银行股份有限公司通过远程视频形式签订"发展政策性租赁住房战略合作协议"。住房和城乡建设部部长王蒙徽、中国建设银行股份有限公司董事长田国立出席活动并见证签约，杭州市市长刘忻与中国建设银行行长刘桂平分别代表双方进行签约。缪承潮参加。

根据协议内容，建设银行将对接杭州市总体目标和发展规划，发挥资金、技术、渠道和母公司、子公司的联动优势，提供集金融产品创新、房源筹集运营、信息系统支撑为一体的综合服务，并在合作期内为杭州市提供500亿元的信贷支持。

●● 市政协十一届四十二次主席会议召开。市政协主席潘家玮主持，翁卫军、汪小玫、叶鉴铭、谢双成、陈永良、王立华、周智林、冯仁强、滕勇和金翔出席会议。

会议协商审议了《市政协"高水平推进历史文化名城建设"专题常委会议课题调研方案》《市政协"湘湖和三江汇流区块发展"专题协商会课题实施方案》《市政协打造共建共治共享城市社区治理新模式专题协商会实施方案》《市政协关于围绕高水平全面建成小康社会补短板开展三级政协联动专项集体民主监督的实施方案》《市政协"城乡生活垃圾分类处理"专项民主监督实施方案》《市政协"推进淳安特别生态功能区建设"专项民主监督实施方案》《市政协十一届四次会议重点提案建议名单》，研究部署了市政协5月主要工作。

●● 数字治理赋能行动专题会召开，市委副书记、政法委书记张仲灿主持，研究《杭州市亚运城市行动纲要》数字治理赋能专项行动组工作安排。他强调，要认真贯彻落实市委、市政府的工作部署，抓住亚运契机，强化数字赋能，全面提高大城市治理能力水平，为提升杭州城市综合能级提供坚实基础。

会议听取了亚运城市数字治理赋能行动组工作汇报，并讨论行动工作方案。张仲灿指出，G20杭州峰会以来，系列国际赛会扩大了杭州的知名度和影响力，为推进大城市治理现代化提供了契机、积累了经验。行动组各部门要统一思想，提高认识，从治理体系和治理能力现代化的高度加大数字赋能力度，将亚运筹办作为杭州城市治理能力提升的磨刀石和试金石，精心锻造常态长效的智慧治理体系，推动治理效能走在全国全省前列。

10日 WU YUE

●● 市新冠肺炎疫情防控工作领导小组发布通知：5月18日全市各类幼儿园大班幼儿开学；中、小班（托班）幼儿由各地根据实际，安排在5月18日后一周内有序开学。

明确开学时间后，经幼儿园申报，各区县（市）教育和卫生健康部门会对属地各类幼儿园按园区组织开学核验，合格一个园区再开学一个园区，不具备条件的不得开学；此外，充分尊重家长意愿，实行自愿返园。本学期不返园的幼儿，保留学籍，不收取费用；疫情防控期间，各地可结合实际实行幼儿园弹性上学制度；开园后，各幼儿园还将完善晨检制度，严格"亮码+测温"入园检测，错班错时分批组织到园，防止出现进园出园时段园门口人员集聚、交通拥堵等现象。

11日 WU YUE

●● 市政府召开全体（扩大）会议，市长刘忻主持并讲话。会议强调，打造国际一流营商环境，要坚持以改革优化体制机制，以开放倒逼标准规则，以技术驱动政府改革和市场开放，以百姓和企业感受评价成果成效。要建设一流政务环境，追求"无中生有""大道至简""大治无痕"的极致境界，全力推动实现企业开办、百姓办事"分钟制"，建设审批、不动产登记"小时制"。要建设一流产业环境，纵向抓企业、产业链、产业队、产业群、产业生态，横向抓龙头、配套、园区、平台、服务，为高质量发展提供强有力支撑。要建设一流政策环境，坚持以制度创新为引领，制定出台更具创新性的配套政策，形成要素价格最低、功能集聚最强、服务水平最优的杭州新优势。要建设一流人文环境，传承历史文脉，厚植感恩文化，讲好杭州故事，不断擦亮历史文化名城"金字招牌"。要建设一流司法环境，坚决维护社会公平正义，让广大企业家、投资者、老百姓更有安全感。

会议还就同步抓好新冠肺炎疫情防控、"六稳"、"六保"、三大攻坚战、保安全护稳定等重点工作提出具体要求。

●● 市人大常委会召开民生实事项目专项监督部署会。市人大常委会主任于跃敏出席并讲话。戴建平讲话。郑荣胜主持。市人大常委会组建了10个市人大代表监督小组，按照监督计划，依靠各级人大代表，和政府相关部门一起，全力推进项目实施，实现代表"人人有任务"、项目"事事有监督"。

于跃敏强调，高质量完成2020年的民生实事项目，让群众受益满意，任务更重，意义更大，这是落实"六保"任务的必然要求，是助推补齐短板的重要举措，是发挥人大制度优势的应有之义。要认真学习贯彻习近平总书记在浙江、杭州考察时的重要讲话精神，以打造"重要窗口"的政治自觉和行动自觉，合力推动项目如期高质量完成。要进一步聚焦重点，坚持目标导向、问题导向、责任导向，紧扣进度、质量、实效开展工作，紧盯共性问题不放，精准解决个性问题。要进一步发挥代表主体作用和专业优势，创新监督方式方法，紧密结合"走亲连心三服务""助万企、帮万户""最美人大代表"风采展示等活动，推动民生实事落地见效。

12 日 WU YUE

●● 南昌市党政代表团到杭州市考察。两市召开工作交流座谈会。在杭州期间，南昌市党政代表团考察了杭州城市大脑运行指挥中心、正泰集团、新华三集团、湖滨路步行街、西湖亮化工程等。

●● 杭州市庆祝"5·12"国际护士节暨"最美护士"颁奖大会举行，2019—2020年度杭州市"最美护士"和"最美援鄂护士"名单在会上揭晓。

●● 市政协召开机关作风建设暨年度履职重点工作推进会，学习贯彻全市推进新冠肺炎疫情防控补短板堵漏洞强弱项暨深化作风建设和综合考评大会以及市纪委全会精神，部署扎实推进市政协重点履职工作和打造模范机关工作。市政协党组书记、主席潘家玮讲话。汪小玫、叶鉴铭、谢双成、陈永良、周智林、冯仁强、滕勇参加。

潘家玮在充分肯定2019年以来市政协机关工作后强调，要全面落实市委关于加强"一流施工队"实战淬炼、锻造过硬能力和作风的各项要求，以更加优良作风做好新一年政协机关各项工作。要大兴学习之风，坚持把学习习近平新时代中国特色社会主义思想摆在首位，提升做好新时代政协工作的能力素质。要紧扣市委中心工作、市政协十一届四次会议部署和年度协商履职计划，深入做好集成履职和智慧履职、成果转化利用等文章，不断推动政协工作提质增效。要深化机关"三强三比"活动，大力弘扬勤勉敬业、精益求精和马上就办、办就办好的作风，不断增强工作执行力和整体合力。要坚持党建引领，巩固拓展主题教育成果，全面落实党建各项任务要求，努力打造政治强、作风强、能力强、服务强的模范机关。会上，市政协机关有关负责人签订落实党风廉政建设责任书，机关干部代表做交流发言。

●● 杭州市"美丽杭州"创建暨"城市环境大整治、城市面貌大提升"集中攻坚行动动员部署会召开。全市环境整治集中攻坚行动正式启动。行动由市城管局牵头，各区县（市）政府（管委会）及市建委等部门共同参与，将重点围绕城市道路及两侧环境、城市河道环境、公路铁路及两侧环境、建筑工地周边环境、城市综合环境、住宅小区环境、园林绿化环境及道路交通秩序八大主题开展集中治理，旨在集中解决一批存在时间较长，对市容环境、市民生活、社会秩序产生较大影响的突出问题，促进城市洁化、序化、亮化、绿化和美化"大提升"，加快建设"无街不美景、无处不精细"的宜居城市。

●● 杭州市召开2020年义务教育阶段学校招生入学工作发布会。杭州市在义务教育学校招生制度，特别是在规范民办学校招生方面进行较大改革。过去，民办学校可跨区域自主招生，而从2020年开始民办学校须在审批地范围招生，审批地未招足的民办学校，可面向全市补招一次；民办学校报名人数超过计划数的，均实行电脑随机派位录取；公办学校继续按照就近入学的原则，按学区招生，公办初中按小学对口直升或按学区招生。民办学校录取与公办学校的第一批录取同步进行，选报民办学校但未被录取的学生，由报名地教育行政部门按"同类排序靠后"原则统筹安排到公办学校就读。全市公办民办初中、小学招生，均在全市统一报名平台进行网上报名。

13
日

WU YUE

●● 市人大常委会开展无障碍环境建设集中视察。市人大常委会主任于跃敏，副主任郑荣胜、陈红英、罗卫红、徐小林带队，分3组实地视察。副市长缪承潮陪同。43位市区两级人大代表和3位无障碍建设专家参加。

无障碍环境建设专项监督是2020年市人大常委会的一项重点监督工作。集中视察紧扣法律法规要求，采取集中动员培训、分组实地视察、分别调研座谈方式进行。视察组首先观看无障碍视频短片，听取法规要点解读和专家辅导。随后，到上城、下城、江干、西湖、滨江、萧山实地视察了车站、医院、商场、亚（残）运会场馆、行政服务中心、城市道路、社区等12个点位，邀请残障人士到现场体验、无障碍建设专家现场指导。

座谈会上，相关城区汇报无障碍环境建设情况，无障碍建设专家做点评，人大代表、残障人士代表、无障碍建设工作者提出意见建议。大家建议，要加强无障碍环境理念宣传，加大无障碍设施不合标准、损毁占用、应建未建等问题整改力度，规范新改扩建设施施工验收标准，提供更多无障碍辅助产品，系统整体推进无障碍环境建设。

●● 市政协运用"请你来协商"平台，围绕"加快建立长期护理保险制度，推进护理服务业发展"开展协商议政。市政协主席潘家玮主持并讲话，陈国妹到会听取意见并做回应，翁卫军、周智林和市医保局、市卫生健康委、市民政局、市教育局、市经信局等部门负责人参加会议。

协商活动以网络视频会议形式召开，设市民中心主会场，桐庐县政协、市政协医卫界别和社会福利、少数民族、宗教界别委员工作站分会场。12位市、区政协委员和从业人员、专家、市民代表在各会场做视频发言，203名委员通过市政协智慧履职平台在线参与议政、提出建议67条。

潘家玮在充分肯定大家的意见建议后指出，建立长期护理保险制度，可以更好地调节养老、医疗、护理服务资源配置，积极应对人口老龄化，更好地顺应人民群众对美好生活的需要，是建设健康杭州、打造"重要窗口"的必然要求。要积极推进长期护理保险制度建设，更加重视护理从业队伍建设，推动护理型养老机构发展，加快护理产业发展。市政协要持续关注，深入调研，积极建言献策，为服务助推民生福祉行动、提升市民群众幸福感，积极贡献政协的智慧和力量。

●● 中国（杭州）跨境电子商务综合试验区上线全国第一个"进口商品质量安全公共服务平台"，该平台分为4个体系：质量公共服务体系，不定期地普及一些有关商品质量方面的知识，提高大家的甄别能力；质量共治体系，以线上公示等多种形式定期发布产品质量状况，公开跨境进口产品质量管控情况，对发现的质量安全风险提前消减；风险预警与反应体系，支撑综试办及相关政府单位及时了解当前跨境贸易风险，以便及时做出相关决策；质量溯源体系，构建溯源数据共享交换机制，推进各类追溯信息互通共享。

14 日 WU YUE

●● 杭州市智慧党建"1+10"核心应用场景上线发布会在市党群服务中心举行，标志着杭州市"党建云图+十大核心应用场景"正式上线发布。

首批推出的"党建云图+十大核心应用场景"，包括"党建云图"和云管理四大核心应用场景、云服务六大核心应用场景，以"全生命周期"理念，打造线上"党员之家、干部之家、人才之家"和数字党建平台。其中，"党建云图"是杭州组织工作的"数字驾驶舱"，包括基层党组织、党员、两新党建、村社干部、党群服务中心等版块，借助AI智能、大数据分析等技术，实现对组织工作全领域、全市域、全口径的挖掘、整合、运用，具备面上分析、深层下钻和预警提醒等功能，是新发布首批十大核心应用场景的"大脑"。

云管理四大核心应用场景包括指尖办公、选兵点将、智慧组织（先锋码）、公务员"一键办"等，具备干部工作全链条管理和智能辅助、党员全生命周期管理、公务员职业生涯全周期管理"一件事"、组织部门工作事项"实时追踪"和各项管理"在线纪实"等功能。云服务六大核心应用场景包括杭州人才码、学习赋能、爱心驿站、社团有你、我行我秀、积分商城等"云服务"新平台。

● ● "杭州健康码"长效运行推进会召开。会议强调，"杭州健康码"应运而生是政府主导、部门协同、企业助力结出的硕果。市数据资源局要加强统筹协调和面上推进。各级各有关部门要认真研究推进各自领域的健康应用，全面提升健康码应用建设管理水平。要加强政企联动，激发市场活力，鼓励支持社会力量依法开发健康码应用场景，积极参与到网上诊疗、健身导航、健康养老、放心就餐、场所卫生等线上线下服务中，整体提升健康码运行效能。

● ● 市长刘忻调研信访接访工作和"12345"市长热线。他到市人民来访（联合）接待中心和"12345"市长公开电话受话大厅调研。随后，刘忻主持召开座谈会，听取市信访局工作汇报，充分肯定各项工作力度大、举措实、亮点多，为推进杭州城市治理体系和治理能力现代化做出了积极贡献。就抓紧抓实抓好下一步信访接访工作，刘忻强调，要切实把人民群众放在心中最高位置，尽最大努力为群众排忧解难，及时妥善解决合理合法诉求，让他们在信访事项办理中感受到党和政府的关怀和温暖。要更加重视举一反三，把信访接访作为发现政府工作短板漏洞、排查风险隐患的重要渠道，加强分析研究和会商研判，既"挂号"又"会诊"，对重点共性问题集中攻坚、逐个销号。要着力夯实基层基础，创新发展新时代"枫桥经验"，充实一线力量，推进服务下沉，有效提升矛盾纠纷基层化解和初信初访工作水平，把急事难事解决在老百姓的家门口。

● ● 市人大常委会、市政府和市政协共同召开会议，表彰2019年度建议提案办理工作11个优秀单位和25位先进个人，部署2020年建议、提案办理工作。会议要求，各承办单位要提高政治站位，提升办理理念，以建议提案的高质量办理来推进杭州市各领域的高质量发展。要理顺工作机制，优化办理方法，在强化组织领导、突出办理重点、深入沟通协商、严格督查督办上下功夫，确保按时保质完成办理任务。要坚持问题导向，突出办理绩效，坚持统筹兼顾与民生优先，加大宣传引导的力度，以强烈的责任感、使命感和紧迫感，把建议提案高质量办实办好。

● ● 市委直属机关工委举办市直单位青年党员干部专题廉政教育活动。参加人员观看了3起青年干部违纪违法典型案例宣传教育片。

15日

WU YUE

●● 市新冠肺炎疫情防控工作领导小组召开会议，研究部署杭州市常态化疫情防控和经济社会发展重点工作。市长刘忻主持并讲话。市委副书记张仲灿、戚哮虎、许明、戴建平、金志、柯吉欣、胡伟、陈国妹、陈卫强出席。

会议指出，当前杭州市疫情防控态势总体平稳向好，但境外疫情扩散蔓延势头尚未得到有效遏制，外防输入的任务依然艰巨，内防反弹的复杂性仍然较大。全市上下要认真贯彻落实5月14日召开的中央政治局常务委员会会议精神，紧紧围绕省市"战疫情、促发展"决策部署，始终绷紧常态化疫情防控这根弦，推动外防输入、内防反弹举措落地见效，做好"六稳"工作落实"六保"任务，着力提升产业链供应链稳定性和竞争力，确保"两手都要硬、两战都要赢"。

●● 市长刘忻主持召开市政府常务会议，研究部署新时代美丽杭州建设、交通强国示范城市创建、"证照分离"改革等工作。会议强调，要深入贯彻落实党中央、国务院和省委、省政府决策部署，紧紧围绕"干好——六、当好排头兵"，加快建设人与自然和谐相处、共生共荣的宜居城市，奋力推进交通强国战略在杭州的生动实践，确保"证照分离"改革全覆盖试点工作走在前列，为"重要窗口"贡献更多标志性成果。会议研究审议《新时代美丽杭州建设实施纲要（2020—2035）》及其三年行动计划、研究创建交通强国示范城市有关工作。会议审议《进一步深化"证照分离"改革全覆盖试点工作实施方案》。

●● 市人大常委会开展《杭州市居住区配套设施建设管理条例》执法检查。市人大常委会主任于跃敏带队，分2组开展实地检查。缪承潮做汇报。15位市人大代表和2位城市规划专家参加。

执法检查组听取市政府关于条例贯彻执行情况汇报，并到上城、下城、江干、拱墅、西湖、滨江、萧山实地检查了8个社区的管理用房、卫生服务站点、居家养老设施、教育文体设施等。随后召开座谈会，相关城区汇报了条例贯彻情况，人大代表围绕加强规划统筹与衔接、全面评估已建配套设施、明确配套设施建设标准、统筹推进老旧小区改造、引入社会资源等提出意见建议，市有关部门负责人现场回应。

●● 杭州市第三届"最美杭州人——十佳残疾人"和第四届"最美助残志愿者（助残人）"颁奖典礼在杭州文广集团演播厅举行。市委副书记张仲灿致辞。

●● 浙江省杭州第十四中学教育集团艮山中学揭牌仪式举行，杭州市第十四中学与艮山中学正式开展集团化办学。两校合作将建立紧密型合作办学关系，充分发挥杭州市第十四中学在课程建设、教育教学管理、特色发展等方面的引领、示范和带动作用。集团化办学第一年，艮山中学推出一个重点项目：自2020年秋季起举办"创新实验班"，由杭十四中选派骨干进行日常管理和教学。同时，艮山中学还计划招收两个传媒艺术特色班（提前批），培养方向有书法、摄制、播音、表演、舞蹈、编导，其中书法、摄制是杭州唯一的。

16 日 WU YUE

●● 2019年浙江文化和旅游总评榜仪式暨"后疫情时代文旅行业的危与机"分享会在良渚古城遗址公园举行。总评榜共设9个榜单，其中2019杭州全球旗袍日上榜推广创新优秀案例，良渚古城遗址公园上榜浙江十佳研学旅游目的地。

17 日 WU YUE

●● 第二届全国智能体育大赛城市赛——"2020建德17℃新安江马拉松线上赛"在建德市新安江体育馆正式启动。赛事全部在线上完成，有智能跑步、智能骑行和智能划船等共3个大项6个小项。比赛为期6个月。

18 日 WU YUE

●● 省委书记车俊在杭州调研人才和科技创新工作。他考察阿里巴巴达摩院和浙江人才大厦。车俊强调，当前新一轮科技革命和产业变革正在加速演变，新冠肺炎疫情也给人类社会带来新的挑战，我们必须坚持把科技创新作为最核心、最关键、最可持续的竞争力，以超常规手段强优势补短板，奋力推动高质量发展。要进一步加强高能级创新平台建设，高水平建设国家自主创新示范区、国家高新区，深化杭州城西科创大走廊、G60科创走廊、开发区（园区）和高新技术特色小镇等建设，加快构建以公共服务平台为基础、研发平台为引领、产业化平台为主体的完备体系。要进一步发挥企业主体作用，深入实施科技企业"双倍增"行动，引导企业加大创新投入，加强与高校院所紧密合作，加快科技成果转化，全面提升企业创新能力。要进一步补齐基础研究短板，聚焦经济社会发展战略需求，加快大科学装置建设，开展关键核心技术攻关，积极支持创建国家实验室，力争在前瞻性基础研究、引领性原创成果上取得突破。要进一步优化创新生态系统，深化"最多跑一次"改革和科研管理体制改革，完善技术要素市场化配置机制，加快建设产业创新服务综合体，积极为高层次人才营造良好的创新空间和生活环境，激发全社会创新活力。

●● 市十三届人大常委会第五十一次主任会议召开。市人大常委会主任于跃敏主持，副主任郑荣胜、陈红英、罗卫红、卢春强、徐小林，秘书长张如勇参加会议。

　　会议研究了市十三届人大常委会第二十八次会议初步议程，要求各有关部门认真做好各项准备工作。会议讨论并通过了关于调整市人大常委会主任会议成员工作分工和联系区县（市）人大分工的方案，关于调整部分市人大专门委员会对口联系单位的方案。会议讨论并通过了关于部分市人大常委会副主任和专职委员直接联系市人大代表的方案、关于组织开展"全市各级人大代表助推矛盾纠纷调处化解'最多跑一地'改革"主题活动的实施方案，听取了关于"最美人大代表"风采展示前期相关工作情况的汇报。会议听取了关于杭州市野生动物保护法规、规章和规范性文件清理工作情况的汇报。会议要求市人大常委会法工委向省人大常委会办公厅书面报告清理工作情况。

●● 京杭运河二通道海宁段全面开工，总投资25.43亿元。航道主线沿嘉兴海宁市与杭州余杭区边界由北向南依次穿越杭海城际铁路、沪杭高铁、沪杭高速公路和东西大道，全长4.5千米，将按三级航道标准建设。

19—22日 WU YUE

●● 杭州市代表团到贵州省黔东南州落实扶贫协作工作。其间，两地召开东西部扶贫协作联席会议。会上举行杭州市疗休养基地、贵州省黔东南州东西部扶贫协作示范企业、贵州三穗鸭浙江省总代理授牌仪式，以及浙江长龙航空有限公司结对资助黔东南州榕江县、从江县百名贫困学生捐赠仪式。

●● 浙江省卫生健康委和杭州市卫生健康委在杭州联合举办第十个"世界家庭医生日"庆祝活动，杭州市基层卫生协会组织开展的"优秀家庭医生"和"优秀家庭医生团队"推选活动中，有31名家庭医生和30个家庭医生团队入选。

20日 WU YUE

●● 杭州市代表团到贵州省黔东南州榕江县落实扶贫协作工作。贵州省副省长吴强、杭州市领导、黔东南州领导参加考察或座谈会。

代表团考察榕江县电商服务中心、阳光社区幼儿园、卧龙易地扶贫搬迁安置点"千匠百艺"扶贫车间、车江坝区产业基地、栽麻镇大利村。随后，两地召开工作座谈会。会上，杭州市、杭州银行向榕江县捐赠帮扶资金，杭州市统一战线帮扶团向黔东南州捐赠资金及物资，杭州视客文化发展有限公司与榕江县、从江县签订战略合作协议。

●● "云上杭行"5·20直播电商季在位于萧山的浙江国际影视中心启动。200多种经典"杭产优品"参加展销，市长刘忻为"杭产优品"直播带货，20多位直播电商领域的网红主播为杭州好货站台叫卖。

直播电商季由杭州市政府、中央广播电视总台国家（杭州）短视频基地、浙江省商务厅、浙江省广播电视集团共同主办。活动现场，中国（杭州）直播电商（网红经济）研究院和产业教育学院揭牌。中国（杭州）直播电商（网红经济）专家委员会和中国会展直播产业联盟成立。杭州直播电商领军人物、重点培育园区平台机构、热门网红打卡地以及中国蓝主播学院获授牌。

●● 杭州市召开"世界计量日"宣传周活动暨全市首批定量包装企业C标志启动仪式，现场发布2019—2020年杭州市民生计量发展报告，上线试运行杭州市民生计量公共服务平台。该平台功能主要分为数据中心、在线业务、双随机监管、信用管理、公示预警、查询统计、全民参与、系统管理8个方面，将以整合电力、燃气、水务集团的大数据资源为切入口，逐步推广至医疗卫生、农贸市场、加油站、出租车计价器等行业部门，最终实现涉及百姓切身利益的民生计量可查、可看、可追溯。

●● 钱塘新区产业平台建设推进大会召开。会上，新区党工委、管委会向六大平台负责人颁发聘书，杭州医药港、杭州大创小镇、杭州综合保税区、杭州江东芯谷、杭州临江高科园、杭州前进智造园六大平台做表态发言。153名来自机关、街道、国有企业的工作人员统一签订三年聘任合同，聘期期满后将根据个人工作实绩来决定是否续聘。会议以视频会议形式召开，江东综合楼、江东办事服务中心、下沙行政中心以及各街道设分会场。

21 日 WU YUE

●● 首个"国际茶日"浙江杭州主场活动举行。农业农村部与联合国粮农组织、浙江省政府以"茶和世界，共品共享"为主题，通过网络开展系列宣传推广活动。在首个"国际茶日"浙江杭州主场活动上，农业农村部部长韩长赋、浙江省省长袁家军、联合国粮农组织总干事屈冬玉视频致辞。韩国农林畜产食品部部长金炫秀、越南农业与农村发展部部长阮春强、杭州市市长刘忻等发来祝贺视频。副省长成岳冲、杭州市委副书记张仲灿出席。

活动期间，发布"国际茶日"标识、第三期中国茶产业杭州指数和"世界茶乡看浙江·浙里游好茶"十大茶旅精品线路。

●● 省委常委、政法委书记、依法治省办主任王昌荣在杭州调研。他考察了杭州高新区（滨江）知识产权综合服务中心、杭州市律师协会、临安区板桥镇上田村"微法庭"和三治学院，并主持召开法治建设座谈会。王昌荣希望杭州继续以干在实处、走在前列的姿态，在法治建设上取得更大成效、为全省提供更多经验。他强调，全省各级党委法治办要充分发挥职能作用，推动加快建设法治中国示范区，努力在建设"重要窗口"的进程中彰显出独特使命和价值。要将高标准、严要求贯彻到立法、执法、司法、守法、普法等各个环节，切实在服务大局上立新功、在法治为民上出实招、在补齐短板上下狠功、在改革创新上谋新篇。要健全法治浙江建设统一领导、一体推进、监督检查、倒查分析等机制，确保各项工作整体协调推进。要切实加强自身建设、强化统筹协调、加强研究谋划，不断提升履职尽责的能力水平，奋力跑好建设法治浙江的"接力棒"。张仲灿在座谈会上汇报法治杭州建设情况，金志陪同调研。

●● 市长刘忻专程到杭州师范大学调研。他主持召开座谈会，听取杭州师范大学（简称杭师大）人才培养、科学研究、社会服务等工作汇报。刘忻在充分肯定成绩后指出，杭师大是市属高校的领头羊，市委、市政府对杭师大建设发展高度重视、寄予厚望。当前及今后一段时期，是杭师大争创全国一流大学的重要机遇期和窗口期。希望全校上下锚定目标不动摇，深化改革强创新，不断提升办学能力、核心竞争力和综合实力。要进一步拉长师范教育长板，坚守师范人才培养初心，夯实师范教学基本功，广泛整合教案、题库、课程体系等优质教学资源，培养造就更多一流名师。要进一步做强特色优势学科，以百年树人的耐心和韧劲，一个学科一个学科抓，积极推进"申博"学科建设，培育形成生命科学、新材料等一流学科品牌。要进一步深化复合型教学，紧密结合杭州产业发展战略和企业经营需求，推进多学科交叉融合创新，促进科研成果转化应用，有力助推高质量发展。要进一步强化人才引育，深入实施人才强校战略，健全完善人才评价选拔和激励保障机制，集聚一批具有国际视野、引领学科发展的海内外高层次人才。市委、市政府将一如既往、坚定不移地支持杭师大建设与发展，努力为杭师大早日建成一流大学创造良好条件。

●● 市长刘忻专题调研老旧小区综合改造提升工作。调研期间，他实地踏看新工社区"片区式"改造、流水北苑"智慧立体化"改造、叶青苑"小而美"改造等项目。在随后召开的工作座谈会上，市级相关部门和部分区县（市）汇报改造工作推进情况。刘忻指出，老旧小区改造事关群众最关心、最直接、最现实的利益问题，是践行以人民为中心发展思想的重要体现。各地各部门要把抓好这项工作摆在更加重要位置，切实做好"五化"文章，为全省全国提供更多可借鉴、可推广的杭州经验。一要坚持组织化，更好发挥基层自治组织作用，做深做细群众工作，充分调动社区居民参与改造的积极性主动性，打造共建共治共享新格局。二要坚持市场化，发挥市场在资源配置中的决定性作用，深入挖掘停车、养老、托幼、垃圾分类等领域的商机，引导社会资本参与投资运营，形成开放协作、多方共赢的生动局面。三要坚持法治化，进一步修订完善物业管理等相关法规，运用法治思维和法治方式，推进老旧小区改造规范有序发展。四要坚持现代化，用足用好现代科技手段，强化数字赋能，打造智能安防、智慧管家等统一服务平台，有力提升管理服务效能。五要坚持网络化，推进社区医疗、养老、托幼、停车、物流等服务一体化集成供给，做大用户规模，实现乘数效应和倍增效应，推动样板和标杆小区从"盆景"变"风景"。缪承潮参加。

●● 由市发改委、市工商联共同举办的首场"亲清直通车·政企恳谈会"活动正式举行。首场恳谈会以"强信心、保增长"为主题，围绕杭州市出台的应对新冠肺炎疫情影响惠企助企政策相关落实情况、经济高质量发展的对策和建议进行互动交流。恳谈会同步在线收看直播人数超过1万人，通过"亲清在线"的互动交流平台和直播平台接收到问题和意见建议若干，相关部门负责人对现场企业家代表和场外网络提交的意见建议进行回应和互动。

●● 杭州互联网法院举行新闻发布会，发布《网上侵害人格权案件司法大数据分析报告》，为全国首份人格权司法审理报告。

该报告的司法数据来源于杭州互联网法院近两年来审理的584件利用互联网侵害人格权纠纷案（不含其他案由涉及人格权情况），以及中国裁判文书收录的1.48万件涉及"网络"的人格权纠纷案件。报告从四个维度对网上侵害人格权案件的审理概况进行了分析。从收结案情况来看，近三年来，网上侵害人格权案件占全部人格权案件的比重不断提升；从案由来看，肖像权纠纷、名誉权纠纷和主要涉及个人信息、平等就业的一般人格权纠纷居前3位；从判决结果来看，原告胜诉率较高（包括部分胜诉）；从法条引用来看，存在引用分散情况。

根据统计数据，报告还归纳了涉网人格权纠纷案件九大特点，针对目前网上侵害人格权案件的七大热点法律问题做详细分析。

21—22日 WU YUE

● ● 杭州市代表团到贵州省黔东南州从江县落实扶贫协作工作。贵州省副省长吴强、杭州市领导黔东南州领导参加。

代表团考察从江县百香果产业示范园、扶贫搬迁安置帮扶项目，慰问贫困户。其间，两地还召开工作座谈会。会上，杭州市政府、杭州银行、萧山区、传化集团有限公司向从江县捐赠帮扶资金。

22日 WU YUE

● ● 全国人大代表、市人大常委会主任于跃敏接受《杭州日报》记者的电话连线采访，畅谈她聆听李克强总理做政府工作报告的感想，结合贯彻落实习近平总书记在浙江、杭州考察重要讲话精神，介绍了市人大常委会的工作思路和举措。

● ● 杭州市召开法治杭州建设推进会暨法治浙江考评整改任务交办会，贯彻落实依法治省办和市委决策部署，深化法治杭州建设，对照2019年考评结果落实整改举措。市委副书记、政法委书记、依法治市办主任张仲灿出席会议并讲话。戴建平主持，陈红英、冯仁强参加。

● ● 杭州市扩大交通有效投资暨创建"四好农村路"国家级示范市（县）比学赶超现场会在余杭召开。杭州市副市长缪承潮出席会议并讲话。杭州市交通运输局党组书记、局长郑翰献部署了交通建设和高品质"四好农村路"建设任务，杭州市交通运输局党组成员、副局长胡斌主持会议，杭州市人大常委会人事代表工委负责人、杭州市直有关部门负责人、各区县（市）政府、钱塘新区管委会分管领导和交通部门主要负责人参加会议。

会上观看杭州市"四好农村路"宣传片，宣读"四好农村路"行政奖励文件、年度考核文件、示范乡镇文件，余杭区政府、萧山区政府、杭州市交投集团、杭州市交通运输管理服务中心负责人做交流发言。会议当天，调研组一行调研104国道等道路，并到余杭区调研"四好农村路"建设情况。

23日 WU YUE

●● 市长刘忻到钱塘新区走访服务企业，考察郝姆斯食品公司、新松机器人自动化公司、和利时自动化公司、长安福特汽车有限公司杭州分公司和三花控股集团、格力电器(杭州)有限公司等企业。他强调，要深入对照"重要窗口"新目标新定位，认真学习贯彻全国"两会"精神，全面落实省市部署要求，扎实开展"走亲连心三服务"和"助万企、帮万户"活动，以深化改革激发市场主体活力，在优化整合中构建现代产业体系，不断提升杭州制造业核心竞争力，确保在高质量发展的轨道上行稳致远。柯吉欣参加。

25—26日 WU YUE

●● 市长刘忻就社区基层治理和民政服务工作进行调研指导。王宏参加。

25日，刘忻先后考察了小营巷社区、潮鸣街道社会治理综合服务中心、翠苑一区社区、蔡马社区等，了解各地推进社区基层治理创新的好经验好做法。刘忻指出，社区是社会治理的基本单元，社区治理得好不好，直接关系到居民群众切身利益和城乡基层和谐稳定。在探索社区基层治理新模式新路径的过程中，要始终坚持党建引领，更好发挥基层党组织在价值导向、组织动员、统筹协调等方面的重要作用。要更加注重服务集成，进一步完善社区社保、文化、环卫、公益等服务供给体系，引导教育、医疗、养老等服务机构带资源进社区，更好满足居民差异化、多样化、个性化服务需求。要着力强化数字赋能，在数据归集、移动办事、网格化管理等方面下更多功夫、求更大实效，勇当数字治理创新的时代弄潮儿。

26日，刘忻实地踏看了朗和国际医养中心、市社会福利中心、市救助管理站等，全面了解杭州市养老服务、社会救助体系构建情况。刘忻指出，养老服务和社会救助事关基本民生，要更加突出普惠性，优化养老服务机构规划布局，推进困难老年人家庭适老化改造，探索"时间银行"互助养老等新模式，让更多杭州老年人老有颐养。要更加突出兜底性，用心用情对待在杭州陷入临时困境的各类困难人员，及时提供定点医疗救治、救助物资发放、寻亲帮助等必要服务。

26 日 WU YUE

●● 省委常委、组织部部长，省群团改革专项小组组长黄建发在杭州市调研群团工作。他考察了大同镇青年农创客中心、新安化工集团、梅城古镇"千鹤嫂"创业街和千鹤妇女精神教育基地。黄建发强调，各级群团组织要深入学习贯彻习近平总书记考察浙江时的重要讲话精神，围绕强化"六稳"举措、落实"六保"任务的部署要求，发挥密切联系群众优势，深入开展"走亲连心三服务"活动，以统筹推进新冠肺炎疫情防控和经济社会发展的实效来检验群团改革成效，为奋力实现全年经济社会发展目标、高水平全面建成小康社会，建设"重要窗口"贡献群团力量。

●● 全市"助万企、帮万户"活动座谈会召开。会上，市直机关工委、余杭区直机关工委负责人做工作情况汇报。市委办公厅驻建德市乾潭镇、市委宣传部驻建德市大同镇、市政府办公厅驻富阳区新登镇、市人力社保局驻桐庐县凤川街道、市卫生健康委驻富阳区东洲街道、市财政局驻临安区昌化镇、市经信局驻余杭区乔司街道、市交通运输局驻淳安县左口乡、市规划和自然资源局驻西湖区三墩镇小分队队员及建德市更楼街道负责人做交流发言。

●● 市委理论学习中心组（扩大）专题学习会召开，邀请浙江大学贲圣林教授做"全球金融科技大趋势与杭州机遇"的辅导报告。市委理论学习中心组成员出席报告会。贲圣林教授在报告中，用生动的论述、鲜活的案例，全面分析了在全球金融变革发展背景下，中国金融科技的发展态势以及杭州金融科技发展状况，对杭州市打造金融科技发展高地提出建议。与会人员表示，报告视野开阔、见解独到、深入浅出，具有很高的理论水平和实践价值，使大家对金融科技发展的趋势和价值有了更深入了解，为抢抓全球金融科技创新发展机遇，坚定不移地推进金融供给侧结构性改革的杭州实践提供有益的参考，也为更好地服务"全国数字经济第一城"建设，不断提升城市治理能力提供思路。市直属单位有关负责人参加会议。

26—27日 WU YUE

●● 省人大常委会副主任赵光君带队到淳安县开展《浙江省水资源管理条例（修订草案）》立法调研和"走亲连心三服务"活动。市人大常委会副主任陈红英陪同。

赵光君实地考察千岛湖污水收集系统，调研农夫山泉和谦牧水厂，并召开座谈会，听取淳安县政府、有关部门单位、省人大代表等方面意见，同与会人员互动交流。在莫岛蜂业等企业开展"走亲连心三服务"活动时，赵光君认真了解企业复工复产、生产经营等情况。他强调，在慎终如始抓好新冠肺炎疫情防控前提下，要加快恢复产能，努力把疫情造成的损失降到最低，力争完成全年既定目标。要坚定信心，抢抓非常时期发展机遇，创新发展思路，科学有效应对疫情带来的冲击。政府及有关部门要深入开展"走亲连心三服务"活动，帮助解决企业产业链协同复工复产中各种堵点、难点问题，确保实现"两手都要硬、两战都要赢"的目标。

其间，赵光君到下姜村调研美丽乡村建设情况。下姜村是全国首批乡村旅游重点村、全国乡村治理示范村。在仔细听取有关情况介绍后，他说，这些年来下姜村始终牢记习近平总书记的嘱托，走上了由贫困村到"绿富美"乡村的蝶变之路，要始终秉持为乡村谋发展、为村民谋幸福的初心，一任接着一任干，将下姜村建设成为新时代乡村振兴的标杆和展示美丽乡村的"重要窗口"。

●● 清廉杭州法纪宣讲大比武启动仪式暨"西溪廉韵"清廉文化教育专线采风活动在西溪国家湿地公园举行。启动仪式上，来自西湖区的学生和老师代表在古琴声中集体吟诵"蒋氏十五字家训"；各单位法纪宣讲员结合自身成长经历和身边典型案例进行现场宣讲。

27
日 WU YUE

●● 由山西省临汾市委书记董一兵率领的党政代表团一行到杭州考察。杭州市领导、临汾市领导参加会见或考察。

●● 市委市政府咨询委员会换届会议召开。咨询委员会由98人组成。会上，新当选的委员会主任翁卫军讲话，张一锋、余逊达、杭间、郑磊、朱利中、张学良6名委员代表做交流发言。

●● 全市消薄增收工作现场推进会在临安区召开，深入贯彻习近平总书记关于"三农"工作和坚决打赢脱贫攻坚战的重要论述，全面落实中央和省委、市委有关会议精神，总结工作，交流经验，部署任务。市委副书记张仲灿出席会议并讲话。王宏主持。

●● 杭州亚运会"亚运频道"开播仪式在杭州文广集团举行，标志着"亚运频道"的正式开播。杭州亚运会"亚运频道"由杭州亚组委和杭州文广集团共建而成，依托杭州文广集团的新闻采编优势，将杭州电视台少儿频道调整为"青少·体育"频道，并经国家广播电视总局批复同意。

28
日 WU YUE

●● 杭州市"双引擎"驱动、"双招双引"比学赶超活动推进会召开。市四套班子领导出席。会前，市领导分四组实地考察了相关城区和钱塘新区的"双引擎"和"双招双引"项目。

●● 全国科技工作者日杭州市主场活动暨杭州市院士专家中心成立仪式举行。市委副书记张仲灿出席活动并致辞。陈国妹、周智林参加。活动现场，中国工程院院士潘云鹤、李兰娟与市领导共同为杭州市院士专家中心揭牌，并和中国工程院院士龚晓南、董石麟以及中国科学院院士杨树峰一起，将正式发行的第一册《杭州院士》赠予杭州青年科技工作者代表。国际欧亚科学院院士、英国工程技术院院士冯长根与浙江巴顿焊接技术研究院签约。活动还为十佳优秀科技社团颁授荣誉证书，为科技志愿服务队授旗。

●● 十三届全国人大三次会议胜利闭幕。出席会议的杭州市10位全国人大代表在完成大会各项任务后顺利返回杭州。大会上，杭州的全国人大代表共提交了4件议案、46件建议。10名全国人大代表在浙江代表团全体会议和分组会议上共做审议发言41人次。代表们的议案、建议以及发言内容丰富，饱含真知灼见，涵盖加强城市治理、稳就业保民生、长三角区域一体化、实施乡村振兴、发展医养结合、加强科技创新、培养技能人才及健全公共卫生应急管理体系等多个方面。

29 日 WU YUE

●● 市委召开领导干部会议，传达学习全国"两会"精神，对全市学习贯彻工作做出部署。

会议指出，这次全国"两会"，恰逢决胜全面建成小康社会、决战脱贫攻坚收官之年和"十三五"规划收官之年，又是在新冠肺炎疫情防控常态化的特殊背景下召开的，意义十分重大。"两会"期间，习近平总书记发表了一系列重要讲话，为我们做好当前和今后一个时期的各项工作提供了行动指南、根本遵循。各级各部门要科学周密安排、丰富载体形式，迅速掀起学习、宣传、贯彻热潮，特别是要把学习贯彻全国"两会"精神与学习贯彻习近平总书记考察浙江、杭州的重要讲话精神结合起来，与当前正在做的各项工作结合起来，抓"六稳"、促"六保"、拓"六新"，切实推动中央和省委、省政府的决策部署在杭州落地生根、开花结果，全力夺取"战疫情、促发展"双胜利，在打造"新时代全面展示中国特色社会主义制度优越性的重要窗口"中走在前、做示范。

副市级以上领导干部和老同志，区县（市）党政主要负责人，市直单位主要负责人等参加会议。

●● 杭州市召开交通强国示范城市建设动员大会。市交通运输局、市发改委、市规划和自然资源局、萧山区、淳安县、市交投集团负责人做交流发言。

会议指出，大抓交通建设是有效拉动经济增长、确保"两战全胜"的迫切需要，是加快发展都市经济、提升城市综合能级和核心竞争力的重要支撑，是满足人民美好生活需要、持续打造幸福示范标杆城市的内在要求。要充分认识交通建设的重大意义，切实增强建设交通强国示范城市的使命感和责任感，创新交通发展理念，把握好"通"和"达"、"线"和"面"、"内"和"外"、"快"和"慢"、"建"和"治"的关系，加快建设世界一流的现代交通体系。

●● 市政府党组书记、市长刘忻主持召开市政府党组（扩大）会议，认真学习贯彻全国"两会"精神。

会议强调，要坚持人民至上，深入践行以人民为中心的发展思想。贯彻落实《民法典》，加快法治政府建设，充分发挥好《民法典》在维护民生、促进和谐、保障经济社会发展中的重要作用；织牢织密公共卫生防护网，健全重大疫情响应机制，完善医疗救治体系，加强各级疾控中心、社区卫生服务站建设；办实办好民生实事，着力解决人民群众普遍关心的教育、住房、养老、社保、食品安全、基层治理等实际问题，让群众看到变化、得到实惠。

●● 2020年杭州基层理论宣讲大擂台暨微型党课大赛在浙江广电集团制作中心举行。21名参赛选手用微言讲述好故事，以微课汇聚正能量。他们结合自身经历和心灵感悟，以独特的视角、创新的方式，带来了能量满满的微宣讲、微党课。

●● 电助力公共自行车正式进入主城区运营。"智动小红车"采用"车电分离"的租用模式，既可当普通"小红车"使用，也可插入"电池宝"变身"智动小红车"，实现助力骑行。首批进入主城区的"智动小红车"，内置智能传感，混动力驱动设备，其与普通电动车的最大不同之处在于需要通过踩踏才能产生相应的助力，车辆时速控制在15千米以内，满电状态可骑行约20千米。

30 日 WU YUE

● ● 杭州市举行"我文明、我守规、我安全"交通安全文明出行活动启动仪式，倡导并推动全市电动自行车驾驶人遵章守法、文明出行。市委副书记、政法委书记张仲灿发布启动令。金志、缪承潮、冯仁强参加。

● ● 由市委宣传部与下城区委、区政府共同主办的"战疫情促发展主题巡演千里行"首演《美术馆奇妙夜·星夜》在杭州剧院举行，全市战疫一线医护人员代表及其家人共400多人到场观看。

31 日 WU YUE

● ● 首届台湾青年电商直播体验营活动在杭州启动。30名台湾青年跟随着杭州青年创业者系统学习电商及直播平台的实务操作，并参与电商直播体验。活动由市台湾同胞投资企业协会举办。

1 日 LIU YUE

●● 红领巾致敬先锋——浙江省暨杭州市庆"六一"主题队日活动在胜蓝实验小学东新园校区举行。省委常委、组织部部长黄建发出席活动并讲话，市委副书记张仲灿参加活动。

黄建发一行参观"党团队"建设文化墙和少先队队室，观摩该校一年级入队仪式。黄建发代表省委、省政府向少年儿童们致以节日问候，勉励广大少年儿童铭记习近平总书记的教导，学习做人、学习知识、学习创造，热爱党、热爱国家、热爱社会主义制度，为建设"重要窗口"、实现中华民族伟大复兴的中国梦时刻准备着。

●● 市政府常务会议召开，市长刘忻主持。会议研究部署职业技能提升、民政事业发展、交通互联互通等工作。会议强调，要认真学习贯彻全国"两会"精神，坚持稳中求进工作总基调，坚持新发展理念，以职业技能提升促进数字经济和制造业"双引擎"打造，以民政事业高质量发展推动"六稳""六保"任务落实，以交通一体化发展助力杭州城市能级提升，为浙江省建设"重要窗口"做出更大贡献。

会议审议并原则通过《杭州市职业技能提升行动实施方案》，审议《着力打造六大示范区推进新时代民政事业高质量发展的意见》，研究《杭州绍兴城市轨道交通合作一揽子协议》。

●● 按照市委部署要求，市人大召开全市人大系统视频会议，传达学习习近平总书记在全国"两会"期间的重要讲话精神和十三届全国人大三次会议精神，研究部署学习贯彻工作。全国人大代表、市人大常委会主任于跃敏主持并讲话，全国人大代表罗卫红传达全国人代会精神。郑荣胜、卢春强、徐小林参加。各区县（市）人大常委会、钱塘新区设分会场。市、区、乡镇、街道人大干部参加。

●● 市人大常委会召开第三十三次主任办公会议，市人大常委会主任于跃敏、副主任郑荣胜、陈红英、罗卫红、卢春强、徐小林，秘书长张如勇以及机关各部门主要负责人参加会议。

会上，市人大常委会办公厅对5月工作完成情况和6月主要工作预安排做说明。常委会各位副主任分别就分管工作做补充发言。会议明确6月常委会重点工作，对传达学习、贯彻落实习近平总书记在浙江、杭州考察调研时的重要讲话精神，学习贯彻全国"两会"精神，学习贯彻习近平总书记关于新冠肺炎疫情防控工作重要讲话精神，以及中央和省委、市委关于疫情防控的决策部署，投身"战疫情、促发展"工作，落实全市推进疫情防控补短板补漏洞强弱项暨深化作风建设和综合考评大会精神，推进人大各项工作开展"战疫情、促发展"工作、组织"走亲连心三服务"活动，以及市领导人大代表进代表联络站活动、民生实事项目"代表监督周"活动、全市街道人大工作和建设推进会等工作进行讨论研究。

●● 市政协以视频形式召开专题报告会，传达学习全国"两会"精神，对全市政协系统学习贯彻工作做出部署。市政协主席潘家玮讲话，汪小玫传达习近平总书记在全国"两会"期间的重要讲话精神以及省、市领导干部会议精神，谢双成传达全国政协会和人代会精神。翁卫军、叶鉴铭、陈永良、周智林、冯仁强参加。

潘家玮指出，要充分认识这次全国"两会"在常态化疫情防控的特殊背景下召开的重大意义，深刻领会把握习近平总书记在"两会"期间发表的重要讲话精神，全面把握2020年我国经济社会发展的主要目标任务和工作举措，认真落实会议关于开创新时代人民政协工作新局面的部署要求，增强"四个意识"、坚定"四个自信"、做到"两个维护"，切实把思想和行动统一到全国"两会"精神上来，推动社会主义协商民主在杭州的生动实践，更好在服务助力"重要窗口"建设中贡献政协智慧和力量。

2 日 LIU YUE

●● 市政协召开十一届四十三次主席会议，市政协主席潘家玮主持。汪小玫、陈永良、周智林、冯仁强和金翔出席会议。

会议听取市政协十一届四次会议委员对政协工作建议的汇报，协商审议《关于围绕高水平全面建成小康社会补短板开展三级政协联动专项集体民主监督的实施方案》

《关于杭州市政协委员活动经费管理使用的意见》，研究部署市政协6月主要工作安排。

●● 市委召开老干部情况通报会，传达学习全国"两会"精神及全市领导干部会议精神。全国人大代表、市人大常委会副主任罗卫红和全国政协委员、市政协副主席谢双成分别传达习近平总书记等中央领导同志的重要讲话精神和十三届全国人大三次会议精神、全国政协十三届三次会议精神。会议要求，全市各离退休干部党组织和广大离退休干部要在新冠肺炎疫情防控常态化前提下，唱响时代主旋律，做"两个维护"的坚定支持者。市直机关副厅局级退休干部及市直单位离退休干部党支部书记等参加通报会。

●● 亚洲残疾人运动会组委会以多方远程会议形式召开杭州亚残运会协调委员会第一次会议，交流亚残运会筹备工作，与亚洲残疾人奥林匹克委员会建立各业务领域联系机制。

●● 杭州市召开关心下一代工作会议，总结2019年工作，部署2020年任务。会上通报了江干区被评为全国关心下一代工作先进县（区），淳安县大墅留守儿童俱乐部被评为全国优秀儿童之家等工作成绩。上城区湖滨街道青年路社区关工委等68个单位获2019年度杭州市"五好"关工委称号。来自江干区、西湖区、滨江区、淳安县的关心下一代工作单位代表做交流发言。

●● 杭州市公共关系协会正式发布"2019年杭州市十大公共关系事件"。

2019年杭州市十大公共关系事件分别是：良渚古城遗址成功申遗，成为杭州第三处世界文化遗产；"数字一线城市"榜单出炉，杭州位居全国第一；阿里巴巴"蚂蚁森林"项目获联合国最高环保荣誉——"地球卫士奖"；国内第一个公共关系慈善机构——杭州西湖公共关系基金会揭牌成立；杭州设立全国首个"工匠日"，打响"名城工匠"品牌；世界环境日全球主场活动在杭州举行，杭州绿色发展之路赢得赞誉；杭州获"中国最具创新力国际会展目的地"；整合设立钱塘新区，杭州真正实现"拥江发展"；圆满完成全国"双创"活动周主办任务，杭州成互联网创新创业首选地；杭州助贵州省黔东南州和湖北省恩施州脱贫，精准扶贫工作有力有效。

●● 根据上级有关通知精神，结合杭州市新冠肺炎疫情防控实际，杭州市逐步有序恢复开放宗教活动场所。全市宗教活动场所在当地政府有关部门指导下，开展恢复开放前疫情风险评估工作。经评估合格，符合恢复开放条件的宗教活动场所先行开放；经评估不合格、尚不符合开放条件的仍暂缓恢复开放，直至评估合格后再行恢复开放。

●● 浙江省油画院正式签约落户萧山湘湖大湾村区块，将建设行政办公、创作研究、展示、收藏等空间，计划于2022年6月建成。浙江省油画院是浙江省唯一的集油画创作、展览、理论研究、咨询、学术交流、精品收藏等于一体的艺术部门。萧山区与浙江省文联签订战略合作框架协议。

2—3 日 LIU YUE

●● 杭州亚残运会协调委员会第一次会议通过远程视频连线形式召开。会议听取杭州亚残运会筹办工作总体进展情况和各个专题陈述，着重就总体工作计划，组织架构及人力资源，竞赛管理及反兴奋剂，场馆及亚残运村，礼宾、NPC服务，品牌形象和赛事景观、媒体运行与宣传，市场开发，转播服务、信息技术，庆典与文化活动，注册与制证，交通、餐饮、住宿、医疗等重要议题进行讨论和审议。杭州2022年第4届亚残运会将于2022年10月9—15日举行，确定包括田径、游泳、盲人门球等在内的22个竞赛项目，竞赛场馆基本沿用杭州亚运会场馆。

3 日 LIU YUE

●● 省长袁家军调研小微企业、个体工商户并召开座谈会。袁家军先后走访了杭州美齐科技有限公司、游侠客国际旅行社和西溪银泰城经营商户、沿街餐饮店，主持召开小微企业和个体工商户座谈会，听取小微企业和个体工商户代表的意见建议，以及省级有关部门和部分市、县（市、区）工作汇报。他强调，小微企业和个体工商户是浙江省民营经济"金名片"的重要标识，是当前纾困和激发市场活力的重中之重，对保就业、保基本民生、稳住经济基本盘具有牵一发动全身的作用。各地各部门要深入贯彻习近平总书记考察浙江重要讲话精神和全国"两会"精神，全面落实国务院新增财政资金直接惠企利民工作视频座谈会部署要求，坚持"六保"促"六稳"，化危为机、争先创优，以"五减"共克时艰行动为主抓手，突出最关键、最急需，以更大力度、更实举措打好精准有效政策组合拳，切实帮扶小微企业和个体工商户渡过难关、健康发展，为全国大局做出更大贡献。袁家军要求，各级政府多走进市场主体，真听善听，不断发现问题、解决问题，让更多小微企业和个体工商户活下来、发展好。陈奕君、刘忻等参加调研或座谈。

●● 市人大常委会主任于跃敏到西湖区转塘人大代表联络站走访调研，并传达宣讲十三届全国人大三次会议精神。于跃敏实地察看转塘人大代表联络站、上城埭人大代表联络点、人大代表广场建设情况，召开座谈会，听取人大代表和街道居民议事会议成员意见建议。

●● 杭州市召开两新党务工作者协会二届三次会员大会，回顾并梳理"红盟"助企经验，同时就持续推进"红盟聚力"专项行动，助力两新组织抱团发展、逆势前行做推进部署。

●● 浙江财经大学"中国乡村振兴研究院"正式揭牌。该研究院是浙江省首个依托大学生乡村振兴创意大赛创办的探索乡村振兴理论与实践创新的机构，将针对国家乡村振兴战略积极开展基础性、公益性、前瞻性研究，是致力于乡村振兴的"政校企村"四位一体的科研、实践与系统创新平台。研究院的成立，将为乡村产业振兴、乡村治理、乡村品牌、乡村建设、乡村金融等方面提供理论研究、智力支持和社会服务。揭牌仪式后举办"乡村振兴论坛"。

●● 由淳安与安徽歙县联合举办的2020年"六·五环境日"暨新安江流域生态环境保护党建联盟活动在淳安县威坪镇举行，以期通过两县携手尝试共抓环境保护、共建生态文明的新模式、新路径、新实践，推动新安江流域生态环境高水平保护，稳定优化流域整体水质。两县共13个部门和乡镇共同签署联盟协议，成立6支党员环保先锋队，并开展"全国放鱼日"渔业资源增殖放流等活动。

4
日 LIU YUE

● ● 杭州市—恩施州东西部扶贫协作联席会议在杭州召开。恩施州委书记柯俊讲话，对杭州市长期以来给予恩施州发展的关心支持表示感谢，并介绍恩施州脱贫攻坚总体情况。杭州市领导、恩施州领导出席。

● ● 杭州市召开无障碍环境建设工作动员部署会。会议强调，要深入学习贯彻习近平总书记在浙江、杭州考察时的重要讲话精神，进一步提高站位、深化认识，践行以人民为中心的发展思想，坚决打赢无障碍环境建设的大会战，全面提升无障碍环境建设水平，为亚残运会顺利召开提供坚实保障，努力成为全国城市无障碍环境建设的"重要窗口"。市残联、市城管局、上城区、萧山区、市人大常委会社会建设工作委员会、市政协城市建设和人口资源环境委员会负责人做表态发言。

● ● 《2019年杭州市生态环境状况公报》发布。公报显示，杭州环境空气优良天数增加，全市水环境质量状况为优，生态环境质量持续改善。

2019年，市区环境空气优良天数为287天，优良率为78.6%。市区PM2.5达标天数344天，达标率95.0%，比2018年增加12天。2019年杭州市区主要污染物为臭氧（O_3）。其他区县（市），除淳安为臭氧（O_3）外，富阳区、临安区、桐庐县、建德市均为细颗粒物（PM2.5）。全年杭州市酸雨率54.6%，比2018年上升1.8个百分点。全市降水pH值范围为4.00~7.83，pH年均值为5.38，比2018年略有改善。杭州市酸雨程度处于中等水平，总体比2018年度有减轻，大部分地区处在非酸雨、轻度酸雨区，其中临安区、淳安县处在非酸雨区。全市地表水水环境质量状况为优。千岛湖、钱塘江、苕溪、西湖、运河水质均为优，城市河道水质为良好。全市集中式饮用水水源地水质状况优，12个国控饮用水水源地点位水质达标率均为100%。全市国控地下水断面良好率66.7%，上升16.7个百分点。声、辐射等环境总体良好。杭州市区区域环境噪声为56.4分贝，比2018年略有改善。2019年杭州市辐射环境质量总体良好，维持在历史水平。2019年杭州市环境中电磁辐射水平符合国家相关规定的公众照射限值要求，电磁辐射污染对公众造成的照射水平低于限值。

4—5
日 LIU YUE

●● 2020年联商网大会在杭州举行。大会以"商品的力量"为主题，邀请业界大咖和精英剖析当前形势，共话变革和未来，致力于构建更高效和良性的零供关系，共同助力越来越多的好商品面世。经济学家马光远、银泰商业（集团）有限公司CEO陈晓东、盒马事业群总裁侯毅、高鑫零售有限公司CEO黄明端等嘉宾，围绕消费变化、商品研发、商品经营、零供关系等议题分享最新感悟与实践经验。

会上，颁发2019年度中国好门店、2019年度影响力商业项目、2020年度最具期待商业项目等14个大奖。

5
日 LIU YUE

●● 杭州市召开新时代美丽杭州建设推进会。会议强调，要深入学习贯彻习近平总书记考察浙江、杭州时的重要讲话精神，始终坚持生态优先、绿色发展，大力实施新时代美丽杭州建设规划纲要及三年行动计划，全面提升生态环境治理体系和治理能力现代化水平，不断厚植生态文明之都特色优势，深入推进美丽中国样本建设，奋力打造闻名世界、引领时代、最忆江南的"湿地水城"，努力成为全国宜居城市建设的"重要窗口"。

市四套班子领导出席，省生态环境厅厅长方敏讲话。会议表彰美丽杭州建设工作突出贡献集体和个人，发布新时代美丽杭州建设实施纲要，市生态环境局、市林水局、西湖区、淳安县负责人做交流发言。

●● 市领导会见由河南省开封市委书记侯红率领的开封市考察团一行。

●● 杭州市政府与华为技术有限公司签订战略合作协议。双方将深入践行新发展理念，充分发挥各自优势，在数字产业化、产业数字化和城市数字化"三化融合"领域开展全面合作，努力实现共赢发展。杭州市市长刘忻、华为技术有限公司轮值董事长胡厚崑出席签约活动并见证签约，柯吉欣参加。

根据协议，双方将重点在鲲鹏产业生态、华为杭州研发中心、华为全球培训中心、5G产业与应用发展引领区、"新制造业"计划、国家新一代人工智能创新发展试验区、新型智慧城市七个领域的建设发展中开展深度合作。在合作推进过程中，杭州将依托强大的数字经济和制造业基础、高效的营商环境、良好的创新创业氛围，借助华为在联接及计算领域的优势、安全领先的技术和产品，推动本地企业融入华为供应体系，打造开放共享的数字经济产业生态。华为将充分发挥全球领先的数字通信技术产业链优势，以及5G、智能制造等方面的丰富资源和经验，助力杭州持续做强数字经济和制造业"双引擎"。

● ● 市人大常委会召开街道人大工作和建设推进会。市人大常委会主任于跃敏讲话，郑荣胜主持。各区县（市）人大常委会及部分人大街道工委负责人参加。会上，上城区、滨江区、萧山区人大常委会以及江干笕桥街道、余杭东湖街道、桐庐城南街道有关负责人交流区、街道人大工作情况。

● ● 十三届全国政协第三十六次双周协商座谈会在北京召开。全国政协委员、杭州市政协副主席、民进杭州市委会主委谢双成在会上做题为《数字赋能，加快"智慧复议"建设》的发言，为行政复议改革介绍杭州样本，并为《行政复议法》修订提出两点建议。

● ● 浙江省暨杭州市纪念"六·五环境日"活动在余杭区百丈镇举行，来自绿色学校、绿色企业、绿色社区等150多人参加。本次世界环境日的主题是"关爱自然，刻不容缓"，中国主题是"美丽中国，我是行动者"。活动旨在进一步践行"绿水青山就是金山银山"理念，引导和动员社会各界积极参与生态环境保护实践，推动每个人都成为美丽中国建设的行动者。

活动仪式上，企业代表、公众代表、学生代表、社会组织代表、志愿者代表共同宣读"践行绿水青山就是金山银山理念，建立绿色生产生活方式"倡议书。省相关单位负责人为"美丽中国，我是行动者，致敬千年环保世纪行20周年"骑行活动授旗。"共治家园"平台也正式发布。

● ● 杭州中科国家技术转移中心正式落户高新区（滨江），为杭州市加快经济转型升级、建设世界一流创新型城市再添新支撑、新动力。

该中心由市科技局、滨江区政府、中科院上海分院、国科大杭州高等研究院四方共建，将以中国科学院100多个研究所为支撑，依托中科院机构在杭州的平台载体，结合滨江区良好的创新创业生态，融合"有为政府+有效市场"的双优势，建设成为具有集成果转化、技术服务、项目孵化、投融资等功能于一体的新型研发机构。未来，该中心将重点通过聚焦数字经济、生物医药与高端制造装备等产业方向，孵化至少上百个高新技术企业。

●● 由浙江工商大学和英国萨塞克斯大学共建的浙江工商大学萨塞克斯人工智能学院揭牌，正式启动办学。

该学院是由教育部批准设立的中外合作办学机构，作为国内第一个中外合作办学的人工智能学院，开设电子信息工程、通信工程两个本科专业，机器人与自动化系统、人工智能与自适应系统两个硕士专业，2020年计划招收本科生200名、硕士研究生100人，9月迎来第一批新生。学校引进英国萨塞克斯大学诺贝尔奖级科研团队，通过国际科技合作，培育机器人、认知科学、智能感知、商务大数据等领域高端人才。专业核心课由英方教师讲授，学生的项目和论文指导均配备英方指导教师，英方授课教师均有博士学位，绝大多数毕业于剑桥大学、斯坦福大学和帝国理工学院等世界排名前30位的大学。

6 日 LIU YUE

●● 长三角区域一体化发展重大合作事项签约仪式在湖州举行。在长三角地区一市三省主要领导的见证下，杭州市政府与中电海康集团签署共建长三角地区面向物联网领域"感存算一体化"超级中试中心五方战略合作协议。市长刘忻出席活动并参加签约。

随着该项目签约落地，杭州将进一步强化与其他三地在"感存算一体化"领域的中试设备协同、产业定位协同、国家平台协同和应用市场协同，围绕青山湖微纳小镇等重点平台，加速金融资本和创新要素集聚，早日形成千亿级物联网产业规模，有力推动全国数字经济第一城建设。

●● 由省农业农村厅、市政府主办的2020年"全国放鱼日"暨浙江省水生生物增殖放流活动举行，近100万尾流鲢、鳙鱼、青鱼、三角鲂、黄尾密鲴、花鱼骨在桐庐县境内被依次放入富春江流域。活动主题为"养护水生生物资源、促进生态文明建设"。在增殖放流活动现场，志愿者向市民群众发出养护水生生物的倡议，渔民和护渔组织通过现场宣誓的方式表达保护渔业资源的决心。

●● 杭州首个"非遗"文化馆群在余杭区瓶窑老街建成并正式对外开放，首批落户老街的包含良渚玉雕馆、余杭纸伞馆、瓶窑陶艺馆、风筝灯彩馆、蚕桑文化馆5个"非遗"文化馆，以及法根糕点、朱一堂糕点、中泰竹笛、径山茶、万隆酱鸭等"非遗"产品，共同组成瓶窑老街"非遗"街区和文创区块的重要元素。

7 日 LIU YUE

●● 市政协首次使用政协智慧履职平台开展2020年度委员全员培训。市政协主席潘家玮做开班动员讲话。汪小玫传达全国"两会"精神。

培训采取线上与线下、专家授课与委员讲堂、线上学习与交流互动相结合形式，组织委员深入学习习近平新时代中国特色社会主义思想、学习全国"两会"精神，深化对中央和省委、市委政协工作会议精神的学习把握，增强市政协委员做好新时代人民政协工作的责任感、使命感和履职能力，推动做好新时代委员作业。省、市、区三级委员和有关专家，分别就中央政协工作会议精神、数字赋能城市治理、乡村振兴、履职经验分享等做授课，全体市政协委员和部分机关干部参加线上培训，并通过网络平台开展小组讨论、交流体会。

8 日 LIU YUE

●● 市长刘忻深入一线检查指导防汛工作。他首先到三堡实地察看泵站运行，认真听取应急、林水、交通等部门工作汇报，详细了解杭州市重大防洪排涝工程规划建设情况，并从三堡码头登船，一路沿江而上，察看两岸水势变化和堤防管理，对防汛防灾工作进行再动员再部署。刘忻强调，要坚决贯彻中央和省、市防汛防灾减灾部署要求，把人民群众生命安全放在第一位，立足防大汛、抢大险、救大灾，克服一切麻痹思想和侥幸心理，科学精准预报水情，周密细致应对汛情，未雨绸缪防范灾情，从严从实从细落实各项防汛举措，全力以赴确保安全度汛。刘忻指出，要进一步加强对项目实施可行性、必要性的分析研究，更加注重运用自然水系、山势、地形，优化项目布局，提高调节和蓄水能力，为防洪排涝提供更加坚强的基础设施保障。缪承潮参加。

● ● 市政府办公厅印发《杭州市快递业"两进一出"工程试点实施方案》，于7月4日起施行。杭州将通过实施快递业"两进一出"工程试点，进一步夯实快递基础网络，发挥快递业畅通生产端与消费端的功能，推动快递业与上下游产业协同发展，构建与杭州市经济社会发展水平相适应的快递服务体系。

根据实施方案，杭州要加快推进快递类专业园区建设，将萧山长三角快递物流产业园打造成为国家级快递物流园区。在萧南物流园、江东物流园、西站高铁物流中心等园区加载快递分拨中转中心功能。重点支持杭州钱塘新区建设综合快递产业基地。把符合条件的快递骨干企业纳入"雄鹰行动"重点培育。依托城市大脑构建车、路、物、网无缝连接的"智慧快递监管"服务系统，提升快递智能化监管水平。培育绿色快递产业链，支持桐庐建设快递绿色包装生产基地，建立快递绿色包装产品检测中心。实施方案还对快递"出海"提出一系列支持措施。

● ● "杭州社区智治在线平台下城平台"正式上线。该平台是城市大脑向社区的延伸，能实现与杭州城市大脑、"基层治理四平台"等数字化平台之间信息的快速流转，打通民政、社保、城管等部门数据以及小区物业、智能安防、市政服务、社会服务机构等信息系统，构建实时动态的基础资源数据库。

● ● 由杭州西湖风景名胜区管委会主办的2020年杭州西湖诗词大赛正式启动，大赛由杭州西湖风景名胜区管委会主办，杭州西湖博物馆总馆、杭州西湖风景名胜区资产经营集团有限公司、掌上西湖App共同承办。大赛以"爱我美丽西湖，守护精神家园"为宗旨，邀约社会大众、广大市民一齐"赏诗词文化，品西湖之美"，分海选初赛、复赛、决赛三个环节。决赛于6月22日举行。

●● 宁波大学千岛湖研究院在淳安正式挂牌成立。今后校地双方将充分发挥自身特色和优势加强合作，努力打造全省乃至长三角校地合作新样板。

宁波大学千岛湖研究院是宁波大学第一个综合型实体化地方研究院，下设生态环境和生态文明建设研究中心、乡村振兴发展研究中心、旅游产业发展与大健康研究中心，立足淳安特别生态功能区建设需求，重点聚焦课题研究、教育培训、决策咨询等方面，充分发挥人才智力优势，为淳安经济转型、科技创新、教育改革、产业升级、人才队伍建设等方面提供服务。

9 日 LIU YUE

●● 台州市党政代表团抵达杭州市考察。两市召开工作交流座谈会，分别介绍两市经济社会发展情况。杭州市领导、台州市领导出席。

●● 市人大常委会主任于跃敏和第一监督小组江干区的17位市人大代表对"公共卫生应急设施提升"项目开展专项监督。陈卫强参加。

监督小组实地调研市疾控中心、急救中心和上城区、江干区疾控中心，并召开座谈会，听取市卫生健康委有关情况汇报。与会代表建议要统筹推进公共卫生事业发展；要把疾控人才培养和储备工作放在重要位置，打通公共卫生人员管理体系；要加强疾控中心、医院与社区联动，夯实联防联控基础；要将公共卫生预防纳入全民教育范畴，开展防疫知识宣教。

●● 全省禁毒工作电视电话会议召开后，杭州市即时召开续会贯彻全省会议精神，总结工作，分析形势，部署任务。市委副书记、政法委书记、市禁毒委主任张仲灿强调，要深入贯彻落实习近平总书记关于禁毒工作的重要指示精神，以创建全国禁毒示范城市为契机，扬优势、固根基、补短板、强弱项，坚决打赢新时代禁毒人民战争。金志主持。

●● 城市大脑3.0在2020年阿里云峰会现场正式发布。城市大脑3.0强化感知能力，通过城市空间基因库链接农田、建筑、公共交通等全部城市要素。通过人工智能技术，可以实现交通、医疗、应急、民生养老、公共服务等全部城市场景的智能化决策。

9—10日 LIU YUE

●● 省人大常委会副主任姒健敏率队到杭州开展动物防疫、野生动物保护"两法两条例两决定"执法检查并召开座谈会。郑荣胜、缪承潮参加。

执法检查组实地检查西湖区的东山弄农贸市场、古荡农贸市场，富阳区的杭州野生动物世界、鸿健养殖有限公司，建德市的三弟兄农业开发有限公司、航大生态农业有限公司等。检查中，姒健敏仔细询问动物防疫、野生动物保护、企业生产经营等情况，并嘱咐当地有关部门要进一步加强"走亲连心三服务"，切实保障"两法两条例两决定"和相关扶持政策落地落实。

在座谈会上，检查组听取杭州市、建德市政府有关"两法两条例两决定"执行情况汇报，深入了解法律法规和决定实施过程中存在的困难和问题，认真征求各有关方面和人大代表的意见建议，并围绕畜禽养殖企业转型、屠宰企业产能、官方兽医力量、协检员队伍建设等具体问题进行交流。姒健敏充分肯定杭州市贯彻落实"两法两条例两决定"取得的工作成效，并就进一步加强动物防疫和野生动物保护工作提出要求。

9—11日 LIU YUE

●● 杭州数字服务贸易云展会（日本、芬兰专场）举行。开幕式上，英国Hyve集团与杭州市商务局进行云签约，双方达成"杭州市数字服务贸易云展会战略合作备忘录"，将围绕数字教育、数字金融、智慧零售等主题开展线上系列专场活动，推动杭州服务贸易线上线下融合。

除开幕式活动外，芬兰、日本专场对接会分别于6月10日、11日在浙江数字服务贸易云展会平台杭州馆上开展。展会全程聚焦互联网、大数据等技术领域，围绕数字教育、新零售电商、科技创新等主题，重点对接教育科技、电子商务、文创设计、创新投资等业务板块，为杭州市服务贸易领域的品牌企业、初创企业与境外参会代表提供交流对接平台、合作洽谈空间，努力推动多方合作。国家数字服务出口基地揭牌暨浙江省数字服务出口企业专场推介会于11日举行。

10日 LIU YUE

●● 中国（杭州）青年电商主播培训基地在钱塘智慧城成立，这是以在杭州的大学生及创业青年为培训主体的公益性青年电商主播培训基地。

该基地由共青团杭州市委、江干区政府主办，共青团江干区委、斜杠广场、杭州市杭商研究会、杭州职业技术学院达利女装学院、杭州科技职业技术学院工商学院共同承办。培训基地成立后，计划每年重点面向高校招募和培训学员200人以上，通过举办线上线下青年电商主播培训班，组织业内专家、MCN机构负责人担任导师、讲师，为直播行业输送优秀青年直播人才。基地还将在提供行业规范、风险防控、职业技能等专业培训的基础上，为培训学员提供职业规划、心理疏导、生活关怀等服务，为学员更好地融入社会，树立正确的择业观、就业观提供帮助。

●● 淳安县率先完成50个主管部门下属227个事业单位的改革工作，并同步完成1800多名事业人员的转隶、调整。

淳安事业单位改革重点突出生态保护和深绿发展两大主题，强化人才支撑、党建引领、智慧应用等关键要素，整合组建六大中心，提升淳安抓党建、保生态、引人才、统数据、促旅游、搞农业的全方位能力，为淳安发展健体赋能。

10—11日 LIU YUE

●● 市政协主席潘家玮带队到萧山、江干调研城市社区治理工作，并召开座谈会听取意见建议。冯仁强、滕勇参加。

座谈会上，调研组听取萧山区、江干区有关工作汇报，并与市、区相关部门和街道、社区负责人深入互动交流、听取意见建议。潘家玮指出，要深入学习贯彻习近平总书记在浙江、杭州考察时的重要讲话精神，按照市委部署要求，立足新的起点，强化责任担当，大力总结推广各地好经验好做法，加强党建引领，进一步健全社区居民议事制度和协商机制，推动居委会、业委会、物业公司"三驾马车"协同发力，充分发挥大数据在社区治理中的重要作用，积极培育发展社会组织，更好激发社区治理的潜能效能，努力为杭州市创建全国市域社会治理现代化标杆城市做出积极贡献。

12日 LIU YUE

●● 市政协主席潘家玮一行来到富阳区灵桥镇、大源镇，实地考察富阳区造纸产业腾退、环境综合整治、滨富合作区和美丽乡村建设、基层协商民主开展等情况，考察中科院上海光机所杭州分所，了解科技创新平台建设情况。

调研组随后召开座谈会，听取富阳区有关情况汇报。潘家玮说，近年来，富阳区围绕高水平全面建成小康社会目标，统筹推进经济社会发展，思路清晰、措施务实、成效显著。他强调，要深入学习贯彻习近平总书记在浙江、杭州考察时重要讲话精神，深入贯彻新发展理念，坚定信心，锚定目标，精准发力，切实抓好新冠肺炎疫情防控常态化形势下经济社会发展各项工作，做好"六稳"工作，落实"六保"任务，坚持不懈推动经济社会高质量发展，全面完成"十三五"规划各项目标任务，高水平全面建成小康社会，为推进"重要窗口"建设做出积极贡献。政协要坚持建言资政和凝聚共识双向发力，充分发挥协商式监督的作用，持续关注、助力助推。

●● 商擎达跨境工业互联网平台项目正式签约落户杭州空港经济区，双方将通过共建跨境工业互联网平台数据中心，共享物流、贸易、供应链、仓储等行业大数据。

该平台总投资5.5亿元，将全面整合国内外供应链、跨境贸易、进出口关务、海外零售等业务场景，融合资本链、物流链、数据链三链，打造"订单—资金—物流"的全链路闭环管理的跨境电商平台。平台与西班牙华人超市、美国电商平台WISH、亚马逊公司等企业开展广泛国际合作，并将依托商擎达跨境工业互联网平台，全面链接杭州四季青服装市场、义乌小商品市场、萧山本地产业上游和下游工厂等，打通产销链，实现订单需求与制造能力智能化的无缝对接，用消费端大数据精准拉动制造端。

13 日

LIU YUE

●● 全国首个大学生"双创日"——"创响青春·杭向未来"杭州大学生"双创日"活动在杭州举行。活动由市委人才办、市文化广电旅游局、市人力社保局、团市委主办，通过线上线下多种方式邀请大学生精英共建杭州。

开幕式上表彰杭州市十大青年科技英才、杭州大学生"创业之星"、杭州大学生创业"未来之星"，展示大学生创业故事；发布杭州人才码2.0版（大学生青荷码），启动杭州大学生创业大赛、全国高校"双创林"，以及长三角地区人才云市场暨2020届高校毕业生全国网络联合招聘，为全国高校毕业生提供100万个岗位。

●● 2020年杭州文化与自然遗产日主场活动在良渚古城遗址公园举行。活动由市园文局、杭州良渚遗址管理区管委会和杭州西湖风景名胜区管委会联合主办，推出创意集市、遗产乐跑、公众考古、趣味游戏等项目，全程进行网络直播。截至6月13日15时，共有近160万人通过线上直播"云游"良渚古城遗址公园，一起见证杭州"让文物活起来"活动的盛况。

开幕式上，杭州成立首个世界遗产联盟，西湖、大运河、良渚古城遗址，以及天目窑遗址群、钱塘江古海塘遗址、南宋皇城遗址等所在地政府为成员单位，后续将围绕文化遗产的保护、研究、传承和利用，联动合作、串珠成链，助力杭州打造世界遗产群落。

市园文局同步推出"让文物活起来"网络宣传平台，汇集全市50多个文博单位的138个活化利用案例和1000多条文物数字信息，集中展示杭州的馆藏文物、文物建筑、世界文化遗产、线上展览以及文博特色活动。市园文局还开展"十佳文物保护利用"案例征集活动，用以展示杭州市文物研究的新成果、文物展览的新方法、文物修复的新技术等。

15 日 LIU YUE

●● 杭州市党政代表团到舟山市考察学习。其间，两地召开工作交流座谈会，签署深化合作框架协议、推进高水平开放协同合作协议以及文化旅游合作协议。杭州市领导、舟山市领导出席座谈会或参加考察。

在舟山期间，代表团一行考察东西快速路、观音文化园、舟山国际会议中心、舟山市港航和口岸局、鱼山绿色石化基地等地。

●● 由市委宣传部和杭州文广集团主办的"战疫情、促发展"主题巡演千里行文艺晚会在杭州大剧院举行。根据《杭州市人民政府办公厅关于支持文化企业"战疫情、渡难关"的补充意见》，市委宣传部推出"战疫情、促发展"主题巡演千里行活动，组织全市文艺院团，走进基层开展抗疫主题慰问演出和其他文化惠民活动100场。接下来，杭州演艺集团和市属文艺院团到杭州各个城区、大学校园，及淳安、建德等地进行演出。

●● 首架杭州亚运会彩绘飞机亮相杭州萧山国际机场，杭州亚组委和浙江长龙航空举行接机仪式。11：43，随着编号为B-1673的"亚运口号"号彩绘飞机缓缓滑行至停机坪，两辆大型消防车喷出高达几十米的水柱，以国际航空界传统的"过水门"礼仪，为全新亮相的彩绘飞机"接风洗尘"。

首架杭州亚运会彩绘飞机，机身采用三段式设计，前半部分采用杭州亚运会会徽"潮涌"核心元素之一的"钱江潮头"，机尾部分采用杭州亚运会主题口号"心心相融，@未来"中英文视觉呈现图，整架彩绘飞机融入丰富的亚运元素，展现杭州的自然生态、历史人文和创新基因。

●● 杭州市首届退役军人创新创业大赛正式启动。比赛由市退役军人事务局、市人力社保局主办，分为新兴产业、传统产业及生活服务业、现代农业三个行业赛和精准扶贫、创新团队两个专项赛。核心成员或创始人为退役军人、注册地在杭州、注册时间在2015年1月1日以后的企业和个体工商户和有创业项目、企业计划落地在杭州的团队均可报名参赛。比赛总奖金超过20万元，决赛当天邀请风险投资机构参加，举行创业项目投资洽谈会。获奖企业（团队）被纳入杭州市退役军人创业大赛项目库长期跟踪，提供创业孵化、培训辅导、贴息贷款、融资通道等多种形式的支持与服务。获奖企业有机会参加浙江省和全国退役军人创新创业大赛。比赛专门设立报名绿色通道，为有创业意愿和创业项目的退役军人提供全程报名指导服务。7月11日，杭州市首届退役军人创新创业大赛总决赛暨就业创业论坛举行。

16 日 LIU YUE

●● 以"数治安全，智理未来"为主题的2020年西湖论剑·网络安全线上峰会召开。峰会通过北京、杭州两地直播间同步连线直播的形式，杭州会场设在杭州文广集团演播厅。省委常委、宣传部部长朱国贤讲话。副省长高兴夫，市领导戚哮虎出席。

峰会活动后，朱国贤还考察了杭州文广集团《我们圆桌会》专栏演播室和融媒体中心，听取《我们圆桌会》创办及集团发展情况汇报。他指出，要牢牢守住、守好广播电视这一宣传思想工作重要阵地，坚持思想统领，把握正确导向，发挥自身优势，着力宣传展示好"三地一窗口"。进一步深化媒体融合，强化自我革命意识，实施移动优先策略，推动人、财、物、技向互联网倾斜，特别是要以建设国家级短视频基地为契机，重塑内容生产和用户服务流程，实现媒介要素贯通、联通、融通。坚持人民至上，牢记初心使命，把群众所思所想所忧所盼放在心上，把镜头更多地对准群众，持续办好群众爱听、爱看，能认同、有收获的专栏节目，真情帮助群众解决实际问题。

●● 杭州市党政代表团到宁波市考察学习。其间，两地召开工作交流座谈会，签署深化数字经济全面合作促进制造业高质量发展战略合作协议、综合交通合作协议。杭州市领导、宁波市领导出席座谈会或参加考察。

在宁波期间，代表团考察了鄞州区下应街道海创社区、博威集团有限公司、宁波激智科技股份有限公司、宁波永新光学股份有限公司、上汽大众汽车有限公司、方特东方神画等地。

17 日 LIU YUE

●● 市政协在临安区板桥镇启动市、区两级政协"助推'六稳''六保','六送'服务基层和群众"活动。市政协主席潘家玮出席启动仪式并讲话，汪小玫、周智林参加。

潘家玮在讲话中指出，要深入学习贯彻习近平总书记在浙江、杭州考察时的重要讲话精神，聚焦"六稳""六保"，坚持"为国履职、为民尽责"情怀，深入基层、企业和群众了解情况、听取意见，发挥政协的优势特色，多做宣传政策、解疑释惑、凝聚共识、提振信心的工作，着力提升"六送"服务的针对性精准度，努力为常态化新冠肺炎疫情防控中加快推进经济社会发展、完成全年目标任务做出积极贡献。要自觉践行以人民为中心的发展思想，坚持人民至上，紧盯关键小事和民生实事，努力做到群众需要什么、政协就送什么，真正把服务送到基层群众的心坎上，充分展现政协组织和政协委员的服务能力、专业水平、良好形象和责任担当。

潘家玮一行随后来到板桥镇小学，实地考察学校的教学和建设情况，向学校赠送了教育用品，教育界的委员为孩子们授课。

●● 全市全域土地综合整治工作现场会在桐庐县召开。市委副书记、市土地综合整治工作推进协调小组组长张仲灿出席会议并讲话。缪承潮主持。会前，与会人员实地考察了桐庐县莪山乡、百江镇土地综合整治点。

●● 一辆车身绘制Q版于谦形象的公交车"510小莲清风专线"正式驶上杭州街头，串联起杭州主城区环西湖沿线清廉文化阵地。

"小莲清风专线"由市纪委市监委、杭州城投集团、杭州公交集团联合打造，在节假日开行，营运时间为8：30—16：30。线路从武林广场西出发，途经清河坊、苏堤、于谦祠、岳坟等22个站点，沿途串联的清廉文化阵地共计13个，包括杭州孔庙、吴山清风、于谦故居、胡雪岩故居、苏东坡纪念馆、张苍水先生祠、章太炎纪念馆、于谦祠、岳王庙、白苏二公祠、"五四宪法"历史资料陈列馆栖霞岭馆区和北山街馆区、中国共产党杭州历史馆北山街馆区等。

●● 杭州市启动老年健康宣传周活动。同时，杭州市新成立了市老年健康指导中心，并在市老年病医院挂牌。

宣传周期间，市卫生健康委在全市5000多辆公交车上连续一个月播放专门制作的老年健康宣传短片，在40个公交站台设置不同内容的老年健康知识海报，同时还在老朋友广播电台播放老年健康知识公益广播。各区县（市）也开展形式多样的线上、线下宣传活动，把老年健康知识和相关涉老政策送到老年人身边。

17—18日
LIU YUE

●● 省委十四届七次全体（扩大）会议在杭州召开。出席全会的省委委员83名，候补委员7名。省委常委会主持会议。省委书记车俊讲话，省委副书记袁家军、郑栅洁出席。

全会研究部署推动习近平总书记考察浙江重要讲话精神在浙江落地生根、开花结果的思路举措，听取和讨论车俊受省委常委会委托做的工作报告，审议通过《中共浙江省委关于深入学习贯彻习近平总书记考察浙江重要讲话精神，努力建设新时代全面展示中国特色社会主义制度优越性重要窗口的决议》《中共浙江省委关于建设高素质强大人才队伍，打造高水平创新型省份的决定》。全会结束时，车俊就贯彻落实全会精神、做好当前工作做了讲话。

全会指出，在统筹推进新冠肺炎疫情防控和经济社会发展的特殊时期，习近平总书记到浙江省考察并发表重要讲话，给予浙江充分肯定、特别指引，这是浙江改革发展史上具有里程碑意义的大事。学习贯彻习近平总书记考察浙江重要讲话精神，是一个层层发动、步步深入的过程，是一个深学笃用、知行合一的过程。我们要坚决扛起"三个地"的使命担当，更全面、更深入、更细致地做好学习贯彻，进一步把习近平总书记重要讲话精神贯彻到衡量标准上、融入思路举措上、体现到精神状态上、落实到工作成效上。

全会根据中国共产党章程和地方委员会工作条例规定，决定免去朱忠明、杜世源、汪瀚、陈国猛、钱三雄、徐立毅6名同志的省委委员职务和张晓强同志的省委候补委员职务；决定递补省委候补委员徐张艳、蓝景芬、蔡袁强、张才方、郑初一、胡军、盛秋平、王涛8名同志为省委委员。

不是省委委员的副省级以上党员领导干部，省纪委委员，各市、县（市、区）委书记和市、县（市、区）长，省部属各单位主要负责人参加会议。省级各民主党派主委应邀参加17日上午的会议。

18 日 LIU YUE

●● 市委常委会召开扩大会议，传达学习省委十四届七次全会精神，研究部署杭州市学习贯彻工作。会议还听取了新冠肺炎疫情防控情况的汇报。

会议指出，这次省委全会是在全省上下深入学习贯彻习近平总书记考察浙江重要讲话精神和全国"两会"精神之际召开的一次重要会议。车俊书记所做的工作报告，深入解读习近平总书记重要讲话精神，系统论述建设"重要窗口"的重大意义和内涵要求，立意高远、内涵丰富、举措有力。全会审议通过的《决议》《决定》完全符合中央要求、时代特征和浙江实际，具有很强的思想性、指导性和针对性。要深入学习领会省委全会精神，深刻领会和准确把握习近平总书记赋予浙江的使命责任，深刻领会和准确把握"重要窗口"建设的重大意义和内涵要求，深刻领会和准确把握"重要窗口"建设的硬核举措，把思想和行动统一到中央和省委重大决策部署上来。

●● 在市委常务委员会会议结束后，市政府党组紧接着召开扩大会议，认真学习贯彻省委十四届七次全会精神，研究部署全市政府系统抓落实、抓推进的具体举措。市政府党组书记、市长刘忻主持并讲话。

会议指出，省委全会报告立意于落实习近平总书记考察浙江重要讲话的哲学思考、理论武装、实践探索，是实现"重要窗口"的世界观、方法论和实践论，是习近平新时代中国特色社会主义思想在浙江实践和历史使命的辅导报告，也是"重要窗口"建设的誓师报告,为我们做好当前及今后一个时期的政府工作指明前进方向,提供重要遵循。全市政府系统务必要深刻学习领会,紧密结合各地各部门工作实际,有创造性地抓好贯彻落实。

● ● 杭州市创建全国市域社会治理现代化标杆城市专项民主监督工作座谈会召开,通报相关情况,部署推进2020年专项民主监督工作。市委副书记、政法委书记张仲灿出席会议并讲话。陈新华主持。叶鉴铭、谢双成、周智林、冯仁强参加。

与会人员听取了市委政法委关于全国市域社会治理现代化标杆城市创建工作情况的通报。民建市委会、农工党市委会、市数据资源局和高新区(滨江)党委统战部做交流发言。

● ● 2020年中国(杭州)跨境E贸节暨"店开全球"跨境电商万店培育专项行动首场活动启动。

跨境E贸节开展三大部分共18个子活动,以"百网万企、品销全球"为主题,以"百家平台助万企""百家机构育千品""百个城市共建新丝路"为载体,在全市范围内集聚100个线上线下平台,组织2000个左右优质外贸制造企业深化跨境电商应用,推动15个特色产业带转型跨境电商,培育1000万美元以上跨境电商大卖家超过150个,培育10个以上知名网红直播服务机构,培训各类跨境电商人才5万余人次,链接100座以上综试区城市共建数字新丝路,共享"一带一路"新兴市场,并发布、分享和推广跨境电商发展的"杭州模式""杭州经验"。活动持续到9月。

18—19日 LIU YUE

● ● 市人大常委会召开第二十八次会议。市人大常委会主任于跃敏,副主任郑荣胜、陈红英、罗卫红、卢春强、徐小林出席。

会议表决通过了《杭州市钱塘江综合保护与发展条例》,报省人大常委会批准后施行。会议听取审议了市公安局局长金志受市政府委托提交的关于提请审议《杭州市警务辅助人员管理规定(草案)》的议案及说明,审议了《杭州城市大脑赋能城市治理促进条例(草案)》,将根据审议意见做进一步修改。会议做出了关于设立

"杭州西湖日""杭州良渚日"的决定。自2020年起,将每年6月24日设为"杭州西湖日",7月6日设为"杭州良渚日"。会议听取审议了副市长缪承潮做的关于杭州市无障碍环境建设工作情况报告、2019年城乡规划实施情况报告,对全市无障碍环境建设工作开展专题询问;副市长陈卫强做的关于杭州市新冠肺炎疫情防控工作情况报告、数字经济发展情况报告。会议听取审议了《中华人民共和国禁毒法》《杭州市居住区配套设施建设管理条例》执法检查报告。会议表决通过关于批准杭州市级新增地方政府债券预算调整方案的决议和市政府、市法院人事任免事项。

会上,于跃敏对贯彻落实全国人代会精神和省委十四届七次全会精神提出要求。市监委、市法院、市检察院负责人列席会议。其间,召开列席会议的部分市人大代表座谈会。会前举行《传染病防治法》讲座。会后举行新任命人员宪法宣誓。

19
日 LIU YUE

●● 浙大城市学院建设全国百强大学动员会召开。

会上发布浙大城市学院建设全国百强大学行动方案,市政府与浙江大学签订市校合作协议,浙大城市学院、拱墅区、市委人才办负责人及教师、学生代表做交流发言。

●● 市十三届人大常委会第二十八次会议在听取审议市政府关于全市无障碍环境建设工作情况报告的基础上,开展专题询问。市人大常委会主任于跃敏出席并讲话,副主任郑荣胜、陈红英、罗卫红、卢春强、徐小林,秘书长张如勇出席。

14位常委会委员和人大代表围绕无障碍环境建设三年行动计划实施、信息交流无障碍工作、亚(残)运会赛会场馆及相关项目的无障碍环境建设情况等提出询问,副市长缪承潮和市检察院、12个政府部门负责人现场应询。

专题询问同步进行网络视频直播,并全程提供手语翻译。共有12.8万人次在线观看,网民留言320多条。

于跃敏指出,开展无障碍环境建设专项监督,是市人大常委会2020年一项重点工作。在前期市、县两级人大联动开展专题调研、问卷调查、集中视察基础上,这次专题询问紧扣中心大局、法律法规、群众关切，询问重点突出、直奔主题，问出了民心民意；应询实事求是、态度诚恳，答出了承诺担当。

●● 杭州市对口支援阿克苏市十周年"最美相融，携手追梦"文化润疆系列启动仪式举行，来自杭州和阿克苏市的10对"最美人物"和"最美家庭"来了一次相隔千里的"远程结对"，并约定2020年到各自的城市走走，共同宣讲最美文化和最美故事，为促进两地交流和民族团结做贡献。

●● 杭州临安水务有限公司挂牌成立，标志着临安区改变"多头管理"的分散经营格局，建立了涉水事务投资、建设和运营的全产业链一体化平台。

19—21日 LIU YUE

●● 由市政府主办、市商务局承办的杭州会展助力项目帮扶消费暨杭州会展重启活动在西湖博览会博物馆举行。

会展围绕夜经济、杭货直播、帮扶消费展开，在现场集中展示来自湖北省恩施州、贵州省黔东南州、长白山地区的帮扶产品，"娃哈哈""珀莱雅""万事利"等杭货产品，以及"华为""回力""故宫文创"等国货产品。除丰富多彩的展品外，展会上还有"国潮新生所"直播网红基地揭牌、ADM2020"国潮新生"发布会、中国（杭州）第一直播广场签约等一系列活动。

展会结束后，消费扶贫在线上线下持续运行。来自杭州对口地区的"山里货"，进驻联华华商超市的3个示范店（庆春、华商、和平店），店内开设消费扶贫专区选择性售卖扶贫商品，并统一消费扶贫标识，定商品、定品牌推广。线上销售也同步开启，线上平台销售达到一定数额，杭州市给予平台一定奖励。

19—24日 LIU YUE

●● 2020年丝绸之路周主场活动在中国丝绸博物馆举行。活动由国家文物局、浙江省政府主办，浙江省政府新闻办、浙江省文化和旅游厅、浙江省文物局承办，中国丝绸博物馆、国际丝绸之路与跨文化交流研究中心执行承办，主题为"互学互鉴促进未来合作"。

开幕式上，播放了来自国际古迹遗址理事会、国际文化财产保护与修复研究中心、国际博物馆协会、联合国教科文组织丝绸之路网络平台等国际机构的贺词、贺信，发布了《2019丝绸之路文化遗产年报》，启动了《世界丝绸互动地图》国际合作项目，展示了体现有关国家和地区国际风情的丝绸服饰情景秀，"众望同归：丝绸之路的前世今生""一花一世界：丝绸之路上的互学互鉴"两大特展同时启幕。

20日 LIU YUE

●● 中国杭州数字时尚创新基地发布会在余杭区临平新城艺尚小镇举行。基地将以"时尚为音、数字降临"为主题，通过串联数字、时尚、潮流文化、红人赋能艺尚小镇，实现时尚力、空间力、内容力、影响力的融合。

发布会上，临平新城分别与阿里巴巴（中国）网络技术有限公司和杭州巨量引擎网络技术有限公司签约，合作授牌"1688商+直播余杭直播基地"和"短视频直播培训中心"。天下秀网红城市、胤谷科技"5G万物互联直播"等重大产业项目，杭州川上加一文化创意有限公司、杭州如涵控股股份有限公司等MCN机构及网红达人，及迪尚集团有限公司、"时尚工园"等供应链机构签约，驱动成熟直播产业生态圈的形成。

21 日
LIU YUE

● ● 杭州2022年第19届亚运会官方运动服饰合作伙伴签约发布会举行。三六一度（中国）有限公司签约成为杭州亚运会官方合作伙伴。这是杭州亚运会市场开发的第7个类别、第8个最高层级赞助企业。

22 日
LIU YUE

● ● 市委理论学习中心组举行扩大会议，专题学习《民法典》。市委理论学习中心组成员出席。会上，浙江大学社科院院长、光华法学院常务副院长周江洪教授对《民法典》做了辅导报告。

● ● 市长刘忻主持召开市政府常务会议，研究部署法治政府建设、安全生产管理等工作。会议强调，要认真学习贯彻习近平总书记重要讲话和指示精神，深入贯彻落实省委十四届七次全会决策部署，高质量完成法治政府建设目标任务，高水平抓好安全生产和应急管理，为"重要窗口"建设树立杭州样板，为全省全国发展做出更大贡献。

会议听取了法治政府建设工作和《杭州市2020年法治政府建设工作要点》（审议稿）的情况汇报。会议集体学习了习近平总书记近年来关于应急管理和安全生产的系列重要论述，研究了上半年全市安全生产及下一步工作安排，审议了《第二轮安全生产综合治理三年行动计划》。会议强调，要牢固树立发展决不能以牺牲安全为代价的红线意识，把保障人民群众生命财产安全摆到更加重要位置，进一步补短板、堵漏洞、强弱项，着力加强道路交通、消防、建设工地、工矿、商贸等重点领域安全监管，扎实做好防汛防台各项工作，编制重点场所"一库一表一图一手册"，构建可视化、网络化、组织化、系统化技术监管平台，提升监管队伍专业化水平，全力创成国家安全发展示范城市，为经济社会高质量发展营造更加安全、稳定、和谐的城市环境。

常务会议前，市政府召开了党组理论中心组学习会暨党组（扩大）会议，邀请市中级人民法院院长斯金锦做法治政府建设专题辅导报告。

● ● 市长刘忻深入一线检查安全生产工作。戴建平参加。刘忻到市消防救援支队指挥中心、中石化康桥油库、中石油浙江分公司停车场，详细了解全市消防安全工作情况并实地检查危险化学品企业安全生产情况。他强调，安全生产事关小康成色，事关发展大局，安全生产工作这根弦一刻不能放松。要严格落实责任，进一步压紧压实属地管理、行业监管和企业主体责任，确保把安全生产措施落实到每一个环节、每一个岗位。要强化源头治理，紧盯事故多发易发的重点地区、重点行业领域和重点企业，在风险识别、管理、监测和预警上下功夫，努力把风险隐患消灭在萌芽状态。要做到举一反三，深刻吸取重大事故经验教训，全面排查各类安全生产风险隐患，特别要强化危化品行业安全生产隐患排查整治，切实筑牢平安防线，坚决防范事故发生，确保人民群众生命和财产安全。

● ● 2020年杭州西湖诗词大赛决赛举行。超过1000人参加了网络海选，经过复赛，最终决出决赛12强选手，其中年龄最小的17岁、年龄最大的50岁。决赛现场首先进行的是个人追逐赛。12位选手抽签分为了四组，分别开展小组对战答题，每组累积分数最高的选手进入了第二轮冠军争霸赛。在冠军争霸赛这一轮，三位成功晋级的选手在经过飞花令、抢答题和风险题三轮比拼后，朱建泳、楼航、刘昆脱颖而出，分获西湖诗词大赛冠军、亚军、季军。

23 日 LIU YUE

● ● 杭州2022年第19届亚运会音乐作品征集活动启动。杭州向全球发出邀约，欢迎全球音乐人、体育爱好者和各界热心人士积极参与，为杭州亚运会谱写动人的时代乐章。省、市领导出席启动仪式。亚奥理事会主席艾哈迈德亲王发来贺信。王力宏、李荣浩、胡彦斌、李泉4位音乐人加盟，分别应邀担任杭州亚运会音乐作品征集全球总召集人，推荐官暨网易云音乐赛区发起人、抖音分赛区发起人和高校分赛区发起人。

为创作出富有全球性、时代性、艺术性、创新性，广为传唱、激励人心的亚运音乐作品，杭州亚组委计划在2020年至2022年开展音乐作品征集活动，第一阶段的征集投稿截止日期为2020年11月30日，征集内容为完整的歌曲作品、未经谱曲的歌词作品和未经填词的乐曲作品，应征人可通过各赛区参与。杭州亚组委组建音乐作品评审委员会，对各赛区选送的入围作品进行评选。

●● 市长刘忻来到上城区小营街道，走访慰问老党员金洪彩和困难党员孟钊根。金洪彩2020年74岁，党龄54年，退休后担任小营巷社区第七支部的支部书记，在新冠肺炎疫情期间仍坚守岗位，坚持到卡口做志愿者值勤。刘忻为老金身先士卒、争当示范的精神点赞。他说，老党员是党和国家的宝贵财富，是城市建设发展的功臣，我们要大力学习发扬老党员的光荣传统和优良作风，担当有为、接续奋斗，把杭州建设得更加幸福美好。来到孟钊根家中，刘忻关切询问他和老伴的健康状况、生活情况，为老人送上慰问金和慰问品，祝愿他们保重身体、安享晚年。刘忻还叮嘱街道和社区干部要多串门、多走动，力所能及地帮助解决实际困难，让老人真真切切地感受到党和政府的关怀和温暖。

●● 市政协召开深化委员工作站建设座谈会。市政协主席潘家玮讲话，汪小玫、叶鉴铭、谢双成、陈永良、周智林、冯仁强、滕勇参加。会上，市政协领导为9个新建委员工作站授牌，8位工作站领衔委员做交流发言。

依托界别小组和区县（市）联络组建立委员工作站是本届市政协一项创新实践工作。潘家玮强调，推进委员工作站建设是彰显人民政协制度优越性、释放人民政协制度效能的内在需要，是发挥政协专门协商机构作用、推进政协协商广泛多层制度化发展的重要途径，是强化政协凝聚共识职能、发挥政协"三个重要"作用的必然要求，是展示新时代政协委员风采、推动政协工作高质量的有力抓手。要把牢"五新"定位要求，充分发挥界别特色、区域特点和委员特长，进一步提升学习功能、突出协商功能、强化凝心聚力功能、彰显为民服务功能、增强平台集成功能，着力在常态运行、彰显优势、体现价值上下功夫，不断推动委员工作站工作提质增效。要落实主体责任，聚合资源力量，强化联系指导，落实评估制度，加强总结宣传，巩固拓展委员工作站创新实践成果。

●● 杭州市召开信访联席会议。市委副书记、政法委书记张仲灿指出，2020年以来，各地各部门围绕市委中心大局，坚持"双线作战"，高度重视、突出重点、精心部署、强化保障，为杭州市社会平安稳定做出了有力贡献。在肯定成绩的同时，要清醒认识2020年的形势与任务，积极应对新情况新问题，压实主体责任，聚焦关键领域采取针对性措施，以建设"重要窗口"的新目标新定位谋划推进信访工作。

●● 杭州召开全市"助万企、帮万户"活动报告会，明确7月1日起杭州市对标"重要窗口"，健全长效机制，推动"助万企、帮万户"活动常态化开展。

会议指出，要坚持党建引领，联动农村指导员、助企服务网格员和镇街联络员，建立建强"助万企、帮万户"联合党支部，确保工作连续性。要聚焦"破六难"，突出部门特色、个人作为，把助企帮户与部门履职紧密结合起来，开展创新试点，推动提质增效，树立标杆典范，继续在助和帮上下功夫。要做到一体推进，合力推动活动持续深入开展，用好"走亲连心三服务"小管家平台，把联合党支部建设作为年度机关党建考核重要内容，加强各乡镇（街道）党（工）委与对口联合党支部联系互动。

市直机关各驻点服务小分队负责人、驻企网格员代表、农村工作指导员做交流发言。现场还发布了"我为企业献一策、我为部门想一招"云征集令。

●● 杭州市交通运输发展保障中心、临安区公路段联合举行2020年杭州交通防汛应急抢险演练。演练科目包括清除塌方体、龙吸水排水以及机械化架桥。演练以连日暴雨为背景，临安区龙跃街路段山洪暴发导致边坡塌方、支线桥冲毁，沿线村道积水严重，造成该路段交通中断，周边群众无法出行。依据《杭州市公路系统"三防"应急预案》，相关部门立即启动应急响应，按照接警、报告、指令、交通管制、集结、处置和评估的应急流程进行处置。演练共出动抢险队员50名，成立塌方抢险组、抗洪排涝组、桥梁抢险组、专家组、信息保障组、安全保障组、后勤保障组7个小组，并出动无人机、应急指挥车、挖机、装载机、自卸车、龙吸水、机械化架桥车等各类抢险设备10多台。

●● 杭州西湖风景名胜区管委会与西泠印社联合举办的"西湖'印'记篆刻艺术展"在花港蒋庄·马一浮纪念馆开展。展览持续到7月1日。"西湖'印'记篆刻艺术展"共展出31位艺术家的40件精美作品。

24 日 LIU YUE

●● 省长袁家军到杭州市余杭区西险大塘检查指导防汛工作。他实地检查西险大塘险情处置现场，察看防汛3号物资仓库和北湖蓄滞洪区庄村分洪闸工程。随后，袁家军来到省防汛防台指挥部，调研自然灾害风险防控和应急救援平台开发应用情况，充分肯定"浙江安全码"开发应用工作。

袁家军强调，2020年浙江省入梅早、梅雨量较常年偏多两成以上，部分山塘水库、江河水位上涨较快，有些已经超过警戒水位。各地各部门要时刻绷紧防汛防台这根弦，按照"不死人、少伤人、少损失"的要求，从最坏处打算、做最充分准备，以雨情汛情为令，层层压紧压实责任，进一步做好"技防+机防+人防"的文章，全方位落实防汛防台措施，全面排查处置风险隐患，全力打好防汛防台人民战争。要着力提高科学预报能力，围绕防范局部强降雨、小流域山洪等灾害，多出高质量气象预报产品，不断提高准确性、精确性、及时性，为灾害风险有效识别和及早预防提供支撑。要着力提高灾害风险智慧化防控能力，建设完善能用管用好用的"数据共享、应用协同、场景可视、精准管控、指挥高效"的自然灾害风险防控和应急救援平台，加快由依靠经验防灾减灾向依靠数字化手段、综合集成多种防控体系转变，突出实战导向，坚持省市县乡联动，加快完成人员摸排赋码，做到险情发生前应转尽转、不漏一人。要着力提高精准减灾能力，加强应急管理建设，突出重点区域、重点时段，确保救援人员、抢修设备和救灾物资按需及时到位，确保人民群众生命财产安全。刘忻、戴建平参加检查。

●● "杭州西湖日"暨"西湖·西溪"一体化保护提升正式启动。

活动现场举行了新的西溪国家湿地公园管委会授牌仪式、西湖西溪旅游建设管理集团有限公司揭牌仪式。按照市委、市政府关于西溪湿地公园体制改革的决策部署，西溪国家湿地公园管委会及相关管理机构设在西湖风景名胜区管委会，由西湖风景名胜区管委会（西溪国家湿地公园管委会）统一行使西湖国家级风景名胜区和西溪国家湿地公园一体化保护管理等职能。按照统一保护建设运行原则，由西湖风景名胜区、西湖区、余杭区三方共同出资组建杭州西湖西溪旅游建设管理集团有限公司。

●● 市政协主席潘家玮来到江干区采荷街道，走访慰问老党员夏紫云和曹金传。夏紫云2020年81岁，退休收入不高，却将老伴遗体捐献的奖金捐赠用于支持新冠肺炎疫情防控工作。潘家玮对老人表示敬意，并仔细询问老人身体和生活情况。他说，我们国家的建设发展离不开老党员的奉献，他叮嘱街道社区干部要关心和照顾好困难老党员的生活，让他们切实感受到党组织的关怀。老党员曹金传退休后积极投身社区服务工作，社区有需求，他都是冲在服务群众的最前线。潘家玮对其充分发挥先锋模范作用表示赞赏。他说，老党员是党和人民的宝贵财富，希望老人继续发挥自身优势，为社区建设做出更多贡献。

●● 望梅路互通开放通车，星河南路入口匝道、良熟路出口匝道2处匝道也同步开放。项目总投资8.9亿元，于2018年12月开工建设，由1条高架主线和4条互通匝道组成，主线南起望梅路/汀城路交叉口，北至望梅路/临丁路交叉口，长1.3千米，双向六车道，设计时速80千米。

●● 由市委组织部主办，市社科联（院）和市党群服务中心承办的"钱塘大讲坛"正式开讲。作为首位开讲嘉宾，浙江省中国特色社会主义理论体系研究中心顾问、浙江省政府咨询委员会委员、浙江钱塘江文化研究会会长胡坚以"党建引领基层治理"为主题，分别从政治引领、组织引领、思想引领、文化引领、服务引领、创新引领6个方面诠释"党建引领基层治理"。

●● "浙江大学服务杭州市企业行动"暨市校战略合作"专家进高企"活动启动仪式举行。现场，宣读了"浙江大学服务杭州市企业行动"重点服务企业和科技顾问名单，为中电海康集团有限公司等17个企业颁发首批重点服务企业证书，为浙江大学吴庆标教授等17位科技顾问颁发科技顾问聘书。新安化工和吴庆标教授进行了现场交流发言。

25
日 LIU YUE

●● 在第30个全国"土地日"，全国"土地日"的宣传主题是"节约集约用地，严守耕地红线"。为纪念第30个全国"土地日"，市规划和自然资源局与临安分局联合举办了围绕主题的系列宣传活动，既是保护土地的实际举措，同时助力打造信用杭州。活动由"一主、三副、三访"及公益宣传片展播组成，通过线上线下活动，向公众普及自然资源新理念、新方法和新技术，引导全社会进一步增强底线思维和法制观念，强化地方各级党委政府和有关部门的责任担当，形成上下协同、各方努力、人人尽责，牢牢守住18亿亩耕地红线，共同保护耕地和节约集约用地的良好局面。

26
日 LIU YUE

●● 潮醒钱江·钱塘江文化云尚汇直播正式开始。作为杭州钱塘江文化节的线上展示平台，云尚汇由杭州市委宣传部和江干区委、区政府共同主办。直播位于钱印号游船上，背景是钱江新城灯光秀，胡坚、李子柒、吴晓波等文化界人士现身，为钱塘江文化节加油助力。云启动环节，邀请全体参与网友共同开启云尚汇线上展示平台，并隆重推介"云享、云观、云游、云街"四大主题板块。6月26日至7月2日，是云尚汇的集中展示期，每天都有面向广大参与网友的幸运福利派发。7月2日后，云尚汇四大板块内容将长期架构于抖音平台，实现常态更新和展示。

28
日

LIU YUE

●● 市委十二届九次全体（扩大）会议召开。出席这次全会的有市委委员55名、候补委员11名。市委常委会主持会议。

全会听取和讨论了市委常委会工作报告，审议通过《中共杭州市委关于做强做优城市大脑打造全国新型智慧城市建设"重要窗口"的决定》。

全会指出，在统筹推进新冠肺炎疫情防控和经济社会发展的特殊时期，习近平总书记亲临浙江、杭州考察指导，赋予浙江"努力成为新时代全面展示中国特色社会主义制度优越性的重要窗口"的新目标新定位，对杭州工作做出重要指示。我们要把学习习近平总书记这次考察浙江、杭州时的重要讲话与学习习近平总书记对杭州做出的一系列重要指示贯通起来，与深入推进"八八战略"的具体实践衔接起来，与我们正在做的事情结合起来，聚焦习近平总书记赋予浙江的新目标新定位，精准把握核心要义和实践要求，努力在思想认识上更深一层、实际工作中更进一步。

不是市委委员的副市级以上领导干部，市纪委委员、监委委员，各区县（市）委书记和区县（市）长，市直属各单位主要负责人等参加会议。

●● 第二届之江国际青年艺术周在西湖区艺创小镇·象山艺术公社开幕。艺术周由省文联、市委宣传部、中国美术学院、浙江音乐学院、西湖区政府主办，以"共同生活"为核心主题，包含线上开幕式、展览展映、专业论坛、艺术演出、设计工坊五大板块30多项艺术活动。

6月28日至7月4日，线下展览在艺创小镇·象山艺术公社、中国美术学院、浙江音乐学院等场馆举行。作品共计3000多件、优秀作品共计335件，总展出面积近3.5万平方米。象山艺术公社展出内容包括设计艺术学院、雕塑与公共艺术学院、浙江音乐学院、影视与动画艺术学院、艺术管理与教育学院、手工艺术学院、文创中心等精心设计的作品。

29 日 LIU YUE

● ● 6月29日至7月1日，杭州市代表团到湖北省恩施州落实扶贫协作工作。其间，湖北省委副书记、省长王晓东会见市委副书记、市长刘忻及代表团一行，杭州市恩施州扶贫协作联席会议召开。恩施州委书记柯俊、州长刘芳震，州领导夏锡璠、吴槐庆等参加会见或出席会议。王宏参加。

刘忻说，新冠肺炎疫情发生以来，在习近平总书记亲自部署、亲自指挥下，湖北省委、省政府紧紧围绕党中央、国务院决策部署，团结带领湖北人民，付出艰苦卓绝努力，为打赢疫情防控阻击战做出了重大贡献。当前，杭州市正深入学习贯彻习近平总书记考察浙江、杭州的重要讲话精神，统筹推进疫情防控和经济社会发展工作，奋力展现"重要窗口"的"头雁风采"。我们要坚决扛起东西部扶贫协作的使命担当，把对口帮扶恩施工作摆在更加重要位置，对标对表、加力加码，充分发挥杭州民营经济发达、新经济活跃等特色优势，助推恩施高质量打赢脱贫攻坚收官战。

在联席会议上，杭州市向恩施州捐赠了医疗、教育等项目建设资金。在恩施期间，刘忻一行还看望了杭州市挂职干部和专业技术人才，深入建始县、巴东县的8个乡镇考察10个扶贫协作产业园、援建公共服务等项目，并走访慰问了贫困户。

● ● 市人大常委会党组召开（扩大）会议，传达学习省委十四届七次全会和市委十二届九次全会精神，研究部署贯彻落实工作。市人大常委会党组书记、主任于跃敏主持并讲话，郑荣胜传达会议精神，陈红英、罗卫红、卢春强、徐小林参加。

会议指出，市委十二届九次全会时机特殊、使命光荣、意义重大，会议深入学习贯彻习近平总书记考察浙江、杭州时的重要讲话精神，全面贯彻落实习近平总书记对浙江提出的"重要窗口"新目标新定位，认真落实省委十四届七次全会精神，明确提出杭州要在建设"重要窗口"中展现"头雁风采"，是对习近平总书记殷切希望的再学习、建设"重要窗口"的再动员、继续走在前列的再部署。全市各级人大和人大代表要把思想和行动统一到市委全会精神上来，以高质量的履职，推动人民代表大会制度在杭州的生动实践,在奋力展现"重要窗口"的"头雁风采"中发挥人大作用。

●● 市人大常委会召开第三十四次主任办公会议,市人大常委会主任于跃敏,副主任郑荣胜、陈红英、罗卫红、卢春强、徐小林,秘书长张如勇以及机关各部门主要负责人参加会议。

会上,市人大常委会办公厅对6月工作完成情况和7月主要工作预安排做了说明。常委会各位副主任分别就分管工作做了补充发言。

会议明确了7月常委会重点工作,对深入贯彻落实习近平总书记在浙江、杭州考察时的重要讲话精神,学习贯彻省委十四届七次全会和市委十二届九次全会精神,以及市领导人大代表进代表联络站活动、全市人大系统《民法典》学习、城市大脑赋能城市治理和警务辅助人员管理立法工作等进行了讨论研究。

会议听取了人事代表工委关于"最美人大代表"风采展示点赞环节和建议人选的情况汇报,要求人事代表工委做好有关工作。

●● 深化全市社会治安基层基础暨加强新时代公安派出所建设培训班开班,持续到7月1日。市委副书记、政法委书记张仲灿在开班仪式上强调,全市政法和公安战线要深入学习贯彻习近平总书记考察浙江、杭州时的重要讲话精神,迅速把思想行动统一到市委全会决策部署上来,切实增强政治自觉、思想自觉和行动自觉,扎实推进社会治安基层基础工作,以实际成效为建设"重要窗口"护航添彩。金志主持开班仪式。

●● 杭州市首场公务员集体退休仪式上,来自市检察院的周仲勋等3名新退休公务员代表,回顾了各自的职业生涯、奋斗历程,感慨"初心和使命是接续奋斗的动力源泉"。

●● 为迎接中国共产党建党99周年,"忆党史,传家风,颂清廉"周恩来家风图片展开幕式暨杭州红色博物馆联盟"五送五进"活动启动仪式在中国共产党杭州历史馆(杭州市方志馆)举行。活动以杭州红色博物馆联盟为载体,在一整年里,将各种展览、书籍、培训、讲座、服务送进学校、社区、海创园、军(警)营、机关等,不断传播红色文化、厚植红色基因。

杭州青年运动史馆、杭州钱塘江博物馆等6个单位也加入了杭州红色博物馆联盟,成为第三批联盟单位。至此,杭州红色博物馆联盟通成员单位达到38个。活动还为第一批杭州市清廉文化示范点单位授牌。开幕式后，与会人员参观了"周恩来家风图片展"，并通过观看《周恩来在杭州》视频纪录片等活动，接受了清廉教育、感受红色文化。

● ● 杭州市千岛湖供水工程城北线通水。城北线承担着向杭州市城北和余杭地区输送千岛湖原水的重任，起点为九溪线、城北线共用段输水隧洞（大毛坞节点），终点为绕城高速与仁和大道交界处（仁和节点），全线长28.6千米，设计输水规模165万吨/日，总投资28.5亿元。城北线工程采用隧洞和管道组合方式，工程管道施工均采用环保无污染材料，保证了原水的品质和安全。同时城北线共设置了9个检修闸门，采用一体化智慧控制系统，对全线水量调度和闸阀站运行进行一体化监控管理。

● ● 第四届万物生长大会在萧山举行，并发布2020年杭州独角兽与准独角兽企业榜单。截至6月12日，杭州共有独角兽企业31个、准独角兽企业（估值1亿美元以上企业）142个，所有企业总估值超3100亿美元。

● ● 杭州市人民防空教育馆项目开工奠基仪式在笕桥举行。该教育馆位于机场路和丁兰路以西，相婆路以北，笕桥路以东，总建筑面积18230平方米，其中计容建筑面积3350平方米，地下建筑面积14880平方米。主要建设内容为防空教育馆、地下人防工程（含地下停车库）、附属设施及展陈展项。预计到2022年，防空防灾实训基地将正式建成并对市民开放。

30
日 LIU YUE

● ● 宁波市党政代表团到杭州考察，共商深化杭甬互利合作。其间，两地签订了"共同唱好'双城记'全力服务建设'重要窗口'合作框架协议"。

根据协议，两地将在以下十个方面加强交流合作：强化战略规划对接，共同打造长三角世界级城市群"金南翼"；促进产业协同共兴，推动杭州钱塘新区、宁波前湾新区在规划管理、项目谋划、基础设施建设等方面对接；携手打造创新高地，加强杭州城西科创大走廊和宁波甬江科创大走廊的平台协作、项目合作、要素流通；加快开放联动发展，协同推进浙江自由贸易试验区联动创新区和两地综合保税区建设，加强杭州、宁波国家级临空经济示范区协同合作；提升交通一体水平，加快建设杭州西、宁波西铁路枢纽，推进杭绍甬智慧高速公路建设；深化文旅融合发展，共建大运河文化带和浙东唐诗之路文化带；合力开发人才资源，鼓励互设人才研发孵化飞地；推动服务对接共享，推动两地城市大脑深度互联，支持两地优质教育、医疗卫生资源合作；加强生态联防共治，协同推进杭州湾流域、杭甬运河流域水环境综合整治；健全合作交流机制，拓展和完善两地政府、部门、园区、企业和社会等多层次的协同联动机制等。

在杭州期间，宁波市党政代表团考察了杭州国际博览中心、杭州海康威视数字技术股份有限公司、杭州城市大脑运营指挥中心、西湖景区、西溪湿地、人工智能小镇、之江实验室、阿里巴巴集团等地。

●● 市人大常委会主任于跃敏来到西湖区北山街道，走访慰问困难党员傅寿根和老党员戴志龙。于跃敏详细询问老人身体状况和家庭情况，感谢他多年来为基层党建和社区建设做出的贡献，还嘱咐街道和社区干部，要对老党员政治上多关心、生活上多照顾、精神上多关怀，时刻把他们的冷暖挂在心上，为他们安享晚年创造更好的条件。

●● 杭州市举行"红旗飘飘"庆祝中国共产党成立99周年群众性歌咏云直播活动，来自杭州主城区的业余文艺爱好者和文艺工作者，一起在线上唱响爱党、爱国、爱社会主义和热爱杭州的时代主旋律。活动以"战疫情、奔小康"为主题，邀请6个主城区的群众性文艺节目上线表演。

●● 2020年杭州市社会科学普及周启动仪式在杭州图书馆报告厅举行，主题为"共享小康社会，建设'重要窗口'"。启动仪式上公布了第五批市级社科普及基地名单，分别是：杭州海塘遗址博物馆、杭州朗朗艺术世界交流中心、杭州图书馆茶文化主题分馆、杭州市市民健康生活馆、杭州市萧山区吴越历史文书博物馆、运河谷仓博物馆、桐庐博物馆、千鹤妇女精神展陈中心、杭州市临安区博物馆。

启动仪式结束后，杭州图书馆报告厅外的连廊上举办主题展览，设置"殷切嘱托""两会精神""智慧战疫""基地风采"四个板块。市社科联所属社团给现场群众提供一对一免费法律咨询，养老、失业、工伤等社会保险政策业务咨询，企业复工复产"1+12"惠企政策宣传等服务。现场还开展防金融诈骗和伪钞鉴别技能、中国传统香艺文化与香品介绍、夏季用香技巧、七汤点茶法、多元饮食搭配、急救知识和技能等体验活动。

● ● 杭富10标段——彩虹路项目主线主体正式贯通。彩虹快速路西延工程（之江大桥—富阳高尔夫路）全长约17千米，其中富阳段8.01千米，与杭富城际铁路共线。此次贯通的杭州至富阳城际铁路附属配套工程10标段项目属于其中一段，位于富阳区境内，线路全长1.7千米，其中6号隧道长度1.5千米，隧道沿原320国道东西走向，在新老320处设置一对定向匝道。杭富10标项目总工期36个月，主线隧道总长1499米。

● ● 杭州地铁5号线火车南站站和2号线下宁桥站同步开通。地铁5号线火车南站站位于南站枢纽东广场地下，该站为地下三层岛式车站，车站站厅经过通道与铁路杭州南站连通，开启"单向免检"模式。2号线下宁桥站位于文二路与保俶北路路口以西，为地下二层岛式车站，地下一层为站厅层、地下二层为站台层。车站共设A、B、C三个出入口。

● ● 杭州市全民健身中心工程通过竣工验收。杭州市全民健身中心位于上城区南星单元东部，富春江路与甬江路交叉口的北侧。中心主要包含健身中心、游泳馆、乒乓球室、台球室，篮球馆、羽毛球馆、网球馆、室内高尔夫馆等，是亚运训练备选场馆。

● ● 国家（杭州）新型互联网交换中心在萧山信息通信产业园正式启用，浙江省新型互联网交换中心有限责任公司同步揭牌并投入运营。

新型互联网交换中心是汇集各类互联网企业互联互通的基础平台，具备"一点接入、多点连通"优势，可以实现多类互联网络主体的全方位接入，进一步实现更便捷的数据、信息、资源互通，降低应用企业多点部署难度。国家（杭州）新型互联网交换中心落户在萧山信息通信产业园，其建设采用"政府指导下的企业联合建设运营"模式，各级政府在两年试点期间计划给予1.6亿元财政补贴。

● ● 余杭区成立全省首个"统计党建联盟"，旨在以党建引领促诚信统计，以党建联盟促统计发展，激发统计新活力。

该联盟以抓好党建品牌、基层组织、统计队伍、统计行风及人普先锋等五大建设为核心，通过"一科室一品牌"机关党建服务品牌创建活动，打造服务型、共享型、求真型、创新型、清廉型"五型一体"的党建之路；通过搭建全区"统计+党建"交流合作平台，建立120个基层统计网格，扎实推进基层统计创新与人才聚集，组织全区统计讲师团，强化学会党建及统计信用建设，立足党建"同心圆"，畅通渠道，破除"信息孤岛"。

● ● 杭州未来科技城举行2020年梦想小镇法国日系列活动暨"法国村"开工典礼，未来5~10年，法国村将建成"立足杭州未来科技城，辐射全国"的国际人才和科创示范基地。

梦想小镇法国村项目选址余杭塘河以北、仓兴街以南，茶亭桥港以东，创远路以南，占地2.33公顷，总建筑面积4万余平方米。其中，一期占地1.53公顷，包括孵化器、中法企业家俱乐部、法国人才之家、法式精品商业等；二期占地0.8公顷，包括人工智能酒店、人才公寓、科创中心、路演中心等。项目由中法双方共同设计，杭州未来科技城管委会下属国有公司建设，并由欧铂达纳中法科创平台负责运营管理，法国村计划两年内建成。

开工仪式上，法国特种印刷材料技术公司、巴黎高等珠宝设计学院AMA等10多个欧洲项目在云端与法国村签订入驻协议。

七月

1 日 QI YUE

● ● 杭州南站举行开通暨杭绍城际线首发仪式。新杭州南站主体由站房、东西广场组成，总投资46.1亿元，总建筑面积26.8万平方米，是拥有7台21线的集高铁、普铁、地铁、公交、长途客车为一体的综合交通枢纽。

● ● 市人大常委会开展地铁、道路建设及交通治堵工作专项督查。市人大常委会主任于跃敏带队，卢春强、缪承潮、16位市区两级人大代表、相关咨询专家参加。

督查组实地督查地铁3号线留下站、天目山路（古翠路—中河立交）提升改造工程建设及文明施工、周边交通组织情况，并召开座谈会，听取市地铁集团、市城投集团以及市建委、市城管局、市公安交警局、市治堵办等有关情况汇报。

座谈中，与会人大代表和咨询专家围绕加强城市道路、轨道交通项目建设监管，降低施工对老百姓出行和日常生活影响提出意见建议。

● ● 市村（社区）组织换届工作领导小组召开第一次会议。市委副书记、领导小组组长张仲灿出席并讲话，强调要认真贯彻落实习近平总书记重要指示精神和省委、市委全会部署要求，高质量做好村（社区）组织集中换届工作，为奋力展现"重要窗口"的"头雁风采"夯实基层基础。陈擎苍、戚哮虎、金志、陈红英、冯仁强参加。毛溪浩主持会议。

● ● 第二届杭州农创客大赛启动。大赛主题为"数字农创，遇建未来"，集中围绕数字强农、科技助农、创客富农，打造可复制、可推广、可持续的乡村人才招引新模式，征集到160个项目。9月21日举行决赛，12个项目入围。

2 日 QI YUE

● ● 省委书记车俊在萧山区调研省委十四届七次全会精神贯彻落实情况。他强调，杭州市要深入学习贯彻习近平总书记考察浙江重要讲话精神和对杭州重要指示精神，全面落实省委全会决策部署，加快建设独特韵味、别样精彩世界名城，努力在"重要窗口"建设中扛起省会担当、展现"头雁风采"。

车俊在萧山区考察一批企业和特色小镇，了解科技创新和人才引育等情况。随后，主持召开座谈会，听取杭州市及萧山区贯彻落实省委全会精神情况汇报，并对做好下一步工作提出要求。车俊强调，在建设"重要窗口"新征程中，杭州市要着重在四个方面当头雁、做示范。一要在建设面向世界的人才蓄水池和创新型城市上当头雁、做示范，全力打造创新策源地和科创高地。二要在建设宜居城市、新型智慧城市上当头雁、做示范，努力打造展示未来城市的"重要窗口"。三要在建设现代化国际化大都市区上当头雁、做示范，进一步推进组团化、一体化发展，全面提升国际化水平。四要在建设人民城市上当头雁、做示范，坚持"人民城市人民建，人民城市为人民"，努力成为人人出彩的创新活力之城、人人向往的生活品质之城。

●● 杭州市召开国家新一代人工智能创新发展试验区建设领导小组会议暨新一代人工智能战略咨询专家委员会会议。

会上发布了中国人工智能城市产业发展指数，杭州市人工智能研究院揭牌。余杭区、新华三集团、西湖大学负责人做交流发言，中国科学院院士王建宇、中国工程院院士高文、中国工程院院士陈纯等专家围绕杭州人工智能试验区建设和新一代人工智能发展发表意见。

●● 市房地产市场平稳健康发展领导小组办公室发布《关于进一步明确商品住房公证摇号公开销售有关要求的通知》，对公证摇号销售有关事项进行明确。通知进一步规范高层次人才优先购房有关要求，对"无房家庭"的认定进行补充，进一步加大新建商品住房公证摇号公开销售对"无房家庭"的倾斜力度，对购房意向登记的有关要求进行调整。

●● "平安六和"主题文化公园在六和塔下正式对外开放，便于市民游客回望"六和"渊源、系统了解平安杭州建设工作。

2—3 日 QI YUE

●● 省委书记车俊调研防汛防台防灾工作，强调要坚决贯彻习近平总书记关于防汛救灾的重要指示精神，坚持人民至上、生命至上，全力决战梅汛、迎战台汛，奋力打好防汛防台防灾这场硬仗，为建设"重要窗口"提供安全保障。

车俊到浦阳江萧山进化镇新江村堤防察看应急处置情况，到省水利厅、省自然资源厅、省应急管理厅考察全省洪水灾害防御、地质灾害防治、防汛防台应急处置等工作。

随后，车俊主持召开省有关部门座谈会，听取省应急管理厅、省气象局、省建设厅关于防汛、天气预报、城市内涝防御等工作汇报。车俊指出，我们要认真落实习近平总书记在浙江工作时提出的"一个目标、四个宁可、三个不怕"，做到思想上紧张再紧张、责任上落实再落实，立足防大汛、抢大险、救大灾，强化底线思维，全面落实领导责任、部门责任和基层责任，把各项工作做细做深做实。要坚持科学预防，气象、水利、自然资源、应急管理、交通、建设等部门要突出智能化科技运用，做好台风、雨情、险情的预防预知预报工作，做到精准施策，最大限度减少损失。特别是对重点地区、重点部位，要加强监测、重点把守、有效防范。要加快推进"百项千亿防洪排涝工程""海塘安澜千亿工程"等水利工程设施建设，倒排工期、加快进度，同时谋划推进一批管长远、利民生的标志性水利工程，针对难点集中力量逐个解决，切实提高防灾减灾能力。要在2019年应急管理体制重构改革、防汛防台抗旱体制调整的基础上，进一步理顺体制机制、整合调整职能、压紧压实责任，做到各有关部门既各司其职，又强化协同，真正实现防汛防台防灾无缝对接、形成强大合力。

3

日 QI YUE

●● 市委全面深化改革委员会第六次会议召开市委全面深化改革委员会成员出席会议，有关市领导和市直部门、区县（市）负责人列席会议。

会议举行党委（党组）书记改革工作述职，余杭区、西湖区、市公安局、市市场监管局的党委（党组）书记做述职。会议听取全市上半年改革推进落实情况及公共场所服务大提升工作情况汇报，审议通过《杭州市深化综合行政执法改革的实施方案》《关于推进新时代社会救助体系建设的实施意见》《关于建立城乡居民基本养老保险待遇确定和基础养老金正常调整机制的实施方案》《中共杭州市委全面深化改革委员会会议审议事项管理办法（试行）》。

●● 杭州城市大脑"双月攻坚"成果发布暨下半年工作推进部署会召开。

会上，高新区（滨江）、上城区小营街道、下城区天水街道、西湖区三墩镇负责人分别围绕"双月攻坚"、交通治理、商圈治理、民生直达等议题做交流发言，城市大脑建设指挥部负责人回顾"双月攻坚"情况、部署下半年工作，"亲清在线"全功能正式发布。

●● 市人大常委会在萧山区召开2020年基层立法联系点工作交流暨规范化建设推进会。市人大常委会主任于跃敏出席并讲话。佟桂莉陪同考察。陈红英主持会议。各区县（市）人大常委会分管负责人和基层立法联系点负责人参加。

会前，于跃敏一行实地考察萧山区人大常委会基层立法联系点。会上，与会人员听取《民法典》辅导报告、基层立法联系点工作及2020年立法项目进展情况通报，萧山区人大常委会、杭州市律师协会、下城区长庆街道等联系点做交流发言。

●● 市政协主席潘家玮率市"联乡结村"第四帮扶集团到桐庐县莪山乡开展结对帮扶活动。

潘家玮一行实地踏看了畲乡文创中心、西金坞人居环境试点、尧山村集体物业楼、沈冠村集体粮油加工基地、沈家自然村环境整治提升等项目，了解项目建设、功能布展情况和农村集体经济发展、农户生活生产情况，看望帮扶集团单位选派到村的"第一书记",并召开座谈会,听取莪山乡工作汇报,与桐庐县、帮扶集团成员单位,共议"联乡结村"深化提升工作,共商莪山乡高质量发展良策。调研期间,潘家玮还慰问结对困难户蓝宇星一家。

●● "聚梦启杭"两岸台青聚杭城系列活动启动。仪式上推出《台湾青年杭州创业就业生活指南》口袋书和小程序,并面向两岸台湾青年发布"千名台青主播培养"计划。

"千名台青主播培养"计划由杭州市台湾同胞投资企业协会发起,项目从2020年7月开始,培养超过1000位台湾青年从事网红直播电商的创业与就业,最终通过遴选的方式推荐台湾青年与直播平台、电商企业签订就业协议。本次培养计划开放十期,每期100人,每期培训时长5个月,学习内容包含短视频、秀场直播、网红打造、直播带货等,邀请多位知名网红主播和导师到课堂教学,课后进行一对一辅导教学。

●● 10时18分,杭海城际铁路项目建成通车倒计时一周年活动举行,杭海城际铁路标识和杭海城际铁路12个新站名发布。新站名分别为余杭高铁站、许村站、海宁高铁西站、长安站(东方学院站)、长安东站、周王庙站、盐官站、桐九公路站、斜桥站、皮革城站、海昌路站、浙大国际校区站。

4 日 QI YUE

●● 市长刘忻就抓好城市防汛防涝工作进行再检查、再部署、再推进,考察庆春广场二号路积水点、江干区防汛应急仓库、地铁7号线耕文路站施工现场、杭州南站西广场地下通道等处。他强调,要坚决贯彻习近平总书记关于防灾减灾救灾的重要论述,认真落实"四个宁可""三个不怕"要求,坚持人民至上、生命至上,严守岗位、严阵以待、严密布防以扎实有效举措守护杭州一方安澜,保障人民群众生命财产安全和城市稳定有序运行。戴建平参加。

●● 杭州市台胞台属联谊会、杭州海峡两岸经济文化交流促进会在富阳区举办"情牵两岸、共跃龙门"浙台邻里节杭州启动仪式。

活动采取线下线上互动模式,开展文艺联欢、参访交流等活动。由台胞代表、杭州市萧山区、余杭区、富阳区有关市民家庭代表组成的100多人参访团，到黄公望村、龙门古镇等地，参观"海峡两岸交流基地"，游览黄公望纪念馆、南楼、小洞天等人文景观。

5 日 QI YUE

● ● 由内蒙古自治区党政代表团一行到杭州考察。杭州市领导、呼和浩特市领导参加会见或陪同考察。

在杭州期间，代表团一行考察小天竺、知足弄社区、湖滨路步行街、杭州城市大脑运营指挥中心、云栖小镇、数梦工厂、白沙泉等地。

6 日 QI YUE

● ● 良渚古城遗址申遗成功一周年，杭州迎来首个法定"杭州良渚日"。"杭州良渚日"暨首届杭州良渚文化周启动活动在良渚古城遗址公园举行，由韩美林设计的良渚古城遗址主题雕塑以及良渚文化发现人施昕更先生的铜像首次与大众见面。启动活动上，杭州推出10条杭州三大世界遗产精品旅游线路，成立长三角杭州三大世界遗产旅游市场推广联盟，将三大"世界遗产"首度串珠成链。

● ● 市卫生健康委、杭州师范大学合作框架协议签约仪式在杭州师范大学仓前校区举行。

这次合作支持杭州师范大学进行"医教融合"改革，进一步探索高校与医院协同发展模式，提升全市医疗技术水平，共同推进杭州师范大学医学学科与杭州卫生健康事业的高质量发展，从而让杭州市民享有更高水平的卫生健康服务。根据协议，杭州市儿童医院、杭州市妇产科医院、杭州市五云山医院三家医院纳入杭州师范大学非直属附属医院管理；符合条件的部分市属医院挂牌"杭州师范大学教学医院"。双方共同加大对杭州师范大学直属附属医院——杭州市第二人民医院的管理和建设，支持直属附属医院不断提升医疗水平和管理能力。

7 日 QI YUE

● ● 市人大常委会主任于跃敏一行到滨江调研"智慧人大"建设情况。于跃敏一行考察晶都社区人大代表联络站，询问了实体代表联络站接待选民、网上代表联络站选民反映问题及职能部门处理反馈等情况。随后召开滨江区"智慧人大"建设情况座谈会，听取工作情况汇报。

于跃敏指出，滨江"智慧人大"建设起步早、理念新、贵坚持，符合"数字滨江"的城区定位，积累了许多优秀经验。滨江区委、区政府对区人大工作的充分信任、高度重视与大力支持，为区人大依法履职创造了非常好的条件，并形成了合力。于跃敏对下一步的工作提出了三点要求，一是要立足人大职能，做好"统"的文章；二是要立足代表主体，做好"达"的文章；三是要立足使用有效，做好"简"的文章。

● ● 杭州市防汛应急响应提升至I级。10时，新安江水库坝前水位上涨至107.28米，超汛限水位0.78米，开3孔泄洪，是新安江水库建成运营61年来第七次开孔泄洪。开闸之后，泄洪闸泄洪流量达到1500立方米/秒，发电流量1200立方米/秒，总出库流量2700立方米/秒，泄洪量逐渐增大。至12时，水库加大至5孔泄洪。到16时，根据省防汛防台抗旱指挥部最新调度令，新安江水库加大至7孔泄洪。18时左右到达国网新源富春江水电厂，下泄流量是9000立方米/秒，入库流量达8500立方米/秒。8日9时，新安江水库坝前最高水位达108.39米，为建库以来最高水位，相应库容180.35亿立方米，增至9孔泄洪，最大出库流量7700立方米每秒，这是建坝以来首度正式开启全部9孔泄洪。新安江城区江段超过7870立方米每秒，白沙大桥最高水位达31.04米，比泄洪前高出7.02米。10日1时，新安江水库坝前水位回落到108米。12日5时，新安江水库坝前水位回落到107米。13日16时，坝前水位继续回落到汛限水位106.5米。14日15时，新安江水库关闸，相应水位106.34米。

8 日 QI YUE

●● 省人大常委会副主任姒健敏率队到杭州调研养老服务体系建设工作。市人大常委会主任于跃敏，张振丰、陈红英、胡伟及部分省、市、区人大代表参加。

调研组召开工作座谈会，听取市政府关于养老服务体系建设、市人大关于《杭州市居家养老服务条例》立法工作情况汇报，有关政府部门、基层医疗机构、社区养老照料中心、养老机构负责人做交流发言。调研组考察滨江区绿康阳光家园、长河街道春波居家养老服务中心、桐庐县社会福利中心、德安居老年公寓，到余杭区街道代表中心联络站召开征求意见座谈会。座谈中，与会人员围绕做好社区居家养老、深入推进医养结合、加强长护险试点、培养养老服务人才队伍等提出意见建议。

姒健敏指出，养老服务工作事关千家万户，是一项重大的民生工程。各地各部门要认真学习贯彻习近平总书记关于养老工作的系列重要指示精神，贯彻落实中央和省委决策部署，进一步健全完善养老服务体系，提升老龄事业发展的整体水平。要紧密结合社会发展实际，合理规划布局，提升服务设施，优化政策体系，打通堵点难点，满足老年人多层次、多样化的养老服务需求。要坚持分层分类推进，鼓励、引导、支持社会力量参与，积极发挥公益组织作用，不断做强做大养老服务平台，提升管理运营水平。要加强智慧养老服务建设，为老年人提供更加方便快捷的服务，提高老年人的生活生命质量。要持续弘扬孝道文化，积极营造敬老爱老尊老的良好社会氛围。

于跃敏表示，市人大常委会将全力推动《杭州市居家养老服务条例》贯彻实施，深化养老服务民生实事项目专项监督，不断提高老年人的获得感和幸福感。

●● 省政协副主席张泽熙率省政协调研组到杭州开展《深化"最多跑一次"改革，充分发挥公共数据资源助力社会治理》重点提案督办调研活动，市政协党组副书记汪小玫、提案委主任杨建华参加。

调研组走访拱墅区半山街道社会治理综合服务中心、余杭区临平街道基层治理平台、余杭区交警大队指挥中心，对杭州市在常态化疫情防控形势下运用大数据创新基层治理的做法表示肯定。调研组在市政协召开座谈会，听取拱墅区政府、杭州市数据资源管理局、市发改委、市经信局、市民政局、市公安局等部门在大数据应用方面的情况汇报，就杭州"数字城市"建设中遇到的困难和问题进行交流。

●● 市长刘忻主持召开工作部署会并到一线检查指导，就抓好当前防汛防灾工作进行再推进、再落实。他强调，要坚决贯彻习近平总书记重要指示批示精神，严格落实省委、省政府和市委部署要求，坚持人民至上、生命至上，立足防大汛、抢大险、救大灾，力戒放松懈怠，保持战时状态，构筑坚固屏障，全力打赢梅汛防御攻坚战。佟桂莉、戚哮虎、戴建平、毛溪浩、陈新华、缪承潮参加会议或检查。

凌晨4时和上午8时，刘忻先后在市防汛抗旱指挥部召开工作部署会，与各区县（市）视频连线，了解各地防汛防灾工作最新进展。随后，刘忻到防汛一线，实地检查钱塘江闻堰段、浦阳江山后小围垦段、富春绿道江滨西大道段、富阳鹿山街道江滨村沿岸、桐庐城区沿江段、富春江大坝等地的防汛措施落实情况。

●● 市人大常委会视察电动自行车管理和市区汽车禁鸣喇叭治理工作。市人大常委会主任于跃敏带队，金志陪同，陈红英、罗卫红和22名市、区人大代表参加，部分代表参与交通安全管理志愿服务活动。

于跃敏一行实地视察禁鸣喇叭抓拍系统、电动自行车"三严"整治、说理说法点流程、电动自行车销售和上牌情况，观看电动自行车物联网智能管控系统演示，听取市公安局、市市场监管局、市文明办贯彻实施《浙江省电动自行车管理条例》、电动自行车交通安全和市区禁鸣喇叭治理情况汇报。随后，召开座谈会。

于跃敏指出，开展电动自行车管理和禁鸣喇叭治理工作，事关城市文明程度、治理水平和服务能力，是人民至上理念的重要体现，是展现"重要窗口""头雁风采"的实际行动。要按照市委部署要求，坚定不移推进综合治理，全面贯彻实施《浙江省电动自行车管理条例》《杭州市文明行为促进条例》，提升城市治理精细化水平和文明程度。要坚持严格执法和文明倡导两手抓，加强宣传教育，强化科技赋能，营造安全有序文明的交通环境。要在源头管理、严格执法上形成合力，严格落实职能部门和属地政府责任，发挥行业协会、企业作用，建立常态化、长效化管理机制，让文明安全出行成为全民自觉行动。市人大常委会将加快推进相关立法调研，助推城市大脑赋能交通治理，让群众更加幸福满意。

9日 QI YUE

●● 省人大常委会副主任李学忠带队到杭州调研上半年经济运行情况、征求《浙江省数字经济促进条例（草案）》意见建议。市人大常委会主任于跃敏、副主任徐小林，副市长陈国妹和部分市人大代表、企业家代表、专家参加。

调研组分别召开座谈会，听取市政府和相关部门关于上半年经济运行情况的汇报，了解基层、企业存在的困难和问题；听取相关部门、市人大代表和专家对《浙江省数字经济促进条例（草案）》的意见建议，探讨条例制定过程中的难点堵点。

李学忠充分肯定杭州市上半年经济社会发展取得的成效。他指出，杭州市围绕"两手都要硬、两战都要赢"，持之以恒打好高质量发展组合拳，采取一系列措施，务实功、求实效、育新机，上半年经济运行呈现回升向好态势，为全省经济发展提供了有力支撑。他强调，做好下半年经济工作，要认清形势、正视问题、抓住机遇、以进促稳，继续扎实有效做好"六稳""六保"工作，充分发挥杭州特色优势，创新落实化危为机各项举措，努力为全省建设"重要窗口"做出更多贡献。

于跃敏汇报市人大常委会在市委领导下开展城市大脑赋能城市治理立法工作情况。她表示，市人大常委会将坚持围绕中心、服务大局，依法履职、主动作为，助力抓"六稳"、促"六保"、拓"六新"，为全市经济社会高质量发展贡献人大力量。

●● 省政协副主席孙景淼率调研组到萧山区实地调研所联系省重点建设项目浦阳江治理工程建设情况。潘家玮、佟桂莉、冯仁强参加。

在随后召开的座谈会上，调研组一行听取了萧山区有关部门关于浦阳江治理工程工作情况汇报，并就项目推进过程中遇到的困难和问题进行互动交流。

孙景淼对前一阶段浦阳江治理工程建设情况表示充分肯定。他指出，浦阳江治理工程既是一项水利工程，也是一项生态工程、民心工程。经过数年的综合治理，浦阳江两岸山更加绿、水更加清、景更加美，呈现出一派生机勃勃的新气象。要以浦阳江治理为抓手，坚持因地制宜，打好"生态牌"，促进沿线环境改善，加快两岸区域建设，发展康养、旅游、运动等产业，实现生态、产业、民生共同发展，真正将浦阳江建设成为杭州特别是萧山南部的生态旅游景观长廊，让人民群众具有更多的获得感和幸福感。

● ● 市政协主席潘家玮专题调研民族宗教工作，走访民族宗教界的政协委员。潘家玮一行来到下城区颜家苑社区杭州同心少数民族政协委员会客厅，走访少数民族省政协委员，就加强政协委员会客厅共建、城市少数民族工作开展调研。潘家玮鼓励少数民族政协委员立足社区基层、发挥政协优势，进一步建好城市少数民族公益服务品牌。潘家玮一行深入宗教活动场所了解情况，与宗教界人士、政协委员深入交流，听取意见建议。

走访调研中，潘家玮指出，民族宗教工作在党和国家工作全局中具有特殊重要性。要深入学习贯彻习近平总书记关于民族宗教工作的重要论述，认真贯彻落实习近平总书记考察浙江、杭州时的重要讲话精神，进一步提升新时代杭州民族宗教工作水平，努力在"重要窗口"建设中展现"头雁风采"。要深刻把握新时代民族工作新要求，深入开展民族团结进步创建活动，扎实推动民族乡村振兴示范建设，创新推进城市民族工作，促进民族共同团结进步。要坚持我国宗教中国化方向，依法依规加强宗教事务管理，深入开展宗教界践行社会主义核心价值观、平安宗教场所创建等活动，引导宗教积极主动适应中国特色社会主义制度。要发挥人民政协制度优势，坚持建言资政和凝聚共识双向发力，积极宣传党的民族宗教方针政策，建立健全联系走访民族宗教界代表人士和政协委员等制度，深入开展"政协走亲"、联乡结村等活动，为推动全市民族团结、宗教和谐、社会和睦汇聚智慧和力量。

● ● 由市贸促会与香港贸易发展局联手举办的中国（杭州）国际休闲产业博览会线上展览启动，展示持续一年。现场，市贸促会与香港贸易发展局签署合作框架协议，双方将继续推动浙港两地共享香港的国际商贸平台，促进两地商业与贸易交流，协助杭州企业拓出口、抗逆境。

10 日 QI YUE

● ● 浙江云计算数据中心项目在杭钢集团半山基地开工。省长袁家军出席开工活动并宣布开工。省委常委、常务副省长冯飞，阿里巴巴集团董事会主席兼首席执行官张勇出席。市长刘忻做表态发言。

浙江云计算数据中心项目由杭钢集团与阿里巴巴集团合作共建，采用阿里巴巴集团最新设计、建设、运营标准体系，总投资158亿元，将建设成为我国最节能的数据中心和全国单元区计算能力最大的项目之一，有力促进全省数据中心整合提升、集约发展，降低社会经济综合算力成本，带动新业态、新产业、新服务创新发展，推动产业不断迈向价值链高端。同时，项目建设还将推动杭钢半山基地产城融合，为全国城市钢厂转型升级提供杭钢样板、浙江经验。

刘忻在表态发言时说，该项目的落地，是贯彻习近平总书记考察浙江、杭州重要讲话精神的具体体现，是落实省委、省政府关于实施数字经济"一号工程"决策部署的具体行动。杭州作为项目落地单位，要举全市之力支持阿里云计算及相关业务发展，努力成为阿里变革创新的策源地、新科技新模式新业态的展示地、业务生态的聚集地和滋养地。要坚决扛起省会城市的责任担当，服务好全省数字经济发展和新型基础设施建设，与省级部门做好沟通汇报，与兄弟城市加强协同配合，奋力展现"重要窗口"的"头雁风采"。要全力打造一流营商环境，以项目落地为契机，进一步深化政府自身改革，在投资审批、项目监管、服务保障等方面强化改革创新，为杭州建设全国数字经济第一城提供强有力支撑。

开工活动前，领导们参观了云计算数据中心项目及新型设备展示。

●● 市委副书记、市长刘忻一行到拱墅区祥符街道人大代表联络总站开展联系基层代表和人民群众活动。市人大常委会主任于跃敏、拱墅区区长章燕、区人大常委会主任吴才敏、区人大常委会副主任徐美娟等参加。祥符街道党工委书记徐红岗、街道人大工委主任黄仁陪同。

随后，承办单位市经信局和市市场监督局做汇报，介绍由市长刘忻领办的过灵芝提出的《关于抢抓疫后窗口期助推杭州人工智能产业加强发展的建议》、副市长柯吉欣领办的韩燕华提出的《关于进一步优化制造业营商环境的建议》和杭州市小蔬菜门店监管工作情况。刘忻听取区人大代表和人民群众对祥符辖区经济社会发展和民生方面提出的意见建议。

●● 杭州市启动实施阶段性发放失业补助金、大龄失业人员待遇延长两项扩大失业保险保障范围政策。

失业补助金申领条件为2020年3—12月，领取失业保险金期满仍未就业的失业人员、参保缴费不足1年或参保缴费满1年但因本人原因解除劳动合同的失业人员，失业保险金最后发放地或最后参保地在杭州市的，可凭本人身份证或社会保障卡，向全市各级公共就业服务机构提出申请。失业补助金标准分为两档。领取失业保险金期满仍未就业的失业人员、参保缴费满1年但因本人原因解除劳动合同的失业人员，按失业保险金标准的50%计发（杭州市区为804元/月）；参保缴费不足1年的失业人员，按失业保险统筹区失业保险金标准的20%计发（杭州市区为322元/月）。补助金申领时间为2020年3月至12月，金额按月发放，最长可以申领6个月，领取失业补助金不核减参保缴费年限。

上旬 QI YUE

●● 市四套班子领导接待群众来访，倾听民情民意，为民排忧解难。刘忻主持召开专题会议，现场办公协调解决包案信访问题。于跃敏到市民之家接待中心接待来访群众。潘家玮到上城区及南星街道社会治理综合服务中心调研，并接待来访群众。

13日 QI YUE

●● 市领导会见由山东省委常委、济南市市委书记孙立成率领的济南市代表团一行。

●● 市领导会见由内蒙古自治区赤峰市委书记孟宪东率领的赤峰市党政代表团一行。

●● 市长刘忻会见以色列驻华大使何泽伟一行。柯吉欣会见时在座。

刘忻对以色列客人的到访表示欢迎。当前，杭州市正统筹推进疫情防控和经济社会发展工作，推动经济加快转稳复苏，促进社会事业高质量发展，不断提升杭州的城市能级和综合竞争力。希望以大使先生此次访问为契机，深化杭州与以色列科创、环保、医疗、教育、文化等领域合作，为中以创新全面伙伴关系做出新的贡献。

何泽伟感谢中国及杭州在疫情期间给予以色列的真情帮助。他表示，将与杭州相关部门加强沟通对接，增进合作共识，推动两地友好关系再上新台阶。

● ● 杭州亚组委面向全球启动杭州亚运会吉祥物原创动漫作品大赛，于9月10日截止。杭州亚组委对参赛作品和文件进行审核，并组建专家评审委员会进行评选，评选出获奖形象宣传动画片一等奖作品1个、二等奖作品3个、三等奖作品10个以及获奖漫画绘本作品3个。

● ● 杭州亚组委在西湖区启动"亚运进家庭"主题活动，推动亚运知识进家庭、亚运活动进家庭、亚运文化进家庭。西湖区11个镇街举办20场"亚运进家庭"活动，持续到10月。

● ● 桐庐县药品医疗器械检查中心挂牌成立，成为全省首个县级药品医疗器械检查中心。中心主要组织承担全县药品、医疗器械、化妆品合规性的现场检查，为监管提供强有力的技术支撑，推进桐庐县药品治理体系和治理能力的现代化，保障药械化的安全。同时，结合桐庐县医疗器械产业集中度高和块状经济特点，为企业提供专业化的技术指导服务。

14
日 QI YUE

● ● 中共中央政治局委员、国务院副总理胡春华在浙江义乌主持召开部分重点省市稳外贸稳外资座谈会。他强调，要深入贯彻落实习近平总书记重要指示批示精神，按照党中央、国务院决策部署，做好"六稳"工作、落实"六保"任务，扎实做好下半年工作，切实稳住外贸外资基本盘。浙江、上海、江苏、安徽、福建、广东6个长三角和珠三角外经贸重点省（直辖市）负责人出席会议。

胡春华强调，外贸外资在经济发展中具有十分重要的作用，是对外开放的直接体现，稳住外贸外资基本盘对于全局工作至关重要。面对严峻复杂的国际经济形势，各地尤其是外经贸重点地区要进一步增强责任感和使命感，切实担起主体责任，更加积极主动做好工作。要根据实际情况确定工作目标，并且千方百计努力完成。要抓好各项政策落实落地，及时研究出台符合本地需要的政策措施，帮助企业渡过难关，努力保住市场主体，防止出现"倒闭潮"和"外迁潮"。要鼓励探索跨境电商、市场采购贸易等新业态、新模式，充分发挥自贸试验区、综合保税区和跨境电商综合试验区等平台的作用。

会前，胡春华在省委书记车俊、省长袁家军分别陪同下，考察杭州和义乌部分外贸企业、义乌国际商贸城和综合保税区，详细了解企业生产经营、出口订单、面临困难和政策落实等情况。

●● 辽宁省大连市党政代表团到杭州市考察。15日下午，两市召开工作交流座谈会，分别介绍两市经济社会发展情况。杭州市领导、大连市领导参加。

在杭州期间，大连市党政代表团考察云栖小镇、城市大脑运营指挥中心、杭州海康威视数字技术股份有限公司、阿里巴巴集团、梦想小镇、人工智能小镇、之江实验室、湖滨步行街等。

●● 省政协副主席周国辉率调研组到杭州，对杭州市城乡生活垃圾分类处理和长三角区域污染防治协作机制落实情况开展监督调研。潘家玮、陈永良参加。

调研组一行实地调研萧山区盈丰街道人才公寓餐厨垃圾收集项目、杭州轻松环品科技有限公司、下城区东新街道电信巷小区智慧管网"水平衡"项目、上城区大学路开放区域垃圾分类项目，对杭州市依托街道、社区、物业、企业等各方力量，多渠道探索生活垃圾分类处理模式的做法表示充分肯定。在随后的座谈会上，调研组一行听取市、区政协和市相关部门工作汇报。

周国辉指出，杭州市高度重视垃圾分类工作，持之以恒全力推进垃圾治理，工作成效明显。他希望杭州对照努力在"重要窗口"建设中扛起省会担当、展现"头雁风采"的要求，进一步提高站位、拉高标杆，坚持系统推进，强化工作联动，大力推进智慧治理，更好地实现垃圾治理理念、手段、管理创新，推动源头减量、分类投运、末端处置齐头并进，高水平打好生活垃圾治理攻坚战。要坚持以人民为中心的思想，突出全民参与、社会协同，形成可持续的共建共享治理格局，使垃圾分类成为走进群众心里的一种习惯、一种文化、一种风尚。

潘家玮在调研中指出，杭州市两级政协将深入学习贯彻习近平总书记对垃圾分类工作的重要指示精神，按照省、市打好生活垃圾治理攻坚战的部署要求，进一步发挥政协职能优势、政协委员主体作用，坚持建言资政和凝聚共识双向发力，精准实施协商式监督，为杭州高水平打好生活垃圾治理攻坚战、提升城乡人居环境、展现"重要窗口""头雁风采"贡献智慧和力量。

●● 市人大常委会主任于跃敏到临安区调研老旧小区改造和"智慧人大"建设工作。市人大常委会副主任郑荣胜等参加。于跃敏一行考察南苑小区和临水路区块，实地调研老旧小区改造工作、太湖源镇人大代表联络站。随后召开座谈会，听取情况汇报。

于跃敏强调，老旧小区改造要更加强化工作统筹，做到综合改一次，降低成本、减少影响，注重延续小区历史文化记忆，保留历史风貌，避免千篇一律。要更加突出补短板，盘活闲置资源，完善公共服务设施、养老服务设施，营造无障碍环境。要更加关注常态化，坚持"建、管、用"并重，注重发挥居民主体作用，建立长效管理机制，推动小区改造成果可持续。加快"智慧人大"建设，要进一步增强使命感、紧迫感，以杭州打造全国新型智慧城市建设"重要窗口"为契机，积极探索创新，做好统、达、简文章，不断深化智慧人大建设，为依法履职提供数字化服务与保障。要立足人大职能，强化数字赋能，统筹整合监督、代表活动、意见征集等功能，着眼方便、好用、易操作，打造更智慧更便捷的数字化履职平台。要突出代表主体，推动代表调研视察、民生实事监督、联系接待选民、议案建议办理、履职绩效评价等"上码上线"、直达代表，借助大数据分析，使代表履职更加精准，效果更加明显，进一步激发代表履职积极性。要注重实际效果，理顺线上与线下、当前与长远的关系，加快推动数据信息的共享共用，实现智慧人大建设管理使用的常态化和长效化，推动人大工作高质量发展。

15 日 QI YUE

●● "请你来协商——打造共建共治共享城市社区治理新模式"网络专题协商会召开，市政协主席潘家玮主持。市民政局、市政协社法委负责人和12位政协委员、基层和相关企业代表做交流发言。

潘家玮要求，要认真贯彻落实省委、市委全会精神，切实增强服务助推高水平推进城市治理现代化、打造社会主义现代化大城市建设实践范例的责任感使命感，当好奋力展现"重要窗口""头雁风采"的实践者、推动者、展示者。要充分发挥政协作为专门协商机构和国家治理体系重要组成部分的独特作用，综合运用调研视察、专题协商、民主监督、提案等形式，打好组合拳，切实把政协制度优势转化为治理效能。要对标对照"重要窗口""头雁风采"的标准和要求，进一步提升能力强担当，提高质效强作为，为杭州在打造"重要窗口"中走在前、做示范贡献政协的智慧和力量。

● ● 杭州互联网法院跨境贸易法庭在中国（杭州）跨境电子商务综合试验区·下沙园区挂牌成立。市委副书记、政法委书记张仲灿为法庭揭牌，并启动应用跨境贸易司法平台。作为全国首个集中审理跨境数字贸易纠纷的人民法庭，跨境贸易法庭将集中管辖杭州市辖区内应当由基层人民法院受理的跨境数字贸易、互联网知识产权等纠纷。

揭牌仪式现场，跨境贸易司法平台暨司法区块链与海关数据中心进行全面对接，将充分利用区块链技术，解决司法实践中的证据认定问题。通过跨链应用，实现跨境贸易相关信息互联互通，从而使电子数据能作为电子证据进入诉讼程序，高效解决在跨境贸易中因国际习惯、贸易协定、语言文化差异等信息不对称而产生的纠纷。

● ● 杭州完成国家地下综合管廊试点任务，在15个试点城市中验收成绩名列前茅，获得国家第二批地下综合管廊试点奖励。

● ● 浙江省广播电视局网络影视剧审查分中心在西湖区艺创小镇揭牌成立。

该中心位于西湖区艺创小镇凤凰创意大厦4号楼2楼，由艺创小镇在省广播电视局领导下设立，用于承接浙江省广播电视局下放的网络电影、网络剧和网络动画片规划备案立项以及成片审查。中心建筑面积182.23平方米，室内硬件齐全、分区明显，具备审片、会务、接待等功能。

15—16日 QI YUE

● ● 全市区县（市）委副书记半年度工作交流会在建德市召开，学习贯彻习近平总书记考察浙江、杭州重要讲话精神和市委十二届九次全会精神，总结上半年工作，分析当前形势，研究部署下半年重点任务。市委副书记张仲灿在会上强调，要对标对表"重要窗口"新目标新定位，扎实推进政法、三农、群团等各项工作，在克难攻坚中展现"头雁风采"、创造一流业绩。

16日 QI YUE

●● 浙江大学杭州国际科创中心首期开园活动在萧山区举行，标志着省、市、区、校合力共铸硬核科技新引擎迈出关键一步。省长袁家军出席活动。中国科学院和中国工程院院士杨德仁、吴汉明、朱利中参加。省、市、区、校领导共同推动启动杆，宣布浙江大学杭州国际科创中心首期开园，并为先进半导体研究院、微纳电子学院、院士创新工坊揭牌。活动前，参加活动人员参观启动区块展厅和入驻项目团队实验室。

●● 市委常委、秘书长许明会见前来出席"外籍人士良渚行"活动的尼日利亚、埃塞俄比亚、乌克兰、希腊、拉脱维亚等国驻华使领馆官员，推动良渚文化的国际传播。

许明简要介绍了杭州经济社会发展情况。他说，杭州将以"外籍人士良渚行"等活动为契机，进一步加强杭州与世界各地的联系，深化与各国在经贸、教育、文化、旅游等方面的合作，推动双方互利共赢。尼日利亚驻沪总领事安德森·马杜比克代表各驻华使领馆官员表示，将继续发挥好牵线搭桥作用，不断加强交流合作，共创美好未来。

●● 杭州市召开宣传文化系统负责人会议，深入学习贯彻习近平总书记在浙江、杭州考察时的重要讲话精神和省委、市委部署要求，重点围绕"当好领头雁、扛起新担当，奋力打造展示'重要窗口'的亮丽之窗"交流工作，部署任务。

会议指出，2020年以来，全市宣文系统各单位坚决贯彻中央、省委、市委一系列决策部署，推进疫情防控和复工复产"两手硬"，打好理论宣传和舆论宣传"组合拳"，实现文化事业和文化产业"双提升"，确保文明建设和阵地管控"同发力"，在"双线作战"中取得阶段性明显成效。同时，要对疫情危机连锁反应、意识形态领域风险挑战、工作存在短板弱项等问题保持清醒认识，增强"大局"的站位、"识局"的清醒和"破局"的勇气，努力在危机中育新机、于变局中开新局。

● ● 杭州召开全市统战部长会议暨网络人士统战工作推进会，授牌"网络大咖·同心荟""直播达人·同心荟""中国正能量网红·同心荟""艺创小镇·同心荟""AI·同心荟""运河·同心荟"新媒体新青年联盟为首批6个市级网络人士统战工作实践创新基地。

高新区（滨江）、江干区、西湖区、MCN平台负责人依次做网络人士统战工作交流发言。会前，与会人员参观谦寻文化、无忧传媒和中国网络作家村。

● ● 浙江省特种设备科学研究院与中国计量大学在钱塘新区完成战略合作签约，双方将共同建设"特种设备检验检测及风险评价协同中心"和"学生实习实践基地"。

17 日 QI YUE

● ● 市委理论学习中心组（扩大）专题学习会召开，学习《习近平谈治国理政（第三卷）》。会议还听取中国科学院上海分院院长、国科大杭州高等研究院院长、中国科学院院士王建宇做题为《科学发现和技术创新助力城市发展》的专题报告。

● ● 市委、市政府召开半年度经济形势分析会。市四套班子领导出席。

会议指出，2020年以来，全市上下坚决落实中央和省委决策部署，统筹推进疫情防控和经济社会发展，经济逐步复苏、企稳回升、稳中向好、风险依存，实现了"二季红、半年正"。要从国际国内"双循环"的新趋势、全省"三地一窗口"的大格局、新世纪以来杭州发展的长周期把握当前经济形势，不断深化对做好新形势下经济工作的规律性认识，奋力跑出高质量发展加速度。要充分激发市场主体活力，持续助企纾困，支持新业态新模式发展，顺势发展新就业形态；充分激发科技创新活力，加快构建高水平实验室体系，推进城西科创大走廊优化提升，谋划建设全球科研成果转化中心，加快构筑科创金融新高地；充分激发内需体系活力，持续提升消费嘉年华活动热度，大抓重点项目建设，加大招大引强力度；充分激发内聚外联活力，强化门户枢纽功能，创建自贸区新片区，全面提升国际化水平；充分激发体制机制活力，强化市域统筹，狠抓营商环境建设，持续抓好"亲清在线"建设。

会议要求，各地各部门要坚持年度目标任务不动摇，以旬保月、以月保季、以季保年，全力抓好下半年各项工作。要抓住重大政策机遇期不动摇，用足用好土地、资金、用能等政策，加快推进"新基建"、亚运会、"5433"综合交通等标志性重大项目建设。要打造最优产业生态，全力支持龙头骨干企业做大做强，加快培育直播电商、人工智能等产业新动能。要增投资增产值增税收，同步抓好浙商回归杭商回家、金融助企、"双引擎"打造、"双招双引"、产业平台建设等工作。要优化营商环境，以城市大脑建设倒逼政府改革，让企业和市民办事更高效、更便捷。要保障和改善民生，突出稳就业、稳物价、防灾减灾、民生实事、安全生产等，确保稳住经济基本盘。

● ● 杭州市上线全国首个区块链电子印章应用平台。杭州市企业电子印章脱敏上链，实现用印行为的真实可追溯和不可篡改，杜绝"萝卜章"风险。市委副书记、市长刘忻出席发布会并见证平台上线。戴建平参加。

杭州市区块链电子印章场景应用平台，依托浙江省统一电子印章平台和杭州城市大脑，由市数据资源管理局负责，市市场监督管理局、市公安局参建，携手蚂蚁区块链共同开发完成。平台的上线应用，将借助区块链不可篡改、全流程追溯等特性，解决企业印章管理、丢失、抢夺、伪造等安全问题，为企业提供高效便捷的公共服务，进一步优化城市营商环境。新市场主体完成注册登记后，将获得基于区块链的电子印章，实现电子执照、电子印章同步发放。已经注册的市场主体可以通过浙里办、浙江政务服务网、杭州办事服务、支付宝、钉钉等入口申领。

● ● 浙江省科学技术奖励大会在杭州举行，会议公布2019年度浙江省科学技术奖，共计297项科技创新成果获奖。浙江大学附属医院第一医院李兰娟院士、阿里巴巴（中国）有限公司张建锋团队获得浙江省最高科技奖——浙江科技大奖。获奖项目中，杭州占172席，占全省近60%。其中，包括浙江科技大奖2项，自然科学奖28项（一等奖7项、二等奖6项、三等奖15项），技术发明奖5项（一等奖3项、三等奖2项），科学技术进步奖137项（一等奖15项、二等奖50项、三等奖72项）。

会上，首批4个浙江省实验室获授牌，分别为西湖大学牵头建设的"西湖实验室"、阿里巴巴达摩院牵头建设的"湖畔实验室"、之江实验室牵头建设的"之江实验室"和浙江大学牵头建设的"良渚实验室"。四大实验室将整合一批重大科研基础设施，集聚和培养一批国际一流人才团队，加快取得一批原创性、标志性、引领性成果，支撑具有国际竞争力的创新型产业集群的发展。

●● 杭州—阿克苏"最美家庭"交流活动在杭州启动，来自新疆阿克苏的五户"最美家庭"应邀到杭州，与杭州的五户"最美家庭"相聚在一起。启动仪式后，举办为期6天的"杭阿两地最美家庭交流活动"。

19 日 QI YUE

●● 市长刘忻到天子岭督导生态环保督察问题整改工作。他强调，要深入贯彻习近平生态文明思想，牢固树立"绿水青山就是金山银山"的理念，坚定不移走生态优先、绿色发展之路，从严从实从细抓好生态环保督察问题整改落实，不断完善生态文明制度体系和长效机制，加快建设新时代美丽杭州，为"重要窗口"增添更多亮色。胡伟参加。

刘忻主持召开工作推进会，听取杭州市生态环保督察问题整改情况汇报。他强调，各地各部门要把督察问题整改作为重大政治任务、重大民生工程、重大发展机遇，以最高标准、最严要求、最实举措、最好成效完成整改任务，让绿色成为杭州发展最动人的色彩。在下一步工作中，要抓好体系建设，要坚持创新引领，要完善考评机制，要注重标本兼治。

中旬 QI YUE

●● 根据市委要求和市人大常委会统一安排，全市28名市级领导干部以人大代表身份到各地人大代表联络站，开展联系基层代表和人民群众活动，听取基层代表和人民群众对杭州在统筹推进新冠肺炎疫情防控、促进经济社会发展和"六稳""六保"方面的工作，以及对"一府两院"工作、人大工作和建设、2020年市政府民生实事项目推进情况、矛盾纠纷调处化解"最多跑一地"改革等方面的意见建议。

21日 QI YUE

●● 杭州亚组委与日本爱知·名古屋亚组委共同制作的联合宣传片全球线上发布。联合宣传片以"亚运城市"为主线，讲述杭州2022年第19届亚运会以及日本爱知·名古屋2026年第20届亚运会对亚运精神的发扬及传承。

杭州亚组委与浙报集团签订战略合作协议，双方将加强宣传资源整合，运用浙报集团旗下传统媒体和新媒体矩阵，积极协调影响力媒体，开展亚运新闻报道和活动宣传；合作举办一系列重要节点文化活动、庆典仪式、体育展示、主旨论坛等。双方将在市场开发、人才队伍建设、活动基地储备、重要素材资料支持等方面探索更多合作模式，建立高效顺畅的合作机制。

21—22日 QI YUE

●● 市人大常委会主任于跃敏到淳安县调研临岐镇"联乡结村"工作，考察临岐镇、富文乡救灾复产工作，并召开座谈会，听取淳安县、临岐镇有关情况汇报。

于跃敏指出，按照市委部署，市级帮扶集团大力支持，临岐镇党委政府主动作为，扎实做好"联乡结村"工作，临岐镇经济发展、民生改善、生态保护、基层治理等方面取得了新成效。2020年是高水平全面建成小康社会和"十三五"规划收官之年，要认真贯彻落实习近平总书记在浙江、杭州考察时的重要讲话精神，按照市委部署要求，做深做实"联乡结村"工作，进一步提高帮扶实效。要着眼长远发展，培育打造特色产业，拓宽农户致富增收渠道，全力助推乡村振兴。要注重民生改善，推进公共基础设施建设，促进公共服务全面提质，让老百姓有更多获得感。临岐镇党委政府要保持奋进姿态，以更强信心、更大干劲、更好作风，奋力完成年度各项目标任务。镇人大要积极助力推动，充分发挥代表主体作用，更好服务经济社会发展大局。

22
日 QI YUE

●● 商务部召开步行街改造提升专题新闻发布会，商务部副部长王炳南为首批5个"全国示范步行街"授牌。杭州湖滨步行街入选。

●● "全国少数民族5G示范应用第一乡"建设暨数字乡村试点工作，在桐庐县莪山畲族乡启动。市政协主席潘家玮讲话。

潘家玮在讲话中指出，数字乡村建设是乡村振兴的战略方向，也是杭州打造数字经济第一城的客观要求。桐庐县和莪山乡要对表对标奋力展现"重要窗口""头雁风采"的要求，抢抓"全国少数民族5G示范应用第一乡"建设新机遇，以数字乡村建设为抓手，以5G示范应用为重点，为莪山经济社会发展插上数字化翅膀，努力打造数字乡村建设新样板。要借力数字赋能带动"全国民族乡村振兴示范乡"创建，加快信息基础设施建设，积极发展农村电商、智慧农业、智慧旅游等新产业新业态，激活农村发展要素资源，培育莪山经济发展新蓝海。要以数字化转型助推乡村社会治理，进一步强化信息惠民服务，让数字乡村建设给莪山人民群众带来更多获得感、幸福感和安全感。

23
日 QI YUE

●● 省人大常委会副主任赵光君带队到杭州调研社区矫正工作，考察丁兰街道司法所、丁兰街道枫景园社区、江干区社会矛盾纠纷调处化解中心。市人大常委会主任于跃敏参加。

赵光君在调研时指出，社区矫正法的颁布实施，是坚持和完善中国特色社会主义刑事执行制度的重大成果，是推进国家治理体系和治理能力现代化的重要内容。浙江省作为全国首批开展社区矫正工作试点省份之一，要鲜明立起窗口标准，加快推进学习宣传和贯彻落实各项任务，推动全省社区矫正工作持续走在前、当示范。于跃敏表示，市人大常委会将依法履行职责，监督推动社区矫正法全面贯彻实施，助力杭州社区矫正工作高质量发展。

●● 市工商联联合省工商联、市委统战部召开在杭企业家学习贯彻"习近平总书记在企业家座谈会上重要讲话精神"座谈会，23位杭州企业家代表参加。田宁、陆关林、陈晓军、屠红燕、周国明、方毅等人发表了座谈感言。

●● 杭州国际人才创业创新园钱塘园区授牌成立，并与杭州枫惠六和桥创投科技有限公司签署相关合作协议。

启动仪式上，大创小镇管理办公室、枫业科技（园区管理公司）与浙江工商大学国际教育学院、浙江理工大学国际教育学院共同签署战略合作协议。

24 日 QI YUE

●● 杭州市举行省委十四届七次全会精神主题宣讲报告会，邀请省委政研室副主任杨守卫做专题报告。报告会上，杨守卫以"认真学习贯彻省委十四届七次全会精神，为建设'重要窗口'而努力奋斗"为主题，紧密结合当前国内外环境，从"深刻认识省委全会的背景和意义""深刻领会省委全会重要文件精神""深刻把握'重要窗口'建设面临的新形势""凝心聚力、真抓实干推进'重要窗口'建设"四个方面，对省委十四届七次全会精神做全面阐述和系统解读。

25 日 QI YUE

●● 以"游富春江唐诗之路，品东梓关江鲜美味"为主题的"钱塘江诗路"富春江水上旅游线开通。2020年富春江开渔节在"富春山居"号上开幕。

富春江水上旅游线由杭州运河集团所属钱航游船公司与杭州富春山居集团合作推出，串联起钱塘江主城区段与富春江段，提供日游、夜游、船餐等水上旅游产品。

25—26日 QI YUE

● ● 2020年全球人工智能技术大会在杭州未来科技城举行，主题为"交叉、融合、相生、共赢"。副省长高兴夫、市长刘忻出席开幕式并致辞。张振丰参加。大会期间，中国工程院院士潘云鹤、戴琼海、高文，知名专家沈向洋、张亚勤、王海峰等，通过现场分享或视频连线方式做主题报告。

25—31日 QI YUE

● ● 由商务部、浙江省政府共同主办的"外贸优品汇，扮靓步行街"出口产品转内销（杭州站）活动周在杭州湖滨步行街举行，来自省内近100个外贸优质企业集中展示销售1000多款产品。

活动采用线上线下联动模式，除了实体展位外，展区内5个直播间及湖滨步行街的"湖上直播间"每天进行多场直播，向线上消费者介绍销售参加活动的优质外贸产品。阿里巴巴1688平台启动浙江出口产品转内销"B端"批发商直播活动，向批发客户推荐优秀外贸商家，推动外贸企业资源与渠道的对接。活动现场设置中国质量认证中心和杭州市外贸知识产权及综合服务点，为外贸企业提供免费注册国内商标、国内品牌组织保护和线上线下知识产权保护咨询，以及"数字外贸"应用辅导等服务。活动发布以杭州为代表的一批浙江省外贸内销企业优秀案例集，展示内销实践，总结做法经验，探究转型路径。线下活动吸引25万人次到场，现场成交365万元；线上活动有1171万人次观看，产生询盘41.1万次，带动成交7265万元。

27
日
QI YUE

●● 省委召开省直单位厅局长工作交流会。袁家军、葛慧君、郑栅洁和副省级以上领导干部分别在主、分会场出席会议。会上,省发展改革委、省经信厅、省科技厅、省财政厅、省交通运输厅、省农业农村厅、省商务厅、省市场监管局、省委政法委、省工商联、省税务局主要负责人围绕做好"六稳"工作、落实"六保"任务、扎实开展"走亲连心三服务"活动等交流做法体会。会议以视频形式召开,各市、县(市、区)设分会场。市四套班子领导在杭州分会场或各区县(市)分会场参加。

车俊指出,2020年以来我们遇到的挑战非比寻常,肩负的使命非比寻常,取得的战果非比寻常。面对复杂严峻的国际国内环境,全省上下坚决扛起"三地一窗口"的使命担当,坚持"两手都要硬、两战都要赢",扎实做好"六稳"工作、全面落实"六保"任务,推动全省经济呈现"V"形回升,保持了高质量发展良好态势。这其中,省直单位发挥了重要作用,做出了突出贡献。希望省直各单位认真履行"三定"方案职责,切实发挥参谋助手作用,善于抓统筹协调,精心高效地做好服务,带头抓执行抓落实,为建设"重要窗口"提供坚强保证。

●● 全省低收入农户高水平全面小康攻坚推进会暨扶贫结对帮扶团组长会议在杭州召开。省委副书记郑栅洁出席会议并讲话。彭佳学主持会议。毛溪浩、王宏参加。

郑栅洁指出,收官之年,推进低收入农户高水平全面小康攻坚,事关全省高水平全面建成小康社会和建设"重要窗口"的大局。要再核实清零目标,聚集"两不愁三保障"突出问题清零、年家庭人均收入8000元以下情况清零、集体经济薄弱村清零,全方位开展底数再排查、情况再核实。要再压实帮扶举措,一对一落实结对,点对点落细举措,实打实落地项目,抢回因疫情耽误的时间和进度。要再强化基础保障,织密民生保障兜底网,打好集体经济相对薄弱村增收组合拳。要再提升整体效能,压紧责任闭环链条,健全考核激励机制,创新数字赋能体系,用好"浙农码"扶贫版。要再营造攻坚氛围,讲好浙江扶贫故事,激发帮扶主体作用,凝聚社会各方力量。

会议以视频形式召开。省发展改革委、省供销社和泰顺县、开化县、龙泉市等做交流发言。

●● 省政协副主席陈铁雄率调研组对杭州市老旧小区改造建设情况开展调研。潘家玮、谢双成参加。调研组一行实地考察董家新村、和睦新村等地并召开座谈会，听取拱墅区和市建委有关工作汇报，了解杭州关于老旧小区改造的经验做法和问题建议。调研组一行还到萧山区开展调研。

陈铁雄指出，老旧小区综合改造是一项民生工程，是城市能级提升的重要举措，也是建立完善社区治理机制的重要抓手。要注重抓好项目的生成、动员、组织各环节，真正弄清楚老百姓想改什么、怎么改；要注重抓好政府统筹，形成部门合力；要注重抓好工作的可持续性，建立长效管用的工作机制，进一步提升老旧小区综合改造工作的成效。

潘家玮在调研中指出，市政协将按照省委、市委部署要求，积极加强与省政协联合联动，围绕老旧小区综合改造提升深入开展专题协商、资政建言，助力助推党委政府惠民政策落到实处，为杭州提升城乡人居环境、展现"重要窗口""头雁风采"贡献智慧和力量。

●● 市政府召开常务会议，就固废处置、水资源利用、学后托管等议题进行研究部署，市长刘忻主持。

会议审议并原则通过《杭州市全域"无废城市"建设工作方案》，审议《杭州市节水行动实施方案》，研究《进一步做好小学生放学后校内托管服务工作的指导意见》。会议还审议延长企业社保费减免政策实施期限、新增市本级政府投资前期计划项目等事项。会前，市政府党组召开理论中心组学习会和扩大会议，集体学习《习近平谈治国理政（第三卷）》。

●● 国务院服务贸易发展部际联席会议办公室编撰并发布第二批20个深化服务贸易创新发展试点"最佳实践案例"，杭州有"创新服务贸易国际化人才服务机制""创新在线数字展览模式""建立文化贸易境外促进中心""探索'杭信贷'融资闭环模式"4个案例入选，是本批入选案例最多的城市。

●● 市政府办公厅印发《关于促进快递产业高质量发展的若干意见》，将以培育快递全产业链为目标，加快快递总部企业集聚，推动快递新模式新业态发展，到2025年力争快递产业收入突破千亿元。该意见于8月26日起施行。

●● 华东地区最长高铁隧道——杭绍台铁路东茗隧道全线贯通。杭绍台铁路东茗隧道从嵊州市三江街道桥里村进洞，途经澄潭街道、东茗乡、城南乡，于新昌县城南乡韩妃村出洞，全长18.226千米，最大埋深约262米，为杭绍台铁路重要控制性工程。

●● "新文旅·新消费·新生活" 2020年杭州市第三届文化和旅游消费季活动启动。消费季重要板块"缤纷多彩"文旅演出季于7月31日启幕，9月27日闭幕，涉及10个演艺剧院（场）近300场优秀演出。

28 日 QI YUE

●● 市人大常委会第五十四次主任会议召开，市人大常委会主任于跃敏主持。副主任郑荣胜、陈红英、卢春强、徐小林，秘书长张如勇参加会议。

会议听取淳安县人大与歙县人大跨省交流合作情况的汇报；讨论拟提交市十三届人大常委会第二十九次会议审议的有关内容，要求市人大机关各有关部门认真做好各项准备工作；听取关于市人大机关贯彻市委全会精神、开展对标补短有关情况的汇报，要求市人大机关各部门对照查找出来的短板，逐项抓好整改落实；听取关于启动2021年立法计划征集工作情况的汇报，讨论并通过"一府两院"工作报告会方案、关于听取和审议杭州市住宅小区消防工作报告的实施方案、《杭州西溪国家湿地公园保护管理条例》专题调研实施方案，书面审议关于赴丽水市学习考察情况的报告。

●● 市人大常委会召开第三十五次主任办公会议，市人大常委会主任于跃敏，副主任郑荣胜、陈红英、罗卫红、卢春强、徐小林，秘书长张如勇以及机关各部门主要负责人参加会议。

会上，市人大常委会办公厅对7月工作完成情况和8月主要工作预安排做说明。常委会各位副主任分别就分管工作做补充发言。会议明确8月常委会重点工作，对深入学习《习近平谈治国理政（第三卷）》，贯彻市委全会精神、开展对标补短活动，以及"一府两院"工作报告会、十四五规划纲要审议调研、"最美人大代表"风采展示活动等进行讨论研究。

●● 市人大常委会听取淳安县人大与安徽省黄山市歙县人大跨省交流合作情况的报告。市人大常委会主任于跃敏讲话，副主任郑荣胜、陈红英、卢春强、徐小林参加。

●● 市政协召开湘湖和三江汇流区块发展专题协商会。市政协主席潘家玮讲话，戴建平到会听取意见并讲话，汪小玫、叶鉴铭、陈永良、冯仁强参加。

会上，市政协城建人资环委负责人做主题发言，政协委员分别从构建生态绿色空间体系、加强水源地规范化建设、优化农村土地规划利用格局、持续培育未来产业等方面建言。市发改委、市规划和自然资源局、市生态环境局、市钱江新城管委会和市文化广电旅游局负责人介绍相关情况并做互动回应。

●● 杭州市社会工作标识发布仪式在上城区望江街道举行。上城区望江街道社会工作站成为杭州市社会工作行业标识的首个正式启用单位。

●● 江干区经济犯罪侦防协会成立，为全国首个基层经济犯罪侦防协会。

协会由市公安局江干区分局、江干区市场监管局、江干区政府金融办、江干区司法局、江干区消防救援大队、江干区应急管理局等单位以及金盾实业集团、西子联合控股有限公司、滨江房产股份有限公司、杭州市科技传播协会、科彩电子商务有限公司等单位联合发起，将重点把P2P、电信网络诈骗、银行卡犯罪、非法集资、传销、假冒伪劣等社会危害严重、公众关注的经济犯罪作为宣传重点，通过进社区、进学校、进企业、进楼宇，剖析犯罪危害、揭秘犯罪手法，进一步提高大众识假防骗的能力。

28—29日 QI YUE

●● 市人大常委会在萧山区召开全市人大常委会主任学习会。市人大常委会主任于跃敏讲话，郑荣胜主持，陈红英、罗卫红、卢春强、徐小林参加。各区县（市）人大常委会主任做交流发言。

会议深入学习贯彻习近平总书记关于坚持和完善人民代表大会制度的重要思想

和考察浙江、杭州时的重要讲话精神，认真落实省委十四届七次全会和市委十二届九次全会精神，对标对表"头雁"标准，进一步明确人大工作努力方向和主要任务，更好发挥全市人大在建设"重要窗口"中的职能作用。其间，与会人员考察三江口未来城市规划建设、欢潭村古村落保护。

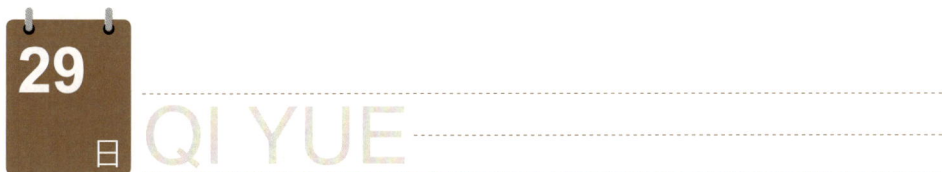

29
日 QI YUE

● ● 杭州"老兵码"全国首发，全市退役军人凭一"码"可享受优先优待优惠服务。

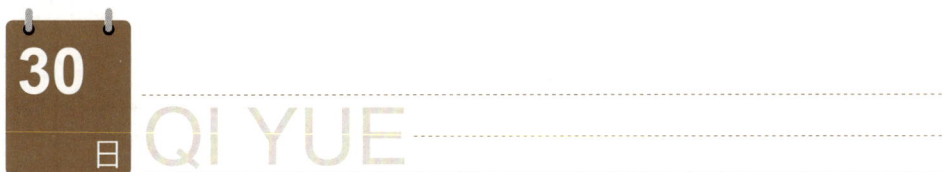

30
日 QI YUE

● ● 市委以视频会议形式，召开全市乡镇（街道）党（工）委书记工作交流会。市四套班子领导出席。小营、潮鸣、闸弄口、瓜沥、仓前、富春、合村、枫树岭、三都、白杨等乡镇（街道）党（工）委书记围绕"全面加强基层治理能力和治理体系现代化建设，奋力展现'重要窗口''头雁风采'"比干劲、晒业绩、亮服务，在各分会场做交流发言。

会议充分肯定2020年以来全市乡镇（街道）工作所取得的成绩，指出要抓好村社换届，让组织基础更健全、更高效，统筹协调有序抓，严格落实主体责任，挑起"直接责任人"重担，钉在一线抓推进；选优配强精准抓，严格落实"四过硬""五不能""六不宜"要求，注重"两个担当"，突出"消薄"选能人，扭住"治乱"选硬人，着眼"振兴"选贤人；严肃纪律强势抓，把纪律规矩挺在前面，严格执行"十严禁""十不准"，以铁的纪律保证换届环境风清气正。

● ● 全市亚运城市行动比学赶超推进会召开。

市四套班子领导出席会议或参加考察，宁波、温州、湖州、绍兴、金华等协办城市有关负责人参加，亚组委办公室、萧山区、淳安县、市委政法委、市城管局、市体育局负责人做交流发言，现场扫码测评、成绩实时呈现。会前，市领导分四组到比学赶超活动现场进行实地考察。

●● 全市"书记夜谈、备考夜学"的交流会召开。交流会以"全面加强基层治理能力和治理体系现代化建设，奋力展现'重要窗口''头雁风采'"为主题，从杭州190个乡镇（街道）中择优选定"带头人"，讲述经验，学习样板。来自小营街道、潮鸣街道、闸弄口街道、瓜沥镇街道、仓前街道、富春街道、合村乡、枫树岭镇、三都镇、白杨街道的10位乡镇（街道）党（工）委书记，就数字赋能基层治理、加强党建引领等做交流发言。

●● 市园文局分别在杭州博物馆和杭州孔庙举行"杭州博物院（筹）"揭牌仪式和杭州市文物遗产与历史建筑保护中心挂牌仪式。根据杭州市事业单位机构改革的要求，杭州博物馆成建制划归市园文局管理，增挂杭州博物院（筹）牌子。杭州市文物保护管理所和杭州市历史建筑保护管理中心合并，重新组建杭州市文物遗产与历史建筑保护中心。

30—31日 QI YUE

●● 省委书记车俊调研"新基建"工作并召开座谈会，强调要认真贯彻习近平总书记关于"新基建"系列重要指示精神和考察浙江重要讲话精神，坚决扛起"三个地"和"重要窗口"的使命担当，统筹发展和安全，强化整体规划设计，抢抓机遇、发挥优势、真抓实干，加快建设新一代数字基础设施先进省份和基础设施智慧化融合应用示范省份，努力为国家"新基建"做出浙江贡献、提供浙江方案。

30日，车俊考察浙江电信公司、浙江移动公司、杭州趣链科技公司等一批企业和浙江大学杭州国际科创中心。31日，车俊主持召开座谈会，听取"新基建"工作汇报。车俊指出，加快"新基建"发展，既是当前做好"六稳""六保"、稳住经济基本盘的重要手段，更是着眼长远、推动高质量发展的重大战略举措。近年来，我们充分发挥数字经济大省的优势，奠定了"新基建"的良好局面，同时也面临关键技术自主创新能力不强、市场化机制有待完善等问题。我们要坚持新发展理念，干在实处、走在前列、勇立潮头，率先打造具有国际竞争力、国内一流、浙江特色的新型基础设施体系，率先融合创新应用于高质量发展、高品质生活、高水平治理。

31 日 QI YUE

●● 全市民政会议暨"六大示范区"建设推进大会召开。

会上表彰全市民政民生领域先进单位，举行市委、市政府支持社会组织发展授权仪式，市民政局、下城区、桐庐县、萧山区河上镇、市第一社会福利院、江干区"弯湾"托管中心负责人和全国民政系统劳模麻培均做交流发言。

●● 市人大常委会集中视察社会矛盾纠纷调处化解"最多跑一地"改革。市人大常委会主任于跃敏，郑荣胜、陈红英、罗卫红、卢春强、徐小林带队，分4组进行视察。戴建平、张振丰陪同视察或参加座谈。82位省、市、区人大代表参加。座谈会上，有关区县汇报了相关情况，人大代表及部分群众、调解员和中心工作人员就进一步明晰矛调中心职责定位、加强调解和网格员队伍建设、强化部门联动协作、完善信访代办制度、引导社会力量参与、探索数字赋能等提出建议。

视察组指出，推进社会矛盾纠纷调处化解"最多跑一地"改革，是深入贯彻落实习近平总书记考察浙江时重要讲话精神的重要举措，是按照省委、市委决策部署，把"最多跑一次"改革的理念、方法、作风创造性地运用到社会治理领域，创建平安杭州的有效载体。要坚持以人民为中心的发展思想，深入推进社会治理领域的"最多跑一地"改革。要坚持问题导向，要强化数字赋能，要推动立法支撑。

●● 市政协召开十一届四十五次主席会议，市政协主席潘家玮主持。副主席汪小玫、叶鉴铭、谢双成、陈永良、王立华、周智林、冯仁强和秘书长金翔出席会议。

会议传达学习省政协片区政协工作座谈会精神，审议《杭州市政协文史馆（杭州文史馆）展陈深化设计方案》《市政协"助推无障碍环境建设暨交通出行安全"联动视察监督实施方案》，研究部署市政协8月主要工作安排。

●● 浙江省十三届人大常委会第二十二次会议批准《杭州市钱塘江综合保护与发展条例》。条例指出，参与钱塘江综合保护与发展工作的单位和个人应当严格保护钱塘江及两岸区域内的自然资源、人文资源和生态环境，保持地区特色和传统风貌。杭州市要建立乡土物种保护制度，保护具有重要生态、观赏价值的乡土景观植物群落、乡土物种组成的生态系统。条例明确规定，禁止在钱塘江及两岸区域内的开放水域养殖、投放外来物种或者其他非本地物种种质资源。

●● 由市委组织部（人才办）、团市委、市教育局、市人力社保局共同主办的"创响青春·杭向未来"杭州学子工作站成立暨第六批青年人才大使聘任仪式在党群服务中心举行。

受聘仪式活动采用线上直播与线下同步开展的形式，杭州市第六批青年人才大使、杭州学子工作站国内外分站、子站站长和学子代表，北京大学、西安交通大学暑期社会实践团等150多人在受聘仪式上进行交流互动。

●● 全市普速铁路沿线外部环境安全隐患综合治理推进会召开。至2021年12月，杭州市将在全市范围开展普速铁路沿线外部环境安全隐患综合治理行动。

●● 杭州市大运河文化保护传承利用暨国家文化公园建设工作领导小组召开第一次会议，进一步明确工作计划。

●● 区块链技术和应用峰会暨第四届中国区块链开发大赛成果发布会在杭州国际博览中心举行。大会由中国电子技术标准化研究院和杭州市萧山区政府主办，中国区块链技术和产业发展论坛、杭报集团（华媒控股）、钱江世纪城管委会承办，以"标准引领、开源创新"为主题，邀请多位行业知名大咖分享他们对区块链行业的最新看法。大会现场公布第四届区块链开发大赛最终获奖名单。

八月

3 日 BA YUE

●● 市委副书记、市长刘忻，市人大常委会主任于跃敏带队到上城区、下城区、拱墅区调研。郑荣胜、卢春强参加临安区调研。

调研组先后考察上城区南星街道闸口电厂二宿舍小区、下城区东新街道德胜东村、拱墅区大关街道东二和东三苑以及临安区锦城街道南苑小区和临水路区块等改造项目，并召开座谈会听取市建委及相关城区工作情况汇报。

刘忻指出，推进老旧小区综合改造提升工作是满足人民群众对美好生活需要的民生工程，也是做好"六稳"工作、落实"六保"任务，有效扩大内需的发展工程，要将最杭州的品质特色挖掘出来，市民的幸福感、参与感激发出来，推动改造工作进一步提速提标提质提能。要践行以人民为中心的发展思想，要坚持以改革方法破解难题，要注重以党建引领基层治理。

于跃敏指出，各地各部门要更加重视抓统筹，将停车泊位、线路管网、加装电梯、养老托幼、安防消防、长效管理等内容通盘纳入提升计划，努力实现"综合改一次"，着力降低施工成本，减轻对居民生活影响。市人大常委会将在市委领导下，发挥人大代表作用，全力助推民生实事项目落地落实，让广大居民有更多更充实的获得感、幸福感。

4 日 BA YUE

●● 省人大常委会党组副书记、副主任李卫宁专题听取杭州市人大代表工作相关情况汇报并提出要求。省人大常委会代表与选举任免工作委员会主任臧平，办公厅一级巡视员袁薇，代工委副主任倪永军、陈崇东等参加。市人大常委会党组副书记、副主任郑荣胜汇报，市人大常委会人事代表工委相关负责人参加。

　　李卫宁对杭州市人大常委会相关工作给予充分肯定。他强调，杭州市人大常委会要继续深入学习贯彻总书记人大制度重要思想和省委、市委的要求，聚焦"努力成为新时代全面展示中国特色社会主义制度优越性的重要窗口"的新目标新定位，更好地发挥人大和人大代表的作用。一是要以深入学习贯彻习近平总书记关于坚持和完善人民代表大会制度的重要思想和关于人大代表工作的重要论述作为统领，始终高举伟大旗帜，全面提升代表工作水平。二是要以在建设"重要窗口"中更好发挥代表作用作为主题，对标对表，找准工作的切入点、结合点，努力把省委、市委的部署要求落实到加强和改进代表工作中去。三是要以密切联系群众作为做好代表工作的基本功，坚持"常""长"要求，进一步发挥好人大代表联络站的阵地作用，方便代表就地就近联系群众。四是要以进一步形成代表工作的大格局作为重要发力点，把代表工作融入人大依法履职行权的全过程、各方面，发挥好各级人大代表的优势和作用，进一步做好长三角地区三省一市人大代表协同协作的相关工作。

　　臧平就县乡人大换届选举相关准备、宪法宣誓制度落实、开发区人大工作等提出了要求和意见建议。

● ● 杭州市召开2020年园林绿化和绿道建设工作推进会议，总结过去一年杭州各区县（市）绿化管理单位在城市扩绿建园、坚持规划引领、优化审批服务、推进精细化管理等方面取得的成绩，展望杭州对于绿色追求的信心与决心——杭州将建国际一流的"绿色地标"——杭州市第二植物园。

6 日 BA YUE

● ● 2022年杭州亚运会"智能亚运"重点项目解决方案揭晓，涵盖智能指挥、智能安防、智能生活等10个领域的30个解决方案。

● ● 杭州市社会治理现代化研究中心挂牌成立。该研究中心以杭州市域社会治理理论和实践研究为职责，致力于杭州市域社会治理创新理论研究、组织开展专题学术研讨、梳理宣传基层治理先进典型等，为加快建成市域社会治理现代化标杆城市发挥"智库""智囊"作用。一批社会治理研究学者受聘为中心首批特聘专家。

● ●"德润之江，最美杭州"2020年杭州市道德模范先进事迹巡演活动启动，首场活动走进江干区。

活动现场，市委宣传部相关负责人为近期涌现出的"杭州好人"颁发荣誉证书。他们是合力扛起汽车、救出受伤女子的"饿了么"华兴站蓝骑士团队；强忍病痛、把乘客安全放在首位的公交车司机袁峰；暖心接力，第一时间将袁峰送往医院的公交车司机安幸辉和网易程序员廖继渊。

7
日

BA YUE

● ●"杭绍共护一江水，共建共享幸福河"的杭甬运河（西小江）"流域共治"启动仪式在萧山区衙前镇举行。杭州市林水局、绍兴市水利局、萧山区治水办、柯桥区治水办签订杭甬运河（西小江）"流域共治"合作框架协议，杭州、绍兴"流域共治"联盟成立。杭州萧山将与绍兴柯桥一同探索建立杭绍两地区县"流域共治"联席会议制度、联合执法制度、杭甬运河（西小江）区级河长单位、镇级河长治水工作交流沟通制度。

● ●2020年首场杭州新经济会议目的地云上推介会在线上举行，主题为"Linking Hangzhou链接杭州"，邀请37个来自新加坡会奖买家与40多位杭州本地会奖企业负责人在线洽谈。最新版杭州会奖宣传片《意"会"杭州时刻》同步发布。

● ●杭州市滑雪运动协会成立大会暨第一届会员大会召开，来自杭州市滑雪场馆运营、滑雪境内外旅游服务、滑雪装备生产与销售、滑雪运动文化等相关企业的50名会员参加大会。

会议通过《杭州市滑雪运动协会章程》《杭州市滑雪运动协会财务管理制度》《杭州市滑雪运动协会会员管理办法》等协会章程制度，选举出杭州市滑雪运动协会第一届理事会以及协会常务理事和协会负责人。会议商定杭州市滑雪运动协会未来的工作方向和近期计划开展的活动。

● ●第四届京杭大运河国际诗歌大会闭幕式在"拱宸邀月"号游船上举行。大会以"千里运河万里诗"为主题，由省作家协会、市文联指导，市运河集团主办。大会于4月23日"世界读书日"启动，开展"寻找最美运河声音""运河主题诗歌创作大赛"两项主题线上征集活动，举办10多场主题线下活动。

8
日 BA YUE

● ● "寻找2022个亚运梦想·杭州亚运益起来"线上公益集成阵地启动仪式在杭州运河广场举行。活动由杭州亚组委与阿里巴巴基金会主办，100多位平安志愿者和亚组委官方合作伙伴代表组成"益起来"毅行队伍，杭州亚运会公益圆梦大使郭晶晶、刘建宏、陈伟鸿、吴海燕和刘成也通过视频连线，发出参与亚运公益的倡议。

● ● "共建重要窗口，共享美好生活——2020品牌杭州·杭州生活品质总点评"交流发布会在萧山机器人博览中心举行。活动由市委改革办、市委宣传部、市发改委、市经信局、萧山经济技术开发区管委会、杭报集团、杭州文广集团主办，从"战疫情促发展、兴文化传薪火、享幸福创未来"三大维度，盘点代表过去一年杭州建设发展成就的十大现象、人物、事件、区块。

10
日 BA YUE

● ● 杭州市—黔东南州东西部扶贫协作联席会议在杭州召开。杭州市领导、黔东南州领导出席。会上，双方签署深化东西部协作有效衔接乡村振兴战略合作框架协议。

● ● 杭州城市大脑工作周例会召开，杭州城市大脑区县枢纽试点建设已在下城区建成，实现"区县平台"到"区县枢纽"的跨越，形成市级中枢—区县枢纽—街道节点的新模式。

● ● 云上西湖·杭向未来——2020年数字经济全球云享会在西湖区云栖小镇举行。活动由市委组织部（人才办）发起。

云享会上，西湖区发布西湖青年人才双创"启明星"计划、2020年西湖区高成长性创新企业榜单，发放"云支票"和"云签约"优质项目等。

11日 BA YUE

● ● 中国政府网发布《国务院关于同意全面深化服务贸易创新发展试点的批复》。批复称，原则同意商务部提出的《全面深化服务贸易创新发展试点总体方案》，同意包括杭州在内的全国28个省、市（区域）全面深化服务贸易创新发展试点。

● ● 国务院安全生产委员会办公室召开国家安全发展示范城市创建工作第二次视频推进会。会议以"管理创新保障城市安全"为主题，学习交流北京通州、杭州、广州、洛阳等地创新城市运行管理方法、推动城市安全发展的典型经验，进一步推进国家安全发展示范城市创建工作。

● ● 全省各级人大常委会主任学习会召开，通报表彰第二届"浙江人大工作与时俱进奖"。杭州市人大有4项创新工作得到表彰。包括：省人大代表工委、法工委及杭州市西湖区人大等单位的"新时代街道人大工作的'浙江探索'"项目，杭州市人大、淳安县人大的"新安江流域上下游携手，千岛湖保护跨省界协同，共同助力长三角一体化发展国家战略实施"项目获特别奖；杭州市人大的"依托数字治理领先优势，创新推进'互联网+人大工作'"项目获优秀奖；杭州市拱墅区人大的"深化政府重大投资项目监督，探索全周期监督新模式"项目获提名奖。

● ● 杭州市召开新时代理论工作会议，学习贯彻习近平总书记关于理论武装工作一系列重要指示和在浙江、杭州考察时的重要讲话精神，对标奋力展现"重要窗口""头雁风采"的新目标、新定位、新要求，自觉扛起"三地一窗口"省会城市理论工作的使命担当。

会上，市直机关工委、富阳区、团市委、余杭区、临安区、市关工委、杭报集团、市社科联（院）8个单位围绕中心组学习、理论阵地建设、青少年和基层理论宣讲、理论研究阐释等主题做交流发言。会上还举行"青春力量"杭州宣讲团、"少年先锋"杭州宣讲团的授旗仪式，并向两个宣讲团导师团的导师们颁发了聘书。

●● 黔东南州产业大招商和文化旅游推介活动在杭州举行，主题为"杭黔携手·乡村振兴"，签约22个招商引资项目，总投资49.86亿元。其中现场签约项目12个，投资总额42.9亿元。

12 日 BA YUE

●● 市政协召开区县（市）政协主席座谈会，深入学习贯彻习近平总书记关于加强和改进人民政协工作的重要思想、习近平总书记考察浙江和杭州时的重要讲话精神，学习贯彻省委、市委全会精神，总结交流经验，部署推进工作。市政协主席潘家玮讲话，汪小玫主持，叶鉴铭、谢双成、陈永良、王立华、周智林、冯仁强参加。会上，传达学习全国地方政协秘书长工作交流座谈会精神，13个区县（市）政协主席做交流发言。

潘家玮强调，全市政协系统要深入学习贯彻习近平总书记考察浙江、杭州时的重要讲话精神和省委、市委全会决策部署，持续深入推动中央和省委、市委政协工作会议精神贯彻落实，自觉扛起"三地一窗口"省会城市的责任担当，牢固树立"头雁"意识，当好"重要窗口"建设的参与者、实践者、推动者。要坚持党建引领，要强化协商主责主业，要积极探索疫情防控常态化形势下的履职方式方法，要进一步加强政协委员和机关干部"两支队伍"建设。

●● 钱塘新区重大项目集中签约、开工、投产暨生物医药万亩千亿新产业平台建设推进活动举行。参加此次集中签约、开工、投产活动的项目共计76个。

●● 杭海城际铁路全线轨道铺设完工，实现"轨通"，项目建设全面进入冲刺收尾阶段。

杭海城际铁路全长48.3千米，设站13座，在建余杭高铁站—浙大国际校区站（含）段（其中浙大国际校区站至碧云站区间及碧云站因涉及与规划沪嘉苏铁路衔接，暂时缓建），地下车站4座，平均站间距约4.15千米。

13 日

BA YUE

●● 市政协召开十一届十七次常委会议，深入学习贯彻习近平总书记考察浙江、杭州重要讲话精神，学习贯彻省委、市委全会精神，围绕"高水平推进历史文化名城建设"协商建言。

市委副书记、市长刘忻通报2020年以来全市经济社会发展情况并讲话。市政协主席潘家玮主持并讲话。戚哮虎、汪小玫、叶鉴铭、谢双成、陈永良、王立华、周智林、冯仁强参加。市政协文化文史和学习委员会做主题发言，相关民主党派、区县（市）政协课题组代表发言，市园文局、市规划和自然资源局、杭州西湖风景名胜区管委会介绍相关情况，委员们围绕相关议题协商建言。会议还通报市政协常委2019年度履职情况，审议通过有关人事事项。

刘忻简要介绍2020年以来杭州市疫情防控、经济运行、城市建设、文化建设、社会民生、生态保护等工作推进情况，对市政协及广大政协委员的关心支持表示感谢。他指出，市政协近年来高度重视杭州历史文化名城建设，围绕相关议题积极建言献策，提出了许多富有价值的意见建议，为市政府做好这项工作提供重要参考。下一步，各地各部门要在看到"独特韵味"显著成绩的同时，清醒认识到"别样精彩"依然任重道远，广泛凝聚全市合力，精绣历史文化名城的"时代锦绣"。

潘家玮指出，"高水平推进历史文化名城建设"是2020年市委交办的重点协商课题，是市政协助力"重要窗口"建设的实际行动。在前期深入调研基础上，会议聚焦主题，积极协商建言，广泛凝聚共识，体现了双向发力要求。市政协要持续关注，综合运用视察调研、协商议政、民主监督等，助推历史文化名城建设。

●● 杭州市综合考评数字驾驶舱上线。市委副书记张仲灿出席发布会并讲话。张仲灿指出，近年来，杭州市贯彻落实中央和省委决策部署，紧紧围绕中心工作，充分发挥考评指挥棒作用，不断完善综合考评指标体系，激励各地各单位争先创优，全力抓好社会评价意见整改。同时，探索数字化管理新模式，率先启动综合考评数字驾驶舱建设并完成总体构架，在数字赋能综合考评工作上迈出了坚实步伐。

●● 全市数字赋能基层社会治理推进会在萧山区召开。会上通报数字赋能基层社会治理"十佳乡镇(街道)""十佳企业"。相关区县(市)和乡镇(街道)做交流发言。会议还启动基层社会治理"六和指数",并部署下阶段应用工作。

●● 杭州市召开人工智能创新发展区工作推进会,汇报总结近期试验区的工作进展,并就下一步工作进行部署。会议还为余杭区、萧山区、滨江区和西湖区4个杭州市人工智能创新发展区进行授牌。4个区将在新一代人工智能应用场景、技术研发、产业培育、成果转化、人才集聚、学术交流等方面展开先行先试,探索可复制经验,进行全杭州推广。会上,市科技局还与新一代人工智能产业技术创新战略联盟签订战略合作协议。

13—14日 BA YUE

●● 2020年杭州市体育产业工作会议暨"钱江论健"体育产业发展论坛在江干区举行,主题为"综合体育场馆运营"。来自浙江省市体育局、杭州亚组委、江干区以及全市各个区县(市)体育部门的相关负责人和体育民营企业代表等150多人参加论坛。

14日 BA YUE

●● 杭州市举行市域社会治理现代化与新时代反邪教工作理论成果交流会。市委副书记、政法委书记张仲灿出席并讲话。

张仲灿代表市委、市政府,对交流会成功举办和获奖论文作者表示祝贺。他表示,经过不懈努力,杭州摸索出了行之有效的反邪教工作思路方法,取得了明显成效,形成了良好态势。当前,反邪教斗争形势依然严峻复杂,需要我们站在新的历史高度,把握国内外环境的深刻变化,认清反邪教工作的长期性、复杂性、艰巨性,牢固树立底线思维,做好长期奋战的充分准备,切实增强敢打必胜的信心决心。

15 日 BA YUE

●● 全省高水平建设新时代美丽浙江推进大会在湖州市安吉县余村召开。会议强调，要认真学习贯彻习近平生态文明思想和习近平总书记考察浙江重要讲话精神，坚定扛起生态文明建设先行示范的使命担当，深入践行绿水青山就是金山银山理念，扎实推进高水平美丽浙江建设，奋力建设展示人与自然和谐共生、生态文明高度发达的重要窗口。

省委书记车俊、生态环境部党组书记孙金龙出席会议并讲话。省委副书记、省长袁家军发布《深化生态文明示范创建，高水平建设新时代美丽浙江规划纲要（2020—2035年）》。省政协主席葛慧君出席，省委副书记郑栅洁主持。会议以视频形式召开，各市、县（市、区）设分会场。市四套班子领导在杭州分会场或各区县（市）分会场参加。会上，生态环境部、省政府签署了共建"生态文明先行示范省"战略合作协议，一批生态省建设突出贡献集体和个人代表、2019年度美丽浙江建设和"五水共治"工作先进受表彰，省生态环境厅、湖州市、宁海县、嘉兴港区乍浦镇、淳安县下姜村负责人做交流发言。

●● 全省高水平建设新时代美丽浙江推进大会召开，杭州市在2019年全省"五水共治"（河长制）考核中以总分第一名的成绩在11个设区市中夺魁。杭州获得"五水共治"（河长制）工作"大禹鼎"银鼎的优秀市、县（市、区）有杭州市、建德市；获得"五水共治"（河长制）工作"大禹鼎"的优秀市、县（市、区）还有西湖区、萧山区、余杭区、临安区。

16 日 BA YUE

●● 生态环境部党组书记孙金龙到杭州调研生态环境保护工作，考察云栖小镇、西溪湿地公园、九峰垃圾焚烧发电厂、临平净水厂等。生态环境部副部长庄国泰，省、市领导陪同调研。

孙金龙强调，要进一步贯彻落实习近平总书记生态文明思想，聚焦精准治污、科学治污、依法治污，构建政府为主导、企业为主体、社会组织和公众共同参与的环境治理体系，推动生态环境质量持续改善。

17 日 BA YUE

●● 西湖西溪一体化保护提升工作专题会议暨杭州西溪国家湿地公园保护管理领导小组第一次会议召开。会议强调，要坚决贯彻习近平总书记重要指示精神，提高站位、围绕目标、坚定前行，把保护好西湖和西溪湿地作为杭州城市发展和治理的鲜明导向，聚焦打造城市最强功能、最靓名片、最美窗口，加快推动平稳有序过渡向高水平全面提升转变，在做优生态、做大资产、做强品牌中实现"双西合璧、精彩蝶变"，持续擦亮天堂明珠，努力在建设人与自然和谐相处、共生共荣的宜居城市方面创造更多经验。

●● 市人大常委会党组召开扩大会议，传达学习全省各级人大常委会主任学习会、加强人大机关政治建设座谈会精神。市人大常委会党组书记、主任于跃敏主持并讲话，郑荣胜、陈红英、罗卫红、卢春强、徐小林和市人大机关各部门负责人参加。会议强调，全市各级人大要围绕"重要窗口""头雁风采"目标，全面对标对表，建好小窗口、小单元，进一步提升工作质量，努力成为践行人民代表大会制度的领跑者、示范地、先行区和模范生。

●● 第十二届杭州网络文化季启动仪式暨"西湖朋友圈"杭州自媒体联盟大会举行。文化季主题为"美丽杭州，美好生活"，联合中央、省、市主流媒体及商业网站、自媒体平台，利用网络传播形式，开展2020年"杭州最具影响力网络公益项目"评选、"智慧杭州，创新之治"全国主流网媒采访等14项网络文化活动。市委网信办首次举办杭州市100个网络正能量精品评选活动和杭州自媒体"抗疫"网络正能量传播优秀案例评选活动，并现场为获奖代表颁奖。

● ● "2020文旅融合与博物馆创新发展研讨会"在中国茶叶博物馆举行。研讨会由省文物局、杭州西湖风景名胜区管委会指导，省博物馆学会主办，中国茶叶博物馆承办，主题为"多元、开放、共享"，60多名专家学者参加。中国茶叶博物馆在龙井馆区开展茶文化体验之旅，向与会专家学者展示"中茶博文旅融合"相关成果。

18 日 BA YUE

● ● 贵州省党政代表团考察浙江，两省领导在杭州进行座谈。浙江省委书记车俊主持会议并讲话，贵州省委书记孙志刚讲话。浙江省委副书记、省长袁家军，贵州省委副书记、省长谌贻琴分别介绍两省经济社会发展情况及东西部扶贫协作工作情况。浙江省委副书记郑栅洁在宁波陪同考察。

贵州省党政代表团在杭州、宁波等地考察技能培训服务平台、创新平台、企业、城市大脑、高校和新农村建设。贵州省政府分别与浙江大学、娃哈哈集团签署合作协议，两省有关部门就职业教育、茶产业发展和农产品供销合作签订协议。

● ● 2020年全市治水办主任（扩大）会议召开，肯定前一阶段治水工作取得的阶段性成绩，并部署安排下一阶段重点工作。副市长胡伟参加。

● ● 市政协党组理论学习中心组举行专题学习会，集体学习《民法典》。市政协党组书记、主席潘家玮主持会议并讲话。陈永良、冯仁强做交流发言，汪小玫、叶鉴铭、谢双成、王立华、周智林、滕勇和金翔参加。市政协机关党组成员、专委会主任参加会议。

● ● 《中国城市数字治理报告（2020）》发布，杭州数字治理指数居全国第一位。报告从数字基础设施、数字行政服务、数字公共服务、数字生活服务四个维度，对2019年度GDP排名前100位的城市数字治理水平进行研究分析。排名前十的城市依次为：杭州、深圳、北京、上海、武汉、广州、郑州、苏州、东莞、西安。

● ● 第五届RoboCom（睿抗）机器人大赛全国总决赛在萧山机器人博展中心举行。大赛由工业和信息化部人才交流中心、浙江省科学技术协会、萧山经济技术开发区管理委员会、RoboCom国际公开赛组委会主办，萧山机器人小镇、杭州搜获科技有限公司、浙江省机器人产业发展协会、杭州市科学技术协会等单位承办，主题为"拥抱科技，智造未来"，分为青少年机器人大赛、机器人创业赛以及机器人乐园三部分，2万余名学生参赛。

●● 杭州图书馆财商主题分馆在下城区城北体育公园开馆，为全国首个财商主题图书馆。该馆面积635平方米，首期8000册图书中有3000册涉及财经、心理学、人物传记等专业领域。

18—19日 BA YUE

●● 由中共中央统战部组织的全国无党派人士考察团到浙江，围绕"提升数据要素价值，促进数字经济发展"主题调研。考察团走访中国人工智能小镇、之江实验室等创新研发平台，以及阿里巴巴集团、微医集团、杭州海康威视数字技术股份有限公司等企业，了解城市大脑的应用场景、"亲清在线"平台等，与相关部门和企业负责人进行交流。

19日 BA YUE

●● 交通运输部部长、党组副书记李小鹏率队调研杭州综合交通运输发展情况。

李小鹏一行到菜鸟网络科技有限公司考察菜鸟智慧物流展示中心，了解企业运行发展情况，随后召开座谈会听取现代物流情况汇报，充分肯定杭州加快建设综合立体交通网、构建现代物流体系的经验做法。

●● 市政协主席潘家玮带队到杭州东站、武林广场、环城北路—天目山路提升改造工程、近江家园调研无障碍环境建设工作。陈永良参加。

潘家玮指出，要进一步拉高标杆，咬定目标，落实举措，齐心协力打好无障碍环境建设大会战；要坚持规划引领，加强系统建设，提升智慧管理，强化统筹协调，做到增量与存量、新建与更新并重，全面提升全市无障碍设施建设工作水平，努力打造全国城市无障碍环境建设的"重要窗口"。

●● 根据省人大常委会做出关于修改《浙江省村民委员会选举办法》《浙江省实施〈中华人民共和国村民委员会组织法〉办法》《浙江省村经济合作社组织条例》的决定，市人大常委会到临安区调研上述法规的宣传贯彻工作，了解村级组织依法换届工作情况。市人大常委会主任于跃敏，副主任陈红英、卢春强参加。

调研组实地走访昌化镇人大代表联络站和后营村、上营村、九龙村等，与区、镇人大代表和村干部座谈交流，了解村级组织依法换届工作和村级集体经济发展情况，听取区、镇有关情况汇报。

●● 杭州市农村饮用水达标提标行动百日攻坚现场会在临安区召开，启动农村饮用水达标提标行动"百日攻坚战"。省水利厅高度评价杭州市农村饮用水工作，认为杭州市规划起点高、建设标准高、管理水平高，采取的举措值得学习推广，取得的成效值得肯定。各地各部门将积极部署落实，全力冲刺"百日攻坚"，确保农饮工作走在全省前列，以实际行动展现杭州市"重要窗口"的"头雁风采"。

●● 杭州市召开"七五"普法总结验收汇报会，对全市"七五"普法工作进行集中汇报评审。会上，13个区县（市）、钱塘新区、市规划和自然资源局、市总工会、杭州文广集团等汇报"七五"普法工作情况，评审组对各地"七五"普法情况进行了现场考评。

19—20日 BA YUE

●● 省人大常委会环资委副主任委员徐纪平率执法检查组，到富阳区开展土壤污染防治执法检查，并对富阳区执行土壤法的总体情况表示肯定。市人大常委会城建环保工委、市生态环境局陪同检查。

检查组一行先后到新桐乡、环山乡、申能固废环保再生有限公司等地，实地检查农用地安全利用、土壤污染风险管控和修复等情况，并召开座谈会听取情况汇报。与会人员就《土壤污染防治法》实施情况进行交流。

20 日 BA YUE

● ● 市新冠肺炎疫情防控工作领导小组召开会议，研究部署常态化疫情防控和经济社会发展工作。会议强调，要深入贯彻习近平总书记重要指示精神，不折不扣落实中央和省委、省政府决策部署，完善常态化防控机制，提高专业精准防控能力，扎扎实实做好秋冬季疫情防控准备，推动防控漏洞排查到边到底、防控重点加固到点到位、防控要求落实到岗到人，坚决防止疫情反弹，全力守护好人民的生命安全和身体健康。会议听取杭州市近期和秋冬季疫情防控工作方案情况汇报。

● ● 市委审计委员会召开第四次会议，学习贯彻习近平总书记在中央审计委员会第三次会议上的重要讲话精神，审议2019年度市级预算执行和全市其他财政支出审计情况、市招商引资政策绩效情况专项审计调查报告，研究部署相关工作。

● ● 省政协副主席郑继伟率调研组到杭州调研"请你来协商"平台建设和提案工作，市政协党组副书记、副主席汪小玫参加。调研组一行到临安区锦南新城卦畈安置项目小区项目、区城市管理指挥中心、南苑小区和锦城街道，了解工地扬尘治理、数字城管建设、老旧小区改造和锦城街道"请你来协商"分平台运行情况，实地感受临安区"请你来协商"活动和提案工作成果。随后召开座谈会，汪小玫代表市政协汇报杭州市政协"请你来协商"平台建设与提案工作的情况，临安区政协也做情况汇报。郑继伟对杭州市、临安区政协工作表示充分肯定。

● ● 市政府召开常务会议，研究部署生态环保、安全生产、家政服务业发展等工作，市长刘忻主持。会议强调，要深入学习贯彻习近平总书记系列重要讲话和指示精神，始终把人民群众的利益放在第一位，以更高政治站位打造生态文明"重要窗口"，以强烈责任担当确保城市安全有序运行，以鲜明政策导向推动家政服务业提质扩容，使广大市民的获得感、幸福感、安全感更加充实、更有保障、更可持续。会议还集体学习全省高水平建设新时代美丽浙江推进大会精神，研究杭州迎接第二轮中央生态环境保护督察有关工作，审议杭州市家政服务业提质扩容"领跑者"行动《工作方案》和《若干政策意见》。

●● 市城管局城市水设施和河道保护管理中心组织省、市专家对江干区"城东水系"、九号港、九沙河等省、市级美丽河湖参评河道进行现场验收和座谈汇报,验收组根据《浙江省美丽河湖建设验收管理办法》及《杭州市"美丽河道"评定管理办法》,通过现场踏看、听取汇报、台账检查、专家评审等环节,一致认为江干区"城东水系"符合省级"美丽河湖"建设标准,九号港、九沙河符合市级"美丽河道"建设标准,同意通过现场验收。

●● 余杭区召开打造未来乡村实验区启动大会,重塑余杭乡村生态空间、人居环境和乡村治理模式,构建有舒适感、获得感、归属感、安全感和未来感的新型乡村功能单元,努力打造全国"未来乡村实验区"。

21 日 BA YUE

●● 宁波杭州湾新区管委会考察团到杭州考察。

考察团一行考察西子势必锐航空部件制造项目、中欣晶圆半导体股份有限公司、奕安济世生物药业有限公司、辉瑞生物制药(杭州)有限公司等。其间召开两区工作交流座谈会,双方就招商引资、重大项目投资和体制机制运作等进行交流,表示将进一步互学互鉴、深化合作,全力打造全省标志性、战略性改革开放大平台。

●● 市人大常委会召开"一府两院"工作报告会。市人大常委会主任于跃敏主持。常务副市长戴建平代表市政府报告2020年以来全市经济社会发展情况、民生实事项目推进情况和下一阶段政府重点工作安排。市法院、市检察院负责人分别报告2020年以来工作情况和下一阶段工作安排。市人大常委会书面通报2020年以来工作情况和下一阶段工作安排。市人大常委会副主任、市政府副市长出席。

在杭州的部分全国、省人大代表和市人大代表共170多人参加会议,就优化营商环境、新型智慧城市建设以及生物安全实验室、居家养老服务、新建学校空气质量等与市政府及相关部门负责人进行交流。

●● 2020年杭州国际布艺时尚(秋季)展览会举行。展览沿用线上线下相结合的模式,以"会、展、赛"多种场景,发布行业趋势和前沿设计,从"人、货、场"层面重构家纺企业提升新方式。其间，长三角家纺产业发展联盟成立。

21—23日 BA YUE

● ● 杭州特色休闲示范点企业惠民活动在龙湖·西溪天街举行，"即时见喜"西湖文旅市集同步举行。活动由杭州市文化广电旅游局、杭报集团主办，西湖区文化和广电旅游体育局、杭州市休闲发展促进会、杭州休闲文化传媒有限公司、杭州市旅游休闲人才协会承办，是2020年杭州文化和旅游消费季的重要组成板块。

21—24日 BA YUE

● ● 2020年中国国际儿童时尚周在余杭区临平新城艺尚小镇举行，国内外近40个品牌及设计师参加。时尚周由中国服装协会、杭州市余杭区政府、上海时尚之都促进中心主办，闭幕式上颁发2020年中国十大童装品牌、2020年中国十佳童装设计师名单、2020年度中国校服创新设计推动大奖等奖项。

23日 BA YUE

● ● 杭州市中小学生艺术团与湖北省恩施州巴东县神农中小学千里连线，拉开"共沐阳光，为爱行动——杭州市助力巴东县艺术教育同等化"活动的序幕。

活动为杭州帮扶恩施脱贫攻坚战"扶贫必扶智"重要项目之一，以杭州青少年活动中心的老师和杭州市中小学生艺术团为主体，与巴东的艺术课程和学生社团对接，通过举办长期的同等化线上课堂等形式，实时助力巴东艺术教育。

23—28 日 BA YUE

●● 杭州市对口帮扶贵州省黔东南州、湖北省恩施州乡村振兴干部培训班在市民中心举行。这是杭州市对口帮扶工作谋划推进向乡村振兴的有效衔接过程中举行的首次乡村振兴干部培训班。副市长王宏在开班仪式上讲话。培训班除邀请相关专家、部门负责人和企业家授课外，组织学员到建德市新叶古村、临安区白牛村、富阳区场口镇开展现场教学。80名学员参加培训。

24 日 BA YUE

●● 市十三届人大常委会第五十五次主任会议召开，市人大常委会主任于跃敏主持。副主任郑荣胜、陈红英、罗卫红、卢春强、徐小林，秘书长张如勇参加会议。

会议讨论拟提交市十三届人大常委会第二十九次会议审议的有关内容；听取关于"党领导人大工作"考核有关情况的汇报，要求市人大机关有关部门要根据全市"大党建"考核统一部署，做好对区县（市）"党领导人大工作"绩效考核工作，并以此为契机，进一步坚持党的领导，推进市委人大工作会议有关文件的贯彻落实，积极主动地争取党委对人大工作的支持；讨论并通过关于加强和改进市人大代表工作更好服务杭州市展现"重要窗口""头雁风采"的具体措施、关于听取和审议市法院知识产权审判工作报告及对部分法官开展履职监督的方案、关于开展世界文化遗产保护相关条例实地检查的方案和大运河世界文化遗产保护工作专题询问会方案；讨论并通过关于开展杭州市"十四五"规划纲要编制专项审议工作的调研方案。会议要求，市人大机关有关部门要精心组织、加强配合、深入调研，广泛听取各方意见建议，为市委决策提供参考，为年底常委会审议和2021年市人代会审查批准规划纲要奠定坚实基础。

●● 市人大常委会部署"十四五"规划纲要编制审议专题调研工作。市人大常委会主任于跃敏主持并讲话，副主任郑荣胜、陈红英、罗卫红、卢春强、徐小林参加。

于跃敏指出，市人大常委会要坚持以习近平新时代中国特色社会主义思想为指导，认真学习贯彻习近平总书记关于做好"十四五"规划编制工作的重要指示精神，深化思想认识，积极主动作为，精心做好专题调研，为市委决策提供参考，为2021年人代会审查批准规划纲要奠定坚实基础。要按照市委部署要求，对标对表建设"重要窗口"的"头雁"标准，聚焦杭州今后五年经济社会发展中的基础性、长远性问题和群众关注的热点难点问题，把题目选精选实，把情况摸清摸透。要充分发挥人大代表的力量和人大专门委员会的专业优势，用好人大代表联络站平台，广泛听取基层和群众的意见建议，进一步了解社会期盼和民生关切，集思广益、汇聚民智。要突出务实有效，认真梳理吸纳市人大常委会2020年开展的立法、监督、执法检查、专题询问、专题调研等工作成果，提出具体化、可操作的意见建议，为齐心协力编制好杭州"十四五"规划发挥人大应有作用。

●● 第十六届浙江省未成年人读书节启动暨杭州图书馆少儿红色书房落成仪式在杭州图书馆少儿分馆举行，主题为"阅读榜样人物，铸就中国力量"。省文化和旅游厅、市文化广电旅游局、省市图书馆、专业出版社相关领导嘉宾出席。

25 日 BA YUE

●● 市各民主党派、工商联领导干部和无党派人士读书班开班。民革杭州市委会、民盟杭州市委会、农工党杭州市委会负责人在会上做交流发言。

●● 市政协主席潘家玮，副主席汪小玫、叶鉴铭、谢双成、陈永良、王立华、周智林、冯仁强、滕勇带队分别到各区县（市）开展监督调研，70多名两级政协委员参加。

各监督调研组实地察看区县（市）和乡镇（街道）矛盾调解中心，了解建设运行情况，并组织座谈交流，听取当地社会治理领域"最多跑一地"改革有关情况。潘家玮一行到西湖区和翠苑街道矛盾调解中心调研，随后召开座谈会，听取市委政法委和西湖区有关工作介绍。潘家玮指出，要深入学习贯彻习近平总书记考察浙江、杭州重要讲话精神，按照省委、市委的部署要求，切实扛起社会治理领域"最多跑一地"改革省会城市的责任担当，努力打造全国市域治理现代化标杆城市，在"最多跑一地"改革中展现"头雁风采"。要坚持问题导向，强弱项补短板，推动矛盾调节中心建设完善机制、强化功能、提升质效，更好发挥矛盾调处化解主阵地的作用。要强化"化"的功能，整合资源力量，推进集成融合，凝聚工作合力，实现化解效果最大化。强化"调"的功能，加强行业性专业性调解队伍建设，构建调处化解联动体系，增强基层调解能力，把矛盾解决在萌芽状态、化解在基层。强化"智"的功能，打通数据壁垒，加强信息协同，实现智慧赋能。强化"研"的功能，加强风险分析研判，提高预测预警能力，努力做到预防在先、发现在早、处置在小。

●● 2020年"中意"爱情文化周活动启动，持续到9月6日。文化周由市政府、省文化和旅游厅主办，主题为"爱在一起"，在西湖景区长桥公园举行开幕式。文化周期间开展东西方爱情文化对话、爱情嘉年华、爱情文化交流展、国际相亲大会等活动。

26
日 BA YUE

●● 全市年轻干部座谈会暨新提任年轻干部集体谈话会召开。6位年轻干部代表结合自身成长经历和工作情况，进行交流。

会议指出，培养选拔优秀年轻干部是关系党的事业后继有人和国家长治久安的重大战略任务，是奋力展现"重要窗口""头雁风采"的迫切需要，是优化干部结构、激发队伍活力的关键举措。全市年轻干部要在对党忠诚上站得稳靠得住不含糊，树牢"四个意识"，坚定"四个自信"，坚决做到"两个维护"，不断强化理论武装，增强政治历练，坚持知行合一，做既有活力又有定力的干部。

●● 黄山市党政代表团到杭州考察。其间，两市召开工作交流座谈会，签订推进杭黄绿色产业合作协议。杭州市领导、黄山市领导出席。

●● 全国双拥模范城创建工作调研组到杭州调研。省、市领导王文序、刘建伟、王宏等参加。调研组一行参观杭州市退役军人服务中心、驻杭某部、西湖区灵隐街道117社区和吉利集团，现场调研军地双拥共建、基层组织拥军和企业拥军等情况。

27 日

BA YUE

●● 杭州市召开文明城市国测迎检工作动员部署会。市四套班子领导出席。市城管局、市市场监管局、市公安局交警局、拱墅区、西湖区、高新区（滨江）负责人做表态发言。会前，市领导实地查看清波门社区、益乐农副产品综合市场、西湖文化广场等地文明城市国测迎检准备工作情况。

会议指出，当前，全国文明城市创建工作已进入攻坚冲刺、迎接"终极大考"的紧要关头。各级各部门要充分认识夺取全国文明城市创建"四连冠"的重大意义，切实增强忧患意识、问题意识、临战意识，以高度的思想自觉和行动自觉踢好"临门一脚"。要聚焦重点、精准发力，扎扎实实做好补短板工作。着力补齐环境卫生短板，持续巩固"城市环境大整治、城市面貌大提升"集中攻坚行动的成果，突出抓好涉检重点区域、薄弱环节环境卫生的再整治、再提升，营造整洁、有序、美丽的城市环境；着力补齐公共秩序短板，深入开展文明交通专项行动，强化街面管控，督促引导各类窗口单位提升服务效能、展示文明形象，善用科技手段破解城市治理"老大难"问题；着力补齐市民素质短板，把弘扬和践行社会主义核心价值观贯穿文明城市创建的全过程，广泛实施文明习惯养成工程，重点整治餐饮浪费的不文明行为；着力补齐群众参与短板，做好"入脑入心"和"共建共享"文章，使创建过程变成凝聚民心、集中民智、发挥民力、改善民生的过程，在全社会形成人人支持文明城市创建、人人参与文明城市创建的良好局面。

●● 市委常委会召开会议，传达学习习近平总书记在扎实推进长三角一体化发展座谈会上的重要讲话精神和关于制止餐饮浪费行为的重要指示精神，对贯彻落实工作做出部署，还听取全省各级人大常委会主任学习会精神及贯彻意见的汇报。

会议指出，习近平总书记在扎实推进长三角一体化发展座谈会上的重要讲话，为我们更好贯彻实施长三角区域一体化发展国家战略指明了前进方向、提供了根本遵循。要提高站位、深化认识，准确把握长三角率先形成新发展格局、勇当我国科技和产业创新的开路先锋、加快打造改革开放新高地的地位和作用，切实增强工作的责任感、使命感、紧迫感。

● ● 2020年中国杭州国际人力资源峰会在下城区举行。来自全国从事人力资源管理与研究的专家学者、人力资源企业负责人、企业CEO、人力资源总监等参加。开幕式上，2020年全球人力资源服务机构50强榜单发布。

● ● 杭州首条到新加坡全货运航线开通。航线由菜鸟网络科技有限公司联合东捷运物流有限公司开通，每周二、三、四、五共计四班，由757机型执飞。

27—28 日 BA YUE

● ● 湖北省人大常委会党组书记、常务副主任王玲率队到杭州考察人大工作与建设情况。省人大常委会党组书记、副主任梁黎明，市人大常委会党组书记、主任于跃敏陪同考察。

考察团一行考察"五四宪法"历史资料陈列馆、杭州城市大脑、西湖区转塘街道人大履职阵地综合体、余杭区瓶窑镇小城镇改造综合治理项目、瓶窑镇人大代表中心联络站、良渚古城遗址保护情况等，了解开展宪法宣传教育、加强街道人大工作和建设、代表联络站发挥作用情况，并就相关工作进行交流。

28 日 BA YUE

● ● 全市重大产业项目招引落地推进会召开。市四套班子领导出席。市发改委和市投资促进局分别汇报全市产业项目推进、招引情况，各区县（市）和钱塘新区负责人做交流发言。

会议指出，推进重大产业项目招引落地是坚决贯彻新发展格局、确保疫情防控和经济社会发展"两战全胜"的内在要求，是增强城市核心竞争力、提升城市战略地位的关键之举，是扛起"三地一窗口"省会城市责任担当、更好发挥"头雁"作用的迫切需要。要准确把握"时"与"势"，深刻认识推进重大产业项目的重要性和紧迫性，进一步强化忧患意识、赶超意识、实干意识，增强大抓产业项目的思想自觉和行动自觉。

●● 市委理论学习中心组（扩大）专题学习会召开，邀请省委组织部副部长、省党建研究会副会长赵雄文做题为《贯彻新时代党的组织路线》的辅导报告。市委理论学习中心组成员出席报告会。会前，与会人员考察市党群服务中心。

●● 市四套班子领导和社会各界人士一起到市党群服务中心参观"杭州抗战档案史料展——中国人民抗日战争暨世界反法西斯战争胜利75周年"。展览由市委办公厅、市委宣传部、市档案馆联合举办，于22日开幕，围绕抗日战争胜利75周年，以时间线为轴，分为"日军侵占杭州""铁蹄下的杭州""杭州军民抗战""杭州抗战胜利"四个部分。

●● 省委常委、政法委书记、省委建设县级社会矛盾纠纷调处化解中心协调小组组长王昌荣在杭州调研指导县级矛调中心工作。市领导佟桂莉、许明参加调研。

王昌荣强调，当前，县级矛调中心建设已基本完成资源整合、物理融合，必须把重点转移到内涵建设上来。要坚持统筹布局，按照系统思维，推进信访矛盾纠纷调处化解、社会治理事件处置和社会风险研判三大功能平台同步发力、同步建设。要坚持整体提升，以市域为单位，既注重点上出彩，更注重面上平衡，各县（市、区）都要以"排头兵"姿态干在实处、勇立潮头。要坚决防止形式主义，坚持实事求是、因地制宜，确保今天的探索经得起历史检验，真正以化解矛盾、服务群众的实际成效，为建设"重要窗口"增光添彩。

●● 2020年九城市总工会助推长三角G60科创走廊高质量发展职工劳动技能创新联席会议在杭州召开，来自杭州、嘉兴、金华、湖州、上海松江区、苏州、合肥、芜湖、宣城等长三角各市（区）总工会的代表，就如何弘扬工匠精神、助推长三角区域一体化发展进行讨论。

●● 2020年杭州市青年职业技能竞赛学生组比赛在杭州举行。比赛由团市委、市人力社保局、市经信局、市教育局联合主办，杭州职业技术学院、杭州萧山技师学院承办，为第十六届"振兴杯"全国青年职业技能大赛的市级选拔赛。竞赛设置计算机网络管理员、机床装调维修工、模具工（冲压）3个竞赛职业（工种），有7个代表队53名选手参赛。

● ● 杭州市举办公务员心理健康大讲堂暨杭州市公务员心理健康与关爱中心、公务员心理健康能力提升中心授牌仪式。

启动仪式上，杭州公务员App启用，为公务员提供包括心理健康、日常考核等全周期管理服务。国内知名心理健康专家代表，"人民满意公务员""十佳公务员""最美公务员"代表，市直有关单位和各区县（市）、钱塘新区、西湖风景名胜区组织部门和卫生健康部门参加活动。

● ● 市档案馆在杭州市党群服务中心召开杭州市档案馆馆藏抗战档案公布会，对外公布65件抗日战争时期杭州人口伤亡及财产损失档案。公布的65件档案起自1943年，迄至1948年。

29 日 BA YUE

● ● 市规划委员会第二次全体会议召开。市四套班子领导，市规划委员会领导，省文化和旅游厅、省文物局有关负责人出席。会议审议有关规划方案，听取杭州市"十四五"发展规划编制情况汇报。

会议强调，要坚持继承与创新相统一，深入研究"十四五"时期的奋斗目标和2035年远景目标。坚定不移沿着习近平总书记指引的路子阔步前进，坚持一张蓝图绘到底，加快建设独特韵味别样精彩世界名城、奋力展现"重要窗口"的"头雁风采"。要坚持内聚与外联相协同，在率先形成新发展格局中主动担当作为。牢牢扭住扩大内需这个战略基点，更好构建国内大循环的强劲动力源；推进高水平开放，更好构建国内国际双循环的强大链接点；准确识变、科学应变、主动求变，更好构建统筹发展与安全的强健防护网。要坚持中心与组团相衔接，进一步优化城市发展空间格局，完善城市框架、提升空间要素、重塑经济地理，努力为我国特大城市探索"郊区新城"发展新路子和城市群转型发展提供实践范例。

● ● "浙里有爱，共筑幸福好家庭"浙江省暨杭州市美好生活家庭体验现场活动在临安区高虹镇"龙门秘境"举行。杭州市及临安区的最美家庭和文明家庭代表参加活动。

活动现场，2020年第二季度浙江最美家庭揭晓，首批13个美好生活实践基地授牌成立，临安最美家庭旅游优惠活动发布。

30 日 BA YUE

●● 2020年生命健康未来峰会暨中国（杭州）数字·健康小镇开园。数字·健康小镇位于未来科技城核心区块，规划面积3.2平方千米，此次开园的是小镇的启动区块。启动区块总建筑面积8.28万平方米，共10栋建筑，包含小镇客厅、"三名"研究院、企业研发总部、成果转化区、商业配套等。小镇客厅由小镇展厅、公共服务平台和公共会议室等组成。在小镇一站式服务大厅内，设置有人才、金融、知识产权、政策兑现、园区服务等窗口，为企业和人才提供一站式服务。

开园仪式现场，张伯礼智慧健康创新实验室、清华大学戴琼海院士作为首席科学家的涿溪实验室、之江实验室数字健康成果转化基地等项目揭牌；比利时鲁汶大学医疗技术创新中心中国中心、南京大学杭州未来技术研究院、同济大学—同济余杭产业发展协同中心、圣彼得堡彼得大帝理工大学科技创新中心、丹源医学科技（杭州）有限公司、杭州未来公共安全研究院等签约。

31 日 BA YUE

●● 市人大常委会第二十九次会议召开。市人大常委会主任于跃敏，副主任郑荣胜、陈红英、罗卫红、卢春强、徐小林出席。副市长陈卫强，市监委、市法院、市检察院负责人列席会议。

会议对《杭州城市大脑赋能城市治理促进条例（草案）》《杭州市警务辅助人员

管理规定（草案）》进行第二次审议，将根据审议意见做进一步修改；听取审议常务副市长戴建平代表市政府所做的关于杭州市社会矛盾纠纷调处化解"最多跑一地"改革情况专项工作报告，提请审议的《2020年第一批政府重大投资项目计划执行情况和2020年第二批政府重大投资项目计划（草案）》议案、杭州西湖风景名胜区万松岭旅游集散中心项目的议案；听取审议关于市本级2019年决算草案和2020年上半年预算执行情况报告、2019年度市本级预算执行和全市其他财政收支情况的审计工作报告等。市监委主任陈擎苍提交人事任免报告并做说明。会议表决通过市人大常委会关于对市政府2020年政府重大投资项目第一批计划执行和第二批计划（草案）的审议意见、关于批准市本级2019年决算的决议、关于同意万松岭旅游集散中心项目的决定，及市人大常委会主任会议、市政府、市监委、市法院人事任免事项。其间，召开列席会议的部分市人大代表座谈会。

会前举行《浙江省民营企业发展促进条例》讲座。会后举行新任命人员宪法宣誓。

● ● 市政协召开专题学习会，传达学习全国地方政协工作经验交流会精神，研究贯彻落实意见。市政协主席潘家玮主持并讲话，张仲灿、汪小玫、谢双成、陈永良、王立华、滕勇参加。

会议强调，要坚持以习近平新时代中国特色社会主义思想为指引，始终把牢党对政协工作的领导这一根本政治原则，把党的全面领导落实到政协工作各方面和全过程，强化党的创新理论武装，以党的政治建设为统领加强政协党的各项建设，为切实担负起"落实下去、凝聚起来"的政治责任夯实思想政治基础和组织基础，更好发挥政协"三个重要"作用。要进一步做强协商主责主业，建好用好协商平台，完善工作制度体系，精心组织实施好各项履职工作，更好地"专"出水平、"商"出特色，切实把人民政协制度优势转化为治理效能。要不断强化政协凝聚共识职能，积极探索载体抓手，持续深化"政协走亲"活动，更好地把凝聚共识寓于各项履职活动中，广泛凝聚正能量，画大同心圆。要进一步加强政协委员和机关干部"两支队伍"建设，强化委员责任担当，加快"模范机关"建设，持续推动解决"两个薄弱"问题，着力打造政协工作一流施工队。

九月

HANGZHOU JISHI

1 日

JIU YUE

●● 为深入贯彻落实习近平生态文明思想，按照中央统筹推进常态化疫情防控和经济社会发展的有关安排，经党中央、国务院批准，中央第三生态环境保护督察组进驻浙江省开展生态环境保护督察。督察进驻动员会在杭州召开，督察组组长耿惠昌、副组长翟青就做好督察工作分别做讲话，省委书记袁家军进行进驻动员。省委副书记郑栅洁主持，省政协主席葛慧君出席。市四套班子领导在主会场或分会场参加。

会上，翟青就做好督察配合、边督边改、信息公开、服务"六稳""六保"等工作提出要求，并就督察组全体成员严格执行《中央生态环境保护督察纪律规定》，接受被督察对象和社会监督做表态。中央生态环境保护督察组全体成员、中央生态环境保护督察办公室有关人员，浙江省有关领导等参加会议。各地市党政领导通过视频会议的形式列席会议。

根据安排，中央第三生态环境保护督察组督察进驻时间为1个月。根据党中央、国务院要求和督察组职责，中央生态环境保护督察组主要受理浙江省生态环境保护方面的来信来电信访举报。

●● 迪拜中国学校成立仪式暨2020学年开学典礼在杭州和迪拜两地以视频连线方式举行。教育部副部长田学军视频致辞。中国驻阿联酋大使倪坚、中国驻迪拜总领事李旭航和迪拜政府部门相关负责人在迪拜会场出席仪式。市委副书记佟桂莉在杭州会场致辞，市领导罗卫红、陈国妹、王立华，以及教育部、省教育厅、省外办、省财政厅等有关负责人参加。

迪拜中国学校是教育部首批在海外设立的中国学校，是教育部委托杭州市承办、杭州第二中学领办的中国教育"走出去"第一所海外基础教育中国国际学校。2020年，学校设立小学一至五年级，未来将逐步扩展至幼儿园和初高中，提供与国内一致的基础教育服务。

●●《杭州市钱塘江综合保护与发展条例》发布。该条例于6月19日经杭州市第十三届人大常委会第二十八次会议表决通过，7月31日省人大常委会批准，10月1日起施行。

条例以"钱塘江综合保护与发展工作应当遵循保护优先、规划引领、协调推进、统筹管理、公众参与"为原则，分为总则、规划、综合保护、绿色发展、保障与考核、法律责任和附则共7章37条，科学谋划钱塘江及两岸区域综合保护与绿色发展的实施路径，明确法律责任。根据钱塘江及两岸区域生态保护需求，提出建立五大综保制度，包括钱塘江及两岸区域生态环境联保共治机制和生态保护补偿机制、生态修复制度、岸线保护制度、岛屿保护制度和乡土物种保护制度等。为促进钱塘江及两岸区域的高质量发展，在交通、文化、旅游、公共设施、城乡融合发展等领域规定相应措施。

●● 市政府印发《杭州市工业用地收储标准（试行）》，于10月1日起施行，是全国首个由地方政府出台的针对工业用地"量身定制"的收储标准，对工业用地收储涉及的前期手续、区域评估、地块场地、基础配套、地块权属等6个方面内容进行细化明确。

2 日 JIU YUE

●● 杭州市召开迎接第二轮中央生态环境保护督察工作动员部署会。会议以视频形式召开，各区县（市）和钱塘新区、杭州西湖风景名胜区管委会设分会场。市四套班子领导在主会场或分会场出席。

会议指出，开展中央生态环境保护督察，是党中央、国务院持续推进生态文明建设和生态环境保护的重大举措。要提高政治站位，从奋力展现"重要窗口""头雁风采"的高度来认识和对待中央生态环境保护督察。把支持配合督察工作作为践行习近平生态文明思想、做到"两个维护"的实际行动，作为打造新时代美丽中国样本、成为宜居城市建设实践范例的重要契机，作为树立正确政绩观、加强作风建设的锐利武器，夯实生态文明建设和生态环境保护政治责任，把人民群众反映强烈的环境问题解决好、严重制约发展的环境短板补上去，努力实现经济社会发展与生态环境保护共赢。

●● 省人大常委会副主任赵光君带队到杭州调研社会矛盾纠纷调处化解"最多跑一地"改革和促进民营经济高质量发展工作。市人大常委会主任于跃敏,副主任陈红英、徐小林参加。调研组实地查看余杭区社会矛盾纠纷调处化解中心及乔司街道、永和村社会治理综合服务中心,同人大代表、律师、调解员、基层干部深入交流。在余杭经济技术开发区,调研组实地走访杭州西奥电梯有限公司、贝达药业股份有限公司、杭州老板电器股份有限公司等民营企业。

赵光君指出,各级人大及其常委会要对标对表习近平总书记考察浙江重要讲话和省委十四届七次全会精神,准确把握县级中心"三个平台"功能定位,着力发挥实效。要对照《人民调解法》和省委有关要求,聚焦调解组织建设、律师调解和专职调解员激励机制等重点环节,助力提升就地化解水平。要借助人大制度平台,有序引导社会力量参与基层治理,转变"自上而下"的线型治理模式,充分释放微主体的治理活力。再创民营经济高质量发展新辉煌是浙江省的重大发展战略,要严格执行《浙江省民营企业发展促进条例》,加快出台配套文件,更好发挥法规的引领、规范、保障作用。要结合制定和完善促进创新发展的地方性法规,从立法层面支持民营企业走"专精特新"之路,增强抗风险能力和发展韧性。要加强执法司法监督,保护民营企业合法权益,激励企业家干事创业。

于跃敏表示,市人大常委会将积极助推"最多跑一地"改革专项监督、促进民营经济高质量发展审议意见整改落实,认真贯彻实施《浙江省民营企业发展促进条例》,努力为杭州社会治理和民营经济高质量发展做出人大应有的贡献。

●● 杭州市大运河文化保护传承利用暨国家文化公园建设工作领导小组召开第二次会议,审议《杭州市大运河国家文化公园建设方案》,部署加快推进杭州市大运河国家文化公园建设。市建委、市园文局、市林水局、市运河集团以及城区代表结合实际,提出相关建议和意见。

《杭州市大运河国家文化公园建设方案》提出,杭州市大运河国家文化公园建设应分为管控保护、主题展示、文旅融合、传统利用四大功能区,聚焦保护传承、研究发掘、环境配套、水利航运、文旅融合、数字再现六个关键领域,集中实施一批标志性工程。围绕保护传承利用、文化教育、公共服务、旅游观光、休闲娱乐、科学研究功能,着力谋划和实施"园""馆""址""岸"等八大类大运河国家文化公园建设标志性项目。为此,杭州将打造大运河世界文化遗产公园,重点建设京杭大运河博物院、大城北中央景观大道、大运河未来艺术科技中心、大运河杭钢工业旧址综保项目、大运河滨水公共空间、大运河生态艺术岛等。

3 日 JIU YUE

●● 市人大常委会主任于跃敏带队到上城区、江干区、萧山区对无障碍环境问题整改工作进行暗访检查。副主任陈红英、无障碍建设专家参加。市人大常委会采取不打招呼、不发通知、随机暗访的形式，实地检查萧山区市民服务中心、萧山图书馆、江干区九堡文体中心、上城区望江街道办事处、上城区解放路5个整改项目。

检查组指出，推进无障碍环境建设是坚持以人民为中心，高标准推进城市国际化、筹办亚（残）运会的重要举措。要深入学习贯彻习近平总书记在浙江、杭州考察时的重要讲话精神，按照市委部署，高标准高质量推进无障碍环境建设，努力成为全国城市无障碍环境建设的"重要窗口"。要强化全市统筹，加快编制全市无障碍环境建设规划和标准导则，合力推进无障碍理念传播、文化培育，以及无障碍设施建设、维护及管理等工作。要坚持问题导向，严格对照问题清单和整改目标、标准，加强技术把关，邀请专业人士、残障人士参与验收，高质量完成整改任务，以点带面全面提升无障碍环境建设水平。要加强跟踪督查，各级人大和人大代表要积极依法履职，持续跟踪监督无障碍环境建设工作，为杭州市筹办亚（残）运会、打造幸福标杆城市做出新贡献。

●● 杭州市纪念中国人民抗日战争暨世界反法西斯战争胜利75周年仪式在抗日战争胜利浙江受降纪念馆举行。纪念仪式以"铭记历史，爱我中华"为主题，这也是杭州市爱国主义教育"四季歌"第三季"爱国"主题的一项主要活动。市委宣传部（文明办）、市退役军人事务局、市教育局、市民政局、市文化广电旅游局、团市委、杭报集团、杭州文广集团和富阳区干部群众代表等300多人参加仪式。

●● 杭州市综合行政执法局在市水务集团设立的杭州市水务行政执法办公室揭牌。该办公室为政企联合的水务行政执法机构，整合水务管理、行政执法和企业监管等职能，以推进水务行政执法工作有效开展，建立安全、有序、优质的供排水体系。

4 日

JIU YUE

●● 杭州市第二十三期老干部理论读书会召开。市委副书记、市长刘忻出席并通报全市经济社会发展情况。陈卫强参加。

刘忻指出，在下一步工作中，市政府及相关部门要对标对表"重要窗口"建设要求，坚持疫情防控不放松、目标任务不动摇，抓"六稳"促"六保"拓"六新"，确保经济社会发展"全年红"。要高标准推进三类十大标志性工程，充分激发夜间经济、直播经济等消费潜力，做强做大集成电路、生物医药、人工智能等战略性新兴产业，全力以赴助推经济稳走向好。要持续深化"证照分离""多证合一、多审合一"等改革，进一步完善"亲清在线"平台功能，不断提升对外开放水平，全力以赴打造一流营商环境。要加快推进亚运城市行动，高标准建设城西科创大走廊，着力强化产业招商、重大基建、公共服务的市级统筹，全力以赴提升城市能级。要高水平打赢蓝天、碧水、净土、清废四场保卫战的"杭州战役"，努力交出一份满意的环保答卷，全力以赴建成美丽杭州。要高质量办好老旧小区改造、垃圾分类等民生实事，坚决打赢精准脱贫攻坚战，加快教育、医疗等公共服务均等化，加强城市安全管理，全力以赴保障和改善民生。希望各位老领导一如既往地关心和支持市委、市政府工作，多提宝贵意见、多谈真知灼见，为杭州展现"重要窗口""头雁风采"贡献更多智慧和力量。

●● 2020年浙江省暨杭州市"中华慈善日"主题宣传活动、2020年杭州市"钱塘善潮"论坛在滨江区举行。活动主题为"决战脱贫攻坚，助力疫情防控"，国内知名的公益慈善领域专家从不同角度进行交流。70多个慈善组织在杭州白马湖国际会展中心107广场参展，提供义诊、义卖等志愿服务。

●● 淳安县两山生态资源经营有限公司授牌，标志着淳安"两山银行"运营主体成立，"两山银行"试点建设进入实质性推进阶段。

淳安特别生态功能区"两山银行"试点建设，是淳安践行"绿水青山就是金山银山"理念推出的创新举措，旨在对整个县域山水林田湖草、农村闲置宅基地、民房、村集体空置物业、美丽乡村和美丽集镇、"都源"自然生态风貌等9类碎片化生态资源资产，借鉴商业银行"分散式输入、集中式输出"模式，进行规模化收储、专业化整合、市场化运作，以实现"存入绿水青山，取出金山银山"的目标。

5 日 JIU YUE

●● 第三届"杭州国际日"启幕，来自26个国家的驻华使节、商务机构和文化机构代表、国际友人共商开放合作发展大计。开幕式前，与会人员参观本届国际日主题展，包括友城交流合作成果展、杭州立法节日和世界遗产相关展示、"高新30周年"展、eWTP展、"世界风情"绘画展等。

开幕式上，意大利驻沪总领事陈琪致辞，中国人民对外友好协会会长林松添、中国驻阿根廷大使邹肖力、中国驻科威特大使李名刚、亚奥理事会主席艾哈迈德亲王致祝贺视频与贺信。德国德累斯顿、俄罗斯喀山、意大利维罗纳、日本福井、韩国西归浦等20个国际友好城市市长参与线上互动。阿里巴巴集团董事局主席、首席执行官张勇做题为《数字时代的全球化》专题演讲。市领导向新获聘"钱江友谊使者"证书的外籍专家颁发证书。第二十四届中国国际软件博览会现场签约，"一带一路"地方合作委员会官网正式上线。

●● 2020年"杭州民营企业牵手'一带一路'国家"对接会暨使领馆官员与在杭民营企业家交流会在杭州举行。市政协主席潘家玮致辞，王立华参加。

来自26个国家的1位大使、8位总领事、6位副总领事等近50位驻华使节和商务机构代表参会，与70多位杭州民营企业代表开展对接交流。会上，克罗地亚、埃塞俄比亚、德国、印度尼西亚、荷兰、葡萄牙、瑞士等国的7位代表做推介发言，杭州民营企业华立集团和恒逸集团代表做交流发言。

潘家玮强调，突如其来的新冠肺炎疫情，使我们更深刻认识到，世界是相互连通的地球村，人类是相互依存的命运共同体。携手合作、抗击疫情、共克时艰，乃是当下的正确选择。希望各国领事、机构和朋友们通过对接交流会等平台，多来杭州交流访问，多向本国宣传推介杭州，多与杭州企业交流交往，合力推进杭州与各国的开放合作，在持续交往中增进信任，实现共同发展。杭州企业要借力对接交流会等平台，通过"一带一路"更多走向世界、推动国内国际双循环，为高质量共建"一带一路"、构建人类命运共同体做出新的更大贡献。

● ● 第六届中华慈孝文化节在杭州举行。活动由杭州灵隐寺、中国新闻社浙江分社和浙江省归国华侨联合会主办，其间，表彰"2020中华慈孝人物"、举办第六届中华慈孝文化论坛。

6
日 JIU YUE

● ● 2020年中国国际服务贸易交易会浙江主题日活动举行，杭州在活动上分享服务贸易创新发展的探索实践和先进经验。

大会期间，市商务局组织16个杭州服务贸易龙头企业亮相浙江综合展区，以实物展示、虚拟互动、游戏体验等形式，展现杭州在数字安防、数字金融、数字内容、数字供应链等方面的领先实践。在活动上发布的"2019年度浙江省数字贸易百强"榜单中，杭州企业占83席。

● ● "绿水青山大联动"迎杭州亚运会倒计时两周年主题活动在千岛湖启动。数百名水上运动爱好者在千岛湖、新安江、富春江等水域开展划艇接力，并且每段水域都有19人的队伍作为领划，寓意对"2022年第19届亚运会"的期待。围绕"杭州为主，全省共享"，全省各地同步开展以水为主题的水上运动竞赛、体育展演、亚运文化活动等迎亚运主题活动。

7
日 JIU YUE

● ● 市政府召开常务会议，就知识产权保护、历史经典产业发展等事项进行研究部署，市长刘忻主持。会议强调，要深入学习贯彻习近平总书记系列重要讲话和指示精神，全面落实新发展理念，以"三地一窗口"省会城市的使命担当，坚定不移强化知识产权保护，与时俱进做强历史经典产业，让历史文化的独特韵味和现代科技的别样精彩在杭州得到充分彰显。

会议审议通过《杭州市知识产权保护行动计划（2020—2022年）》《杭州市支持历史经典产业保护传承创新发展的若干意见》，研究对张雪领等6名见义勇为英雄表彰和奖励的事项。会前，市政府党组召开理论中心组学习会暨扩大会议，邀请省委建设法治浙江专家委员胡祥甫律师做专题辅导报告，集体学习《民法典》。

● ● 根据市委统一部署，市人大常委会主任于跃敏调研城市功能提升标志性工程，考察江河汇城市综合体、杭州新世界、嘉里数创港等项目，并听取市发改委、市钱投集团、上城区、下城区、余杭区等有关情况汇报。

城市功能提升工程是2020年必须开工建设的十大标志性工程之一，主要包括6个项目，项目总投资约1600亿元，年度计划投资89亿元。

8 日 JIU YUE

● ● 市长刘忻现场督察环保突出问题整改落实工作，察看三堡粮库码头渣土堆放、船舶装卸等情况，检查滨江区东冠公寓餐饮店的经营业态、环保措施，考察富阳区富春江环保热电公司、富阳区乌畴自然村等地。缪承潮、滕勇参加。

刘忻强调，各地各部门要提高站位，把抓好中央环保督察问题整改工作作为检验"四个意识"牢固不牢固、"两个维护"坚定不坚定的重要标尺，立行立改、全面整改、彻底整改。要突出重点，聚焦群众反映强烈的热点、焦点、难点问题，拉出问题清单，逐项分解任务，逐一对账销号，不获全胜绝不收兵。要立足长远，充分运用中央环保督察问题整改成果，全面强化山水林田湖草系统治理，持续打好蓝天、碧水、净土、清废保卫战，让绿色成为杭州发展最动人的色彩。

● ● 杭州2022年第19届亚运会协调委员会第三次会议通过网络视频形式举行。亚奥理事会终身名誉副主席、亚奥理事会协调委员会主席拉贾·兰德·辛格，亚奥理事会终身名誉副主席、亚奥理事会协调委员会委员魏纪中，中国奥委会副主席、国家体育总局竞体司司长刘国永，杭州亚组委副秘书长、副市长陈卫强等出席会议。

会议听取杭州亚运会筹办工作总体进展情况和各个专题陈述，着重就竞赛项目、技术代表任命、反兴奋剂和医疗、场馆设施与运动员村、市场开发、亚运宣传推广、话说亚运纪录片、赛事信息技术解决方案、广播电视与主转播商、火炬传递、亚运文化博览会等重要议题进行讨论和审议。

●● 市人大常委会开展《杭州西湖文化景观保护管理条例》《杭州市良渚遗址保护管理条例》《杭州市大运河世界文化遗产保护条例》执法检查。市人大常委会主任于跃敏，郑荣胜、陈红英、罗卫红、卢春强、徐小林带队，分3组开展实地检查。缪承潮做报告。40多名市、区两级人大代表参加。

执法检查组听取市政府和有关部门、城区关于世界文化遗产保护相关条例执行情况汇报，实地考察西湖引配水、郭庄历史文化保护、良渚古城遗址公园、遗址监测管理中心、富义仓、浙东运河小岳庙至通运桥段等点、段情况，围绕遗产保护的管理体制、规划编制、财政投入、日常监测、宣传教育、执法监督、法规完善等方面，提出70多条意见建议。

●● 长三角人才杭州枢纽暨"江河汇才·人才服务综合体"在东站枢纽杭州之翼开园启动，长三角人才发展联盟现场签约。该综合体集人才招引、项目落地、创业创新、生活保障等人才"一件事"服务事项于一体，为人才创新创业提供全周期、一站式服务，是一个政府公共服务和市场服务一体化的人才综合服务体系。

在长三角人才发展联盟代表签约仪式上，江干区与来自浙江、安徽等省（直辖市）的9个兄弟区县（市）共同发起设立长三角人才发展联盟，希望通过联盟的建设，将长三角人才合作交流进一步规范化和制度化，探索整合挖掘城市间人才资源，全面提升长三角城市群和都市圈的人才资源配置能力。

●● 杭州高新区首创基于企业创新能力的科技企业增信机制，在全国高新区中率先启动"企业创新积分"试点。通过"浙里办"App完成企业创新积分参评的滨江企业，可享受基础授信额度不低于50万元的银行贷款产品，线上完成贷款手续。

杭州高新区根据企业创新积分评价指标体系将企业划分为"种子期—苗木期—成长期—壮大期—成熟期"，通过同级比较、梯级培育、优中选优、全面量化的科学判断，为企业提供更为精准的政策推送。

9日 JIU YUE

●● 杭州市召开庆祝第36个教师节座谈会。市委副书记佟桂莉走访杭州市胜利实验学校、杭州高级中学贡院校区和浙江省教育科学研究院附属实验学校，慰问一线教师。戚哮虎、罗卫红、陈国妹、周智林、滕勇参加慰问或座谈。座谈会上，市领导为获浙江省"春蚕奖""绿叶奖"，浙江省最美教师，杭州市优秀教师、优秀校长、优秀班主任、优秀教育工作者和农村教师突出贡献奖的教育工作者代表颁奖。8位获奖代表做交流发言。

●● 2020年阿里巴巴达摩院青橙奖获奖名单公布，姜宇、邓岳、梁文华、聂礼强、冷静文、杨诗武、杜子东、赵保丹、何向南、黄高10位青年科学家获得达摩院的1000万元奖金。2020年青橙奖收到317份有效申报，并陆续有23位院士、2位图灵奖得主、29位IEEE/ACM Fellow通过撰写推荐信，向达摩院举荐人选。

10日 JIU YUE

●● 市委副书记、市长刘忻到学军中学紫金港校区和杭州上海世界外国语小学，看望慰问部分教师代表和教育工作者，并向全市广大教职员工致以节日问候和祝福。陈国妹参加。

刘忻强调，全市各级各部门要深入贯彻教育优先发展战略，不断加大教育办学投入，着力营造尊师重教的浓厚氛围，进一步改善教师待遇、关心教师健康、维护教师权益，为他们教书育人、干事创业创造更加良好的环境。

●● 市人大常委会党组根据全市迎接第二轮中央生态环境保护督察工作动员部署会会议精神，研究部署各级人大和人大代表助力环保督察问题整改落实工作。市人大常委会组成调研组，到有关城区了解环保督察突出问题整改落实情况。调研组实地察看滨江区北塘河渣土泵送中心、下城区恒隆广场建设项目施工现场、拱墅区胜利河美食街等地。市人大常委会党组书记、主任于跃敏带队，卢春强和11名市、区人大代表参加。

调研组强调，生态环境保护既是一项重要的政治任务，也是一项重大的民生工程。要深入学习贯彻习近平生态文明思想，对标对表"重要窗口""头雁"标准，不折不扣抓好中央环保督查问题整改工作。要坚持以人民为中心的思想，对照问题清单，明确整改目标、期限、举措，落实责任、一抓到底，以实际成效回应群众关切。要举一反三，健全生态环保长效机制，坚决守护好杭州的蓝天、碧水、净土，不断满足人民群众对优美生态环境的需求。全市各级人大和人大代表要积极行动，依法履职，主动参与，助力中央环保督察问题的整改落实，加强重点领域生态环境治理监督，为打造新时代美丽中国样本，建设美丽杭州、幸福家园贡献人大力量。

● ● 美国驻沪总领事何乐进一行到杭州访问，市委常委、秘书长许明会见访问团。许明简要介绍杭州历史文化底蕴、经济社会发展、创新创业氛围和生态保护等情况。双方期待在经贸往来和人文交流等领域进一步加强沟通、深化合作、增进友谊，促进共同发展。

● ● 全国工商联公布"2020中国民营企业500强"榜单，杭州39个企业上榜（比2019年增加3个），上榜企业数连续18次蝉联全国城市第一位。

● ● 作为"926工匠日"系列活动之一，市总工会牵头主办的"工匠带高徒"签约仪式在杭州制氧机集团股份有限公司举行。先进制造业工匠代表陆观夫、葛小青、叶金龙，数字经济和现代服务业工匠代表陈国军、吉正龙、余云建，工艺美术传承工匠代表嵇锡贵、苗雨痕、朱晓丽9位"杭州工匠"与18位徒弟分别签订"工匠带高徒协议书"。

10—12日 JIU YUE

● ● 2020年中国（杭州）数字安防生态大会暨安全防范、应急救援及公共安全产业博览会在白马湖国际会展中心举行。大会由浙江省安全技术防范行业协会、滨江区政府、杭州市钱江新城投资集团有限公司和中国建筑节能协会共同主办，杭州市会展旅业有限公司和杭州钱唐会展有限公司承办，主题为"安防产业链／数字生态圈"，采取"论坛+展示"模式，以"数字安防产业发展高峰论坛""数字安防行业合作伙伴大会"为主论坛，同时举办"数字安防助力公安信息化与数字化建设研讨会（闭门）""长三角公共数据安全保障体系建设高峰论坛""保安新格局、服务再升级——'智慧安保'专题论坛"和"首届应急产业融合发展高峰论坛暨浙江省应急产业技术联盟成立大会"4场专题论坛。会议期间，还举办杭州安防·应急展。

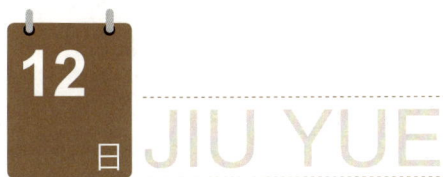

12 日

JIU YUE

● ● 全国深化医改经验推广会暨中国卫生发展高峰会议在杭州召开。相关政府机构、知名高校科研院所的代表，两院院士，知名医院管理者，医院优秀学科带头人，以及国内关注医改工作的嘉宾参加，为深化医改提出意见建议。大会分为一个主论坛和17个分论坛，涉及医院高质量发展、分级诊疗、医疗区块链、绩效考核、整合医疗、慢病管理、学科建设、后疫情时代的医院应急管理、智慧医院等热点焦点话题。

● ● 2020年长三角阅读马拉松开赛，来自江浙沪皖四地111个赛点的4945名参赛选手同时阅读尚未上市的新书《消费者的决策——行走于理性的边缘》。比赛在浙江省各级公共图书馆共设47个赛点，有1450位选手组成的290支队伍参赛。

● ● 2020年上海旅游节开幕，"最忆是杭州"文化旅游推广活动在上海举行。杭州用"韵味杭州""文化杭州""数字杭州"三个篇章，向上海市民、游客展示历史文化、创新活力、生态文明，介绍城市精品旅游线路、数字文旅体验、文旅奖励等产品、举措，展示杭州的"非遗"文化旅游产品。

13
日 JIU YUE

●● 全国政协常委会委员、港澳台侨委员会副主任耿惠昌率调研组到杭州，就服务"一带一路"建设、推进海外华文教育进行专题调研。调研组听取市政协港澳台侨和外事工作汇报，实地考察杭州第二中学滨江校区、杭州国际学校和天长小学。中国侨联副主席邵旭军、省政协副主席吴晶、市政协主席潘家玮、市政协副主席王立华及省、市政协港澳台侨和外事委等有关负责人参加。潘家玮主持座谈会。他表示，市政协将一如既往地发挥人民政协制度优势，按照全国政协和省政协的部署要求，总结杭州经验和做法，积极支持海外华文教育发展，助力杭州市海外华文教育工作展现"重要窗口"的"头雁风采"。

耿惠昌指出，"一带一路"建设在为世界经济发展提供中国方案的同时，也给海外华文教育带来了新的发展机遇。杭州市认真贯彻习近平总书记关于教育"走出去"的指示精神，持续扩大教育开放，积极发挥"一带一路"重要枢纽城市和民营经济大市优势，通过选派骨干教师出国、设立海外教育基地、企业参与职业教育、中外合作办学、多渠道开展华文教学等方式，推进海外华文教育工作。希望进一步总结经验、发挥特色、打造品牌，积极探索华文教育体制机制、路径、方法的创新，为推进海外华文教育，更好地服务"一带一路"建设做出杭州贡献。

14
日 JIU YUE

●● 市委常委会召开会议，传达学习习近平总书记在科学家座谈会、全国抗击新冠肺炎疫情表彰大会、中央第七次西藏工作座谈会上的重要讲话精神和在2020年中国国际服务贸易交易会全球服务贸易峰会上的致辞精神及省委常务委员会会议精神，研究部署贯彻落实意见；传达学习全国地方政协工作经验交流会精神，并对做好下一步工作做出部署。

会议指出，习近平总书记在科学家座谈会上的重要讲话，从党和国家事业发展的全局出发，深刻阐述加快科技创新的重大战略意义，深刻分析制约我国科技创新发展的关键问题，深刻揭示科技创新发展的基本规律和实践方法，为科技体制改革、科技创新发展把脉定向、指路领航。全市上下要深刻学习领会，坚决扛起使命担当，厚植创新活力之城的特色优势，持续做强平台创新策源功能，全面提升高水平科技供给能力，着力做好创新人才引育文章，切实深化科技领域体制改革，大力弘扬科学家精神，在走出适合国情的创新路子中先行先试、示范引领，勇当长三角区域科技和产业创新的开路先锋，努力打造创新型城市的实践范例，为"四个面向"提供更多杭州素材。

● ● 市委常委会召开会议，传达学习省委书记袁家军在省委党校秋季学期开学典礼讲话精神，研究部署贯彻落实工作。

会议指出，省委书记袁家军在省委党校2020年秋季学期开学典礼上的重要讲话，既为全省领导干部上了一堂内涵丰富、意义深刻的专题党课，更务实提出了新阶段新形势下的工作要求。这充分体现了在思想和行动上坚决做到"两个维护"的绝对忠诚，充分体现了一张蓝图绘到底、一以贯之抓落实的政治定力，充分体现了志不求易、事不避难、实干当先、锐意进取的使命担当，为我们做好当前和今后一个时期的工作进一步指明了方向。全市上下要深入学习领会、全面贯彻落实，主动扛起省会城市的责任担当，持续深化"八八战略"在杭实践，奋力展现"重要窗口"的"头雁风采"。

● ● 杭州市召开工作推进会，以全省平安考核进前三为目标，部署"十大行动"，上线"平安督"应用平台，打响平安创建百日攻坚战。

会上，各区县（市）平安办和相关市直部门负责人表示，将压实压紧责任，直面短板、精准整改，以战斗姿态冲刺平安大考，为建设更高水平更高质量的平安杭州做出贡献。

16

日 **JIU YUE**

● ● 省委副书记、代省长郑栅洁在杭州、绍兴调研。在杭州期间，考察杭州宏华数码科技股份有限公司、浙江大华技术股份有限公司等。

郑栅洁强调，创新是高质量发展最鲜明的标志。要深入贯彻习近平总书记视察浙江重要讲话精神，认真落实省委十四届七次全会精神和省委"忠实践行'八八战略'、奋力打造'重要窗口'"部署要求，坚持新发展理念，坚持创新强省导向，坚持把发展的着力点放在创新上，抢抓新一轮科技革命和产业变革的历史机遇，大力推进产业创新、科技创新双联动，为全省经济高质量发展注入强劲动力，加快构建新发展格局。

● ● 2020年杭州国际音乐节在杭州大剧院开幕。

音乐节由市委宣传部、杭州文广集团主办，杭州演艺集团和杭州爱乐乐团共同承办，包含驻节演出15场、公益普及演出10场、云上音乐会4场、大师公开课4场、音乐讲堂3场以及城市灯光秀等37个系列活动，持续到10月13日。

● ● 省人大常委会副主任赵光君带队到杭州调研大运河世界文化遗产保护立法工作。市人大常委会主任于跃敏、副主任陈红英参加。赵光君一行实地查看京杭大运河杭州段部分点段以及中国刀剪剑博物馆和京杭大运河博物馆，询问杭州市大运河世界文化遗产保护和开发利用情况，并与有关部门和单位的相关人员进行交流。

赵光君在充分肯定杭州市在大运河世界文化遗产保护利用方面取得的成绩后指出，大运河是我国古代创造的一项伟大工程，传承着中华民族的悠久历史和文明。习近平总书记多次对保护好、传承好、利用好大运河这一宝贵遗产做出重要指示批示。为了更好地贯彻总书记指示批示精神，要通过立法进一步加强大运河世界文化遗产保护，规范开发利用行为，弘扬优秀文化、传承人类文明，促进经济社会协调可持续发展。

于跃敏表示，2020年，市人大常委会在开展世界文化遗产保护相关条例执法检查基础上，将对大运河文化遗产保护工作进行专题询问，并依法做出促进世界文化遗产保护的相关决定，为大运河文化遗产保护提供有力法治保障。

16—17日 JIU YUE

●● 省委书记袁家军调研杭州城西科创大走廊建设，并召开座谈会就"十四五"创新发展听取意见。袁家军强调，要深刻领会习近平总书记对新发展阶段的重大判断、对构建新发展格局的战略部署、对科技创新的最新指示，对标国际先进，把握发展规律，激发创造性张力，集成力量，争先创优，加快把科创大走廊建成创新策源地，以创新催生发展新动能，打造"重要窗口"鲜明标志。

16日下午，袁家军考察一批创新平台和企业，了解城西科创大走廊规划建设、阿里巴巴达摩院、聚光科技青山湖产业园、杭州云城规划建设、铁路西站枢纽项目。17日上午，袁家军主持召开座谈会，听取省、市有关负责人关于城西科创大走廊建设工作情况汇报。浙江大学、之江实验室、西湖大学、阿里巴巴集团、每日互动股份有限公司、浙江铖昌科技股份有限公司、杭州鲁尔物联科技有限公司等单位和企业负责人做发言，对加快建设创新策源地提出意见建议。

袁家军指出，城西科创大走廊启动建设四年多来，实现了高质量、高速度的跨越式发展。要深刻领会把握新阶段新使命新定位，认真落实省委十四届七次全会决定，进一步明确科创大走廊建设的目标方向。一是建设面向世界、引领未来、服务全国、带动全省的创新策源地，引领带动全省创新发展；二是建设高质量发展引领区、城市现代化先行区、整体智治示范区，努力成为创新力、竞争力、影响力卓著的高水平现代化引领示范区。

17日 JIU YUE

●● 全国妇联党组书记、副主席、书记处第一书记黄晓薇带领全国妇联调研组，就深化妇联改革、发挥家庭家教家风在基层社会治理中的重要作用等到杭州开展调研考察。

调研组走访了解杭州阿优文化科技有限公司"蒲公英梦想工作室"、萧山科创中心的"律英婚姻家庭纠纷调解工作站"、信息港小镇群团改革及妇联工作、建德市千鹤妇女精神教育基地、梅城古镇千鹤嫂创业街等。

●● 市委全面深化改革委员会第七次会议召开，市委全面深化改革委员会成员出席会议，有关市领导和市直部门、区县（市）负责人列席会议。

会议举行党委（党组）书记改革工作述职，萧山区、下城区、市商务局的党委（党组）书记做述职。会议审议通过《杭州市深化国有企业改革实施方案》《杭州市突发事件应对管理办法》《杭州市节水行动实施方案》《杭州市推进大健康治理能力现代化的实施意见》《健康杭州三年行动方案（2020—2022年）》《淳安特别生态功能区"两山银行"试点方案》，听取上城区未来社区试点、桐庐县村域规划"多规合一"试点等有关情况汇报。

会议强调，要坚持以改革促进高水平开放，打造国内大循环关键节点和国内国际双循环重要枢纽，创新完善对外开放体制机制，拓展开放型经济新空间，力争在新消费体系建设、现代流通体系建设、服务贸易发展等领域谋划推出一批高质量的改革项目，提升杭州在完整内需体系中的战略地位，更好融入"双循环"新发展格局。要坚持以改革推进市域大统筹，全面提升城市综合承载力和资源配置能力，以"功成不必在我"的精神境界和"功成必定有我"的历史担当，推动市域大统筹相关体制机制改革任务的落地落实。要坚持以改革激活科创引擎，构建更加强劲、更可持续、更抗风险的动能系统，更好依靠创新驱动、技术进步、高素质人才激发强大内生动力，深化高能级科技创新平台建设，推进科技体制改革创新，促进产学研深度融合，全力攻关重要领域关键核心技术，努力打造面向世界、引领未来、辐射全省的创新策源地。要坚持以改革赋能城市治理，优化城市治理现代化的数字系统解决方案，按照"整体智治"的理念，统筹推进数字技术应用于制度创新，全面深化政府数字化转型，做强做优城市大脑，推动城市治理理念、机制、工具、手段进行深刻变革，加快建设智慧城市，努力为全国创造更多可推广的经验。

●● 市人大常委会主任于跃敏带队调研《杭州市物业管理条例》修订工作。陈红英、滕勇及10名市、区两级人大代表参加。

　　于跃敏一行实地调研采荷街道红菱社区老旧小区物业管理和凯旋街道南肖埠文景苑小区物业三方联动管理情况，随后召开座谈会，听取职能部门、街道、社区、业委会、物业公司等意见。与会人员充分肯定条例修订必要性，同时围绕物业费收取、专项维修资金使用、经营性收益监管、业委会选举与运作、业主与物业企业权利义务，及职能部门、街道、社区职责等提出意见建议。

　　于跃敏强调，要坚持立足基层治理体系建设，充分发挥立法引领、推动、规范、保障作用，推动行业管理向社会治理转变，提升社会治理能力和水平。要坚持问题导向，聚焦业主、业主大会、业委会、物业企业等主体，物业费、物业专项维修资金等事项和职能部门、街道、社区职责等重点，探索建立多方议事协调机制、公共事件应对机制，着力打通物业管理难点、堵点问题。要坚持把社会主义核心价值观融入法规修订全过程，倡导诚信重德、积极向上的社会风尚，合力营造平安、和谐、舒适的居住生活环境。要坚持开门立法，充分发挥人大代表和基层立法联系点作用，广泛听取群众意见，集中民智民意，着力提高立法质量。

●●　市政协开展重点提案办理协商工作。市政协主席潘家玮讲话。谢双成参加考察。

　　市政协十一届四次会议上，蔡祖明委员提交的《关于推广"舌尖上的杭州品牌"，做强杭帮食品"安全名片"的建议》，经市政协主席会议审议确定为重点提案，并由市政协主席潘家玮负责督办。会前，潘家玮一行实地考察杭州采芝斋食品有限公司、楼外楼食品有限公司、第二届中国（杭州）国际美食博览会现场和祖名豆制品有限公司，走进企业门店、生产车间和展位，了解生产经营情况，叮嘱企业严把产品质量安全关，积极传承创新，提供更多质优味美、安全健康的食品。协商会上，主办单位介绍提案办理情况，对提案建议做针对性回复。蔡祖明、吴江达、谢茂林、沈宇清等政协委员和部分餐饮企业、餐饮协会负责人从品牌建设、人才培养、知识产权保护、新型业态培育等角度提出建设性意见。

●●　《杭州市人民政府办公厅关于支持历史经典产业保护传承创新发展的若干意见》发布，从加强历史经典产业文化保护、鼓励历史经典产业文化传承，促进历史经典产业发展、加大历史经典产业宣传4个方面予以支持。

17—18日 JIU YUE

● ● 由阿里巴巴集团主办的2020年杭州·云栖大会首次在线上举行，主题为"数智未来、全速重构"，通过官网为全球科技人带来前沿科技、技术产品、产业应用等领域的系列重磅发布，其中主论坛发布云计算和机器人领域的突破性进展。省委副书记、代省长郑栅洁在开幕式上发表视频致辞。

郑栅洁强调，云栖大会是浙江数字经济的金名片，是互联网科技创新的风向标。云栖大会从线下搬到线上，充分说明疫情扑不灭创新的热情、挡不住前进的脚步。浙江是数字经济大省。2020年以来，在以习近平同志为核心的党中央坚强领导下，浙江统筹疫情防控与经济社会发展取得重大战略成果，数字赋能是重要支撑。当前，全省上下深入贯彻落实习近平总书记视察浙江重要讲话精神，坚持创新强省导向，抢抓新一轮科技革命和产业变革的历史机遇，着力打造高能级创新平台，着力推进数字"新基建"，着力做强现代产业集群，着力重塑创业创新生态，加快建设国家数字经济创新发展示范区，加快打造以"互联网+"科创高地为引领的创新策源地。欢迎广大创业者来到浙江、融入浙江、扎根浙江，携手共创数智未来、共享"重要窗口"建设成果。

17—20日 JIU YUE

● ● 2020年知味中国·第二届中国（杭州）国际美食博览会在西溪天堂举行，主题为"生活因美食而美好"。201个餐饮企业参与展示，联动展位783个，1500位来自全国餐饮行业的专家、企业家参加，总交易额超过2000万元。

18 日 JIU YUE

●● 全市推进新消费工作会议召开。会议表彰新消费领军企业、突出贡献企业、品牌企业、创新企业，市商务局、上城区、杭州盒马网络科技有限公司、咪咕数字传媒有限公司、杭州大厦、谦寻（杭州）控股有限责任公司负责人做交流发言。

会议指出，推进新消费、释放消费潜力是畅通经济循环、抓"六保"促"六稳"的关键举措，是强化城市功能、提升城市核心竞争力的重要抓手，是适应社会消费需求升级、满足人民美好生活向往的必然要求。要深刻认识新形势下扩内需、促消费的重大意义，准确把握消费演进趋势，主动适应消费动因之变，创造新的产品服务；主动适应消费群体之变，抢占新的细分市场；主动适应消费关系之变，塑造新的商业模式；主动适应消费观念之变，倡导新的社会风尚。

●● 市委理论学习中心组召开专题学习会，邀请中国工程院院士方滨兴做题为《网络与信息安全面临的问题与应对》专题报告，市委副秘书长、市档案局局长范飞就新修订的《中华人民共和国档案法》做解读。市委理论中心组成员出席报告会。

●● 市人大常委会党组书记、主任于跃敏到市委党校讲课，围绕"人民代表大会制度及其杭州实践"做专题报告。市管干部进修班、中青一班、中青二班、党政正职班、党外中青班、女干部班等近300名学员参加。

于跃敏指出，习近平总书记关于坚持和完善人民代表大会制度的重要思想，是习近平新时代中国特色社会主义思想的重要组成部分，是新时代坚持和完善人民代表大会制度的根本遵循。要从增强"四个意识"、坚定"四个自信"、做到"两个维护"的高度，深刻领会科学内涵，准确把握精髓要义，切实贯彻落实到人大工作全过程各方面。

18—19日 JIU YUE

●● 长春市考察团到杭州考察,走访西溪国家湿地公园、城市大脑运营指挥中心等。19日,两市召开对口合作工作座谈会。杭州市委副书记、市长刘忻,长春市委副书记、市长张志军讲话。杭州市领导戴建平,长春市领导王路、宋葛龙出席。

刘忻对长春市考察团的来访表示欢迎。他指出,构建杭州市与长春市对口合作机制,是党中央、国务院推进实施新一轮东北地区等老工业基地振兴战略的重大决策部署。对口合作工作开展以来,双方围绕体制机制创新、产业协同合作、基础设施共建、重点平台对接、创新创业共享、干部人才交流6个方面持续深化全方位、多层次合作对接,取得了明显成效。下一步,我们要认真贯彻落实习近平总书记关于"推动形成优势互补高质量发展的区域经济布局"的重要指示精神,进一步完善区域合作机制、发挥各自优势特色,合力开创对口合作工作新局面。要围绕产业抓合作,强化领军企业支撑作用,用好浙商群体资源优势,深化数字经济、汽车制造、生物医药等产业务实合作,打造高质量发展强劲引擎。要围绕农业稳合作,在优质农产品引进、粮食产销对接上下更大功夫,让好产品走向大市场。要围绕科教强合作,发挥双方基础教育、基础科研、成果转化、市场应用互补性强的优势,打造一批标志性合作项目。要围绕文旅拓合作,依托各自山水资源、人文禀赋,用好西湖博览会、长春冰雪节等活动平台,共同打好两市合作发展"双赢牌"。

张志军表示,希望以此次学习考察为契机,进一步借势借力杭州,在完善政府间合作机制、做强重大产业平台、推进农业农村现代化、强化生态旅游合作等方面取得新突破,为长春改革发展赋能,推动两市对口合作再上新台阶。

18—20日 JIU YUE

●● 第七届中国（杭州）国际电子商务博览会举行。博览会主题为"新零售·新商业·新消费"，开展8场论坛、30多场活动，500多个企业参与，网络直播销售额超过7000万元。

19—25日 JIU YUE

●● 2020年全国科普日暨杭州市第三十四届科普宣传周活动在富阳区场口镇举行。活动表彰十佳"最美科普人"，邀请专家学者进行科普讲座，用小品、莲花落、科普剧等形式向现场观众进行科普宣传。

活动由市科协、市委宣传部、市教育局、市科技局、市林水局、市农业农村局、市卫生健康委、市应急管理局、市社科联、富阳区政府联合主办，市乡村振兴学会联合体、富阳区科协、富阳区场口镇政府共同承办，围绕"弘扬科学精神，展现科学价值""助力疫情防控，推动健康科普""聚焦脱贫攻坚，决胜全面小康""加强科技志愿，彰显科技为民"四大主题，在全市范围内开展800多场线上线下科普活动。

21日 JIU YUE

●● 全国人大常委会委员、全国人大监察和司法委员会副主任委员、中国法学会专职副会长张苏军率中国残疾人联合会、最高人民检察院等一行到杭州调研无障碍环境建设检察公益诉讼工作。市人大常委会副主任陈红英、监察司法工委负责人等参加调研。

调研组观看《有爱无碍，共建别样精彩》杭州无障碍环境建设检察公益诉讼宣传片，听取市检察院分管副检察长汇报全市检察机关无障碍专项监督行动工作情况、行政机关的整改落实情况，以及当前存在的立法强制亟待提升、行政监管亟待加强、文化理念亟待形成三方面的主要问题。市检察院从公益诉讼角度提出完善立法赋予无障碍环境建设检察公益诉讼法定职责、提升无障碍环境建设立法刚性和精细度等建议。

●● 市委常委会召开会议，学习贯彻省委书记袁家军在调研城西科创大走廊建设时重要讲话精神，对贯彻落实工作做出部署。

会议指出，省委书记袁家军在调研时做出的重要指示和座谈会发表的重要讲话，既充分肯定前一阶段的建设成效，又着眼大局大势把脉定向、统筹当前长远精准施策，具有很强的指导性、前瞻性、操作性，为推进城西科创大走廊建设、打造创新策源地进一步找准了方向、理清了思路、增强了信心、增添了动力。全市各级各部门特别是城西科创大走廊建设成员单位必须全面深刻领会、抓好贯彻落实，坚决扛起使命担当，充分激发愿景驱动、自我超越的创造性张力，对标最高、瞄准最好争先创优，全面提升城西科创大走廊建设和发展水平，持续擦亮创新活力之城特色标识，奋力打造"重要窗口"鲜明标志。

●● 市政协召开"请你来协商·持续优化双创生态大力培育科技型初创企业"月度协商会。市长刘忻到会听取意见并讲话。市政协主席潘家玮主持。张仲灿、汪小玫、叶鉴铭、陈永良、王立华、周智林、冯仁强出席。

会议以网络视频会议形式召开，设市民中心主会场，滨江区政协、市政协科技界别、科创园区分会场。会上，市科技局介绍杭州市科技型初创企业培育发展情况，市政协教科卫体委做主旨发言，8位民主党派、区政协、界别委员代表以及3位业界专家、科创园区和企业负责人做交流发言。委员们通过政协智慧履职平台实时在线观看，会前会中、网上网下相结合进行互动讨论，共有313人次委员，提出174条意见建议。

●● 生态环境部公告第四批"绿水青山就是金山银山"实践创新基地命名名单，全国共35个地区入选。淳安是杭州唯一入选县，也是杭州首个"绿水青山就是金山银山"实践创新基地。

●● 杭州市第十六届"美德少年"（新时代好少年）颁奖活动在杭州文广集团举行。朱紫萱、占天予、华雨萱、张文升、陈奕诺、徐梓晨、万李朋、范欣航、黄天瑜、邢铭轩10名学生获评诚信守礼、尊师孝亲、勤学创新、自强自立和热心公益好少年，并被授予杭州市第十六届"美德少年"（新时代好少年）称号。

22 日 JIU YUE

●● 省委书记袁家军率省代表团到杭州市对口扶贫协作地区——湖北省恩施州学习考察并开展扶贫协作工作。

代表团考察杭恩职业技能培训中心、宣恩县沙道沟镇西水情社区"准者体育服饰"扶贫车间、颐高梦巢小镇、宣恩县松坪实验小学等，看望贫困户。考察期间，举行杭恩东西部扶贫协作抗疫抗灾特殊帮扶资金援赠仪式，袁家军、应勇分别讲话。

袁家军表示，这次来湖北学习考察，主要目的是全面落实习近平总书记关于东西部扶贫协作和对口支援工作的重要指示精神，学习湖北省及恩施州在疫情防控、创新发展、脱贫攻坚等方面的好经验好做法。近年来，恩施大地发生了翻天覆地的变化，人民生活实现了历史性跨越。特别是2020年以来，面对决战决胜脱贫攻坚的艰巨任务，面对疫情防控、疫后重振、防汛救灾三场硬仗的严峻考验，湖北人民、恩施人民发扬越是艰险越向前的大无畏精神，取得了统筹推进疫情防控和经济社会发展的良好成绩。我们要向湖北人民、恩施人民学习，向大家致敬。杭州与恩施建立结对帮扶关系4年多来，建立起了良好的工作机制，打造了一批扶贫协作成果。这次杭州市向恩施州捐赠1亿元特殊帮扶资金，表达的是支持恩施抗疫抗灾、加快发展的心意。恩施州是杭州市的亲兄弟，浙江人民一直牵挂着恩施。我们将以此次学习考察为新起点，与湖北、恩施一道，准确把握新形势新机遇，同鼓干劲、合抓落实，共同推动恩施高质量如期打赢脱贫攻坚战。

●● 杭州2022年第19届亚运会倒计时两周年活动在浙江省人民大会堂举行。副省长成岳冲出席，市长刘忻致辞。中国奥委会副主席李玲蔚，市领导戚哮虎、缪承潮、陈卫强等参加。

刘忻指出，杭州亚运会倒计时两周年的到来，标志着亚运筹办工作进入了加速攻坚、冲锋冲刺的关键阶段。在接下来的两年时间里，我们将切实扛起忠实践行"八八战略"、奋力打造"重要窗口"的使命担当，继续秉持"绿色、智能、节俭、文明"的办会理念，与亚奥理事会更加紧密联系，与兄弟城市、兄弟单位等各方面深入联动协作，努力做好各项筹备工作，持续放大亚运筹办的综合带动效应，真正实现"办好一个会、提升一座城"，为举办一场"中国风范、浙江特色、杭州韵味、共建共享"的体育文化盛会贡献智慧与力量。

活动期间，杭州亚运会体育图标发布，志愿者口号同步启动征集，"智能亚运一站通"小程序上线，《嗨，亚运》系列纪录片宣布开机。

● ● 2020年中国农民丰收节浙江庆丰收主场活动暨第二届杭州市农创客大赛颁奖仪式在建德市举行。浙江省政协副主席陈小平、杭州市委副书记佟桂莉分别致辞，并与市政协党组副书记张仲灿等共同开镰，启动庆丰收系列活动。

活动由美食音乐节、骑行大会、乡村技能大师评比、建德（中国）水稻论坛、农业研学等八大主题项目组成，省、市领导为第二届杭州市农创客大赛获奖团队颁奖，部分获奖项目现场签约落地，还发布"登丰造集——丰收夜市"邀约、休闲农业精品线路、网上农博金秋消费季等活动信息。

● ● 第十二届"西湖·日月潭"两湖论坛通过杭州市与南投县两地视频连线方式举行。论坛主题为"情牵两湖、共谋发展"，围绕疫情防控、社区建设、民宿合作等议题，开展交流合作，分享智慧经验。杭州市市长刘忻、南投县县长林明溱出席开幕式并致辞。杭州市领导陈国妹、王立华，南投县领导陈正昇参加。

刘忻指出，当前杭州正在深入实践"让杭州更美好，让人民更幸福"的城市发展理念，努力打造数字经济城市、新型智慧城市、国际一流营商环境城市、最具幸福感城市建设的实践范例，加快建设具有独特韵味别样精彩的世界名城，这为两地合作提供了更加广阔的空间。我们将继续积极创造条件，与南投共享发展机遇，进一步扩大双方各领域交流与合作，为南投乡亲在杭州学习、创业、就业、生活提供优质服务，为两地民众谋取更多福祉。

林明溱说，南投县与杭州市多年来的交流，有着深厚的情谊，在互信、互惠、互利的原则下，取得丰硕成果。希望大家继续努力加油，进一步推动杭州与南投教育、文化、艺术、农业、观光旅游及文创产业等各领域的交流合作，扩大和提高日月潭与西湖的国际旅游知名度和竞争力，实现两岸一家亲、南投杭州亲上亲。

主论坛上，市卫生健康委和南投县卫生局负责人分别做主旨演讲，分享两地疫情防控经验。论坛还设立"社区建设""民宿合作交流"两个分论坛，配套举办"南投线上特产馆"启动仪式和"聚梦·启杭"南投青农线上电商培训。

●● 澳大利亚驻沪总领事戴德明一行到杭州访问，副市长柯吉欣会见访问团。

柯吉欣简要介绍杭州经济社会发展情况。他表示，杭州与澳大利亚往来密切、产业互补，期待进一步拓宽合作空间。双方希望在经贸投资、教育科技和体育健康等领域加强交流，实现共同发展。

●● 2020年长三角G60科创走廊城市暨浙江省职工网络安全攻防技能大赛在杭州举行。大赛由中国长三角地区职工劳动技能创新立功竞赛办公室、浙江省总工会主办，杭州市总工会承办，余杭区委、余杭区政府协办，来自长三角地区29个城市所属的36支代表队、108位选手参赛。

开幕式上，G60科创走廊九城市总工会的代表共同签订"关于建立G60科创走廊工匠联盟的议定书"。联盟将通过共享工匠数据、共建交流平台、共办技能竞赛、共克技术难关、共搭创新载体、共育工匠梯队等举措，充分发挥工匠在助推G60科创走廊高质量发展中的重要作用。

●● 全市交通安全综合治理百日攻坚行动启动。即日起至年底，杭州市通过开展道路源头隐患治理、镇街村社治理等六大行动，提升道路交通安全综合治理水平。

●● 首届中国·建德高层次人才创业大赛启动。大赛由杭州市人力社保局、杭州市科技局、建德市委、建德市政府主办，主题为"创响全球遇建未来"，重点征集生物医药、新材料、通用航空、智能制造等未来产业领域的项目。大赛历时3个月，征集到100多个参赛项目，通过初评、分站赛（北京、上海、宁波）、半决赛、总决赛等多轮角逐，最终决出一等奖2名、二等奖3名、三等奖5名。

22—23日 JIU YUE

●● 市和区县（市）政协主席学习会暨政协工作交流会召开。市政协主席潘家玮讲话，张仲灿主持，汪小玫、叶鉴铭、谢双成、陈永良、王立华、周智林、冯仁强参加。会议传达学习贯彻全国地方政协经验交流会精神和省委书记袁家军在省委党校秋季班开学典礼上的讲话，市委常委会精神，就深入推动中央和省委、市委政协工作会议精神走深走实进行交流和部署。各区县（市）政协在会上做交流发言。与会人员实地考察玉皇山南基金小镇委员会客厅、文晖街道政协委员活动小组党建工作、江干区"有事好商量"协商平台和淳安县下姜村等地。

潘家玮强调，要坚持以习近平新时代中国特色社会主义思想为总纲，围绕省委忠实践行"八八战略"、奋力打造"重要窗口"和市委奋力展现"重要窗口""头雁风采"的部署要求，切实扛起"三个地"省会城市政协责任担当，以更高标准、更实举措、更大力度推进新时代政协工作高质量发展，为杭州展现"重要窗口""头雁风采"贡献政协力量。要坚持把党的创新理论武装摆在突出位置，发挥政协党组学习的引领作用，认真落实习近平新时代中国特色社会主义思想学习座谈会制度，深入抓好委员学习培训、"委员读书"活动，推动理论学习经常化机制化。要以党的政治建设为统领推进政协党的建设各项工作，发挥政协党组领导核心作用，探索党员委员活动有效方式，健全落实发挥党员委员作用的经常性机制，打通"两个全覆盖""最后一公里"。要聚焦主责主业，围绕中心、服务大局，加强协商平台建设，培育协商文化，提升协商质效，注重成果转化，更好发挥专门协商机构作用。要更加突出凝聚共识职能，以深化"政协走亲"活动为重要抓手，推动凝聚共识走深走实，自觉扛起"落实下去、凝聚起来"重大政治责任。要着力夯实基础、抓好队伍，持续推动解决"两个薄弱"问题，全面加强政协自身建设。

23 日 JIU YUE

●● 省委书记袁家军率浙江省代表团到武汉考察，学习弘扬伟大抗疫精神，深入对接浙鄂两省各领域合作与交流。浙江·湖北扶贫协作工作座谈会召开，袁家军、湖北省委书记应勇出席并讲话。湖北省委常委、常务副省长黄楚平，浙江省委常委、常务副省长冯飞分别介绍两省经济社会发展、东西部扶贫协作工作等情况。杭州市与恩施州签署乡村振兴合作协议，浙江省卫生健康委与荆门市签署战略帮扶合作框架协议。

座谈会前，袁家军、应勇共同看望在鄂浙商代表。袁家军对在鄂浙商在抗疫中的积极贡献表示感谢，他希望广大在鄂浙商在新发展格局中抓住机遇、持续创新，义利并举、诚信经营，饮水思源、反哺家乡，为湖北发展、浙江"重要窗口"建设做出更大贡献。

浙江省领导陈金彪，湖北省及武汉市领导王贺胜、王忠林、万勇、周先旺参加座谈会或陪同考察。

●● 市政协主席潘家玮带领市、县两级政协委员到淳安围绕推进特别生态功能区建设进行监督调研，实地踏看千岛湖镇七星花园小区、千岛湖镇城西污水处理厂、宋家坞村等有关项目，听取意见建议。市政协副主席陈永良参加。

调研中，潘家玮指出，淳安县委、县政府认真贯彻落实省委、市委决策部署，站位高，力度大，举措实，特别生态功能区建设取得了新进展新成效。要持续深入学习贯彻习近平生态文明思想，牢固树立新发展理念，充分利用自然资源禀赋推动绿色发展，打通"绿水青山就是金山银山"理念转化通道，努力把淳安打造成展现生态文明建设"重要窗口"的示范样本。要坚持以人民为中心的发展思想，统筹好生产、生活、生态各项工作，让保护建设成果惠及广大人民群众。市、县两级政协要上下联动，持续关注，为纵深推进淳安特别生态功能区建设建言资政、凝聚共识。

●● "智慧城市：创新城市交通解决方案和城市流动力"线上市长圆桌会议召开，聚焦现代化城市交通治理，为俄罗斯"2020喀山数字周"国际论坛揭开序幕。杭州、济南、广州、成都和西安等城市的市领导，与俄罗斯、土耳其、哈萨克斯坦等国家城市的市长们在"云端"共话现代化都市交通治理之道。

●● 水利先进实用技术优秀示范工程评审会议在杭州未来科技城召开。未来科技城永胜港河道水质提升修复工程被水利部科技推广中心授予"水利先进实用技术优秀示范工程"称号。

永胜港位于杭州未来科技城永胜圩区内，西起闲林港，东至香樟港，是一条重要的排涝河道。水利部科技推广中心的批复文件中这样评价这一工程："智能联动反馈水环境治理系统在浙江杭州未来科技城（海创园）永胜港河道水质提升修复工程中得到应用，稳定达到水质考核要求，实现水质的实时监测、传输、监控，取得了良好效果，对恢复河道水生态系统、重建水环境自然循环奠定了基础。该示范工程具有辐射与引领带动作用，并建议加强该技术在水环境治理领域推广应用。"

23—25日 JIU YUE

●● 2020年中国大运河文化带京杭对话活动在北京举行，汇聚国内外政产学研各界嘉宾为大运河保护传承利用建言献策。北京市委常委、宣传部部长杜飞进，浙江省委常委、宣传部部长朱国贤，杭州市委副书记、市长刘忻，中国新闻社社长陈陆军出席开幕式并致辞。戚哮虎、缪承潮参加。

活动以"运河上的京杭对话，共建共享新未来"为主题，展示大运河文化带建设成果，开展"1+8+N"系列活动，即1个主论坛暨开幕式、8项主场活动，以及来自北京市、浙江省、杭州市的N场主题活动，包括专家研讨、艺术雅集、文旅推介、技术交流、媒体传播等形式。开幕式上，中国大运河文化带文化金融产品发布，"北京浙江文旅高质量发展合作框架协议""中国大运河文化带京杭对话五方合作机制框架协议"签约，中国国家博物馆副馆长单威、中国作家协会副主席李敬泽、著名作家麦家等文化名人做交流。

23—26日 JIU YUE

●● 2020年浙江省青年职业技能竞赛在杭州职业技术学院和萧山技师学院举行，来自全省11个地市和省直代表队的240人参赛。

比赛由团省委、省人力社保厅联合主办，团市委、市人力社保局承办，以"技能成才报祖国，青春奋进新时代"为主题，设置"学生组"和"职工组"两个竞赛组别。每个组别均设置计算机网络管理员、机床装调维修工、模具工（冲压）3个国赛竞赛工种。获竞赛各职业（工种）单人赛项前5名、双人赛项前3名的职工组选手被授予"浙江省技术能手"称号，获各职业（工种）单人赛项前8名、双人赛项前4名的职工组和学生组选手被授予"浙江省青年岗位能手"称号，同时按相关规定晋升职业资格或职业技能等级。

24
日
JIU YUE

●● 省委、省政府在省人民大会堂举行中国（浙江）自由贸易试验区扩展区域挂牌仪式。会上，浙江自贸试验区宁波片区、杭州片区、金义片区揭牌，首批入驻浙江自贸试验区扩展区域的10个企业接受授牌。省委书记袁家军，省委副书记、代省长郑栅洁共同为浙江自由贸易试验区扩展区域揭牌。袁家军讲话，郑栅洁宣读国务院关于同意新设中国（浙江）自由贸易试验区扩展区域的批复，省政协主席葛慧君参加活动。现场，首批入驻浙江自由贸易试验区扩展区域的企业代表获颁营业执照。

中国（浙江）自由贸易试验区拓展区域杭州片区功能定位为"两试验两示范"，旨在打造全国领先的新一代人工智能创新发展试验区、国家金融科技创新发展试验区和全球一流的跨境电商示范中心，建设数字经济高质量发展示范区。实施范围为37.51平方千米，包括钱塘区块10.10平方千米（含杭州综合保税区2.01平方千米）、萧山区块16.09平方千米和滨江区块11.32平方千米。

●● 市政府常务会议召开，就开发区（园区）整合提升、居家养老服务、危化品运输及铁路沿线安全治理等议题进行研究部署，市长刘忻主持。会议强调，要深入贯彻落实习近平总书记重要讲话和指示精神，紧紧围绕省委、市委相关决策部署，聚焦发力打造高能级战略平台，凝聚合力构建养老综合服务体系，全流程监管确保危化品运输安全，以实际行动充分彰显"重要窗口"的"头雁风采"。

会议听取杭州市开发区（园区）整合提升方案编制情况汇报，审议关于贯彻落实《杭州市居家养老服务条例》的实施意见，研究危化品运输和铁路沿线环境安全整治工作、《杭州市限制活禽交易管理办法》修订、工程渣土消纳市场信息价设置、第四届"杭州工匠"认定等事项，并集体学习《行政复议法》。

●● 市人大常委会开展《杭州西溪国家湿地公园保护管理条例》专题调研。市人大常委会主任于跃敏、副主任徐小林带队，副市长缪承潮介绍情况。17位市、区人大代表和2位市人大常委会咨询专家参加。

在座谈会上，市政府及杭州西湖风景名胜区管委会（西溪湿地管委会），西湖区、余杭区政府汇报相关情况。人大代表和专家就加快编制水环境治理专项规划、加强政策支撑与财政保障、做好湿地管养保护和文旅融合等，提出意见建议。

25 日 JIU YUE

●● 全省质量大会召开。省委副书记、代省长郑栅洁强调，质量是立省之本，事关未来发展，关系一个企业、一个地区综合实力和竞争力。各地各部门要深入贯彻落实习近平总书记关于"质量第一""质量强国"等重要指示精神，进一步把思想和行动统一到党中央、国务院和省委、省政府决策部署上来，以更大决心、更大力度、更新举措实施质量强省战略，创造性提升质量供给水平，努力为质量强国建设、"重要窗口"建设做出新的更大贡献。李学忠、陈铁雄出席，陈奕君主持，刘忻做交流发言。各市、县（市、区）设分会场。会议表彰2019年省政府质量奖获奖企业、2020年省标准创新贡献奖获奖单位。

刘忻在交流发言时说，近年来，杭州忠实践行"八八战略"，奋力打造"重要窗口"，坚决贯彻省委、省政府关于质量发展战略的决策部署，重点抓好六个"高质量"，着力打造具有国际竞争力的质量高地。

●● 省政府召开全省安全生产工作电视电话会议。省委副书记、代省长郑栅洁强调，安全生产重于泰山，事关总体安全、社会安定、百姓安宁，是浙江省奋力打造"重要窗口"、推进以人为核心的现代化的坚实基础，也是实现"两手都要硬、两战都要赢"的底线保障。要深入贯彻习近平总书记关于安全生产工作重要指示精神，树牢安全发展理念，弘扬生命至上、安全第一思想，强化"保境安民"意识，坚持问题导向、目标导向、结果导向，对标年度目标任务，表格化推进、清单式落实，如临深渊、如履薄冰，牢牢守住安全生产底线红线，着力提升本质安全水平，努力交出平安高分报表。高兴夫主持,刘忻、戴建平在杭州分会场出席。

刘忻在续会上强调,全市各地各部门要切实按照省政府部署要求,坚决扛起"保一方平安"的政治责任,防微杜渐、抓早抓小,确保全市安全生产形势持续向好。要紧盯事故易发隐患点,做好人员密集场所、道路交通、建筑工地、森林、矿区等重点区域隐患排查,加强易燃易爆品、特种设备、食品药品等安全检查,全力把风险消除在萌芽状态。要落地到"图"落细到"人",编制重点场所"一库一表一图一手册",压实具体人员安全生产管理责任,织密织牢安全防控一张网。要用足用好城市大脑,强化精密智控,及时有效识别重点环节和关键部位的安全风险,提升系统预警监测能力。要加强组织领导和值班值守,属地政府"一把手"要靠前指挥、深入一线,强化现场督导检查,推进问题整改落实,确保国庆、中秋"两节"平安祥和,以党员干部的"辛苦指数"换取人民群众的"安全指数"和"幸福指数"。

● ● 2020年南宋文化节在清河坊历史街区开幕。

文化节由市委宣传部、市文化广电旅游局、市商务局、市总工会、上城区委、上城区政府主办,以"御见清河坊·宋韵最杭州"为主题,以全新亮相的清河坊历史街区为主要展示空间,以传播南宋文化为主要内容,融合新消费元素,围绕"秀、剧、赛、展、会"五大板块,推出南宋瓦肆、《杭州印象》曲艺会演、南宋茶文化博览会、两宋论坛等20多项文商旅特色系列活动。

● ● 第四届"杭州工匠"认定发布会举行,新一批30位"杭州工匠"名单揭晓。

发布会上首次推出"匠心卡"。该卡是市总工会与市劳模工匠协会、市民卡管理有限公司专门为杭州工匠"私人订制"的"杭州通",杭州工匠凭"匠心卡"可以在大杭州范围免费游览指定公园、乘坐公交、地铁等。

● ● 杭州优秀传统文化丛书首发仪式举行。

市领导向有关单位赠送图书。首批丛书作家代表、受赠图书单位代表发言,并举行丛书音频内容上线启动仪式。

● ● 世界城地组织亚太区中国城市抗疫分享会以视频形式召开。作为代表城市,杭州出席会议并分享抗击疫情和复工复产的经验,浙江大学医学院附属第二医院感染管理科相关负责人就方舱医院感染防控做相关交流。

● ● "青春在战疫中绽放"全国巡回演讲活动抵达杭州,7位在全国抗击新冠肺炎疫情表彰大会上受到表彰的青年抗疫战士走进杭州师范大学仓前校区，和广大师生分享他们抗击疫情的故事。杭州师范大学站宣讲报告会由中共中央宣传部、共青团中央、中央军委政治工作部联合主办，浙江省委宣传部、共青团浙江省委、杭州师范大学承办，杭州市委宣传部、共青团杭州市委协办。活动通过多个网络平台进行现场直播，50多万人在线上观看宣讲。宣讲团组成宣讲小分队，到传化集团车间、黄湖镇青山村和杭州西站建设工地，与青年工作者进行分享交流。

26日 JIU YUE

●● 杭州工运史资料陈列室暨劳模工匠展示厅在杭州市工人文化宫开馆。中华全国总工会副主席高凤林，市领导毛溪浩、郑荣胜、胡伟、陈永良及省、市、区县（市）各级劳模工匠代表参加活动。

　　杭州工运史资料陈列室位于仁和路2号的杭州市工人文化宫内，是原市工人俱乐部旧址，也是中华人民共和国诞生后杭州市首届工人代表大会的召开地。该陈列室展陈面积3200平方米，由序厅、主展厅、劳模工匠展示厅三部分组成。其中，序厅由浮雕墙、工运关键词和表现各个历史时期杭州工人阶级"勇立潮头、建功立业"的创作画组成；主展厅通过图片、实物、创作画、场景还原、幻影成像、高科技声光互动等多种表现形式反映新民主主义革命时期至中国特色社会主义新时代各个历史阶段工人阶级和工会组织取得的辉煌成就；劳模工匠展示厅集中展现中华人民共和国成立以来杭州社会各界涌现的杰出劳模代表，以及11件"杭州工匠"的代表作品。

27日 JIU YUE

●● 全市"改革攻坚"比学赶超推进会召开。市四套班子领导出席。下城区、滨江区、杭州西湖风景名胜区管委会（西溪国家湿地公园管委会）、市发改委、市卫生健康委、市农业农村局负责人在会上做交流发言。会前，市领导分四组实地考察部分市直单位牵头的改革项目推进情况。

会议在肯定杭州市改革工作取得的成效后指出，杭州是改革开放的先行城市，改革是杭州发展的源头活水。面对我国发展内部条件和外部环境正发生深刻复杂变化的新挑战，面对长三角地区率先形成新发展格局的新机遇，面对浙江省忠诚践行"八八战略"、奋力打造"重要窗口"的新使命，必须坚定信心、保持定力，以更大的决心和勇气将改革进行到底，努力交出改革高分报表。

●● 市政协在西溪湿地举办"月明·心连·梦圆"——2020年杭州中秋雅集活动。市领导潘家玮、陈新华、罗卫红、张仲灿、汪小玫、叶鉴铭、谢双成、王立华、冯仁强出席。市各民主党派、工商联、市政协各界别小组召集人、市政协港澳委员和列席代表等近200位嘉宾参加。

●● 杭州亚组委举行新闻发布活动，宣布杭州2022年第19届亚运会国际文明礼仪大赛启动，官方报名通道同步开启。大赛为期一年，包括城市文明礼仪和赛事服务礼仪两大序列。

●● 浙江省"浙江院士之家"建设现场推进会在台州市仙居县召开，萧山湘湖院士岛获浙江省首批"浙江院士之家"称号。

28
JIU YUE
日

●● 杭州市举行各界人士中秋茶话会。

会议指出，当前我们身处百年未有之大变局，肩负中华民族伟大复兴的历史重任。作为"三个地"和"重要窗口"省会城市，我们必须坚决贯彻习近平总书记考察浙江、杭州重要讲话精神，加快建设独特韵味别样精彩世界名城，努力成为社会主义现代化大城市建设的实践范例，奋力展现"重要窗口"的"头雁风采"。

●● 市政府召开党组（扩大）会议，对习近平总书记考察浙江、杭州重要讲话精神进行再贯彻、再落实、再推进，就抓好当前及今后一个时期市政府工作进行研究部署，市政府党组书记、市长刘忻主持。会议强调，做好当前及今后一个时期的政府工作，要进一步在"四个坚持"上狠下功夫，不忘初心、砥砺前行，为忠实践行"八八战略"、奋力打造"重要窗口"做出新的更大贡献。

● ● 市政协主席潘家玮走访市各民主党派、工商联机关，向大家致以节日问候。汪小玫、陈永良、王立华参加。潘家玮一行先后来到民革、民盟、致公党、民建、九三学社、民进、农工党市委会以及市工商联，参观各民主党派陈列室，与民革市委会主委叶鉴铭、九三学社市委会主委罗卫红、民进市委会主委谢双成、农工党市委会主委周智林、市工商联主席冯仁强等交流。

潘家玮指出，人民政协是各党派团体和各族各界人士发扬民主、参与国是、团结合作的重要平台，民主党派和工商联在政协工作中发挥着重要作用。希望市各民主党派和工商联坚持以习近平新时代中国特色社会主义思想为指引，进一步强化思想政治引领，增强坚持中国共产党领导、坚持中国特色社会主义制度的思想自觉、政治自觉、行动自觉，不忘合作初心，继续携手前行，努力为推进新时代多党合作和政治协商事业发展做出更大贡献。要充分彰显党派团体的特色和优势，主动融入大局、服务大局，围绕市委、市政府决策部署，紧扣高水平全面建成小康社会目标任务，聚焦高水平推进城市治理现代化，深入调查研究，积极建言献策，广泛凝聚共识，为杭州奋力展现"重要窗口""头雁风采"贡献智慧和力量。政协组织要积极为各民主党派、工商联和无党派人士在政协更好发挥作用创造条件、搭建舞台、提供保障，充分展现人民政协作为专门协商机构的特色和优势。

29 日 JIU YUE

● ● 省委召开全省村（社区）组织换届工作会议，省委书记、省人大常委会主任袁家军出席并讲话，强调要深入学习贯彻习近平总书记关于基层组织建设和村（社区）换届的重要指示精神，以强烈的使命担当，高站位高质量抓好村（社区）组织换届，为忠实践行"八八战略"、奋力打造"重要窗口"打牢基层基础。会议以视频形式开至各市、县(市、区)、乡镇(街道)。绍兴市、丽水市、慈溪市、金东区、萧山区北干街道、瑞安市曹村镇、常山县郭塘村等负责人做交流发言。省、市领导陈金彪、许罗德、黄建发、陈伟俊、梁黎明、王文序、佟桂莉、陈擎苍、毛溪浩、陈新华、张振丰、陈红英、卢春强、王宏、冯仁强、滕勇在主会场或分会场出席。

全省村（社区）组织换届工作会议结束后，杭州市继续召开会议，贯彻落实全省会议精神，部署杭州市村（社区）组织换届工作。会议指出，村（社区）换届工作是2020年的一项重要政治任务。要提高站位、深化认识，切实增强做好村（社区）组织换届工作的责任感、使命感和紧迫感。把村（社区）组织换届作为深入贯彻习近平总书记关于争做"四种人"重要指示要求、奋力展现"重要窗口""头雁风采"的强基行动，作为健全人民当家作主制度、发展社会主义民主政治在基层的重要实践，作为完善基层治理机制、推进城市治理体系和治理能力现代化的有力抓手，认真落实省委、市委有关决策部署，坚决克服麻痹思想、畏难情绪、飘浮作风，把这项工作抓紧抓实抓到位。

● ● 省长郑栅洁到杭州城西科创大走廊、之江实验室、阿里达摩院调研科技创新工作。他强调，创新是第一动力，是赢得主动、赢得优势、赢得未来的关键。各地各部门要深入贯彻习近平总书记考察浙江和在科学家座谈会上的重要讲话精神，全面落实省委部署要求，牢固树立人才强省、创新强省鲜明导向，面向世界科技前沿、经济主战场、国家重大需求和人民生命健康，聚焦"互联网+"、生命健康、新材料三大科创高地，着力打造目标明确、特色鲜明、活力迸发、良性循环的最佳创新生态，有力推进创新链、产业链、价值链协同互补和共生共长，加快建设高水平创新型省份，为浙江省育新机开新局、形成新发展格局、建设"重要窗口"提供强劲动力。刘忻参加调研。

● ● 市政协召开十一届四十八次主席会议，传达全国暨地方政协民族和宗教委员会工作座谈会、浙江省政协理论研讨会暨省人民政协理论研究会换届会议精神，审议有关工作，市政协主席潘家玮主持。张仲灿、汪小玫、叶鉴铭、谢双成、陈永良、王立华、冯仁强和金翔出席会议。

会议审议通过《市政协十一届四次会议建议案〈关于设立杭州市民日，擦亮"幸福示范标杆城市"金名片的建议〉办理工作方案》《市政协"杭州'十四五'发展思路"专题议政性常务委员会会议方案》《关于调研征集"市政府2021年民生实事项目"选题的实施方案》，通报2020年人民政协报社新闻舆论工作研讨会精神，研究部署市政协10月主要工作安排。

●● 第十六届中国国际动漫节在杭州开幕，10月4日闭幕。动漫节通过线上线下相结合的方式，举办会展、论坛、商务、赛事、活动五大板块共45项活动；有65个国家和地区、2680个中外企业机构、5886名客商展商和专业人士参与各项活动；线上、线下开展一对一洽谈2069场，达成合作意向1543个；超过100部全球动画新片在动漫节上亮相，发布重大项目14个，现场签约金额超过2.5亿元人民币。动漫节期间，有73.92万人次参加线下的各项活动，1012万人次通过"云上国漫"平台线上参与互动。

●● 第十六届中国国际动漫节的重要品牌项目"金猴奖"大赛获奖作品揭晓。

大赛分为综合类和潜力类两大类，于4月28日启动全球动漫作品网络征集工作，收到来自19个国家和地区的819部动漫作品报名参赛，89部原创动漫作品入围终评。最终评选出综合奖动画电影、动画系列片、动画短片、漫画共13个，潜力奖动画短片10部、最佳动画短片2部、漫画5部、最佳漫画1部。

●● 杭州市召开企业首席质量官制度深化大会，成立杭州市首席质量官联盟。该联盟将打造成为政企间服务互通的平台，通过线上线下共同努力，为企业提供可靠高效的"一站式"质量服务。首批86个规模以上企业的首席质量官加入首席质量官联盟。

●● 临安首条城市隧道——望湖路隧道（望湖路综合提升改造工程）通车。

望湖路隧道位于滨湖新城新天地商务圈，总投资3.47亿元。项目北接科技大道，南与钱王大街平交，贯穿青龙支路、创业街、城中街、衣锦街、苕溪南路5条街区，全长1.8千米，其中隧道1.1千米，设计双向四车道。

30
日 JIU YUE

●● 浙江省和杭州市党政军领导与社会各界代表到杭州云居山浙江革命烈士纪念碑前举行敬献花篮仪式，深切缅怀为民族独立、人民解放、国家富强、人民幸福英勇牺牲的革命先烈。省四套班子和有关方面领导，副省级以上老同志，省军区、武警浙江省总队领导，老战士、烈士家属代表，部分机关干部，驻杭解放军、武警官兵、公安干警代表，大中小学生代表等共600人参加活动。

市直机关同步举行向烈士敬献花篮仪式，近200名市直机关干部代表在杭州市革命烈士陵园向烈士敬献花篮。

● ● 市委常委会召开会议，传达学习习近平总书记在第三次中央新疆工作座谈会上的重要讲话和关于巡视工作的重要指示精神，研究杭州市贯彻落实意见。

会议指出，习近平总书记在第三次中央新疆工作座谈会上的重要讲话，确定了我们党在新形势下的治疆方略，对当前和今后一个时期的新疆工作进行了全面部署，立意高远、思想深邃、内涵丰富，是指导新时代新疆工作的纲领性文献。市对口支援工作领导小组要切实发挥牵头抓总作用，各有关部门要以优良作风和扎实工作推动对口援疆结出硕果、取得实效。巡视是党内监督的战略性制度安排，是加强党的建设的重要举措。要深入学习贯彻习近平总书记关于巡视工作的重要指示精神，把"严"的主基调长期坚持下去，进一步把握好政治巡视的定位和重点，切实增强"四个意识"、坚定"四个自信"、做到"两个维护"。中秋、国庆"两节"将至，各地各部门要认真落实好疫情防控各项措施，坚决扛起安全生产责任，加强值班值守，全力维护社会和谐稳定，积极营造风清气正、廉洁节俭的节日氛围，让全市人民过一个欢乐祥和平安的节日。

● ● 市长刘忻检查"两节"民生保障和安全生产工作，检查下城区中江农贸市场、火车东站、地铁7号线四季青站—市民中心站区间等地，向值守在一线的干部职工致以节日问候。滕勇参加。

刘忻强调，各地各部门要坚持以人民为中心的发展思想，树牢"群众过节、干部过关"的理念，千方百计保障民生物资供应，守土尽责护航城市安全稳定，让广大市民游客过一个平安祥和欢乐的黄金周。

● ● 第十六届中国国际动漫节声优大赛总决赛在杭州开幕，10月1日闭幕。大赛于6月启动，设置5个分赛区，收到来自全国各地近100个专业机构、数百所高校、数千名选手的3000多部投稿作品，最终产生个人赛冠、亚、季军，团队赛冠、亚、季军等24个奖项。

● ● 基于5G技术的良渚古城数智体验馆启用仪式在良渚古城遗址公园举行，良渚古城遗址公园"5G智慧文旅示范基地"同步揭牌。良渚古城数智体验馆包括"神王之国"3D宣传片、"人水家园"50米数字长卷、5G+VR的"郊野渔猎"和

5G+AR的"瑶山祭祀"互动式场景等人机交互应用。

"神王之国"3D宣传片描述了5000年前的良渚王国，展示良渚先民夯筑城墙，堆筑台地，营建水国王都，建立千载基业的历程，实证中华五千多年文明史的圣地面貌。"人水家园"50米数字长卷包含12个场景，分别是"郊野渔猎""洲渚伐木""阡陌稻香""秋收冬藏""岁时风物""舟楫穿梭""抛砂解玉""精雕细琢""塑坯赋彩""画文刻符""编经织纬""筑木营造"，涵盖古代良渚人民生产、生活的方方面面。5G+VR的"郊野渔猎"为体验者打造沉浸式的互动环境，通过VR虚拟技术叠加现实水、陆场景，带领体验者回到5000年前的良渚古国与先民们共同狩猎、打渔。5G+AR的"瑶山祭祀"打造出一个模糊了虚拟与现实边界，可人机互动的良渚古城遗址瑶山祭坛场景。

良渚遗址数智体验馆于10月1日正式对外开放。

● ● "十年综合体，消费在江干"系列活动发布仪式举行，为期3个月的江干新消费系列活动启动。系列活动以"1+4+8"为体系，"1"指打造一条"十字金街"，"4"指"潮故事，金江干"等四大主题，"8"指围绕四大主题举行的"万物来潮，江干GO"等八大系列活动。"万物来潮，江干GO"活动同日启动，持续至12月31日，各大综合体联动开展新品上市、新店启幕、店庆礼遇等促消费活动100多个。

根据浙江大学联合国网浙江省电力有限公司、"美团点评"等第三方机构共同研制开发与编制的全国首个省级夜间经济活跃度指数报告发布，江干区居全省第一位。

十月

HANGZHOU JISHI

1
日 SHI YUE

● ● 2020年国庆黄金周首日，杭州各景区（景点）共接待游客178.23万人次，恢复至2019年同期的91.4%。杭州各旅游景区（景点）井然有序，分时预约、网络订票成为黄金周出游新常态。

2—3
日 SHI YUE

● ● 第十六届中国Cosplay超级盛典全国总决赛在杭州举行。来自全国各赛区的50支优胜队伍共500多名选手参赛，产生20个奖项。总决赛共进行动漫舞蹈大赛、国际双人赛、舞台剧团赛、城市形象代言人4个赛事项目的竞演。本届中国Cosplay超级盛典首次设立个人奖项，在此奖项下设置最佳导演奖、最佳编剧奖、最佳表演奖、最佳道具奖、最佳妆效奖5个类型的奖项。

本届中国Cosplay超级盛典顺应疫情防控常态化的形势和创新展会服务模式的要求，缩小活动规模，暂停国内中风险以上地区分赛区，取消境外国际分赛区的队伍参赛资格。本届赛事国风题材大幅增加，对发扬国产动漫文化起到推动作用，反映国漫、国风崛起的现状和发展潜力。

● ● 第十四届"振德杯"围棋赛暨第六届"钱塘十强"赛在中国棋院杭州分院举行，来自省内外的100多名棋手参赛。2006年首次举办的"振德杯"围棋赛是杭州棋界最具影响力的传统赛事之一。

比赛由杭报集团、浙江"光明顶"围棋俱乐部、朱卫红围棋基金主办。参加精英组比赛的选手中，来自杭州的棋手吴一博获冠军，衢州棋手郑彦杰、女子专业棋手徐晶琦分别获亚军、季军。参加名人组比赛的选手中，丛保平、瞿武雄、宋涵斐分别获前三名。"光明顶"青年队、火车头队、杭报集团一队分别获团体前三名。

6
日 SHI YUE

●● 第22届中国国际西湖情五粮液玫瑰婚典在杭州举行。来自内蒙古、甘肃、黑龙江、辽宁、陕西、云南、浙江以及新疆阿克苏等地共100对新人参加婚典。玫瑰婚典由共青团浙江省委、浙江省青年联合会、杭州市委宣传部（市文明办）、四川省宜宾五粮液集团有限公司、共青团杭州市委、杭州青少年活动中心主办。

8—
10
日 SHI YUE

●● 杭州市代表团到新疆维吾尔自治区阿克苏市落实对口支援工作。中央政治局委员、新疆维吾尔自治区党委书记陈全国，自治区党委副书记、主席雪克来提·扎克尔在乌鲁木齐会见由杭州市委副书记、市长刘忻率领的代表团一行。陈全国对代表团一行的到访表示欢迎，对杭州用心用情做好援疆特别是对口支援阿克苏工作表示感谢。刘忻表示，杭州将把对口援疆工作摆在更加突出位置来抓，倾注真情实意、投入真金白银、坚持真抓实干，以实实在在的成效增进当地群众获得感、幸福感、安全感，助力阿克苏跨越发展。自治区和阿克苏地区领导黄三平、朱林森、马国强、梁峰源、陈海涛等参加会见或相关活动。王宏参加。

在阿克苏期间，代表团一行出席库木巴什乡中心小学"交钥匙"仪式和阿克苏娃哈哈新生产线落成仪式，深入考察阿克苏市人民医院、依干其乡巴格其村乡村振兴项目等，并看望慰问杭州市援疆干部人才和当地老党员。9日，两地对口支援工作座谈会召开，杭州市政府向阿克苏市捐赠公共卫生帮扶资金，阿克苏市政府、杭州市援疆指挥部和杭州盒马网络科技有限公司、杭州联华华商集团有限公司、鲜丰水果股份有限公司3个企业签署合作协议，阿克苏国家湿地公园与杭州西溪国家湿地公园签署生态建设结对合作协议。

10—11日 SHI YUE

● ● 九三学社中央院士专家科普行活动在杭州举行。全国人大常委会委员、九三学社中央副主席、中国工程院院士丛斌等做主题报告。省、市领导蔡秀军、罗卫红参加活动。院士专家科普行是九三学社中央坚持十余年的社会服务品牌项目，旨在弘扬科学精神，传播科学思想，普及科学知识，服务地方经济与社会发展。2020年，科普行活动首次来到杭州。活动合作单位市委人才办、市科技局、市卫生健康委、市科协，以及九三学社市委会对口联系单位、市各民主党派有关负责人，省、市九三学社社员近300人参加本次活动。

在杭州期间，来自九三学社中央的院士专家围绕维护人类健康和生存安全、泛血管医学发展、机器人和计算智能等主题开展讲座，并前往湘湖院士岛考察调研。活动中，院士专家团队走访创业慧康科技股份有限公司、浙江宇视科技有限公司和微医控股（浙江）有限公司等社员企业，就企业科技创新、成果转化、社会服务等进行交流探讨。

11日 SHI YUE

● ● 纪念马叙伦先生诞辰135周年座谈会暨《马叙伦亲属口述史》《马叙伦研究文集》新书发布仪式在杭州举行。全国政协副秘书长、民进中央副主席朱永新出席会议并讲话。市领导陈新华，省委统战部、民进浙江省委和杭州市委有关负责人，马叙伦亲属代表和相关专家学者等参加。谢双成主持。

座谈会上，专家学者围绕马叙伦在多党合作思想、教育思想、语言文字学、诗词书法等领域的成就进行广泛深入研讨，充分展示马叙伦研究的丰硕成果。马叙伦是我国近现代爱国民主人士的杰出代表，是民进主要创始人和首任主席。杭州有马叙伦学习、生活和工作的诸多足迹，是他革命思想追随时代进步的重要组成部分。近年来，杭州民进深入挖掘这一独特优势，紧紧围绕"不忘合作初心，继续携手前进"主题教育主线，成立马叙伦研究会，建设马叙伦历史资料陈列馆，并修缮马叙伦墓园，系统推进马叙伦在多党合作、教育、文字学、书法等多领域的资料整理与研究宣传工作。浙江民进、杭州民进将牢记优良传统与光荣历史，继承先辈光辉事业，为"重要窗口"建设贡献民进力量。

12
日 SHI YUE

●● 浙大城市学院法学院增设为杭州市人大常委会基层立法联系点，授牌仪式在浙大城市学院举行。市人大常委会副主任陈红英向浙大城市学院法学院授牌。市人大常委会法工委有关负责人，浙大城市学院校领导、法学院有关负责人及师生代表参加活动。

基层立法联系点是协助收集立法工作相关信息、参与立法工作相关活动的重要基层单位，是进一步推进科学立法、民主立法的有益探索，使基层群众的立法建议能够第一时间反馈到立法机关，让法律法规从基层来、再回到基层去，持续推进国家治理体系和治理能力现代化迈向更高水平。高校设立基层立法联系点，借助高校理论研究成果实现与地方立法事务需求的对接，以专业有效的意见提升立法质量；使高校教师更好地深入实践，了解一线信息和材料，让学理研究更具实践指导价值。

13
日 SHI YUE

●● 中央第四巡视组巡视浙江省工作动员会召开，杭州被纳入本次巡视监督范围。
●● 杭州城市大脑三季度成果发布会在云栖小镇举行，为新任城市大脑研究院院长罗卫东教授颁发聘书。中国工程院院士、城市大脑总架构师王坚做演讲。

会上，市民政局、市城投集团、西湖区、萧山区、华住集团等分别就"民生福祉、一键直达""数据赋能基层治理""城市大脑西湖平台全面拓展提升""'亲清在线'助力构建新型政商关系""城市大脑赋能企业运营模式创新"等主题做交流发言，城市大脑建设指挥部负责人报告三季度工作进展、部署四季度工作任务，"民生直达"平台发布。

会议指出，三季度在市委正确领导下，全市上下围绕年度目标任务，挂图作战、攻坚突破，推动城市大脑建设取得了新的阶段性成果，组织体系、工作体系、政策体系进一步健全，十大重点攻坚任务、10个深化场景建设等进度进一步加快，数字赋能城市治理的成效进一步显现。在看到成绩的同时，各地各部门还要清醒认识到，对照"重要窗口"的新目标新定位，对照人民群众的美好生活新需求，城市大脑建设仍需在协同化创新、系统化设计、标准化建设、市场化运作等方面加力提效，不断完善城市治理现代化的数字系统解决方案。

● ● 市人大代表西湖一组视察民生实事项目老旧小区改造工作。市人大常委会主任于跃敏和15名市人大代表参加。座谈中，代表们围绕全面综合实施改造提升、完善配套服务设施、提升环境质量、加强智慧化管理、破解停车难题、坚持建管并重、提高市民参与度等提出意见建议。

于跃敏指出，老旧小区改造是民生工程，也是发展工程，能拉动投资又能促进消费，是提升百姓满意度和城市美誉度的重要载体。下一步，要总结经验和典型案例，宣传推广各地在发挥居民群众主体作用、盘活存量资源、多方联动联建、挖掘文化内涵、完善物业管理、吸引社会力量参与等方面的好做法，助力破解难点堵点问题，确保民生实事保质保量如期完成。要着力补齐短板，统筹完善公共服务、为老服务设施，注重与未来社区改造相结合，与"十四五"规划相衔接，不断满足人民群众美好生活需要。要注重建立机制，积极探索党建引领，坚持以民主促民生，建立建管用长效机制，提升基层治理能力和水平。市人大常委会将按照市委要求，围绕解决群众"急难愁盼"问题，把群众的小事当作大事来办，更好发挥人大职能优势和人大代表作用，助推民生实事项目落地落实，为展现"重要窗口""头雁风采"贡献力量。

● ● 2020浙江省国际减灾日主题宣传活动在余杭区艺尚小镇外广场举行。活动表演防灾减灾主题歌舞、小品等文艺节目，举办防灾减灾知识有奖竞猜，开展心肺复苏、急救包扎、微型消防救火、通道逃生等互动活动，并演示灭火机器人、无人机、破拆工具等高新救援工具。

14 日 SHI YUE

● ● 市政协主席潘家玮到杭州城西科创大走廊、杭州高新区（滨江）等地，围绕"杭州'十四五'发展思路"协商议政课题开展调研。市领导卢春强、谢双成参加。

潘家玮一行实地考察聚光科技青山湖产业园、阿里巴巴达摩院、滨江区海创基地国家"芯火"双创基地等企业和园区，并召开座谈会。潘家玮走访生产制造现场、观看企业核心架构和科研成果演示、详细听取科技产品展示介绍，并与负责人深入交流科技创新、科技成果转化、创新服务平台建设等工作。座谈会上，杭州高新区（滨江）介绍推动经济高质量发展情况，市发改委、市经信局、市科技局等部门交流杭州"十四五"发展规划编制工作，7位政协委员分别就发展数字经济、打造杭州品牌智能终端产品、优化科技创新环境等提出建议。

15 日 SHI YUE

● ● 杭州云城建设推进大会召开。市领导出席。会前，与会人员到杭州西站枢纽工地考察云城规划建设情况。

会上发布《杭州云城概念规划》《杭州云城城市设计国际征集方案》，余杭区、西湖区、市发改委、市交投集团负责人做表态发言。会议指出，建设杭州云城是深入贯彻习近平总书记重要指示精神、为全国新型智慧城市和宜居城市建设创造更多经验的实际行动，是提升城西科创大走廊发展水平、加快建设创新强省和人才强省的迫切需要，是优化城市空间布局、探索特大城市多中心郊区化发展新路子的重大举措。要深刻认识建设杭州云城的重要性和紧迫性，切实增强思想自觉和行动自觉。

●● 2020年第六届全国"双创"活动周浙江省分会场在杭州钱塘新区钱塘芯谷启动。活动由省发展改革委、省科协、市政府主办，以"创新引领创业，创业带动就业"为主题，现场举办钱塘芯谷揭牌仪式及首批落户项目授牌仪式。钱塘芯谷是钱塘新区六大产业平台之一，规划总面积138平方千米，占钱塘新区总面积的1/4，以半导体产业、未来产业为主导方向。钱塘芯谷推进项目招引，已落户集成电路相关产业项目13个，总投资158亿元，其中投资10亿元以上项目10个；在谈有意向落户项目32个，总投资超过284亿元。

●● 2020年全国扶贫日杭州市主题活动暨扶贫产品推介展示会在萧山区举行，活动现场举行表彰授牌仪式。杭州跨湖楼餐饮有限公司和明康汇生态农业集团有限公司被授予"杭州消费扶贫示范企业"称号。市人力社保局、市对口支援和区域合作局对10个就业扶贫爱心企业进行表彰。

●● 全市文物安全工作会议召开，会上播放全省文物安全工作宣传视频。2020年，市园文局启动"杭州市文物安全三年提升行动计划"，在未来三年，实现省级文保单位安全防护设施覆盖率达到100%，有消防安全隐患的文物建筑内"智慧消防"系统建设覆盖率达到100%，培养文物安全"明白人"不少于300人，建设"文物安全数字化管理平台"，初步构建全市文物安全精准化管理体系。

15—16日 SHI YUE

●● 住浙全国政协委员考察团到淳安县，围绕"践行'绿水青山就是金山银山'理念，加强水源地生态保护"主题开展考察。住浙全国政协委员召集人、省政协主席葛慧君任考察团团长。考察团一行实地考察半岛小镇、瑞岛公寓两处临湖地带综合整治项目，来到位于浙皖交界处的鸠坑口国家级水质自动监测站了解监测站运行情况。考察团还来到下姜村，走访委员工作室等，考察当地乡村振兴情况。省、市领导郑继伟、张泽熙、陈小平、蔡秀军、潘家玮、胡伟、谢双成参加。

座谈会上，考察团听取省生态环境厅、杭州市、淳安县有关负责人的情况介绍。葛慧君表示，要深入践行"绿水青山就是金山银山"理念，共同守护好千岛湖一方秀水。注重保护第一，突出扩面提质，拉高保护标杆，严格准入条件，确保千岛湖水质持续稳定向好；注重绿色发展，进一步打开绿水青山转化为金山银山的通道，转变发展方式，加快生态产品价值转化，加大扶持力度，让人民群众有更多的获得感、幸福感、安全感；注重协同联动，树立"一盘棋"思想，强化系统治理，完善水源地生态保护长效机制，增强水环境共治共管的合力；注重宣传引领，进一步提高公众环保意识，畅通公众环保监督渠道，营造全社会共同推进水源地保护的良好氛围。住浙全国政协委员要运用提案、社情民意信息等渠道，持续为保护千岛湖水环境鼓与呼，让千岛湖这颗明珠更加璀璨夺目。

● ● 第二届"数字孪生、筑梦未来"数字工程高峰论坛在杭州举行。本次论坛由浙江省勘察设计行业协会与中国电建集团华东勘测设计研究院联合主办。中国电建集团华东勘测设计研究院、华为技术有限公司、中兴通讯股份有限公司、阿里云计算有限公司、雄安雄创数字技术有限公司、深圳前海数字贸易科技服务有限公司、英国标准协会等全球工程行业相关领域的专家学者与企业高管近500人参加论坛，针对"新基建"、智慧城市、智慧能源及智慧生态建设等热门话题进行交流和探讨，共同展望数字工程发展新未来。

高峰论坛上，由浙江省发展规划研究院、中国电建集团华东勘测设计研究院、浙江大学等21个单位发起的浙江省工程云产业联盟筹建暨成员招募仪式启动。该联盟立足于工程产业生态的优化，不断促进工程领域转型升级，主要承担工程云的战略谋划、政策咨询、标准制定和生态维护等职能，努力推动工程云发展，为工程云的建设运作提供组织支撑。

16 日 SHI YUE

● ● 省委书记袁家军在杭州调研民营企业，邀请企业家和专家召开探索构建新发展格局座谈会。袁家军强调，面向"十四五"发展，浙江要深入贯彻习近平总书记关于构建新发展格局系列指示精神和考察浙江重要讲话精神，坚决扛起示范引领使命，抢抓重大战略机遇，勇当构建新发展格局的开路先锋，为忠实践行"八八战略"、奋力打造"重要窗口"注入不竭动力。

袁家军先后考察杭州娃哈哈集团有限公司下沙第二基地、浙江杭可科技股份有限公司生产车间、正泰集团股份有限公司创新体验中心，对大家提出的意见建议做回应和感谢。袁家军强调，要围绕"率先打造国内大循环的战略节点、国内国际双循环的战略枢纽"，科学构筑浙江率先形成新发展格局的"四梁八柱"。坚持以人民为中心、以数字变革为引领、以扩大市场为战略基点、以四大建设拓展新发展空间、以安全发展为底色，抓好十个方面的着力点：强化供需两端同向发力扩内需；稳外贸稳外资拓市场；以自主创新破解循环关键堵点；以产业链强链补链畅链护链，推动产业升级；以加快建设全球数字贸易中心，畅通国内国际两个市场；以创新金融为核心服务实体经济；以新型城乡协调发展，引领优化省域空间格局；推动绿色发展先行示范；以整体智治牵引改革突破，打造最优营商环境；做实富民惠民安民的满意成果。

●● 全市农口部门座谈会召开，研究听取农业农村工作有关情况汇报，谋划推进下阶段任务。市委副书记佟桂莉强调，要认真贯彻落实中央和省委、市委决策部署，坚决打赢全年"三农"工作收官战，突出重点、攻克难点、提升亮点，为当好建设"重要窗口""头雁"做出更多"三农"贡献。王宏主持。

●● 杭台青年文化艺术交流活动在杭州连横纪念馆举行，以"情牵两岸，携手圆梦"为主题，分设杭台青年艺术家书画交流展、花艺展、《台湾通史》出版物展和专题讲座以及杭台青年文艺联欢晚会。

本次文化艺术交流活动共有34位两岸书画家在书画交流展上展出84件作品，24位两岸花艺老师在花艺展上创作插花作品，现场展出19个版本《台湾通史》，并举办《从历史角度看两岸关系演变》专题讲座。

16—18日 SHI YUE

●● 第二届中国（杭州）国际智能产品博览会暨2020年全球人工智能大会在杭州国际博览中心举行。本次大会由市政府、省科学技术厅主办，以"AI启杭，无限想象"为主题，重点聚焦"新基建"、新消费、新制造、新电商、新健康、新治理，关注前沿科技融入日常衣食住行。大会设主题论坛、高峰论坛、大赛活动、品牌展览四大板块，推动互联网、大数据、人工智能和实体经济深度融合，进一步做强杭州数字经济和制造业高质量发展"双引擎"。

17 日 SHI YUE

● ● 杭州高新区成立30周年纪念大会在杭州奥体中心网球中心举行。省委书记袁家军就此次活动做出批示。副省长高兴夫、科技部火炬中心党委书记张卫星、市领导柯吉欣致辞。

袁家军在批示中指出，杭州高新区三十年发展成绩显著，成为高质量发展的一面旗帜，希望高新区乘势而上，保持"闯"的精神、"创"的劲头、"实"的作风，努力建设一流高新园区，为建设"重要窗口"贡献力量。

会上还举行2020年杭州湾全球数字技术大会暨中国创新创业大赛浙江赛区总决赛启动仪式、北航量子楼奠基和重大设施签约仪式等活动。杭州高新区举办"眼里有光，心向未来"主题文艺晚会。

● ● 2020年全国脱贫攻坚奖表彰大会暨首场脱贫攻坚先进事迹报告会在北京举行。传化集团有限公司董事长徐冠巨聚焦深度贫困地区短板，发起健康扶贫行动，援建千所传化安心卫生室，创新民营企业参与精准扶贫模式，被授予全国脱贫攻坚奖创新奖，是杭州唯一获得该奖项的个人。

● ● 杭州市暨余杭区社会组织"公益嘉年华"活动在余杭区艺尚小镇举行。嘉年华主题为"益在杭州·遇见未来"，设置展示区、互动区、服务区、公益企业区、大学生社团区和公益论坛等6个主题街区，吸引100多个公益性社会组织参加。

本届活动首次设立企业区和大学生社团区，分别对积极参与公益活动的爱心企业和大学生社团进行招募，展示企业社会责任和大学生社团参与公益的经验和成果。活动增设"大学生人才引进签约仪式"，来自浙江理工大学、浙江工商大学、杭州师范大学和浙江树人大学的4名大学生分别与余杭区4个社会组织签约，通过人才引进的方式壮大公益组织的规模，提升公益行业的整体实力。

17—18 日 SHI YUE

●● 第八届中国杭州国际棋文化峰会在中国棋院杭州分院举行。峰会邀请150多位海内外棋界高层管理者、棋类机构负责人、著名棋手、棋文化研究专家、棋文化课题研究者、棋文化全书作者、棋文化高校辩论队以及社会各界人士，对棋文化全方面的内容进行讨论，推出80多篇最新研究成果和多篇优秀论文。峰会期间举办第四届大学生棋（智力）文化辩论赛。

18 日 SHI YUE

●● 杭州2022年第19届亚运会赞助商俱乐部成立暨首届轮值主席单位授牌仪式在吉利控股集团总部举行。杭州亚运会8个官方合作伙伴——吉利汽车集团有限公司、中国移动通信集团有限公司、中国电信集团有限公司、中国工商银行股份有限公司、浙江长龙航空有限公司、阿里巴巴（中国）有限公司、支付宝（中国）网络技术有限公司、三六一度（中国）有限公司以及2个官方独家供应商——杭州老板电器股份有限公司、蒙娜丽莎集团股份有限公司，成为杭州亚运会赞助商俱乐部首批成员单位，吉利控股集团当选首届轮值主席单位。

成立仪式上举行"亚运时代，数字经济赋能未来产业"论坛。来自杭州亚运会官方合作伙伴企业的技术专家们共同讨论人工智能、大数据、物联网、虚拟现实、无人驾驶、5G通信等数字技术如何为杭州亚运会赋能助力，让"智能亚运"成为现实。

●● 杭州电视台综合频道全英文栏目《走进亚运》正式开播。节目定位"亚运与城市"，以"杭州城市成长"为核心内容，以高知群体、国际友人为主要受众群体。

18—19日 SHI YUE

● ● 创业中华——2020年侨界精英创新创业峰会在杭州举行。中国侨联党组书记、主席万立骏，市委副书记、市长刘忻出席开幕式并致辞。中国侨联副主席李卓彬，省政协副主席吴晶，市领导陈新华、徐小林、胡伟、王立华参加。

峰会由中国侨联、浙江省侨联、杭州市政府主办。开幕式上，中国侨联授予杭州"创业中华，辉煌十年"纪念牌，省侨联为西湖区紫金港科技城"侨界创新创业基地"授牌，浙江省"万企引万才"活动启动。"创业中华"十周年选树颁奖活动和项目签约仪式举行，现场签约19个项目，总投资额116.42亿元，银行授信意向额度74.5亿元。中国侨联特聘专家委员会副秘书长、清华大学金融与发展研究中心主任马骏做主旨演讲。2020年侨界精英创新创业峰会长三角城市侨创论坛举行。活动现场，长三角城市侨创联盟授牌，多个长三角城市侨创联盟的"准独角兽"项目进行现场路演。

19日 SHI YUE

● ● 市人大常委会听取市政府关于杭州市2019年及2020年上半年政府债务管理有关情况的报告。市人大常委会主任于跃敏，市领导郑荣胜、陈红英、罗卫红、卢春强参加，戴建平代表市政府做汇报。

大家提出，打好三大攻坚战，确保全面建成小康社会和"十三五"规划圆满收官，是党中央做出的重大决策部署。在摸清企业家底基础上，依法依规提供政策支持和服务保障，推动企业更好适应市场发展，支持企业做大做强。市人大常委会将在助推经济高质量发展、加强预算监督等方面发挥好职能作用，在打好三大攻坚战中展现人大担当。

●● 市政协召开农业农村综合调研座谈会，听取农口各部门和有关单位工作情况汇报，征求对民生实事项目安排、全会提案以及2021年市政协涉农履职议题安排的意见和建议。市政协党组副书记张仲灿出席。市农办、市农业农村局、市林水局、市供销社、市农科院、市气象局、市种业集团、省农信联社杭州办事处、乡村振兴学院的主要负责人参加会议。

19—21日 SHI YUE

●● 第十一届中国国际服务外包交易博览会在杭州举行。本届博览会由商务部、杭州市政府主办，中国国际投资促进会、杭州市商务局承办，以"推进万物互联，开拓数字化外包，构建智慧型社会"为主题，以线上线下相结合的方式，开展国际服务外包发展论坛、中国数字服务暨服务外包领军企业推介会等13场专题论坛、会议及对接推介活动。

博览会现场设置展览面积3000平方米，包括中央展区、服务外包示范城市及申请城市联展展区和专题展区。其中特别设立的杭州特装展区，多个杭州龙头企业参展，展示杭州服务外包创新发展的成果和实力。

20日 SHI YUE

●● 市委理论学习中心组（扩大）专题学习会召开，邀请国防大学教授徐焰做"新形势下我国面对的国际环境和国防建设"专题报告。徐焰从历史与现实两个维度系统解读世界形势所发生的深刻变化，全面阐述国家面临的主要安全威胁，深入分析当前国家安全形势。于跃敏、潘家玮、佟桂莉等市委理论学习中心组成员出席报告会。戚哮虎主持。

●● 全国双拥模范城（县）命名暨双拥模范单位和个人表彰大会在北京召开，杭州市被授予"全国双拥模范城"荣誉称号。"全国双拥模范城"是国家双拥工作的最高荣誉，这是自1994年以来杭州第八次获得该项荣誉。

● ● 杭州市被住房和城乡建设部等七部委列入新型城市基础设施建设试点城市。

● ● "智慧出行，科创未来"2020年杭州智慧交通高峰论坛暨杭州交投科创中心·启迪交投科技开园仪式举行。该园区位于滨江区月明路33号，由三幢点式高层、一幢裙房和地下两层停车场组成，是滨江区第一个采用装配式工艺技术的工建项目。

开园仪式上，市交投集团与中铁四局集团有限公司签订全面战略合作协议，与南极电商股份有限公司等5个企业签订入驻协议。开园仪式结束后，杭州交投科创中心举行"智慧出行，科创未来"2020年杭州智慧交通高峰论坛。多位专家以"未来综合交通运输场景下的人工智能协调"为背景开展主题演讲，解读未来智慧交通产业新发展与智慧出行新方向。

● ● 第五届中国设计智造大奖佳作展在中国美术学院象山校区国际设计博物馆开幕，活动持续至11月10日。中国设计智造大奖（简称DIA）是中国工业设计领域首个国际化学院奖。自2014年10月创办以来，DIA每年举办一届，面向全球各企业单位、设计机构、科研机构及个人等征集作品。五年来共收到参赛作品2.77万件，参赛者覆盖全球五大洲的60个国家和地区。在多方合作伙伴的共同努力下，DIA已成为世界瞩目、业界好评的一项国际赛事。DIA以"互联网+"为时代背景，以大学的开放精神和社会责任为使命，始终坚持国际奖项的品牌标准与运行方式，面向社会经济与产业需求，关注"民生、产业、未来"，提出"人文智性、生活智慧、科艺智能、产业智库"的核心价值观，并独创当代设计创新的"金智塔"评价体系，汇聚世界创意资源，以期"集大成智慧，塑智造未来"。

21
日 SHI YUE

● ● 市委常委会召开会议，学习贯彻习近平总书记在深圳经济特区建立40周年庆祝大会和中央党校（国家行政学院）中青年干部培训班开班式上的重要讲话精神，研究杭州市贯彻落实意见。会议指出，习近平总书记在深圳经济特区建立40周年庆祝大会上的重要讲话，高度评价深圳等经济特区创造的辉煌成就，深刻总结经济特区40年改革开放、创新发展积累的宝贵经验，对进一步深化改革扩大开放、推动经济特区工作开创新局面做出重大部署，发出了以更大魄力在更高起点上推进改革开放的强烈信号，为我们指明了前进方向、提供了根本遵循。习近平总书记出席2020年秋季学期中央党校（国家行政学院）中青年干部培训班上的重要讲话，为年轻干部成长成才指明了方向，是新时代干部队伍建设的行动指南。

●● 市委常委会召开会议，分析三季度经济形势，部署下阶段工作。会议强调，要坚持稳中求进工作总基调，坚持新发展理念，全面落实"六稳""六保"各项任务，加快构建以国内大循环为主体、国内国际双循环相互促进的新发展格局，全力以赴抓好收官冲刺，切实巩固经济回升势头，交出高水平全面建成小康社会高分报表。

●● 杭州市召开乡村振兴工作领导小组会议。市委副书记佟桂莉强调，要进一步提高站位，对标对表年度目标任务，高标准谋划"十四五"农业农村发展规划，在实施乡村振兴战略中奋力展现"头雁风采"。副市长王宏主持。

会议听取市农办和有关成员单位工作汇报。佟桂莉指出，2020年以来，各地各部门面对新冠肺炎疫情和超长梅汛等多重考验，履职尽责、落实有力，工作有亮点、有特色、有成效，"三农"工作保持平稳发展态势。

●● 芬兰驻沪总领事何朗明率领商务代表团一行到杭州交流，副市长柯吉欣参与会见。柯吉欣从历史文化、创业创新、生态文明等方面介绍杭州。双方表示，要在数字经济、商贸旅游、城市建设、能源等领域深入交流，加强合作。在杭州期间，代表团举办芬兰·浙江商务交流对接会。

●● 杭州亚运会核心图形"润泽"与色彩系统"淡妆浓抹"揭晓，官方会刊、杂志《杭州亚运》创刊首发，海外融媒体运维中心成立。

杭州亚运会核心图形主题"润泽"，灵感源于杭州代表性的本土文化元素——丝绸，展现丝绸飘逸舒展、温润细腻、挥洒灵动的特性，体现"温润万方、泽被天下"的气韵与胸襟，寓意亚奥理事会大家庭在杭州欢聚，亚洲多彩体育文化通过杭州亚运会的舞台交流互鉴。杭州亚运会色彩系统主题"淡妆浓抹"，灵感出自宋代诗人苏轼的诗句"欲把西湖比西子，淡妆浓抹总相宜"，通过对中国色彩文化和杭州城市特质的提炼与浓缩，设计出以"虹韵紫"为主，以"映日红、水墨白、月桂黄、水光蓝、湖山绿"为辅的色彩系统,展现既有葱郁湖山自然生态,又富创新活力运动激情的新时代杭州华彩画卷。

《杭州亚运》官方会刊由杭州亚组委主办。会刊为全彩印刷,版式设计符合国际主流媒体设计风格,具有鲜明特色,可在公开刊物中随刊发行。《杭州亚运》官方会刊为中英双语,主要赠阅国际体育组织、驻华使(领)馆、驻外使(领)馆、国家体育总局、亚组委有关成员单位、官方合作伙伴等,并在部分酒店、机场、高铁站等场所展示,用国际化的语言讲好"杭州故事"。

杭州亚运会海外融媒体运维中心在五大海外社交平台开设官方融媒体账号,以现代化赛事传播思维,坚持互动式传播和线上线下联动,根据筹办及赛事宣传需求,发布杭州亚运会筹办信息、赛事资讯,开展主办城市文化宣传推介,策划推出亚运相关话题,促进各国网友的互动和交流。

●● "2020·指尖城市"网络主题活动在杭州启动。活动旨在充分运用网络传播优势,用小切口表现大主题,以小角度诠释大治理,全面反映各地打造"指尖城市",奋力推进国家治理体系和治理能力现代化的鲜活故事,生动诠释疫情大考下社会治理体系和治理能力建设的显著成效。

21—22日 SHI YUE

●● 全国人大常委会委员、财经委主任委员徐绍史,全国人大财经委委员刘政奎带队到杭州开展反不正当竞争法专题调研。调研组先后召开座谈会,听取市政府、市法院以及有关部门工作情况汇报、一线执法人员案例分析,前往蚂蚁科技集团股份有限公司、华立创客社区进行考察,并与阿里巴巴(中国)有限公司、杭州网易严选贸易有限公司、好衣库(杭州)网络科技有限公司、浙江宇视科技有限公司等10多个代表企业和行业协会座谈交流,深入了解反不正当竞争法实施情况。调研中,大家围绕进一步明确网络案件管辖权、完善不正当竞争案件赔偿方式、做好相关法律法规衔接、加大判决执行和打假力度、加强监管和行业自律等提出意见建议。

徐绍史指出,杭州作为"电子商务之都",坚持包容审慎原则,大力发展平台经济、网络经济，并积极创新理念、规则和模式，设立全国电子商务12345投诉维权中心和网络商品质量检测中心，全力推动反不正当竞争法实施，在普法、执法、司法中形成梳理一批典型案例，法律实施取得明显成效。省人大常委会党组书记、副主任梁黎明，省人大常委会副主任李学忠，市人大常委会主任于跃敏，市领导陈红英、柯吉欣陪同调研或参加座谈。

●● 浙江省十三届全国人大代表第一小组围绕落实长三角区域一体化发展国家战略，深入践行"绿水青山就是金山银山"理念，建设生态文明之都、打造美丽长三角生态共同体的主题在杭州开展专题调研。调研组一行实地考察千岛湖配供水工程、淳安博物馆、淳安界首亚运项目、杭州城市大脑运营指挥中心、云栖小镇等地。调研组先后召开座谈会，围绕构建长三角区域环境协同治理体制机制、加大生态保护补偿力度、运用数字化手段推进生态保护、持续抓好城市节水等提出意见建议。

21—26日 SHI YUE

●● 2020年诚信建设万里行暨防范电信网络诈骗主题宣传周活动启动仪式举行。本次活动由市发改委、市委平安办、市公安局联合主办，包括"诚信宣传暨防电信网络诈骗活动周启动仪式""开设信用宣传专栏""多渠道多媒体开展诚信宣传活动""诚信万里行毅行""诚信宣传进校园活动"五大活动，通过全面的诚信宣传活动，营造杭州"人人讲诚信、事事重诚信、处处有诚信"的良好社会氛围。

22日 SHI YUE

●● 杭州市政协委员读书活动启动。市政协主席潘家玮讲话并宣布活动启动。市领导张仲灿、叶鉴铭、谢双成、陈永良、王立华、周智林、冯仁强出席。汪小玫主持。启动仪式上，市政协委员、市政协应用型智库专家、区县（市）政协和读书活动合作单位代表分别发言。参加委员读书群组的委员代表现场获赠书籍。

潘家玮指出，重视学习是人民政协的优良传统。开展委员读书活动是把牢新方位新使命新任务，不断推动人民政协制度在杭州的创新实践，更好肩负起人民政协制度参与者、实践者、推动者政治责任的必然要求；是强化委员责任担当，增强委员履职本领，高质量写好新时代"委员作业"的必然要求。全市政协组织和广大委员要切实提高政治站位，增强责任感和使命感，大兴学习之风，共建书香政协，以学习为先导推动新时代政协事业高质量发展。

● ● 杭州市·黔东南州两地教育系统对口帮扶工作座谈会在杭州召开。会上，黔东南州教育局做"'组团式'教育帮扶助推脱贫攻坚——杭州市帮扶黔东南州教育阻断贫困代际传递取得重要成果"主题汇报，介绍近年来杭州市"组团式"教育帮扶助推黔东南州教育提升、助力脱贫攻坚的总体情况。杭州市教育局和黔东南州教育局共同签订"关于进一步加强乡村教师培养、助力乡村振兴合作协议"，双方聚焦黔东南州乡村教育领域，增大教育帮扶力度，提升乡村教师能力素质。杭州师范大学等5所杭州院校与凯里学院等5所黔东南学校分别签订结对协议。杭州市有455所学校与黔东南州688所学校结对，教育结对实现从幼儿园到高校、从普通教育到职业教育的全链条全覆盖。

● ● 之江创投研究院落户钱江世纪城签约仪式在萧山区钱江世纪城管委会举行。民建中央财金委委员、浙江浙银绩优投资管理有限公司董事长、之江创投研究院理事长胡敏翔与钱江世纪城管委会签订落户协议。之江创投研究院揭牌。

之江创投研究院拥有国家级高端智库学者专家资源，将在政策研究、咨询服务、支持创投行业发展、服务地方经济、承接各级政府研究项目、开展重点行业、重点企业的扶持和培育等方面积极开展工作，助力浙江发展；围绕创投、专注创投，做深、做细、做精，创出浙江特色、民建特色，创出全国的品牌。

● ● 中国数字音乐谷开园仪式在浙江国家音乐产业基地萧山园区核心区钱江世纪城举行，音乐谷公共文化空间同步开放。中国音像与数字出版协会常务副理事长兼秘书长敖然、副秘书长朱禾，中国音像著作权集体管理协会理事长周建潮，中国音像与数字出版协会音乐产业促进工作委员会主任委员汪京京、秘书长徐宏莉，省委宣传部文化发展改革处处长王均寅等参加仪式。

23 日 SHI YUE

●● 省、市领导在杭州走访慰问参加抗美援朝出国作战的老战士、老同志，送上习近平总书记和党中央的关心关怀，并为他们颁发"中国人民志愿军抗美援朝出国作战70周年"纪念章，表达向英雄学习、向英雄致敬之情。省委书记袁家军先后看望抗美援朝志愿军老战士周定安、曲鸿秀，省委副书记、省长郑栅洁先后看望老战士周培杰、陈阿候，为他们佩戴"中国人民志愿军抗美援朝出国作战70周年"纪念章。

袁家军在走访慰问中强调，要深入学习贯彻习近平总书记在纪念中国人民志愿军抗美援朝出国作战70周年大会上的重要讲话精神，大力弘扬伟大抗美援朝精神，加强爱国主义教育，在全社会进一步营造学习崇尚英雄模范的良好氛围，不断增强中国特色社会主义伟大事业凝聚力和感召力，进一步激发起全省上下的干事创业热情，书写忠实践行"八八战略"、奋力打造"重要窗口"的崭新篇章。市领导刘忻、许明分别参加。

●● 省委召开县（市、区）委书记工作交流会。省委书记袁家军在会上强调，面对新阶段新形势，要对标对表习近平总书记赋予浙江"重要窗口"的新目标新定位，对标对表中央巡视组的巡视监督重点，对标对表10张高分报表的任务要求，全力以赴实现全年目标任务和"十三五"完美收官，努力交出2020年各项工作高分报表。

郑栅洁、葛慧君和其他省领导出席。会上，滨江区等10个县（市、区）负责人在分会场交流学习习近平总书记重要讲话精神、探索构建新发展格局、推动高质量发展等经验做法和下一步思路举措。市四套班子领导在杭州分会场或各区县（市）分会场参加。

●● 省委、省政府举行全省扩大有效投资重大项目集中开工仪式，开工516个重大项目，总投资8944亿元。省委书记、省人大常委会主任袁家军宣布开工，省委副书记、省长郑栅洁讲话，省政协主席葛慧君出席。省四套班子其他领导参加。冯飞主持。

郑栅洁指出，举行扩大有效投资重大项目集中开工，是深入贯彻习近平总书记考察浙江重要讲话精神、全面落实"六稳""六保"任务的重大举措，是忠实践行"八八战略"、奋力打造"重要窗口"的实际行动，也是聚焦全年目标任务、夺取经济高分报表的关键支撑。各地、各部门、各单位要坚持"项目为王"理念，紧盯省政府工作报告明确的"有效投资增长与经济增长基本同步"目标任务，进一步推进项目争速，冲刺四季度、力拼全年赢，以扩大有效投资的优异成绩，确保"十三五"圆满收官、实现"十四五"良好开局。

开工仪式以视频形式召开，主会场设在省人民大会堂中门广场，杭州市分会场设在萧山恒逸年产140万吨功能性纤维新材料升级改造项目现场。市四套班子领导在分会场参加。

● ● 全省助力决战决胜脱贫攻坚推进会暨东西部扶贫协作奖表彰大会在杭州举行，全省80个集体和180名个人接受表彰。其中，杭州11个集体和38名个人接受表彰。自2018年实施打赢脱贫攻坚战三年行动以来，浙江先后助力四川、贵州、湖北、吉林四省76个结对帮扶县脱贫摘帽，其中杭州帮扶贵州黔东南州和湖北恩施州的21个县退出贫困县序列，并连续两年在全国东西部扶贫协作工作成效考核评价中获得"好"的等次。目前，浙江结对的剩余4个贫困县均达到摘帽标准，杭州结对的黔东南州从江县和榕江县已处于脱贫摘帽公示阶段。

在浙江省东西部扶贫协作奖表彰会上，杭州市对口支援和区域合作局对口帮扶处、杭州市帮扶黔东南州工作队和杭州市帮扶恩施州工作队获得组织工作奖；杭州杭派清江服饰市场有限公司、浙江华铁应急设备科技股份有限公司、颐高集团有限公司、浙江华鼎集团有限责任公司、杭州市富阳中医骨伤医院、桐庐旭日鞋业有限公司、杭州闻远科技有限公司、杭州千岛湖啤酒有限公司8个单位获得社会责任奖；38名来自脱贫攻坚一线的帮扶干部、专业技术人才和企业家获得突出贡献奖和爱心奉献奖。

● ● 全市人大代表工作专题座谈会召开。市人大常委会党组副书记、副主任郑荣胜出席并讲话，各区县（市）人大常委会分管副主任做交流发言，市人大常委会人事代表工委负责人和各区县（市）人大常委会代表工委负责人参加会议。

会议交流各区县（市）开展人大代表联络站对标提升和"最美"创建、开发区（园区）人大工作方面的做法及下步工作计划。在听取交流发言后，郑荣胜充分肯定各区县（市）人大的相关工作，并对下一步工作提出具体要求。会议学习全国人大常委会关于修改全国人民代表大会和地方各级人民代表大会选举法的决定等有关精神，并就组织杭州市人大代表参加全省各级人大代表助推"四大建设"主题活动、省十三届人大代表杭州中心组视察等工作进行沟通和交流。

●● 中国民航局公布国家首批13个民用无人驾驶航空试验基地（试验区），杭州以城市场景为目标定位，成为浙江省唯一入选地区。

此项工作分为两个阶段展开。第一阶段以余杭区为试验运行主体、未来科技城为中心，探索城市场景下的空域运行体系和机制、无人机监管平台的功能实现以及无人机运行企业的准入和生产流程及风险评估；第二阶段在余杭区先行先试的基础上，授权余杭区在全市范围内推广和应用试验成果，进一步深入开展无人机城市运行场景和技术的试验与研究。

23—24日 SHI YUE

●● 第四届世界杭商大会在杭州举行，主题为"云聚钱塘，杭向未来"，知名杭商和各界代表参会，共叙乡情友谊，共话使命担当，共谋未来发展。

开幕式上，市领导为"鲲鹏"企业、优秀商会、优秀杭商、杰出杭商、功勋杭商颁奖。在随后举行的世界杭商发展论坛上，与会嘉宾围绕"数字赋能的挑战与机遇""当前宏观经济的发展特点、趋势和企业家的机遇"等主题做主旨演讲。

24日 SHI YUE

●● 梦溪论坛专家研讨会暨签约仪式举行。会上，余杭区政府与梦溪论坛基金会签约，在余杭区共建梦溪论坛，以期为全球科技工作者和年轻团队提供一个探索未知世界、思考未知领域、解决未知问题的跨学科研讨平台，深入讨论世界未来和科技发展，进一步推动科技创新。中国工程院院士王坚、中国科学院院士王怀民、中国空间技术研究院"天宫一号"总设计师杨宏等专家围绕梦溪论坛发展、科技创新发展等积极建言献策，提出意见建议。

25 日 SHI YUE

●● 以"四海云集话桑梓，凝心聚力绘未来"为主题的第二届萧山人大会在杭州国际博览中心举行。200多位来自各地的萧山人，以及在杭州工作生活的新萧山人参加大会，共商共建美好家园。

此次大会采用线上和线下相结合的形式，设一个主会场和22个乡镇（街道）、6个省外异地商会分会场。借助互联网视讯+5G融合通信技术，在不同城市开设分会场，在全球范围进行网络直播，让因为疫情影响无法亲临现场的部分乡贤，通过"云端"和所有在场的萧山人一起参会。

萧山区已建立镇街乡贤联谊组织19个，村社乡贤组织56个，组织各类乡贤活动100多场，引进乡贤项目110个，回归资金超过150亿元，充分发挥乡贤人数多、层次高、行业广的优势，努力构建起兴组织、聚乡贤、促发展的工作新格局。

26 日 SHI YUE

●● 国家知识产权局批复同意建设中国（杭州）知识产权保护中心，面向高端装备制造产业开展知识产权快速协同保护工作。建设中国（杭州）知识产权保护中心是全面贯彻党中央、国务院和省委、省政府强化知识产权保护工作的重要举措，是落实《杭州知识产权保护行动计划（2020—2022年）》的有效途径。

中国（杭州）知识产权保护中心建成运行，发明专利授权周期由原先的平均22个月缩短至3个月以内，使技术创新快速转化为专利，迅速形成产业的技术创新优势。同时，通过国家专利复审事权下放和海外知识产权纠纷应对指导分中心等资源，企业的维权成本降低，创新主体的知识产权保护能力得以增强。

26—27日 SHI YUE

●● 市十三届人大常委会召开第三十次会议。会前举行文物保护法讲座，会议期间召开列席会议的部分市人大代表座谈会，会后举行新任命人员宪法宣誓。市人大常委会主任于跃敏，郑荣胜、陈红英、罗卫红、卢春强、徐小林出席。缪承潮，市监委、市法院、市检察院负责人列席会议。

会议表决通过《杭州城市大脑赋能城市治理促进条例》《杭州市公安机关警务辅助人员管理规定》，报省人大常委会批准后施行。会议审议《杭州市物业管理条例（修订草案）》，根据审议意见做修改。会议听取审议关于世界文化遗产保护有关条例执法检查情况报告，对大运河世界文化遗产保护工作开展专题询问；听取审议全市知识产权审判工作和3名法官履职情况报告，进行满意度测评；听取审议戴建平做的关于2019年度全市公共基础设施资产管理情况专项报告、杭州住宅小区消防工作情况报告，以及王宏做的关于乡村振兴战略实施情况报告、杭州国际友城工作情况报告；听取审议关于市十三届人大五次会议代表建议、批评和意见办理情况报告，首次听取24名省人大代表履职情况报告。会议表决通过关于批准2020年市本级收支预算调整方案决议、代表议案审议结果报告、个别代表资格审查报告和有关人事任免事项。

26—29日 SHI YUE

●● 全国人大常委会副委员长、民革中央主席万鄂湘率民革中央调研组到浙江就"加快新一代信息技术发展应用，助推新型智慧城市建设"课题开展专题调研。民革中央副主席张伯军参加。省、市领导李卫宁、吴晶、蔡秀军、胡伟、叶鉴铭陪同调研或参加座谈。

在杭州期间，调研组先后考察杭州城市大脑运营指挥中心、西湖大学云栖校区和下城区潮鸣街道社会治理综合服务中心，并召开座谈会，听取智慧城市建设工作成效与思考建议，就新型智慧城市建设的现存问题及建议意见与座谈单位和企业进行交流与探讨，深入分析当下新型智慧城市建设面临的问题与难点。

调研组指出，新型智慧城市建设要以实现国家治理体系与治理能力现代化为引导，切实强化治理效能。当前，全国各地积极发掘新一代信息技术在城市治理各环节、各层面的潜在能量，在治理能力提升方面已取得显著成效，要在体系层面、信息共享、资源整合等方面加快建设，补齐短板。希望杭州从法律法规、体制机制、政策措施等方面持续探索，为我国新型智慧城市建设做出表率、树立榜样。

27 日 SHI YUE

● ● 杭州市"十四五"规划院士专家座谈会召开，市领导与参加"杭州院士家乡行"活动的院士进行座谈交流。座谈会上，潘云鹤、张泽、李兰娟、陈云敏、吴汉明、陈文兴、戴民汉、冯长根等院士从各自专业领域出发，立足国际国内前沿，结合杭州实际，为杭州"十四五"时期发展提出意见建议。

● ● 杭州"院士路"落成典礼在杭州植物园举行。仪式结束后，潘云鹤、汪集旸、高从堦、董石麟、邱爱慈、张泽、都有为、李兰娟、段树民、尚永丰、龚晓南、谭蔚泓、陈云敏、李家彪、黄荷凤、戴民汉、郑裕国、叶志镇、吴汉明、陈文兴、冯长根21位院士代表一起漫步"院士路"。"院士路"位于杭州植物园内，是一条以中国两院院士和科学家代表为主题的道路，也是国内第一条以院士命名的道路。

28 日 SHI YUE

● ● 省人大常委会副秘书长、办公厅主任宋建勋一行，就加快推动人大数字化建设到杭州开展专题调研。市人大常委会办公厅、市数据资源管理局有关负责人参加。

调研组一行实地考察杭州城市大脑，听取市数据资源局关于杭州城市大脑建设运行情况，以及《杭州城市大脑赋能城市治理促进条例》制定情况的汇报；听取市人大常委会办公厅关于杭州智慧人大建设情况的报告，并围绕人大工作数字化转型进行交流。

调研组充分肯定杭州城市大脑及相关立法工作，认为杭州首创城市大脑，有力支撑了城市数字治理。杭州人大此次为城市大脑开展创制性立法，推动城市大脑建设在法治轨道上长效运行，值得学习借鉴。杭州人大依托数字治理领先优势，创新推进"互联网+人大工作"，起步早、思路明、效果好，为全省人大数字化建设做出了示范。

调研组提出，要深入学习贯彻习近平总书记在杭州城市大脑运营指挥中心考察时重要讲话精神，进一步推动人大数字化建设工作。做到提高站位、系统推进、共建共享，以人大工作数字化转型为动力，进一步提高全省人大工作整体合力，高质量高水平推进新时代人大工作。

● ● 市人大常委会召开第三十八次主任办公会议，市人大常委会主任于跃敏，副主任郑荣胜、陈红英、罗卫红、卢春强，以及机关各部门主要负责人参加会议。

会上，市人大常委会办公厅对10月工作完成情况和11月主要工作预安排做了说明。常委会各位副主任分别就分管工作做了补充发言。会议明确11月常委会重点工作，对学习贯彻党的十九届五中全会精神，落实市委人大工作会议精神，开展人大工作督查调研和"十四五"规划纲要编制专项审议调研，以及做好物业管理条例修订、淳安特别生态功能区条例立法工作等进行讨论研究。

● ● 2020年杭港澳发展论坛暨制造业与现代服务业融合发展论坛在杭州举行。市政协主席潘家玮出席并致辞。王立华参加。

论坛现场，中国服务型制造联盟专家委员会副主任明新国、省工业和信息化研究院院长兰建平等专家学者，杭州企业杭州网易严选贸易有限公司、杭州优行科技有限公司负责人，以及香港贸易发展局中国内地总代表钟永喜、澳门杭州联谊会副理事长陶椿等嘉宾做交流分享。市政协港澳委员、列席代表，杭港澳制造业、服务业企业的代表120多人参加活动。拱墅区做投资环境推介。

潘家玮强调，杭港澳在制造业与现代服务业融合发展上各有优势、各具特色。

希望港澳企业界朋友紧紧抓住杭州建设"全国数字经济第一城"、实施新制造业计划、2022年亚运会、加快城市国际化等机遇，进一步加强与杭州在制造业和服务业"两业融合"等各方面的交流合作，凝聚发展共识，加强互学互鉴，强化优势互补，深化合作共赢，实现共同发展繁荣。

●● 经中央编办批复，市委、市政府批准，杭州市人民政府金融工作办公室更名为杭州市地方金融监督管理局，挂杭州市人民政府金融工作办公室牌子。杭州市地方金融监督管理局举行揭牌仪式，进行更名挂牌。

●● 杭州燃气西部抢修应急中心启用。该中心总投资约4000万元，用地面积3400平方米，建筑面积4320平方米，是集"区域保障、抢修服务、应急管理、综合体验、燃气报装"等功能于一体的燃气综合服务基地。该中心直接服务西湖区三墩镇、祥符街道、三墩北等大型居住区30万户居民，管理杭州城市西北区域55平方千米范围的地下管网。杭燃优家城西客户中心同步启用，填补城市西北区域的服务空白。

●● 浙江省第十一届对外传播易地采访活动在杭州启动，持续至11月1日。本次活动由省委宣传部指导，省广电集团、省广播影视学会和市委宣传部、杭州文广集团联合主办，浙江电视台国际频道、杭州电视台综合频道共同承办。

采访活动吸引国内19个电视媒体、50多名记者参与，其中包括中央广播电视总台中文国际频道、中国外文局煦方国际公司、中国黄河电视台和江苏、安徽、福建、湖南、广东等省级电视台国际频道及浙江省11个城市电视台。活动以"小康社会，杭州故事"为主题，旨在深耕杭州每一方热土，讲述杭州精彩故事，打造一支业务精湛、素质全面、作风优良、与国际接轨的对外传播队伍，促进对外传播工作横向交流，多出精品，多出有思想承载力、有文化传播力、有社会影响力的国际传播佳作。各媒体走进杭州全市13个区县（市）和有关部门，深度体验和感知杭州经济社会发展成就和作为"幸福标杆示范城市"的动人故事，记录杭州高水平全面建成小康社会的生动实践，向世界展示历史文化名城、创新活力之城、生态文明之都的独特韵味与"重要窗口"的"头雁风采"。拍摄结束后，各摄制组制作的专题节目陆续在所在单位播出，并在浙江电视台国际频道、杭州电视台统一展播，进行新媒体推送，择优在中央电视台播出。

29
日 SHI YUE

●● 西湖西溪一体化保护提升推进大会召开。

会议强调，要深入学习贯彻党的十九届五中全会精神和习近平总书记考察浙江、杭州重要讲话精神，认真落实省委、省政府部署要求，扛起使命担当、传承世代匠心，高水平推进西湖西溪一体化保护提升工程，推动人员互动、经验互鉴、优势互补，进一步做优生态、做大资产、做强品牌，着力打造最强功能、最靓名片、最美窗口，加快实现"双西合璧、精彩蝶变"，成为人人向往的诗和远方。

会上发布西湖西溪六大文化项目，包括"宋韵留芳""爱情诗路""苏风流韵""北街梦寻""忠义传奇"和"金石魅力"。西湖西溪管委会、余杭区、西湖区、市文化广电旅游局、市城投集团负责人和志愿者代表做表态发言。

●●《杭州日报》创刊65周年座谈会召开。座谈会上，杭报集团汇报杭报65年发展情况；《杭州日报》老报人、青年记者、合作伙伴、社会读者代表和中央在杭州的媒体代表先后发言。与会领导为杭报集团"决胜全面小康，决战脱贫攻坚"主题采访队授旗。

●● 第十四届杭州文化创意产业博览会在白马湖国际会展中心开幕，11月1日闭幕。本届文博会由市政府、浙江大学、中国美术学院主办，以"创意杭州·联通世界"为主题，重点围绕"新文化·新消费·新生活"进行专题策展，采取线上、线下相结合的办展形式，设有抖音"创意精抖云""东家风物"两大线上分会场，主会场接待嘉宾观众6万余人次，两大线上分会场点击量9.3亿次。线上线下共吸引60多个国家与地区的4000多个文化机构（企业）参展，其中报名线上参展企业3000多个，参展品牌总数比上届提高60%，境外品牌参展面积占总展示面积的40%，完成现场成交及项目签约额21.9亿元，达成融资授信170亿元。会展期间，《中国数字内容产业发展指数及评估报告（2020）》《新国货白皮书杭州文化篇》《2020新流量新品牌白皮书》《2020内容商业洞察报告》等专业指数报告相继发布。经问卷调查，本届文博会展商满意率达98%，观众满意率达99%。

●● 第二届知味杭州美食文化公园联合2020亚洲设计管理论坛暨生活创新展在浙江展览馆外广场开幕，11月2日闭幕。知味杭州美食文化公园以"国潮新味"为主题，设置四大展区集合100多个品牌餐饮、网红美食、特色小吃与文创市集，依托浙江展览馆外广场杭州地标，助力城市夜经济的新开始。

●● 杭州市中级人民法院与浙大城市学院共建的市域社会治理研究中心和浙大城市学院专业调解中心挂牌成立，进一步促进理论研究和司法实践有机融合，为社会治理和司法实践提供更多"杭州经验"。根据协议，双方将在社会治理体系、法治化营商环境建设、新业态风险防范、互联网司法、多元化纠纷解决机制、司法执行等领域展开学术研究和实务合作；在培养方案、实践教学、课程设置、实务导师选派等方面开展人才培养合作；在促进校地合作、提高双方理论研究水平和司法实践能力等领域开展全方位、多层次的深度战略合作。

29—30日 SHI YUE

●● 2020年杭州市"926工匠日杯"暨"杭州建工杯"手工木工职业技能竞赛在杭州建工集团皋亭山液化气储配站项目部举行。本次竞赛由市建委、市人力社保局、市总工会主办，市建筑业管理站、市建设工会、市建筑业协会、市建筑装饰行业协会承办，杭州建工集团有限责任公司协办，杭州市职业能力建设指导服务中心提供技术支持。来自全市的8支代表队共23名选手参加竞赛。经过两天"理论+实操"比赛，来自杭州建工集团等单位的选手获得前三名，部分选手取得由市人力社保局核发的高级（三级）职业资格证书。

30日 SHI YUE

●● 市委召开全市领导干部会议，传达党的十九届五中全会精神。会议传达习近平总书记的重要讲话精神、中央"十四五"规划和二〇三五年远景目标建议精神。市四套班子领导出席。副市级以上领导干部，市法院院长、市检察院检察长，市人大常委会、市政府、市政协秘书长，市委、市人大常委会、市政府、市政协副秘书长，担任过副市级以上领导职务的老同志，各区县（市）党政主要负责人，市直属各单位主要负责人，市委巡察组组长，市人大、市政协机关各部门、亚组委各部门主要负责人，市各民主党派、工商联主要负责人等参加会议。

会议指出，党的十九届五中全会是在我国即将完成"十三五"规划，开启全面建设社会主义现代化国家新征程阶段召开的一次十分重要的会议。全会审议通过的"十四五"规划和二〇三五年远景目标建议，凝聚了全党全社会的思想共识、行动智慧和美好愿景，是全面建设社会主义现代化国家的纲领性文件，充分体现了以习近平同志为核心的党中央谋划未来的远见卓识和继往开来的历史担当，标志着我们党对建设中国特色社会主义的认识达到一个新的高度。我们要准确理解和把握精神实质，深刻领会过去一年及"十三五"期间我国发展取得的决定性成就、中央对国际国内形势和新发展阶段的全面系统把握、"十四五"时期经济社会发展指导思想和必须遵循的原则、"十四五"规划和二〇三五年远景目标的战略考量、构建新发展格局的战略构想和重要着力点、"十四五"发展一系列战略新举措，真正把全会精神内化于心、外践于行。

●● 市政府党组书记、市长刘忻主持召开市政府党组（扩大）会议，传达学习党的十九届五中全会精神，紧密结合杭州发展实际，研究部署政府系统贯彻落实工作。

会议指出，此次全会是在全面建成小康社会胜利在望、全面建设社会主义现代化国家新征程即将开启的重要历史时刻召开的一次十分重要的会议。全会审议通过的规划《建议》，为未来5年乃至15年中国发展擘画了蓝图、指明了方向，充分体现了以习近平同志为核心的党中央谋划未来的远见卓识和继往开来的历史担当。全市政府系统要把学习贯彻全会精神作为当前最重大的政治任务，原原本本学、融会贯通学、联系实际学，全面系统把握全会精神的科学内涵、核心要义、部署要求。

●● 市人大常委会党组召开扩大会议，传达学习党的十九届五中全会精神，按照省委、市委部署要求，研究贯彻落实工作。市人大常委会党组书记、主任于跃敏主持并讲话，郑荣胜、陈红英、卢春强参加。

会议认为，十九届五中全会是在全面建成小康社会胜利在望、全面建设社会主义现代化国家新征程即将开启的重要时刻召开的一次具有里程碑意义的重要会议。全会审议通过的规划《建议》，是全面建设社会主义现代化国家的纲领性文件和行动指南，对于建设社会主义现代化国家、实现中华民族伟大复兴具有重大现实意义和深远历史意义。全市各级人大要把思想和行动统一到党中央决策部署上来，发挥人大优势，依法履职、担当作为，为推动"十四五"经济社会发展、开启全面建设社会主义现代化新征程贡献力量。

●● 中国（浙江）自贸试验区杭州片区滨江区块项目签约暨高新区（滨江）扩大有效投资项目集中开工活动在萤石智能家居产品产业化基地项目现场举行。此次自贸试验区滨江区块落点项目10个，总占地面积11.67公顷，计划总投资40.5亿元，包含杭州港务集团数字化港口项目等4个数字经济产业项目，游卡网络数字文化研发产业化基地项目等2个文创产业项目，以及医疗互联网、智能制造、新电商等产业领域。

●● 2020年ADM展（亚洲设计管理论坛暨生活创新展）开幕，11月1日闭幕。亚洲设计管理论坛围绕"作为策展空间的设计""作为品牌创新的设计""作为艺术科技的设计"以及"作为国潮创新的设计"等主题进行分享。生活创新展由流浪街区、造浪街区、涌浪街区、冲浪街区以及热浪街区5个户外展区和浙江展览馆区改造的乘风破浪馆共六大主题区域组成。

●● 由市运河集团建设开发的运河·映巷影视文化街区建成，现场举办"懒寻旧梦——纪念夏衍诞辰120周年展"。

运河·映巷紧邻夏衍旧居，总建筑面积7.9万平方米，其中地上面积5.1万平方米、地下面积2.8万平方米，是杭州市首条以影视文化命名的特色商业街区。整体建筑风格以传统中式元素为基调，融合现代建筑语言，将传统历史风貌与现代活动场景相交融，通过建筑及空间艺术的表达，在商业环境下营造出沉浸式体验的人文风情。一期总建筑面积约1万平方米，由一条东西走向的水平商业街区和可容纳300多人的实验型剧场组成；二期计划于2021年投入运营，主要由高层写字楼、拥有700个座位的大剧院及商业街组成。

●● 杭州市江干区人民医院新院区启用，浙江大学医学院附属第二医院（简称浙大二院）江干院区挂牌。该院位于源聚路和同协南路交叉口（源聚路300号），总面积11.25万平方米，近期规划床位数600张。浙大二院江干院区是一家国有、公立、非营利性医院，由江干区政府、物产中大集团、浙大二院三方共建，由浙大二院自主经营、一体化管理的"小综合、大专科"精品院区。

30—31日 SHI YUE

● ● 第六届全球私募基金西湖峰会在杭州举行。峰会由杭州市政府、中国证券投资基金业协会、浙江省地方金融监管局主办，主题为"'双循环'促创新：私募基金的新发展格局"，全球私募基金行业领袖、专家学者、金融精英参加。会上，深圳证券交易所浙江基地揭牌，落地玉皇山南基金小镇。该基地是各方共建的整体性、综合性服务平台，从企业的规范运作、改制上市、投融资对接、上市辅导和互动交流等多个维度，全面推进浙江省优质企业与资本市场对接。

31日 SHI YUE

● ● "全民健身·共享亚运"杭州毅行大会暨绿道毅行线下活动在杭州市民中心会场和13个区县（市）同时举行，1.5万名毅行者参加。该活动于9月30日启动，分线上赛和线下赛两个板块，线上赛依托微信小程序平台，以绿道毅行打卡的方式，打造零门槛全民线上赛，线下赛共设置1个主会场、13个分会场，实现各区县（市）联动。线上线下共25万余人次参加。

十一月

HANGZHOU JISHI

1 日 SHI YI YUE

●● 浙江大学医学院附属第一医院（简称浙大一院）总部一期启用。2010年，浙江大学和余杭区签署区校战略合作协议，共同建设浙江大学医学中心。2011年，浙大一院与余杭区签约共建浙大一院余杭院区（即"总部一期项目"）。2014年项目立项、2018年项目结顶，历时6年建设正式投入使用。

浙大一院总部一期建设用地13.47万平方米，总建筑面积30.65万平方米，开放床位1500张，设计门诊量8000人次/日。总部一期的启用，方便所在区域及周边的居民看病就医，为未来科技城和大城西区域营商环境的改善、区域核心竞争力的提升提供有力支撑。

2 日 SHI YI YUE

●● 省政协"崇学系列·书香政协"委员读书活动在世界文化遗产——良渚古城遗址举行首场崇学沙龙，共同讨论良渚文化的当代价值。住浙全国政协委员、部分省政协委员和考古专家实地考察良渚古城南城墙遗址、莫角山宫殿区遗址、反山王陵遗址。沙龙现场，委员们就良渚考古、遗址保护、申遗工作、学术研究、文化价值以及促进遗产保护与文旅产业融合等内容展开讨论。省政协主席葛慧君主持并讲话，省、市领导郑继伟、张泽熙、吴晶、马光明、潘家玮、张振丰、谢双成参加并做交流发言。

葛慧君说，良渚文化在中国文明进程中具有极其重要的地位和作用，要认清中华文明的来路，在学习历史中坚定中华民族的文化自信。丰厚的历史文化遗产是浙江文化标识体系的基础，要重视文化遗产的保护和传承，在现实中守护中华文明的根脉，以创新思维做好新时代浙江省文化遗产保护传承工作，积极传播文化遗产蕴含的文化精髓和时代价值，擦亮"文化浙江"金名片。

　　潘家玮表示，省政协组织住浙全国政协委员和省政协委员在杭州开展第一次崇学沙龙活动，以良渚文化为主题，共话良渚文化的当代价值，是对杭州文化遗产保护利用和传承工作的有力指导和推动。杭州市和余杭区两级政协要持续关注良渚古城遗址保护利用和良渚文明的传承弘扬，为擦亮良渚古城遗址世界级"文化金名片"发出政协好声音、展现政协新作为。

●●　市政协党组召开扩大会议，传达学习贯彻党的十九届五中全会精神和省委、市委部署要求。会议指出，党的十九届五中全会是站在"两个一百年"奋斗目标的历史交汇点、开启全面建设社会主义现代化国家新征程的关键时期召开的一次重要会议。习近平总书记的工作报告和重要讲话，审时度势，统揽全局，思想深邃，内涵丰富，具有很强的政治性、思想性、战略性、指导性，闪耀着马克思主义真理光芒。全会审议通过的规划《建议》，是开启全面建设社会主义现代化国家新征程的纲领性文件和行动指南，充分体现了以习近平同志为核心的党中央谋划未来的远见卓识和继往开来的历史担当，为实现第二个百年奋斗目标和中华民族伟大复兴的中国梦指明了方向、提供了遵循。市政协党组书记、主席潘家玮主持并讲话。张仲灿、汪小玫、叶鉴铭、谢双成、陈永良、王立华、周智林、冯仁强参加。

3 日 SHI YI YUE

●●　全国政协副主席马飚率全国政协无党派人士界别委员专题视察团到杭州，就"文化领域知识产权保护"开展专题视察。视察团一行分别考察白马湖生态创意城最葵园及网络作家村、浙江中南卡通股份有限公司、杭州电魂网络科技有限公司和杭州互联网法院等地，与相关机构单位和企业负责人交流，听取意见和建议，了解杭州文化领域知识产权保护工作成效。市领导潘家玮、汪小玫陪同视察。

　　视察团指出，深入推进文化领域知识产权保护工作，是贯彻落实党的十九届五中全会重要精神和习近平总书记关于加强知识产权保护系列重要指示精神的具体行动，是不断营造文化创新氛围、推动社会主义文化繁荣兴盛的重要举措，是持续优化文创产业营商环境的关键保障。多年来，杭州市从体制机制、法律法规和政策落地等层面出发，不断为文化企业机构知识产权提供有力保障。希望杭州继续探索破题，为我国加快完善文化领域知识产权保护制度建设、激活文化主体创新发展动力不断积累经验做法。

●● 2020年浙江·台湾合作周在杭州开幕。两岸企业家峰会大陆方面理事长郭金龙，台湾方面理事长萧万长，海协会会长张志军，省委副书记、省长郑栅洁，全国台企联会长李政宏致辞。两岸企业家峰会秘书长林军，省海促会台商台企专委会主任委员秦荣华，全国台企联荣誉会长郭山辉，省领导熊建平、朱从玖出席，市委副书记、市长刘忻主持。合作周采取线上线下结合的方式举行，全省签约项目38个，总投资48.3亿美元。

●● 市委理论学习中心组（扩大）专题会议召开，学习贯彻《中国共产党中央委员会工作条例》。会议强调，要深刻理解和把握《条例》的核心要义、精神实质和重要意义，引导全市党员干部坚决贯彻落实习近平总书记重要指示精神和党中央各项决策部署，切实增强思想自觉、政治自觉和行动自觉，以实际行动践行"两个维护"。市委理论学习中心组成员、市直有关部门负责人参加会议。

●● 杭州市正式开通"0571—12349"24小时儿童救助保护热线。热线为全市有需要的儿童提供六大类咨询服务：提供《收养法》《未成年人保护法》等法规咨询以及困境儿童救助保障和农村留守儿童关爱保护等政策咨询；开展儿童被拐卖、被性侵、被遗弃、被虐待、失学辍学、无人监护等各类侵害未成年人权益案件线索响应；提供儿童心理问题疏导、情绪抚慰；对需要卫生保健、医疗康复、心理干预、社会救助、司法保护等特殊需求儿童提供帮扶转介服务；儿童生活困难求助受理；提供孤儿助学、临时救助、监护照料等其他涉及民政部门职责的儿童救助情形咨询。

3—4 日 SHI YI YUE

●● 2020年中国服务型制造大会在余杭区举行。大会由工业和信息化部、浙江省政府共同主办，浙江省经信厅、杭州市政府、工业和信息化部电子第五研究所、中国服务型制造联盟承办，主题为"新变革、深融合、强驱动"。会上，全国首个服务型制造研究院揭牌并启用。该研究院位于余杭经济技术开发区，围绕"9+X"模式建设若干行业亟需的模式应用验证或技术创新实验室，计划建成支撑国家服务型制造发展的特色智库，成为推动国家制造业高质量发展的一流公共服务平台。

服务型制造标准化工作启动仪式举行。现场发布由中国服务型制造联盟和西安交通大学等高校、机构联合编制的《服务型制造基础和术语》标准，标志着中国服务型制造标准化工作迈出关键一步。该标准界定服务型制造基本框架和术语定义，明确理论研究与实践的基本概念与范围，为服务型制造标准体系的构建奠定扎实基础，对促进服务型制造发展具有重要现实意义。

3—6 日 SHI YI YUE

●● 第十六届"振兴杯"全国青年职业技能大赛（学生组）决赛在杭州举行。大赛由共青团中央、人力资源和社会保障部主办，中共杭州市委、杭州市政府、共青团浙江省委、浙江省人力资源和社会保障厅承办，主题为"技能成才报祖国，青春奋进新时代"。大赛设置计算机网络管理员、机床装调维修工、模具工（冲压）3个职业（工种），来自全国各地的226名学生选手参赛。"振兴杯"青年技能人才招聘会同期举办，以线上"云招聘"网络直播面试和线下招聘两种形式呈现，1104个企业开放招聘岗位2.65万个。

4 日 SHI YI YUE

●● 2020年中国世界文化遗产年会暨城市市长论坛在杭州良渚古城遗址召开。会议由中国文化遗产研究院、浙江省文物局、杭州市政府主办，余杭区政府、杭州市园林文物局、杭州良渚遗址管理区管理委员会承办，主题为"世界文化遗产价值传承与城市可持续发展"。

杭州、北京、厦门、南京、曲阜等世界文化遗产城市领导出席城市市长论坛，分享世界文化遗产与城市可持续发展的经验，杭州良渚遗址管理区管委会代表就良渚遗址保护实践经验做主题分享。会上发布《良渚宣言》、2019年度中国世界文化遗产优秀监测年度报告，良渚古城遗址、江南运河杭州段（含浙东运河杭州萧山段）遗产地获奖。会上发布良渚世界文化遗产监测系统"遗产大脑"，举行专业培训，推荐优秀监测年度报告、特色保护管理案例，举办监测成果展、遗产地摄影作品展，开展调研、沙龙等一系列公众活动。

●●《杭州市公共场所自动体外除颤器管理办法》发布，共17条，于2021年1月1日起施行。杭州成为全国首个以地方立法形式规范公共场所AED（自动体外除颤器）配置、使用的城市。AED是一种能够自动识别异常心律并给予电击除颤的急救设备，因其操作简单，便于非专业人员使用，被称为"救命神器"。

●● 杭州市社会科学界第六届学术和咨政年会召开。会议由市社科联、市社科院、市委市政府咨询委员会、市政府研究室共同主办，170多名来自市社科联、有关市直单位、市属高校、区县（市）社科联的专家领导和各市属社科社团、市社科重点研究基地、年会优秀论文作者、市社科优秀青年人才代表参加，深入学习贯彻习近平新时代中国特色社会主义思想及系列讲话精神，围绕市域社会治理议题，进行深入研讨和广泛交流。

会上表彰《杭州完善国际一流营商环境前瞻性布局的问题与对策研究》等30篇文章为本届年会优秀论文，授予陈超等31名高校人才第二期"杭州市哲学社会科学优秀青年人才"称号。

●● "民意直通·市民体验"专题活动暨2020年杭州市民体验日启动仪式在下城区东新街道举行。活动由市委办公厅、市委政研室、市委改革办主办，组织6条民意体验专线，体验内容涉及公共卫生防疫、老旧小区改造、婴幼儿照护、放心农贸市场等民生实事，以及图书馆、商圈、医院、景区、体育馆等公共场所服务提升，亚运场馆建设、污水处理等，共计17个体验点。由人大代表、党代表、政协委员、专家学者、媒体记者、社区工作者、社会组织代表、热心市民等100多人组成的"民意体验团"参加活动。

●● 杭州市媒体深度融合发展和新时代文明实践中心建设工作推进会在西湖区传媒中心召开。会议总结前期工作，学习交流经验，分析寻找差距，共商对策措施，对全市新时代文明实践中心建设试点工作和媒体深度融合发展进行再动员、再部署、再推进。

4—10日 SHI YI YUE

●● 第三届中国国际进口博览会在上海举行，杭州交易分团组织3000多名采购商、近7300位专业观众报名参加。其间，杭州开展现场采购、产业对接、项目洽谈、合作签约等一系列产业投资促进活动，以及一系列城市形象展示和投资推介宣传等活动。

杭州市在场内场外共签约外资项目14个，总投资14.2亿美元，其中犀牛智造产业园项目、杭州涂鸦信息技术有限公司增资及再投资项目、赛默飞世尔—健新原力CDMO合资项目（单抗合同开发和生产项目）在国家会展中心正式签约，总投资4.6亿美元，涉及人工智能、互联网制造、生物医药等行业。同步开工外资项目10个，总投资97.8亿美元。

5日 SHI YI YUE

●● 杭州2022年第19届亚运会官方保险服务合作伙伴签约发布会在上海举行。中国太平洋保险（集团）股份有限公司成为杭州亚运会官方保险服务合作伙伴，为杭州亚运会提供"产、寿、健"一揽子保险保障和全方位风险管理服务。上海市委常委、常务副市长陈寅，浙江省副省长朱从玖，杭州市委副书记、市长刘忻出席发布会。陈卫强参加。

●● 市政协主席潘家玮率市政协调研组，到余杭区开展征集市政府2021年民生实事项目选题调研活动。调研组重点围绕就业、收入、养老、住房、食品安全、交通、环境质量、教育、医疗、社会保障、文化惠民、公共安全、政务服务、司法公正等领域，实地走访调研结网高层安置房项目、茅山社区邻里服务中心、东湖街道综合服务中心，召开座谈会听取街道、政协委员和基层代表群众对民生实事的意见建议。张振丰、周智林参加。

●● 市委教育工作领导小组召开第四次全体会议。市委副书记佟桂莉主持会议并讲话。佟桂莉强调，要深入学习贯彻党的十九届五中全会精神，不断深化改革、破解难题，高水平建设"美好教育"，为全面展现"重要窗口""头雁风采"提供坚实的教育和人才支撑。戚哮虎、毛溪浩、陈国妹参加。

●● 2020年全国新区开发区第三十三次工会工作研讨会（杭州·论坛）在杭州钱塘新区举行。大会聚焦"战疫情、促发展"，探讨疫情防控常态化背景下工会组织的新使命，共商新区开发区工会工作的创新发展。

大会由中国新区开发区工会工作论坛理事会和中国开发区协会主办，杭州钱塘新区总工会承办。大会共收到38篇论文，进行10场交流发言和2场主题讲座。与会代表们围绕主线，分享在抓紧抓实抓细疫情防控工作、有力有序有效推动企业安全复工复产等方面的经验。

●● 2020年杭州市科协年会在余杭区梦栖小镇设计中心召开。会议由杭州市科学技术协会和余杭区政府联合主办，余杭区科学技术协会和杭州良渚新城管委会共同承办，来自全市科协系统的院士专家、学会代表、企业代表共200多人参加。会议为7个院士指导站和7个专家指导站授牌，并举行海智基地工作站签约仪式。

会后，举行"千名专家进千企"专项行动，中国仪器仪表学会、杭州市数字经济联合会和杭州市创意设计研究会现场开展科技服务活动。

5—6 日 SHI YI YUE

●● 第九届中国创新创业大赛全国总决赛在杭州举行。大赛由科技部、财政部、教育部、中央网信办、全国工商联指导举办，涵盖高端装备制造、新材料、生物、节能环保、新能源、新能源汽车、新一代信息技术7个战略性新兴产业，34个企业（其中初创企业12个、成长企业22个）参加总决赛。

大赛组织参赛企业参观考察智慧e谷、阿里巴巴集团、杭州海康威视数字技术股份有限公司等创新园区和企业，感受产业智慧互联的科技创新力量。大赛还举办"打造众扶平台、集聚双创资源"主题报告会、企业交流会等活动。

6 日 SHI YI YUE

●● 湖北省党政代表团在浙江省考察。两省在杭州市召开东西部扶贫协作工作座谈会。浙江省委书记袁家军主持会议并讲话，湖北省委书记应勇讲话。浙江省委副书记、省长郑栅洁，湖北省委常委、常务副省长黄楚平分别介绍两省经济社会发展、东西部扶贫协作工作等情况。在浙江期间，湖北省党政代表团在杭州先后考察西湖区云栖小镇、杭州联华华商集团有限公司、余杭区径山镇小古城村等地。

●● 市人大常委会主任于跃敏带队到钱塘新区调研人大工作，并召开座谈会。座谈会上，钱塘新区管委会和7个街道相关负责人汇报有关情况，并围绕加强新区人大工作、加强和规范街道人大工作、发挥人大代表作用、完善街道居民议事制度等提出意见建议。柯吉欣参加。

于跃敏指出，人民代表大会制度是支撑国家治理体系和治理能力的根本政治制度，加强新区人大工作，是贯彻落实习近平总书记关于坚持和完善人民代表大会制度重要思想的必然要求，是全面落实宪法法律有关规定的实际举措，是密切联系人大代表和人民群众、主动接受监督的应有之义。

●● 市政协主席潘家玮带队前往富阳区，就农村饮用水达标提标工作开展监督调研。潘家玮指出，坚决打赢、打好农村饮用水达标提标行动攻坚战，是市委、市政府深入践行以人民为中心的发展思想的重要举措，是不断增进民生福祉、展现"重要窗口""头雁风采"的必然要求。要进一步坚持目标导向，紧扣三年行动计划，推进项目扫尾攻坚，强化销号清零，高标准抓好长效管理，做到不获全胜绝不收兵。要认真总结农村饮用水达标提标行动推进中的好做法、好经验，不断丰富、完善和提升，为更好谋划和实施民生实事项目提供借鉴。各级政协组织要充分发挥政协特色优势，聚焦群众关切的民生领域重点难点问题，不断提升民主监督质效，坚持建言资政和凝聚共识双向发力，集思广益、凝聚共识，为努力交出民生实事项目建设高分答卷、展现"重要窗口""头雁风采"贡献力量。

● ● 杭州市庆祝第21个中国记者节暨重大主题报道表彰大会举行。大会以"乘风破浪，我们一直在路上"为主题，由市委宣传部、杭报集团、杭州文广集团、杭州市新闻工作者协会以及各区县（市）委宣传部共同主办。

会议表彰了41件创新重大主题报道优秀新闻作品、18个优秀融媒体项目，以及10件大型融媒体行动最具传播力新媒体作品、10件最佳短视频作品、10件践行"四力"最佳新闻作品。徐墉、张鹏、陈焕、何芳芳、蔡晓、李萌、沈雯、郑媛、陈默、项加华、周芳、邱莉姗被授予"2020年度优秀新闻工作者"称号。会上，分别启动"中国共产党建党100周年融媒体新闻行动"、全市媒体融合"一张网"项目，举行杭州市融媒联盟签约仪式和杭州市融媒学院授牌仪式。

7 日 SHI YI YUE

● ● 第二届长三角卫生健康人才创新发展大会在杭州召开。来自长三角地区相关卫生健康单位的医院负责人、临床骨干以及人力资源管理人员等500多名代表应邀参会。本届大会以"人才创新，科技赋能，引领未来"为主题，通过"1+4+2"的形式，举办一个主论坛、四个分论坛以及两个同期活动（全省卫生高级职称自主评聘工作会、浙江省卫生人力资源年会）。来自全国的30多位专家学者围绕国家区域医疗中心建设、高层次卫生人才创新创业、智慧医院建设、医工结合创新、人力资源管理、医学科技转化等热点话题以及医疗卫生健康领域中选人、育人、用人等议题展开深入探讨和交流。

会上，中国科学院大学附属肿瘤医院、浙江医院、浙江省立同德医院、浙江大学医学院附属儿童医院、杭州市第七人民医院等5个单位的7个高端人才引进项目进行现场签约，上海交通大学医学院附属新华医院和杭州市儿童医院双方签署战略合作协议，浙江省人民医院与浙江工业大学合作共建"医工融合创新研究院"揭牌。

浙江省第三届卫生人才招聘会暨卫生人才就业网"浙江站"在大会上启动，为浙江省"医学高峰"和县域医共体招贤纳才提供更加高效、便捷的国家级服务平台。本届招聘会首次开通"线上引才直播宣介会"，并在线下的"杭向未来"长三角高层次人才交流会上设立卫生健康招聘专区，包括浙江医院、浙江省人民医院、中国科学院大学附属肿瘤医院等在内的20多个省市医疗卫生机构现场设置招聘展台，面向全国招引高层次卫生人才。

8 日 SHI YI YUE

● ● 2020年杭州国际人才交流与项目合作大会在杭州国际博览中心举行。全国人大常委会副委员长陈竺视频致辞，省委书记袁家军宣布开幕，省长郑栅洁致辞。

大会由欧美同学会、浙江省委、省政府主办，省委组织部、省人力资源和社会保障厅、杭州市委、市政府承办，以"立足杭州、面向全球，服务浙江、辐射全国"为宗旨，有35个国家和地区的人才线上线下参会，67位海内外院士出席，举办35场系列活动。开幕仪式上举行世行全球数字金融中心（杭州）、欧盟研究与创新杭州中心揭牌仪式，发布杭州人才码国际版，颁发杭州首届金巢奖。会上发布2019年"魅力中国——外籍人才眼中最具吸引力的中国城市"榜单，排名前十的城市依次为：上海、北京、深圳、杭州、广州、合肥、南京、成都、青岛、苏州。

● ● 2020年世界健康大会在杭州举行。大会采取线上直播联动和线下现场参与相结合的方式，来自国内外的400多名嘉宾参会，从数字健康、科学防疫等不同维度出发，分享各自经验，为共同面对下一步疫情形势出谋划策。大会对新冠肺炎疫情期间做出杰出贡献的个人、团体与企业进行表彰。

● ● "中国城市学年会·2020"、第五届"两宋论坛"开幕式暨城市学高层论坛在杭州举行。年会以"人民城市人民建，人民城市为人民"为主题，由杭州国际城市学研究中心（浙江省城市治理研究中心）主办，聚焦探索城市治理现代化的"重要窗口"。

开幕式上先后举行"天元公学"开校揭牌、"钱学森路"命名启用、天元世界教育博物馆揭牌、杭州图书馆教育分馆揭牌、"城市书房"揭牌、杭州城研中心与浙江省现代金融学会签约、杭州城市学研究会与中国李大钊研究会签约、杭州城市学研究理事会顾问聘任等仪式，并为第十届"钱学森城市学金奖"、第十届"西湖城市学金奖"、第五届"两宋论坛"优秀研究成果颁奖。

●● 长三角G60科创走廊以一体化高质量发展促进国内国际双循环政策发布会在上海国家会展中心举行。会上发布《关于支持长三角G60科创走廊以头部企业为引领推动产业链跨区域协同合作的实施意见》《推进上海西部五区科技和产业协同发展实现与长三角G60科创走廊联动发展的战略合作框架协议》等多个政策，并成立长三角G60科创走廊专家咨询委员会和G60科创走廊国家移民政策实践基地。

●● 杭州江河汇综合体项目开工奠基，项目总投资约300亿元。江河汇综合体项目位于钱江新城二期区域，依托钱塘江、大运河两大世界级水体，构建集商务商业、城市旅游、世界级总部办公等多功能为一体的综合体。

9 日 SHI YI YUE

●● 党的十九届五中全会精神中央宣讲团在浙江省宣讲党的十九届五中全会精神。中央宣讲团成员、中央政法委秘书长陈一新做宣讲报告。省委书记袁家军主持报告会。郑栅洁和其他副省级以上领导干部出席。宣讲报告会采用视频形式举行，市县设分会场，共计两万余人参加。在杭副省级以上老同志，省部属各单位主要负责同志，高校师生代表、社科界专家学者代表和企业代表在主会场参加报告会。中央宣讲团一行还到杭州城市大脑运营指挥中心调研，与指挥中心工作人员就学习贯彻党的十九届五中全会精神进行互动交流，面对面开展全会精神宣讲。

陈一新围绕"描绘好现代化新蓝图，再创'中国之治'新奇迹"的主题，紧扣习近平总书记在党的十九届五中全会上的重要讲话和全会审议通过的规划《建议》，从新发展成就、新发展背景、新发展阶段、新发展目标、新发展指南、新发展理念、新发展格局、新发展基石、新发展任务、新发展保证十个方面，深刻阐释了习近平总书记在全会上提出的一系列新思想新观点新论断新要求，对"十四五"时期我国经济社会发展的主要目标和2035年远景目标进行了深入浅出、权威精辟的讲解，并对学习宣传贯彻全会精神谈了认识体会。

●● 市委理论学习中心组（扩大）专题学习会召开，邀请清华大学公共管理学院院长江小涓教授做《"十四五"时期数字经济发展的机遇与挑战》专题报告，丝路研究院首席专家、院长张湧做《以制度集成创新为动力，差异化打造我国首个数字自由贸易区》专题报告。市委理论中心组成员出席报告会。

●● 中国（浙江）自由贸易试验区杭州片区钱塘区块启动仪式暨2020钱塘新区（上海）投资推介会在上海举行，自贸区钱塘区块共签约30个项目，投资总额约110亿元。

本次签约的30个项目，涵盖生物医药、智能制造、集成电路、跨境电商等多个领域。其中，松下家电（中国）智慧电器项目、星月沪杭科创谷项目等总投资33.1亿元的首批10个项目落户自贸区钱塘区块；中肽泰德医药项目、高光制药新药研发项目等总投资74.8亿元的10个重点项目落户自贸区联动创新区；钱塘新区与浙江工商大学合作——中国（浙江）自贸学院项目、钱塘新区与浙江传媒学院合作——中国（杭州）直播电商产业教育学院项目等10个共建项目签约落地。

●● 亚运会电力供应和保障可持续性管理体系认证证书颁发仪式在杭州亚组委举行，国家电网有限公司获央企首个可持续性发展管理体系认证。国家电网有限公司将通过±800千伏特高压直流输电、源网荷储"即插即用"、能量路由、市场化碳交易等多种方式，实现第19届亚运会全部场馆用上绿色电能，这在亚运史上将是首次。预计杭州亚运会期间，58座亚运场馆和亚运村绿色电能供能将超过5000万千瓦时，相当于减少标煤燃烧6100吨、减排二氧化碳1.52万吨。

●● "论说西湖——2020西湖学研讨会"在杭州举行。会议由杭州市西湖学研究会、杭州西湖风景名胜区管委会主办，集合国内相关领域专家智库为"西湖的可持续发展"出谋划策，为西湖的保护和发展保驾护航。本次研讨会是杭州市西湖学研究会和杭州西湖风景名胜区管委会第一次全方位围绕"西湖的可持续发展"联合主办的文化研讨活动。

●● 第四届萧山未来论坛举行。萧山区政府与西安电子科技大学签署合作协议，双方共建西安电子科技大学杭州研究院。该研究院规划于萧山科技城，建设总投资达50亿元。研究院聚焦重点领域、关键环节，建设成为汇聚电子信息领域急需创新人才的特区、"卡脖子"领域科技创新的重要输出地。

9—11日 SHI YI YUE

● ● 中共中央政治局常委、中央纪委书记赵乐际到浙江调研。赵乐际强调,纪检监察机关要深入学习贯彻党的十九届五中全会精神,自觉把思想和行动统一到全会部署上来,进一步增强"四个意识"、坚定"四个自信"、做到"两个维护",尽职尽责地做好正风肃纪反腐各项工作,充分发挥监督保障执行、促进完善发展作用,为完成全年经济社会发展目标任务、全面建设社会主义现代化国家开好局起好步提供坚强保障。

在杭州期间,赵乐际来到杭州申昊科技股份有限公司等地调研,与基层干部群众深入交流,详细了解基层党风政风情况,听取大家意见建议。省委书记袁家军陪同调研并做有关工作汇报。

9—13日 SHI YI YUE

● ● 阿克苏市组织部分"最美人物"等到杭州开展交流活动。杭州、阿克苏两地"最美人物"围绕"最美相融·携手追梦"主题宣讲最美风尚,考察文明城市创建和新时代文明实践中心建设工作,并就"最美"帮扶协作项目落地等进行深入对接。

10—11日 SHI YI YUE

● ● 第二届中国工业互联网大赛全国半决赛在余杭区举行。大赛以路演、答辩、评审的形式，评选出本届大赛获得优秀奖的团队和作品，并从中遴选出20强晋级全国总决赛。

作为工业互联网领域的权威赛事，第二届中国工业互联网大赛以"新基建、新动能、新经济"为主题，充分利用社会资源，解决工业互联网关键技术应用的短板问题，激发人才和资本活力，加速构建工业互联网发展生态。从区域赛晋级全国赛的100个优秀作品参加此次比赛，覆盖了工业互联网网络、工业App等众多应用场景，呈现出落地性强、经济价值高的特点，具有很高的投资及推广价值。

11
日 SHI YI YUE

●● 市人大代表西湖一组组织定向视察活动，到临安区对食品安全实事项目实施情况进行"回头看"。市人大常委会主任于跃敏、副主任卢春强，部分市人大代表参加。

视察组实地察看泥山湾农村家宴中心、城东小学食堂智能"阳光厨房"，详细了解项目建设、硬件设施、运营管理等情况。随后召开座谈会，听取市市场监管局、市教育局、市商务局及临安区政府有关情况汇报。座谈中，市人大代表就推进家宴中心标准化建设，增加特色文化元素，提高场地利用效率，指导培训从业人员；农贸市场诚信经营、小区蔬菜门店监管；"阳光厨房"数据综合利用、培养学生节约意识等提出建议。

●● 市委人才办、市人力社保局、市财政局联合印发《杭州市加快发展人力资源服务业实施细则》，推动杭州人力资源服务业高质量发展，激发产业发展新活力。该细则自2021年1月1日起施行，有效期至2023年12月31日。

该细则围绕加大龙头企业集聚、加大产业园建设、鼓励企业创新发展和品牌发展、支持中介机构引才、鼓励参与重大发展战略、加大行业人才队伍建设、鼓励搭建交流合作平台等方面，期待借由产业"支点"、撬开人才"富矿"，为杭州高质量发展输送"第一资源"，注入"源头活水"。

●● 天猫"双十一"全球狂欢季（1—11日）总成交额4982亿元，比2019年"双十一"增长85.6%。

12 日 SHI YI YUE

●● 市委召开"学习贯彻党的十九届五中全会精神"专题学习会，深入学习习近平总书记在党的十九届五中全会上的重要讲话和全会文件精神，开展研讨交流、推动贯彻落实。会议强调，要高举习近平新时代中国特色社会主义思想伟大旗帜，深入贯彻习近平总书记对杭州工作的重要指示精神，聚焦高质量发展主题，围绕忠实践行"八八战略"、奋力打造"重要窗口"，持续推进"干好一一六、当好排头兵"，进一步提升城市综合能级和核心竞争力，在浙江建设社会主义现代化先行省中扛起省会担当、展现"头雁风采"。市四套班子领导出席。

●● 省人大常委会党组书记、副主任梁黎明带队到临安区，开展公共文化服务保障和文物保护专题调研。梁黎明一行先后来到临安吴越国王陵考古遗址公园、衣锦城城墙遗址考古现场和临安博物馆，实地了解考古挖掘、规划保护和建设工程实施情况，考察馆藏文物保存保护、展览展示以及便民服务等情况，并就文物安全、利用展示等听取有关部门负责同志和工作人员的意见建议。市人大常委会副主任卢春强陪同参加。

梁黎明指出，临安历史悠久，文脉绵长，是吴越国文化的发祥地，文物古迹和文化遗产丰富，在浙江省文物保护工作中具有特殊重要的地位，要全面落实党中央、国务院关于文物工作的决策部署，按照文化浙江建设要求，合理利用好这个文物宝库，切实增强历史文化遗产保护能力，加强文物价值的挖掘阐释和传播利用，完善让历史文化遗产资源活起来的政策举措，呈现更多更好的中华文化遗产，充分展示浙江省悠久灿烂的历史文化，为建设文化浙江、文物大省做出更大贡献。

12—18 日 SHI YI YUE

●● 第二十四届中国国际软件博览会在杭州举行。大会由中国电子信息行业联合会、浙江省经信厅、杭州市政府联合主办，国家工业信息安全发展研究中心、杭州市经信局、杭州高新区管委会、滨江区政府承办，以"软件铸魂，数智转型"为主题，为首次在杭州举行。同期举办2020年中国软件成果综合展，突出数据要素培育、创新成果、工业软件、新型平台等，100多个企业和机构在现场设展。会上发布"2020年度软件和信息技术服务竞争力前百家企业名单"，杭州共有11个企业上榜。

13 日 SHI YI YUE

●● 全省抗击新冠肺炎疫情表彰大会在杭州召开，表彰浙江省为抗击新冠肺炎疫情做出突出贡献的先进个人和先进集体。省委书记、省人大常委会主任袁家军出席大会并讲话，强调要深入学习贯彻习近平总书记在全国抗击新冠肺炎疫情表彰大会上的重要讲话精神，大力弘扬伟大抗疫精神，巩固拓展抗疫大战大考成果，为忠实践行"八八战略"、奋力打造"重要窗口"赋能助力，加快推进以人为核心的现代化。省委副书记、省长郑栅洁主持会议，其他省委常委，省人大常委会党组书记，副省长，省政协党组副书记、副主席出席。

大会决定授予940名同志"浙江省抗击新冠肺炎疫情先进个人"称号，授予300个集体"浙江省抗击新冠肺炎疫情先进集体"称号，授予50名同志"浙江省优秀共产党员"称号，授予100个基层党组织"浙江省先进基层党组织"称号，授予117名同志"浙江省担当作为好干部"称号。省领导为受表彰的个人和集体代表颁奖。

袁家军代表省委、省人大常委会、省政府、省政协，向受到表彰的先进集体和个人表示祝贺；向所有参与抗疫斗争的英雄们、战士们，向所有支持浙江抗疫斗争的社会各界人士，致以衷心的感谢和崇高的敬意；向为抗击疫情而殉职的烈士们，表达深切的思念和沉痛的哀悼。会上，抗击新冠肺炎疫情先进代表和省担当作为好干部代表做交流发言。

会议以视频形式召开，市县设分会场。全国抗击新冠肺炎疫情受表彰对象、浙江省受表彰代表在省主会场参加会议。其他受表彰人员在各市接受表彰。市四套班子领导在杭州分会场或各区县（市）分会场出席。会议结束后，市领导为在分会场参会的省抗击新冠肺炎疫情先进个人和先进集体代表颁奖。

●● 省委副书记、省长郑栅洁在杭州走访万向集团公司、正泰集团股份有限公司两个非公有制联系点企业，并主持召开企业家座谈会，广泛征求对浙江省"十四五"规划的意见建议。郑栅洁表示，希望广大企业充分发挥市场主体作用，心无旁骛做精主业、做强实业，提高产业链根植性。要抢抓发展机遇，加强对中央大政方针、战略部署的学习和研究，主动融入长三角区域一体化发展等国家战略，共享战略机遇、共推浙江发展。希望企业家们坚持创新发展，持续加大研发投入和人才培养引进力度，不断提升企业核心竞争力，力争"十四五"发展再上新台阶。冯飞出席座谈会，刘忻、佟桂莉参加走访。

10位企业家发言，7个参会企业书面发言，围绕"十四五"发展，就加快数字经济发展、加快传统制造业改造提升、推动物流与制造业深度融合、加大品牌培育力度、创新发展现代商贸、深化混合所有制改革、打造最优营商环境等提出建议。

●● 市领导会见由曲靖市考察团一行。双方就社会治理、文明城市创建等方面强化活动进行交流。杭州市领导许明、缪承潮，曲靖市领导杨蔚玲、刘本芳参加。

●● 市委副书记、市长刘忻会见新社会阶层代表人士。刘忻强调要认真贯彻习近平总书记关于做好新社会阶层人士统战工作的重要指示精神，增进政治认同，聚合聪明才智，增强工作合力，更好发挥新社会阶层人士对杭州经济社会发展的积极作用，为"十三五"圆满收官、"十四五"精彩开局做出更大贡献。

13—14日 SHI YI YUE

●● "2020世界旅游联盟·湘湖对话"在萧山区举行。大会由世界旅游联盟主办，主题为"信心与变革——面向未来的旅游业"。

大会发布的《世界旅游发展报告2020：市场复苏的信心与产业变革的挑战》指出，数字化和"新基建"等奠定了旅游业产业发展新动能，并赞扬"杭州发布数字经济旅游十景"等旅游业新举措。世界旅游联盟联合世界银行和中国国际扶贫中心共同发布《2020世界旅游联盟旅游减贫案例》，淳安县下姜村等41个优秀案例入选。

14
日 SHI YI YUE

●● 2020年杭州文史论坛暨15世纪以来长三角地区社会变迁与转型学术研讨会开幕。市政协主席潘家玮出席并致辞，叶鉴铭参加。来自北京大学、中国人民大学、浙江大学、复旦大学、南京大学、南开大学、华东师范大学等高等院校，以及故宫博物院、上海市社科院、浙江省社科院等研究机构的100多位文史领域的专家学者，聚焦长三角地区历史文化，从经济、政治、社会、文化等方面深入开展交流研讨。

●● 2020年中国电视艺术创新峰会暨第八届中国电视产业推介会在杭州西湖区举行。本届峰会以"拥抱全媒体时代，推动高质量发展"为主题，邀请了主管单位、权威专家、一线导演、知名编剧及新媒体业界代表等近500人参会，聚焦电视剧内容创作，探索创新、分析趋势、交流观点，为推动行业高质量发展出谋划策，为电视剧和电视文艺创新注入强劲活力。此次峰会特别设置网络文学的IP推介会，利用杭州丰富的网络文学资源与电视剧行业对接。

开幕式上，国家文化出口基地中国（浙江）影视国际产业合作区十诺影视云交易平台上线，实现影视发行平台从信息黄页时代到平台交易时代的重大跨越。同时发布《中国电视与网络视听艺术发展报告》第六卷，完整呈现年度电视与网络视听行业的发展状况、特点与趋势，并对电视与网络视听行业内容发展趋势进行预判。

16
日 SHI YI YUE

●● 市政协召开"请你来协商·提升杭州医疗国际化水平"月度协商会。市政协主席潘家玮讲话。陈卫强到会听取意见建议，王立华参加。会议以网络视频形式召开，设杭州市民中心主会场和香港、深圳分会场。会上，市卫生健康委介绍杭州医疗国际化工作情况。在前期调研的基础上，市政协港澳台侨和外事委做主旨发言，4位港澳委员在分会场通过视频连线参与远程协商，4位市政协海外列席代表通过视频建言，来自致公党市委会、从事医疗国际化研究的学者、开展国际医疗服务的医院、市级医院、在杭外国专家等市政协委员和有关代表在主会场做交流。215名委员通过市政协智慧履职平台实时在线观看和参与交流，提出意见建议112条。

●● 科技部火炬中心公布2020年第二批国家火炬特色产业基地名单，萧山信息港小镇新一代人工智能特色产业基地上榜。该基地依托"一镇多园N平台"的空间布局模式，规划形成一期到十期的创新载体布局，加速建设超300万平方米小镇创新载体和总部大楼。2020年上半年新增创新空间近40万平方米，其中，五期浙江大学杭州国际科创中心于7月13日开园，总投资8亿元，总建筑面积16万平方米；六期杭州湾数字健康创新谷南区块于5月7日开园，北区块计划2021年5月投入使用，总投资13.5亿元，总建筑面积19.4万平方米；八期湾区数字公园于5月27日开园，总投资超1亿元，总建筑面积约5万平方米。

16—17日 SHI YI YUE

●● 2020年千岛湖论坛在淳安千岛湖举行。论坛由市委、市政府主办，以"和合共生，美美与共"为主题，围绕贯彻党的十九届五中全会精神，探索建设人与自然和谐共生的现代化之路——千岛湖"数字湖泊"保护之路，并启动"2030千岛湖数字湖泊探索"计划，以十年为目标，制定阶段性的科研成果及保护体系，尤其对未来5年的生态文明建设做出战略谋划，引导和促进淳安经济社会发展全面绿色转型。

17日 SHI YI YUE

●● 市十三届人大常委会召开第三十一次会议。市人大常委会主任于跃敏，副主任郑荣胜、陈红英、罗卫红、卢春强、徐小林出席。会议听取审议副市长王宏代表市政府提交的关于有关专项工作方案的议案及说明，表决通过市人大常委会关于同意有关专项工作方案的决议（草案）。会议听取审议副市长王宏受市长刘忻委托提交的人事任免议案及说明，表决通过有关人事任免事项。新任命人员代表做表态发言。会后，新任命人员进行宪法宣誓。

18 日

● ● 2020年中国幸福城市论坛暨颁奖典礼在杭州举行，发布"2020中国最具幸福感城市"榜单。杭州荣获"中国最具幸福感城市"称号，成为全国唯一连续14年获此殊荣的城市；同时获得企业家幸福感最强市和组委会特别奖——新时代数字治理标杆城市。获奖城市代表做主旨发言，中国幸福城市杭州研究中心揭牌成立。

● ● 杭州市计划生育协会第七次会员代表大会召开。大会选举产生杭州市计生协会第七届理事会，陈红英当选为理事会会长。

● ● 首届中国（良渚）绿色设计论坛暨2020年"光华龙腾奖·浙江省设计业十大杰出青年"颁奖典礼活动在良渚梦栖小镇举行，主题为"中国设计思考"。京津冀、长三角、粤港澳工业设计产业联盟，全省各地市包括工业设计在内的行业协会、省级工业设计示范基地代表参加，共同探讨绿色设计的大背景下，设计与社会民生、设计与产业制造、设计与未来生活的无限可能。

活动现场为浙江省设计业十大杰出青年进行颁奖。现场进行"绿色设计助力实现碳中和目标"倡议发布仪式，工业设计知识产权公共服务平台合作签约仪式，梦栖小镇被授牌为"绿碳工程示范基地"。

● ● "未来城市·杭州路径"城市发展论坛在杭州举行。论坛上，来自自然资源部、省自然资源厅和中国工程院等10位业界著名专家学者，围绕生态文明、高质量发展、国内国际双循环新格局等话题开展讨论，探讨三江汇·杭州"未来城市"实践区、长三角区域一体化战略下的杭州市综合交通规划等内容。

18—19日 SHI YI YUE

●● 省人大常委会副主任姒健敏带队到杭州调研杭州城西科创大走廊建设。市人大常委会主任于跃敏、副主任罗卫红陪同考察或参加座谈。姒健敏考察之江实验室、聚光科技青山湖产业园和浙江强脑科技有限公司等地。在随后召开的座谈会上，省推进杭州城西科创大走廊建设联席会议办公室和余杭区未来科技城、西湖区紫金港科技城、临安区青山湖科技城管委会有关负责人汇报科创大走廊建设工作情况，浙江大学、之江实验室、阿里巴巴集团等单位负责人就加快建设创新策源地提出建议，省有关单位负责人现场做出回应。

姒健敏指出，近年来，在省委坚强领导下，省、市、区各级政府着力推进城西科创大走廊建设，产业发展迅猛、高端要素集聚、生态环境优越、经济效益显著，成为浙江省经济发展全新的增长极和科技创新的主战场。当前，要认真贯彻落实党的十九届五中全会和省委十四届八次全会精神，对标对表创新策源地和高水平现代化引领示范区的新目标新定位，扎实推进平台、人才、要素和政策集聚，推动科创大走廊建设尽快实现新突破，成为"重要窗口"的鲜明标志。

19日 SHI YI YUE

●● 市委常委会召开会议，传达学习习近平总书记在第三届中国国际进口博览会开幕式、浦东开发开放30周年庆祝大会、全面推动长江经济带发展座谈会上的重要讲话精神，研究杭州贯彻落实意见。

会议指出，要坚定不移实施创新驱动发展战略。着力补齐杭州在基础研究和应用基础研究方面的短板，打好关键核心技术攻坚战，聚焦关键领域发展创新型产业，加速科技成果向现实生产力转化。积极参与长三角区域产业链创新和提升专项行动，加快产业基础高级化、产业链现代化。着力提升城市治理现代化水平，不断强化城市大脑的功能，高水平打造"湿地水城"，加快建设新型智慧城市和宜居城市。深化"亲清在线""云供地"等特色创新举措，率先推进行政服务中心"去中心化"改革，不断提高公共服务均衡化、优质化水平，努力打造人民的幸福城市。持续推进美丽杭州建设，坚决落实"共抓大保护、不搞大开发"的要求，全力推进生态环境污染问题治理，持续开展山水林田湖海生态保护修复工程，为保持长江生态原真性和完整性尽杭州之力。

●● 市委常委会召开会议，传达学习省委十四届八次全会精神，研究部署杭州贯彻落实工作。

会议指出，省委十四届八次全会深入学习贯彻习近平总书记重要讲话和党的十九届五中全会精神，听取和讨论了袁家军书记代表省委常委会所做的报告，审议通过了《关于制定浙江省国民经济和社会发展第十四个五年规划和二〇三五年远景目标的建议》，充分体现了省委不折不扣贯彻落实党中央重大决策部署的高度政治自觉和强烈使命担当。各地各部门要把学习贯彻省委全会精神作为当前的一项重要政治任务抓紧抓实，加强组织领导，科学周密安排，把全会精神传达到每一个党组织、每一个党员干部。要深刻领会和准确把握"争创社会主义现代化先行省"的目标任务，深刻领会和准确把握新发展阶段浙江必须扛起的"五大历史使命"，深刻领会和准确把握"十四五"时期推进工作的"十三项战略抓手"和十个方面重点任务，真正做到入心入脑、见行见效。

●● "新消费，醉杭州"2020年杭州休闲购物节启动暨杭州中国丝绸城省级高品质步行街开街仪式在杭州中国丝绸城举行。

杭州休闲购物节在杭州中国丝绸城省级高品质步行街举行，活动持续至2021年1月。各区县（市）及各相关行业协会、广大商家共组织近120项活动，围绕"新消费"的内涵，全面体现新技术、新模式、新场景、新业态，充分展示"醉杭州"的魅力。

杭州中国丝绸城省级高品质步行街历经近五个月的提升改造后开街。街区设置有中国丝绸城精品馆和杭州首个"丝里杭间"丝绸文化数字体验馆，通过AI互动、动画投影展示、墙面趣味互动、异形装置投影等现代科技，让市民游客在直观了解丝绸的发展历史、学习丝绸知识的同时，也能云游陆上丝绸之路和海上丝绸之路。

此外，运用智慧服务小程序、停车引导、5G穿衣镜等多项服务功能，让市民游客全方位感受"智能+丝绸"服务，全面提升购物体验。

●● 全国首场国家知识产权质押融资"入园惠企"活动在高新区（滨江）启动。该活动由国家知识产权局运用促进司、银保监会法规部主办。高新区（滨江）市场监督管理局与杭州银行科技支行、医惠科技有限公司签订知识产权质押融资政银企合作协议，进一步打通"政—银—企"之间的质押融资渠道。

●● 清华大学发布《2020年中国市级政府财政透明度研究报告》，杭州在全国294个地级及以上城市中以91.88分位列第二名。清华大学课题组提出的衡量中国政府财政透明度的全口径指标体系，包括使用财政资金的政府与准政府的机构公开情况，政府"四本账目"的公开情况，其他重要的财政信息公开情况以及财政公开的全口径、用户友好和一站式服务的三个原则等四大部分，共计129个细项。

20 日 SHI YI YUE

●● 省人大常委会到杭州督查调研人大工作。督查调研组先后召开座谈会，听取杭州市委、市人大和萧山区、临安区、桐庐县及萧山区城厢街道、宁围街道贯彻落实省委人大工作会议和有关文件精神情况汇报，听取对2021年省人大常委会工作思路的意见建议，了解开发区人大及街道人大工作情况，并实地考察萧山区盈丰街道美哉代表联络站。省人大常委会党组书记、副主任梁黎明主持座谈会。

梁黎明充分肯定杭州贯彻落实省委人大工作会议和文件精神工作成效。梁黎明强调，要深刻把握大局大势，认真学习贯彻党的十九届五中全会和省委十四届八次全会精神，紧扣新发展阶段新理念新格局，切实增强责任感、使命感，持续推动省委人大工作会议和文件精神落地见效，高质量高水平创造性推进人大履职。要按照改革创新实干基本工作基调，精心谋划2021年工作思路，打好人大履职"组合拳"，更加密切同人大代表和人民群众联系，推动人大数字化转型，加强人大干部队伍专精化建设，努力交出人大履职高分报表。要注重夯实基层人大工作基础，全面提升县乡人大工作整体水平，抓好省街道人大工作条例贯彻落实，固化推广街道人大工作和建设成果，积极探索推进开发区人大工作，继续在全省人大工作和建设中走在前、做表率、当示范。

● ● 杭州都市圈第十一次市长联席会议在嘉兴海宁市召开。来自杭州、湖州、嘉兴、绍兴、衢州、黄山六个都市圈成员城市的党政领导和代表参加。会议由嘉兴市政府、杭州都市圈合作发展协调会主办，主题是"共谋高质量发展，同创更美好生活"。

会议听取杭州都市圈合作发展协调会办公室、杭州都市圈规划专委会、交通专委会的工作报告，并正式通过《杭州都市圈发展规划（2020—2035年）》，明确杭州都市圈未来十五年的发展蓝图。该规划确定杭州都市圈构建"一脉三区、一主五副、一环六带"的网络空间格局，并分三步提出2022年、2025年、2035年三个发展目标。其中，到2025年，在长三角区域中的竞争力显著扩大，成为全国现代化都市圈典范，初步建成国际化大都市圈。

在会议的签约环节，海宁市与余杭区签订全面战略合作协议。"杭州嘉兴城市轨道交通合作协议""杭州钱塘新区和海宁市关于江东三路过江通道和杭州下沙至海宁城际铁路项目开发建设框架协议"在会上签署。市长会议批准《杭州都市圈工作报告（2019—2020）》，并同意安徽宣城市为杭州都市圈合作发展协调会观察员城市。2019年，杭州都市圈六城市实现地区生产总值32038亿元，增长7.0%，人均GDP12.06万元。2020年杭州都市圈经济实现回升后，呈稳定恢复、持续增长态势。2020年前三季度，杭州都市圈六城市实现地区生产总值23614亿元，增长2.4%，高于全国1.7个百分点。

● ● 市政协主席潘家玮走访所联系的新的社会阶层代表人士。走访中，潘家玮与新的社会阶层代表人士亲切交谈，详细了解社会组织运作、企业科研经营等情况，认真听取他们关于鼓励支持公益性社会组织发展、优化营商环境等方面的意见和建议。潘家玮充分肯定新的社会阶层代表人士带领团队取得的成绩，感谢他们为杭州经济社会发展所做的贡献。潘家玮指出，新的社会阶层人士是建设中国特色社会主义事业的重要力量，做好新时代新的社会阶层人士工作是党的一项重要工作，是政协强化凝聚共识职能的必然要求。希望新的社会阶层人士认真学习贯彻中共十九届五中全会精神，进一步站稳政治立场、增进政治认同，更好发挥示范引领作用，在实现自身更好发展的同时，认真履行社会责任，积极建言献策，反映社情民意，广泛凝聚共识和正能量，为杭州"十四五"高质量发展做出新的贡献。

●● 全国精神文明建设表彰大会在北京举行。杭州市实现全国文明城市"四连冠"，建德市首次获得全国文明城市称号。中央文明办还对杭州市、桐庐县等33个复查测评成绩靠前的全国文明城市（区）进行通报表扬。

杭州银行营业部、国网浙江杭州市富阳区供电有限公司、杭州市城市建设档案馆、建德市第一人民医院、国网浙江省电力有限公司物资分公司、杭州市第三人民医院、杭州工商信托股份有限公司、浙江荣盛控股集团有限公司、华立集团股份有限公司、杭州市西湖区灵隐街道东山弄社区、中国铁路上海局集团有限公司杭州机务段、杭州市园林文物局、中国人民银行杭州中心支行、中国建设银行杭州中山支行等单位获得第六届"全国文明单位"；桐庐县莪山畲族乡、西湖区转塘街道上城埭村、钱塘新区河庄街道江东村、富阳区新登镇半山村、余杭区塘栖镇河西埭村、萧山区益农镇群围村、淳安县文昌镇王家源村、桐庐县旧县街道西武山村、临安区板桥镇上田村、建德市大慈岩镇双泉村、临安区太湖源镇白沙村等获得第六届"全国文明村镇"；余杭区塘栖镇华城社区徐梦薇家庭、拱墅区拱宸桥街道台州路社区游凌飞家庭获得第二届"全国文明家庭"；杭州市安吉路实验学校、杭州市学军小学获得第二届"全国文明校园"等。

●● 杭州市"学习援建，共同成长"活动启动暨"学习强国"学习课堂西藏那曲站挂牌仪式，在杭州市杭州采荷中学教育集团景荷校区和那曲市色尼区杭嘉中学两地同时举行，标志着目前全国海拔最高的"学习强国"学习课堂在那曲落地。

挂牌地杭嘉中学是浙江省"十三五"援藏规划中最大的教育类单体项目。通过本次活动，学校初中各年级开设学习课堂、设置图书角，让"学习强国"学习平台优质海量的课程延伸到线下，为学校师生提供更多教育资源。杭州市采荷中学作为杭嘉中学的结对帮扶学校，建立共享优质教育资源的常态化机制，配合开展住家进班、德育交流、游学杭州等交流活动。杭州市天杭实验学校通过学习课堂，把更多教育成果及时输送到那曲，助力当地教育软实力不断提升。

●● 2020年杭州市全民终身学习活动周暨下城区终身教育超市开幕式在浙江展览馆举行。开幕式上，对杭州市第二批示范街道30分钟市民学习圈、2020年杭州市示范学习型团队、2020年杭州市"终身学习品牌"项目和2020年杭州市"百姓学习之星"四个市级奖项进行颁奖，下城区以"全民智慧学习，全域美好教育"为主题的学习活动周正式启动。

2021日 SHI YI YUE

●● 河南省党政代表团在浙江考察。20日，两省在杭州召开座谈会，交流经济社会发展情况，共商推进浙豫合作。浙江省委书记袁家军主持会议并讲话，河南省委书记王国生讲话。浙江省委副书记、省长郑栅洁，河南省委副书记、省长尹弘分别介绍两省经济社会发展情况。河南省政协主席刘伟出席座谈会。会上，两省签署"浙豫战略合作框架协议"。根据协议，双方将在推动区域协调发展、科技创新、产业合作、数字经济等方面深化交流合作，打造跨区域合作和国内大循环示范样板。

河南省党政代表团一行在杭州考察西湖大学云栖校区、云栖小镇、杭州城市大脑运营指挥中心，与浙江知名企业家和院校负责人举行见面会，并考察杭州海康威视数字技术股份有限公司、正泰集团股份有限公司等企业。浙江省及杭州市领导、河南省领导参加有关活动。

2030日 SHI YI YUE

●● "爱无疆·当代国际艺术名家作品邀请展"在杭州西湖博物馆总馆开幕。杭州市政协主席潘家玮致辞。上海合作组织副秘书长张海舟、塔吉克斯坦驻华大使萨义德佐达出席。活动由上海合作组织秘书处、杭州市政协指导，杭州市委宣传部、杭州市卫生健康委等主办，各上海合作组织成员国的艺术家围绕弘扬"上海精神"，团结合作、共同抗击新冠肺炎疫情的感人事迹，创作了许多优秀作品。近100位中外艺术家和嘉宾参加，展出150多幅上合组织成员国的艺术作品。

22 日 SHI YI YUE

●● 第三十四届杭州马拉松开跑，1万人参加。

23 日 SHI YI YUE

●● 市委以视频会议形式，召开全市乡镇（街道）党（工）委书记工作交流会。市四套班子领导出席。下城区东新街道、江干区采荷街道、拱墅区和睦街道、西湖区翠苑街道、滨江区西兴街道、萧山区河上镇、余杭区五常街道、临安区太湖源镇、桐庐县莪山畲族乡、淳安县汾口镇等乡镇（街道）党（工）委书记围绕冲刺年内重点工作、决胜"十三五"圆满收官，在各分会场做交流发言。

●● 市领导会见由宁夏回族自治区、固原市党政考察团一行。双方就共同推进新时代制造业高质量发展等方面进行交流。

●● 市人大常委会召开第六十次主任会议，听取市政府关于杭州重大科技创新平台建设暨国家新一代人工智能创新发展试验区建设情况的报告，以及市检察院关于加强检察公益诉讼工作决定落实情况的报告。市人大常委会主任于跃敏，副主任郑荣胜、陈红英、罗卫红、卢春强、徐小林参加会议。副市长胡伟代表市政府做报告，检察长陈海鹰代表市检察院做报告。

24 日 SHI YI YUE

●● 全省深化"千万工程"建设新时代美丽乡村现场会召开。省委书记袁家军出席会议并讲话。袁家军强调，要深入学习贯彻党的十九届五中全会精神和习近平总书记关于"三农"工作的重要论述，全面落实省委十四届八次全会的部署要求，对表争创社会主义现代化先行省的高标准高水平，努力在推进农业农村现代化上走在前列，为浙江"十四五"发展增添美丽乡村色彩。省长郑栅洁主持。会上，富阳区等11个区县（市）作为2019年度浙江省新时代美丽乡村示范县受到表彰。

●● 全国劳动模范和先进工作者表彰大会在北京人民大会堂举行。杭州有11人被评为全国劳动模范，6人被评为全国先进工作者。

24—25日 SHI YI YUE

●● 由中国（杭州）跨境电子商务综合试验区主办的"潮起钱塘·数字丝路"第五届全球跨境电商峰会在杭州举行。峰会以"贸易新势能·智造新未来"为主题，有关国际机构、政府领导、著名学者、企业家代表与会，聚焦数字贸易中的前沿技术和数字智造创新模式，交流分享杭州数字丝绸之路战略枢纽实践经验，探讨跨境电商在全球贸易变革中为全球价值链协作带来的新机遇和新挑战。

本届峰会现场举行全球跨境电商知识服务中心启动仪式、长三角G60科创走廊跨境电商产业联盟理事单位授牌仪式、阿里巴巴全球数字人才·跨境电商基地揭牌仪式、"扬帆起航"全球跨境电商创业创新大赛颁奖和第三届阿里巴巴GDT全球创新创业大赛暨全球青年"轻"创启"杭"仪式。除主论坛外，长三角G60科创走廊跨境电商产业联盟发展论坛暨部分跨境电商综试区交流会举行。

25日 SHI YI YUE

●● 杭州出台《关于涉及轨道交通设施经营性用地容缺收储有关事项的通知》。《通知》是继9月1日《杭州市工业用地收储标准》出台后，杭州围绕抢抓"窗口期"建设、加强土地要素保障、加速社会有效投资快速落地推出的又一举措。《通知》从适用范围、设施内容、围墙构筑、管线迁移、场地平整、场地管理6个方面，对涉及轨道交通设施的经营性用地进行容缺收储，并做详细规范，从而确保轨道交通建设和经营性用地收储同步又快又好推进，是杭州在探索经营性用地收储标准立体化方面的又一突破。

● ● 第十四届中国国际女装设计大奖赛总决赛暨颁奖晚会在新天地中央活力区太阳剧场国际舞台举行。本届大赛由中国服装设计师协会和下城区政府主办，于8月启动，以"云尚天地，数创下城"为主题，共收到来自全球10个不同国家和地区的近700份设计作品。

25—26 日 SHI YI YUE

● ● 对标国际先进优化营商环境改革经验交流会在杭州召开。会议由财政部主办，来自国务院有关部门和北京、上海、重庆、广州、杭州、深圳等城市代表参加会议。会议以视频连线的形式邀请世界银行和新西兰等经济体的专家分享相关领域的国际先进经验。财政部世界银行贷款项目评估中心主任王忠晶出席会议并致开幕词，国际财金合作司副司长周强武主持开幕式以及相关环节讨论。

会议聚焦世界银行营商环境评估涉及的开办企业、办理建筑许可、纳税、跨境贸易等领域的改革成效和经验，就进一步加大对标世行评估标准和国际先进经验优化营商环境的改革力度等展开了讨论，针对下一步改革面临的重点难点问题深入交流，为杭州持续优化营商环境提供宝贵经验。

26 日 SHI YI YUE

● ● 全市"民生实事"比学赶超推进会召开。会议强调，要学习贯彻中央和省委全会精神，践行以人民为中心的发展思想，持续落实为民办实事长效机制，一件接着一件办，一年接着一年干，让改革发展成果更多更公平惠及全市人民，努力交出民生高分报表，让高水平全面小康成色更足底色更亮。于跃敏、潘家玮、佟桂莉等市四套班子领导出席，会议以视频形式召开，萧山区、钱塘新区、西湖区、桐庐县、市教育局、市民政局、市城管局、市残联等负责人做汇报发言，市领导做工作点评。各地各部门进行扫码测评、成绩实时呈现。会前，市领导分组考察部分区县（市）和市直单位牵头的民生项目推进情况。

●● 第二届全国绿色建筑研讨会在杭州召开。会上，亚运村成为全省首个通过国家绿色生态城区评价的示范项目，全面彰显"绿色亚运"办会理念。

亚运村总用地面积114.05公顷，规划区人口规模2.57万人，核心区主要由居住区、国际区和公共区组成。各功能区则由环形绿道串联，公共绿地设计达到"300米见绿，500米见园"效果。在建筑材料上，亚运村采用预制建筑材料，并计划在后期装修过程中使用环保材料。在建设工艺上，亚运村全面开展海绵城市、地下综合管廊等先进工艺实践，确保充分体现"绿色亚运"理念，其海绵城市设计从"渗、滞、蓄"到"净、用、排"，建立区域内雨水的有机循环体系。

27 日 SHI YI YUE

●● 省委党的群团工作会议在杭州召开，省委书记袁家军出席并讲话。袁家军强调，要深入学习贯彻党的十九届五中全会精神和习近平总书记关于群团工作的重要论述精神，对标总书记对群团工作的殷殷嘱托，对标"重要窗口"新目标新定位，对标人民群众的热切期待，真抓实干、奋勇争先，努力成为新时代群团工作的"重要窗口"。

会议以视频形式召开，各市县设分会场。陈金彪、史济锡、王文序、马光明在主会场出席，黄建发主持。会上，省总工会、团省委、省妇联、杭州市委组织部、温州市工商联、绍兴市红十字会、鄞州区委、德清县莫干山镇党委负责人做交流发言。

袁家军指出，近5年来，我们深入学习贯彻习近平总书记关于党的群团工作的重要论述精神，大力发扬习近平同志在浙江工作时留下的好传统，深入挖掘浙江"三个地"的政治资源，切实加强和改进党对群团工作的领导，积极探索体现时代特征、符合群团规律、具有浙江特色的群团工作新路子，突出体现为党建引领立格局、守正创新立品牌、改革攻坚立根基、干在一线立新功、锻炼队伍立形象，开创了新时代群团工作新局面。

市领导分别在主会场、杭州分会场或各区县（市）分会场出席。

●● 首届世界会长大会暨第十一届西湖公共关系论坛在杭州举行。大会以"共抗疫情，共创繁荣"为主题，200多名海内外商协会会长、组织精英参会，共议后疫情时代如何构筑全球抗疫防火墙，畅通世界经济运行脉络等问题，提出用心涵养新生态、全力培育新经济、大力布局防火墙、构建命运共同体等建议，培育复杂形势下国际合作发展新优势。

会上，浙江大学公共服务与绩效评估研究中心发布"中国营商环境百强市、百强县"榜单。上海、杭州、北京、深圳、广州营商环境位居全国前5。

●● 网络安全法规标准宣贯暨安全技术研讨会在杭州召开。中国网络安全审查技术与认证中心首席专家李京春、北京理工大学法学院研究员洪延青、中国电子技术标准化研究院信息安全研究中心数据安全部主任胡影等专家参会，权威解读《网络安全审查办法》《数据安全法（草案）》《个人信息保护法（草案）》三大法规和《数据安全能力成熟度模型》国家标准，全面剖析从关键信息基础设施、数据、个人信息三大维度构建起的网络安全法律体系，以及其对政府、行业和企业的意义及影响。

●● 杭州市"深化构建和谐劳动关系，推进劳动关系治理能力现代化"工作推进会召开，浙江中浩应用工程技术研究院有限公司等76个企业被授予"战疫情、促发展、稳就业"履行社会责任优秀企业，杭州市玉皇山南基金小镇等10个园区被授予2020年杭州市和谐劳动关系建设标杆园区。

●● 2020年中国年度最佳雇主颁奖盛典在无锡举行，杭州获"2020中国最佳促进就业城市"，阿里巴巴集团、杭州海康威视数字技术股份有限公司等杭州企业获得"中国年度最佳雇主30强"称号。

28 日 SHI YI YUE

●● 由中国企业评价协会、杭州市政府、浙江省商务厅共同主办的"2020中国新经济企业500强发布会"在杭州举行。会上公布"2020中国新经济企业500强"榜单，共有42个杭州企业上榜，其中阿里巴巴集团排名第一位，显示杭州新经济发展的优势和实力。会上还发布《2020中国新经济企业500强发展报告》。

●● 浙江大学高端装备研究院在余杭区揭牌启用。该研究院位于余杭经济技术开发区，由浙江大学和余杭区政府校地共建，通过建设智能机器人、高端机电系统及工业软件、航空发动机与燃气轮机、半导体装备、高端医疗装备五大中心，集聚余杭区产业、政策优势和浙江大学技术、人才创新资源，打造以"创新驱动、服务地方、成果转化、市场导向"为目标的高端装备产业集聚区。研究院的启用，对余杭区打造数字经济和新制造业"双引擎"具有重要意义。活动现场，中国机械工程学会科技经济融合杭州服务站、杭州未来智造工程师协同创新中心首席科学家等举行授牌仪式。4个入驻研究院企业、12个合作单位分别进行签约。

●● 2020年杭州（国际）影响力投资大会在浙江展览馆举行。大会由浙江省慈善联合总会、浙商总会公益慈善事业委员会和杭报集团主办，以"世界向上，资本向善"为主题，凝聚中国影响力投资机构、被投企业、推动机构及专家学者，共同探讨影响力投资在中国的发展。会上，展播首部中国影响力投资纪录短片《寻找中轴线——2020中国影响力投资观察》，发布全国首份《中国影响力投资主题图谱》，开展浙商、女性和残障人士三大板块专题演讲。

29 日 SHI YI YUE

●● 京杭大运河百年水文联盟活动在杭州举行，主题为"千年运河，百年水文"。

在拱宸桥水文站建站百年之际，杭州联合大运河沿线北京、天津、河北、山东、江苏等省市的14座百年水文站创建百年水文联盟。省、市领导彭佳学、佟桂莉、王宏，水利部、省水利厅和有关省市水文部门代表出席活动。与会代表参观拱宸桥水文站，并举办百年水文与运河文化研讨交流会。有关专家分别围绕水文"十四五"规划、水文与城市、水文"新基建"和大运河文化做主旨演讲。

30日 SHI YI YUE

● ● 杭州推出"土地码"，立足"一块地"，围绕工业项目从出让、审批、验收、登记到监管全过程，着眼实现项目审批极简极速，实行"赋码上云、按码供地、码上服务、见码发证"，工业用地首次不动产登记实现"零材料、零跑次、零等待"。

下旬 SHI YI YUE

● ● 全市29个美丽城镇完成省级样板城镇建设考核验收工作。此次考核根据《浙江省美丽城镇建设评价办法（试行）》，分省级样板创建和基本达标两类城镇进行考核验收。杭州在美丽城镇建设中探索出的集群化试点、"一库三师"制度、"乡村小脑"集成化平台系统等创新实践，得到考核组专家的充分肯定。

十二月

1日

SHI ER YUE

●● 全市抗击新冠肺炎疫情总结表彰大会在省人民大会堂举行，表彰为抗击新冠肺炎疫情做出突出贡献的先进个人和先进集体。市四套班子领导出席。

根据表彰决定，市委、市政府授予500名同志"杭州市抗击新冠肺炎疫情先进个人"称号，授予200个集体"杭州市抗击新冠肺炎疫情先进集体"称号；市委授予50名同志"杭州市优秀共产党员"称号，授予60个基层党组织"杭州市先进基层党组织"称号，授予103名同志"杭州市担当作为好干部"称号。

会议以视频形式召开，各区县（市）和钱塘新区设分会场。会上，全国抗击新冠肺炎疫情先进个人朱佳清，市抗击新冠肺炎疫情先进个人吴锡平，市优秀共产党员赵刚、顾芸，省担当作为好干部徐红岗，市担当作为好干部盛春霞做交流发言。

●● 市领导会见由云南省委常委、昆明市委书记程连元，昆明市委副书记、市长王喜良率领的昆明市党政代表团一行。双方表示，要深入贯彻习近平总书记重要指示精神，科学谋划"十四五"发展，进一步加强在会展筹办、社会治理、生态文明建设、城郊接合部管理等方面的互学互鉴、合作交流，促进优势互补，推动共同发展。

在杭州期间，昆明市党政代表团考察了杭州国际博览中心、杭州城市大脑运营指挥中心等地。杭州市领导、昆明市领导参加考察或会见。

●● 第二届中国工业互联网大赛决赛在余杭区召开。大赛以"新基建、新动能、新经济"为主题，由工业和信息化部、浙江省政府联合主办，国家工业信息安全发展研究中心、浙江省经信厅、杭州市政府承办。本届大赛共有来自全国各地的1457个项目参赛，经项目征集、区域赛线上初选、区域赛复赛决赛、全国半决赛，筛选出20个优秀工业互联网项目参加全国总决赛。

2

日 SHI ER YUE

●● 省十三届人大杭州中心组代表围绕"杭州亚运会和亚残运会筹办工作""助力全省联办亚运、共享亚运""杭州亚运城市行动"等主题开展集中视察，并召开座谈会。视察组一行实地视察了省黄龙体育中心体育场、杭州奥体博览城主体育场、杭州奥体中心体育馆、亚运村的建设工作，听取杭州亚运会和亚残运会筹办工作情况汇报。

全国人大代表、市人大常委会主任于跃敏参加座谈并讲话。座谈交流中，代表们对杭州亚运会和亚残运会筹备工作成效给予充分肯定。大家建议，要通过亚运会、亚残运会的筹办，提高城市品位，提升市民文明素养，充分展示杭州的独特魅力和别样精彩；加大亚运筹办宣传力度，提高市民群众和中小学生的关注度和参与度；严把亚运场馆和设施建设质量关、安全关，提高智能化水平，加强无障碍环境建设，提前谋划、综合考虑场馆后续利用；以亚运项目为引擎，推进未来社区建设，促进社区公共健身设施建设，助力全民健身运动发展。郑荣胜主持，陈卫强做汇报，59位省人大代表参加。

●● 市政协召开2020年度公安工作通报协商会。市政协主席潘家玮出席并讲话，金志做情况通报并就委员意见建议做回应，张仲灿、汪小玫、叶鉴铭、陈永良、王立华、冯仁强等出席。

会上观摩全国领先的智慧警务系统，观看工作视频片并听取情况通报，部分市政协委员做发言。大家高度评价全市公安工作，并结合自身专业和群众普遍关心的热点难点问题，就保障民营企业家合法权益、保护知识产权、打击赌博犯罪、优化交通管理、完善工作流程机制等提出了具体建议。

●● 文化和旅游部公布第二批国家级全域旅游示范区名单，桐庐县入选。

3 日

SHI ER YUE

●● 市委常委会召开会议，传达学习中央全面依法治国工作会议和平安中国建设推进会精神，研究杭州贯彻落实工作。

会议强调，要联系杭州实际、结合我们正在做的工作，以创造性张力推动这些重大决策部署在杭州落地落实。特别是要把法治建设和平安建设有机结合起来，用法治理念、法治方式、法治手段解决群众反映强烈的问题，依法惩治以儆效尤，严肃问责倒逼严管，用法治规范市场秩序，切实维护好人民群众的生命安全和身体健康。要牢固树立依法治理是最好营商环境的意识，与时俱进找准工作突破口，努力在打造国际一流营商环境、深化综合执法改革、构建规范高效的司法监督体系、建设新型智慧城市、防范化解重大风险、提升基层治理水平等方面率先突破，实现从"事"到"制""治""智"的转变，推动法治杭州、平安杭州建设再上新水平。

●● 市委常委会召开会议，深入学习党的十九届五中全会和省委十四届八次全会精神，结合研究讨论市委"十四五"规划建议稿，进一步推动中央和省委全会精神贯彻落实。与会人员认真研读习近平总书记重要讲话和中央、省委全会文件。会议还听取杭州疫情防控工作情况汇报，研究部署冬春季疫情防控工作。

●● 省人大常委会副主任赵光君带队到杭州开展数字经济立法调研。市人大常委会副主任陈红英陪同调研。赵光君一行实地考察杭州城市大脑运营指挥中心、西湖大学云栖校区，详细了解杭州运用城市大脑开展数字治堵、数字治城、数字治疫工作和西湖大学学校建设、人才引进、教育科研等情况，听取关于数字经济立法的意见建议。

●● 杭州钱江经济开发区紫创未来智造谷开园仪式举行。紫创未来智造谷地处杭州钱江经济开发区"智能制造"产业板块，与杭德城际铁路仁和南站（在建）相邻，占地面积2.2万平方米，建筑面积5.6万平方米；聚焦高端智能制造产业，重点引进微传感器、芯片制造、通信设备制造等战略新兴产业。

●● 由杭州市文化创意产业发展中心和意大利托斯卡纳传统手工艺联盟发起共建

的"杭州意大利文化创意产业交流中心"在2020年杭州国际工艺周启幕活动上正式揭牌。这标志着在英国诺丁汉市"设立杭州英国文化创意产业交流中心"之后，杭州在海外新成立第二个文化产业国际交流合作平台，为杭州的文化企业、文化品牌"走出去"搭建新的桥梁。

"杭州意大利文化创意产业交流中心"设在意大利佛罗伦萨市的托斯卡纳传统手工艺联盟内。交流中心常态化推进两地之间的文化产业项目合作、承办"新杭线"杭州文化品牌海外巡展、"工艺与民间艺术之都"系列文化品牌推广活动，深度推广杭州城市品牌、文化品牌，促进两地开展文创成果转化、设计创新、品牌价值提升等项目合作。交流中心通过线下展售、线上跨境电商、促成服务贸易等多种方式推动两地文化贸易，着力打造成为杭州文化产品海外贸易的前端窗口。

●● 根据市委、市政府关于做强做优城市大脑，打造智慧城市"重要窗口"的指示精神，依托杭州市"数字治理第一城"的先发优势，市残联打造的智慧助残服务平台"杭@在线"正式启用，通过微信小程序搜索"杭爱在线"即可进入该平台。平台推出"关爱码""阳光雨露""康复驿站""自强园地""有爱无碍"等功能与板块，并上线"杭@在线"的电视端版本。

3—4 日
SHI ER YUE

●● 中国建筑学会建筑改造和城市更新专业委员会第二届学术年会在杭州召开。来自全国各地的专家学者参会，围绕主题"更生中的复兴"开展讨论，进一步推动我国建筑改造和城市更新的发展，提高建筑技术水平。

杭州活态遗产保护利用的"运河样板"在大会上亮相。市运河集团自2003年成立以来，积极探索历史文化遗存保护和城市社会发展共荣共生的"运河实践"，打造活态遗产保护利用的"运河样板"。围绕运河综保"还河于民、申报世遗、打造世界级旅游产品"的三大目标，注重实现城市记忆与文脉的传承、保护与发展结合，形成杭州特有、全国典范的城市有机更新模式。

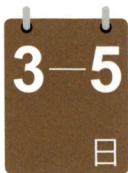

3—5 日 SHI ER YUE

●● 云南省党政代表团在浙江考察。在浙江期间，代表团一行考察了杭州未来科技城、云栖小镇、杭州城市大脑运营指挥中心等地。

4日，两省在杭州举行座谈会，交流经济社会发展情况，共商推进浙滇合作。浙江省委书记袁家军主持会议并讲话，云南省委书记阮成发讲话。浙江省委副书记、省长郑栅洁，云南省委副书记、代省长王予波分别介绍两省经济社会发展情况。袁家军对云南省党政代表团来浙考察表示欢迎。会上，两省签署"融入新发展格局、深化区域合作框架协议"。

4 日 SHI ER YUE

●● 市委召开各民主党派、工商联负责人和无党派人士代表座谈会，征求对市委《关于制定"十四五"规划和二〇三五年远景目标的建议（征求意见稿）》的意见建议，同时重点就创建全国市域社会治理现代化标杆城市专项民主监督开展协商。

座谈会上，民革市委会主委叶鉴铭、民盟市委会主委宦金元、民建市委会主委郭清晔、民进市委会主委谢双成、农工党市委会主委周智林、致公党市委会主委胡伟、九三学社市委会主委罗卫红、市工商联主席冯仁强和无党派人士代表吴建华先后发言，就市委"十四五"规划建议稿和创建全国市域社会治理现代化标杆城市提出意见建议。

●● 市人大常委会召开座谈会，深入学习习近平法治思想，大力弘扬宪法精神。市人大常委会主任于跃敏讲话。于跃敏指出，全市各级人大和人大代表要认真学习、深刻领会习近平法治思想，吃透基本精神，把握核心要义，明确工作要求，坚持宪法确定的中国共产党领导地位不动摇，坚持宪法确定的人民民主专政的国体和人民代表大会制度的政体不动摇。郑荣胜主持，陈红英、徐小林及市人大机关全体干部参加。

市人大常委会人大制度专家组专家、市委党校教授朱晓明，"五四宪法"历史资料陈列馆、市人大常委会法工委、滨江区人大常委会、浙大城市学院法学院、市司法局负责人等围绕学习贯彻习近平法治思想，开展宪法宣传教育，交流学习体会，并介绍开展创制性地方立法、加强法治人大建设、发挥基层立法联系点作用、加强"七五"普法工作、推动《民法典》贯彻实施等方面情况。

● ● 杭州市城乡区域统筹发展第四区市协作组第二轮协作第五次联席会议在建德市召开。市政协主席潘家玮出席并讲话，佟桂莉主持，戚哮虎、陈新华、滕勇参加。会上播放第四区市协作组工作回顾专题片，萧山区、江干区、杭州西湖风景名胜区管委会和建德市分别发言，交流工作情况，提出深化协作意见，并交接2020年度区市协作资金。

2020年是杭州市开展区县（市）协作工作的第十年。十年来，第四区市协作组认真贯彻市委决策部署，齐心协力推进区市协作工作，项目建设成果丰硕，协作领域不断拓宽。共落实区市协作资金10.11亿元，实施协作项目371个，镇街结对全覆盖，开展干部互派、村社结对，建立基层党建工作交流和就业信息对接平台，为建德市产业提升、公共设施改善、"两美"建设、壮大村集体经济和农民增收等发挥了重要作用。

● ● 第三届浙江国际智慧交通产业博览会在杭州国际博览中心开幕。本届博览会以"交通强国新征程，产业发展新动能"为主题，现场共设置有轨道交通馆、航空航天馆、智能装备馆、智慧交通馆、物流与应急安全馆、技能大赛馆6个线下展馆，总展览面积约3万平方米，集中展示国内外综合交通产业"新技术、新产品、新模式、新业态"。时速600千米磁浮道岔、华为F5G（第五代固定网络技术）、中车可变轨距400千米高速动车组、北航长鹰无人机、自动化码头等一批高精尖技术和产品在博览会上展示。

除常规线下展览外，本届大会首次增设线上云展。线上云展包含云上展、云推荐、云直播、云发布、云服务五大板块，观众可通过电脑、手机参观线上企业展品、参与直播互动、观看新品发布。大会邀请近百名院士、专家出席，其中主论坛邀请铁路工程专家、中国工程院院士卢春房，航空系统专家、中国科学院院士、国际宇航科学院院士包为民，云计算专家、中国工程院院士、阿里巴巴集团首席技术官王坚做主题分享。阿里巴巴集团、腾讯公司、华为技术有限公司等企业在主论坛上发布新产品、新技术。

● ● "五四宪法"历史档案解密开放鉴定成果发布会暨浙江省政法系统思想政治教育基地揭牌仪式在"五四宪法"历史资料陈列馆举行。发布会上，市档案馆和"五四宪法"历史资料陈列馆负责人签署"五四宪法"历史档案解密和开放鉴定成果利用协议，并移交相关成果，一批"五四宪法"珍贵史料向社会公布开放，标志着"五四宪法"历史资料陈列馆被确定为浙江省政法系统思想政治教育基地之一。

2019年以来，为进一步挖掘和展示"五四宪法"档案史料，市国家保密局和市档案馆牵头启动"五四宪法"历史档案专项解密和开放鉴定工作。经过近两年时间的全领域方位档案检索排查、全覆盖数字建档、全要素内容梳理编目和分批次归口审核，共向社会开放195件历史档案。截至11月底，陈列馆共接待观众123.5万人次，先后被命名为全国爱国主义教育示范基地、全国法治宣传教育基地、全国青少年教育基地、全国关心下一代党史国史教育基地和全国重点文物保护单位等。

● ● "余您携手、杭向未来"2020年中国科技成果创新创业大赛总决赛暨颁奖典礼在余杭区举行。本次大赛共有200多个项目参赛，涉及医疗器械、新材料、智能制造等多个产业领域。灵巧智能机器人项目和智能乐器项目分别获得孵化培育组、成长加速组第一名。

活动中，维卡幻境全息展窗项目、MAD Gaze AR智能眼镜项目分别作为大赛孵化培育组和成长加速组的优秀项目进行路演；灵巧智能机器人、5G场景冷存储等6个项目现场签约，落户余杭经济技术开发区。活动现场举行浙江大学基础医学创新研究院项目入驻签约仪式。

● ● CCTV"宪法的精神，法治的力量——2020年度法治人物颁奖礼"举行，杭州中院立案一庭庭长陈辽敏获评"2020年度法治人物"。CCTV年度法治人物颁奖礼由司法部、全国普法办、中央电视台联合举办，是中国普法宣传节目乃至中央电视台的第一品牌。

陈辽敏曾先后获得"全国优秀女法官""全国三八红旗手""全国五一巾帼标兵""中国正义人物""中国好人""全国模范法官""人民的好法官"等荣誉称号。在长期的工作实践中，陈辽敏总结出"统筹调解、分类调解、滚动调解、循序渐进调解、审执兼顾调解"等行之有效的调解方法，以调解艺术展示"柔性司法"。她积极参与一站式多元解纷和诉讼服务体系建设，探索"互联网+调解"模式，参与开发在线矛盾纠纷多元化解平台（浙江ODR），积极推动"一码解纠纷"、微法庭等多元解纷工作，构建人力和科技深度融合的司法运行新模式，实现司法模式的一次又一次创新。

●● 中国良渚杜甫壮游研究会成立。良渚将以研学的形式，深入探寻杜甫留下的足迹。活动现场，中国良渚杜甫壮游研究会授牌；良渚诗歌"数字地图"、《杜甫村歌》和《杜甫村书》同步发布；唐诗之路之杜甫名篇名家朗诵会进行首站签约；"读者文旅"与良渚杜甫壮游的诗路研学达成合作意向。

7 日

SHI ER YUE

●● 第六届郁达夫小说奖颁奖典礼在郁达夫故乡——富阳区举行。迟子建《候鸟的勇敢》、斯继东《禁指》分获中篇小说奖和短篇小说奖，孙频《鲛在水中央》、马小淘《骨肉》、须一瓜《甜蜜点》获中篇小说提名奖，邵丽《天台上的父亲》、雷默《大樟树下烹鲤鱼》、徐则臣《青城》获短篇小说提名奖。郁达夫小说奖评选活动由浙江省作协《江南》杂志社主办、富阳区政府协办，每两年举行评选。

8 日

SHI ER YUE

●● 市委副书记、市长刘忻主持召开专家学者和企业家座谈会，就市委《关于制定"十四五"规划和2035年远景目标的建议（征求意见稿）》征求意见建议。

浙江大学农业生命环境学部主任朱利中、浙江大学求是特聘教授陈国权、西湖大学副校长仇旻、中国美术学院学术委员会副主任杨奇瑞、省发展规划研究院研究员朱李鸣，以及西子联合控股有限公司、浙江建华集团有限公司、杭州安恒信息技术股份有限公司、宏胜饮料集团有限公司、杭州林东新能源科技股份有限公司等企业的负责人，分别结合各自的专业研究领域和企业经营实践，就建设新时代美丽杭州、推进政府治理现代化、打造国际人才集聚新高地、加强城市美学研究、构建"双循环"格局、推动传统产业高端化、提升供应链效率、强化数字安全保护、降低制造业综合成本、发挥企业创新主体作用等提出意见建议。

●● 市人大常委会主任于跃敏到江干区、拱墅区调研人大代表联络站工作和建设。于跃敏走访杭州东站枢纽人大代表联络站、闸弄口街道濮家社区人大代表联络站、上塘街道人大代表联络中心站等地。于跃敏指出，要深入学习贯彻党的十九届五中全会精神和习近平法治思想，深入践行以人民为中心的发展思想，拉高标杆、创新实践，进一步深化人大代表联络站建设，使之真正成为密切联系群众的主阵地、接受群众监督的主渠道、宣传党的方针政策的主窗口、推进基层社会治理的主平台。

●● 杭州城市故事推介会暨2020年答谢会在上海举行。来自阿根廷、巴西、埃塞俄比亚、芬兰、法国、德国、意大利、日本、俄罗斯、韩国、新加坡、斯里兰卡等54个国家驻沪总领馆官员，多国驻沪机构代表参加活动。杭州市领导在推介会上感谢大家一直以来给予的关心和支持，并表示，在"亚运会、大都市、现代化"的历史机遇期，杭州将努力持续推进高水平对外开放，深入开展全方位国际交流合作，真诚希望各国驻沪总领馆、驻沪机构一如既往关心支持杭州建设发展，向世界推介宣传杭州。

●● 第二届"玉琮杯"清廉微电影微视频大赛颁奖活动在杭州大剧院举行。大赛以"清气满钱塘"为主题，以良渚玉琮为奖杯，寓意广大党员干部要守纪律、循规矩、成方圆，永葆清正廉洁的政治本色。大赛正式启动后，共收到参赛作品852部，其中微电影作品243部、微视频作品609部，参赛范围覆盖全国31个省（自治区、直辖市）。由建德市纪委市监委、建德市杨村桥镇党委和镇政府制作的参赛作品《72小时》获得微电影类金奖以及最佳编剧奖。该片讲述在新冠肺炎疫情的影响下，防疫物资生产困难、时间紧迫，需要在72小时内征集120万只口罩；党员干部顶住压力，解决困难，完成了不可能完成的任务。

●● 浙江省防雷安全监管暨"防雷安全风险码"应用现场会在杭州召开，由杭州市气象部门开发的基于"防雷安全风险码"的数字化监管平台正式上线。"防雷安全风险码"数字化监管平台依托微信小程序进行开发应用，共包含"我的防雷码""防雷码申报""气象预警""检测预约"等六大功能板块，在市、县两级相关部门、单位同步投入运行，以解决防雷安全重点单位存在的超期检测、检测机构信息获取途径少以及防雷安全监管信息化水平不高、管理效率低下、覆盖面不全等问题。

● ● 2020年长三角少先队工作论坛在杭州举行。开幕式上，西湖大学校长施一公为少先队工作者发来视频寄语。论坛围绕"少先队工作者的教育信仰""让真善美扎根孩子心底的优秀的课外社会实践活动""推进中学'党团队一体化'少先队建设"等主题进行深刻探讨。论坛发布包括中共一大会址纪念馆等场馆在内的100个红色研学点，启动长三角少先队员"百年·百个"红色研学行，让少先队员们传承红色基因，发扬红色传统，增强爱党爱国意识。

9 日 SHI ER YUE

● ● 市政协成立65周年座谈会召开。座谈会上，市领导为市政协有影响力提案、最美政协委员颁奖，市政协老领导、理论研究专家学者、区县（市）政协主席、有影响力提案、最美政协委员代表做交流发言。

● ● 市委主要领导会见法国驻华大使罗梁一行。双方表示希望在经贸、教育、旅游、人文等重点领域开展更深层次合作，推动双方友好交流与务实合作不断取得新进展，为两国友好关系添砖加瓦。

● ● 市领导会见由西藏那曲市色尼区委书记李东率领的那曲市色尼区党政代表团。

● ● 市长刘忻主持召开市政府常务会议，就完善科技体制机制、推进公共交通优先发展等议题进行研究部署。会议强调，要深入贯彻党的十九届五中全会精神和省委十四届八次全会精神，牢牢把握忠实践行"八八战略"、奋力打造"重要窗口"的主题主线，开拓创新、奋发有为、实干至上，以更优软环境促进提升科技硬实力，以公共交通优先保障人民美好出行，确保在"十四五"发展新阶段展现新的"头雁风采"。

会议审议通过《关于完善科技体制机制健全科技服务体系的若干意见》，审议《关于深入推进公共交通优先发展的实施意见》，并研究其他事项。会前，市政府党组召开扩大会议，传达学习习近平总书记在中央政治局第二十五次集体学习时的重要讲话精神，集体学习新修订的《中华人民共和国专利法》及知识产权保护有关法律法规。

10 日 SHI ER YUE

●● 市委常委会在淳安县召开会议，专题研究推进淳安特别生态功能区建设、《大下姜乡村振兴发展五年行动计划（2021—2025）》编制情况、区县（市）协作和"联乡结村"工作。会前，与会人员实地考察千黄高速公路建设工作，并到梓桐镇西湖村参观"两山银行"展示馆，了解临湖整治产业转型项目和生态资源资产收储管理运营情况。

会议指出，淳安县是习近平总书记在浙江工作时的基层联系点。这些年来，杭州在"八八战略"指引下，全面贯彻习近平总书记重要指示批示精神，深入践行"绿水青山就是金山银山"理念，扎实推进千岛湖生态保护工作，大力支持淳安绿色发展、生态富民，取得了生态保护与富民增收的显著成就。经过反复的实践、认识、再实践，我们更加深刻体会到，生态环境是生存和发展的根基，必须敬畏自然、尊重自然、顺应自然、保护自然；山水林田湖草是一个生命共同体，必须用系统论的方法寻求治理之道；制度是带有根本性的，保护生态环境必须依靠制度、依靠法治；绿水青山就是金山银山，必须让人民群众在生态文明建设中增进福祉、得到实惠。要牢记习近平总书记的殷殷嘱托，把淳安特别生态功能区打造成为"绿水青山就是金山银山"的现实明证。

●● 市人大常委会主任于跃敏与市级"联乡结村"第三帮扶集团成员单位负责人，到淳安县临岐镇调研"联乡结村"工作。调研组实地考察腾龙菇业基地污水处理工程、临岐中心卫生院维修改造工程等6个帮扶项目，并召开联席会议，听取临岐镇有关"联乡结村"工作情况汇报。

于跃敏指出，"联乡结村"工作是符合杭州实际，促进杭州区域协调发展的一个有效载体。按照市委部署要求，第三帮扶集团各成员单位认识到位、工作到位、齐心协力、认真尽责，临岐镇党委政府牢记初心使命、奋力拼搏担当，"联乡结村"帮扶工作成效明显，全镇16个村全部完成"3020"消薄目标，助力临岐走出了一条以创建农业产业强镇为抓手、打造中药名镇、造福一方百姓的特色发展路径。

●● 杭州市天然气利用工程富阳新支线全线投运。杭州市天然气利用工程富阳支线迁改工程（S12迁）于2019年6月6日开工，全长20.3千米。整体工程建设克服了线路长、山体多、地质条件恶劣、施工工艺难度大等困难，于2020年11月27日完成全线贯通，12月1日顺利完成割接置换，全线通气。该工程是杭州向西湖区（转塘、龙坞、双浦）、富阳区、桐庐县、建德市等地区输送天然气的必由之路，促进形成大连通、大融入、大发展的城市格局。

●● 中国文保民族品牌文化委员会、中国民族书画院、市文化广电旅游局、杭州西湖风景名胜区管委会、上城区政府联合主办的中国（杭州）苏东坡文化旅游节举行。其间，举办苏东坡文化论坛、中国苏东坡品牌文化研讨会、苏东坡主题文化书画作品展等活动、成立中国苏东坡品牌文化联盟。

10—11日 SHI ER YUE

●● 2020年（杭州）国际数字教育大会（2020iDEE）在杭州国际博览中心举行。大会由浙江省贸促会、浙江省教育技术中心、杭州市商务局、杭报集团主办。大会着眼于教育产业的数字化和数字产业的教育互联，以国际化、专业化、融合化为特色，以"善教""智学""美育"为理念，设有"展览展示、论坛会议、大会活动、专业洽谈"四大板块。

大会共有116个参会单位，其中境外机构54个。参展企业中既有英国培生集团、德国GFM集团、日本软银机器人等国际知名企业机构，也有国内著名的从事智慧教育探索的企业。大会高峰论坛以"数字赋能教育创新·智能引领学习变革"为主题，与教育界人士和国际嘉宾一起分享浙江省国际教育交流合作成果，探讨教育现代化的变革与新生，以信息化推进教育现代化，寻找数字教育领域的战略方向。

11
日

SHI ER YUE

● ● 市领导会见国家体育总局副局长杜兆才一行。

● ● 杭州市文史研究馆开馆。市长刘忻讲话，市政协主席潘家玮致辞，省文史研究馆馆长王永昌出席，市领导戚哮虎、缪承潮、陈国妹、张仲灿、叶鉴铭参加。杭州市文史研究馆位于下城区岳官巷4号市级文物保护单位吴宅内，总面积约3200平方米，展陈面积近1000平方米，分为"中国历史进程中的杭州足迹""全球文明交流中的杭州角色""中华文明史上的杭州韵味""人民政协专题"四个展厅，集中展示杭州博大精深的优秀传统文化，充分反映杭州在全国乃至全球文明坐标里的地位，对杭州城市发展及其历史文化做系统阐释和解读，并全面回顾杭州市政协65年的发展历程。

● ● 市委副书记、市长刘忻到杭州职业技术学院，宣讲党的十九届五中全会精神。报告会上，刘忻从"国家""杭州""你们"三个维度切入，全面阐释习近平总书记重要讲话精神和十九届五中全会精神，深入分析杭州在新发展阶段所面临的机遇和挑战，殷殷寄语杭职院和在校大学生。

● ● 市人大常委会主任于跃敏带队调研公安工作。金志参加座谈会，陈红英主持，15名市人大代表参加。于跃敏指出，全市公安机关认真落实省委、市委和上级公安机关的部署要求，政治站位高、目标定位准、队伍建设硬、履职成效好，有力维护了国家安全和社会稳定。调研组一行视察了市公安局特警支队安检排爆研究中心、处突防暴装备展示等，随后召开座谈会，观看工作视频片，听取市公安局2020年工作亮点、2021年工作打算、"七五"普法工作情况汇报。座谈会中，代表们围绕推进《民法典》贯彻实施、运用好基层警务室阵地、以微课堂等多种形式开展普法教育、高科技赋能警情处理、保障民营企业健康发展等提出意见建议。

● ● 比利时驻沪总领事颜博诺率领的代表团一行到杭州访问。市领导柯吉欣参加会见。比利时与杭州经贸往来频繁，柯吉欣介绍杭州2020年在复工复产方面取得的成绩，感谢包括比利时在内的国家对杭州的支持。会见时，双方希望在金融贸易、生物医药、物流等领域密切联系，加强合作。

●● 2020年杭州市教育系统"清廉学校"建设现场会在富阳区召开，研究部署全市"清廉学校"建设工作，营造政风清明、校风清净、教风清正、学风清新的学校育人环境。会上宣读杭州市第一批21个"清廉学校"示范点、22个优秀案例名单，入选的学校特色鲜明、成效突出，将起到示范引领作用，进而带动全市"清廉学校"创建。

●● 2020年长三角数字外贸国际论坛暨杭州新丝路数字外贸研究院成立大会在浙大城市学院举行。杭州新丝路数字外贸研究院在会上揭牌成立，并向首批来自政府、科研院校、专家机构和龙头企业的14位聘任智库专家颁发聘书。研究院与外贸服务企业共建"一带一路"数字外贸服务平台项目，研究院、浙大城市学院、上海对外贸易大学、浙江省商务研究院共建产学研项目在会上签约。

●● 杭州市侨联社团组织成立大会在杭州天元大厦召开。市侨联全体干部职工，各区县（市）侨联、市属高校侨联负责人，市侨联社团组织负责人和各社团组织代表人士200多人参加会议。会议宣布成立市侨联青年委员会、市侨联特聘专家委员会、市侨联法律顾问委员会和市侨联志愿服务总队，向新成立的四个侨联社团组织授牌，并向各侨团成员颁发聘书。

12 日

SHI ER YUE

●● 杭州市青年文学艺术联合会成立，召开第一次会员大会。杭州市青年文学艺术联合会是浙江省首个地市级青年文联组织，是杭州团市委、市文联进一步凝聚优秀青年文艺工作者和青年文艺爱好者，创作推广青年文艺精品，广泛开展青年文艺活动的重要载体，会员均是杭州40周岁以下政治素质过硬的优秀青年文化工作者和青年文艺爱好者。大会还举行杭州市青年文联八大行动的启动仪式。

14 日 SHI ER YUE

●● 区县（市）协作第二协作组第五次联席会议以视频连线形式召开。市长刘忻在会上强调，要深入贯彻党的十九届五中全会精神和省委十四届八次全会精神，坚决扛起忠实践行"八八战略"、奋力打造"重要窗口"的使命担当，聚焦破解发展不平衡不充分问题，谋深谋细谋实新一轮协作工作，进一步厚植协调发展优势，全力打造区县（市）协作的亮丽窗口。张振丰、卢春强、缪承潮、胡伟出席。会议观看临安区城乡统筹发展成果宣传片，临安区、余杭区、下城区、钱江新城管委会分别汇报协作工作进展情况，并交接协作资金。

●● 区县（市）协作第三协作组第二轮第五次联席会议在桐庐县召开。市人大常委会主任于跃敏讲话，陈国妹主持。会前，于跃敏一行考察杭州舒泰千芝雅卫生用品有限公司、桐庐银泰城项目，了解企业运营、项目进展情况。会上，观看区县协作十周年成果展示片，桐庐县、拱墅区汇报协作工作情况，滨江区、富阳区做表态发言，并交接协作资金。

●● 市人大常委会主任于跃敏带队到桐庐县横村镇开展"走亲连心三服务"活动。于跃敏一行实地踏看白云村综合服务中心项目、大坑溪河道整治工程、白云间景区绿道、民谣音乐节会场、大会山古村落等，与返乡创业青年交流。座谈会上，横村镇及白云村汇报相关情况。

于跃敏充分肯定横村镇及白云村发展成效后指出，要认真学习贯彻党的十九届五中全会精神，聚焦新发展阶段、新发展格局，践行"绿水青山就是金山银山"理念，按照省委、市委部署要求，抢抓机遇、拉高标杆，做强产业、做优民生、做美环境、做实基层治理，全面提升乡村振兴水平。

●● 市政协主席潘家玮来到市旅游职业技术学校，宣讲党的十九届五中全会精神，并与学校师生和教育界别政协委员代表交流学习体会。潘家玮从深刻理解把握新发展成就、新发展环境、新发展阶段、新发展格局、新目标任务五个方面对五中全会精神做了全面深入解读。潘家玮指出，建设高质量教育体系、实现教育现代化是全面建设社会主义现代化国家的基础环节，是践行以人民为中心发展思想的必然要求。作为中国革命红船起航地、改革开放先行地、习近平新时代中国特色社会主义思想重要萌发地和"重要窗口"省会城市，杭州"十四五"时期处于"亚运会、大都市、现代化"重要时期，教育事业改革发展面临新机遇新任务新挑战。市旅游职业学校师生和教育界别政协委员要认真学习贯彻党的十九届五中全会和省委、市委全会精神，把牢政治方向，立足目标定位，坚持立德树人根本标准，做强做精特色专业，不断提升办学水平，努力为推动杭州职业教育现代化、高水平建设"美好教育"、奋力展现"重要窗口""头雁风采"做出新贡献。

●● 市政府新闻办公室和下城区政府联合举办"共享美好生活·下城区'街社智治'"新闻发布会，发布下城区"全国街道服务管理创新实验区"建设成果。

下城区作为省民政厅社区智治在线建设唯一试点，探索开发"社区智治在线"平台。该平台是杭州城市大脑向社区的延伸，实现与杭州城市大脑、"基层治理四平台"等数字化平台之间信息的快速流转，打通民政、社保、城管等部门数据以及小区物业、智能安防、市政服务、社会服务机构等信息系统，构建实时动态的基础资源数据库。

15 日

SHI ER YUE

●● 市委十二届十一次全体（扩大）会议召开。出席这次全会的市委委员53名，候补委员10名。市委常委会主持会议。副市级以上领导干部、市纪委委员、监委委员，各区县（市）委书记和区县（市）长、市直属各单位主要负责人等参加会议。

会议听取和讨论市委常委会工作报告，审议通过《关于制定杭州市国民经济和社会发展第十四个五年规划和二〇三五年远景目标的建议》。

●● 市政府党组书记、市长刘忻主持召开市政府党组（扩大）会议，传达学习市委十二届十一次全会精神，研究部署政府贯彻落实举措。

会议指出，此次市委全会是在"十三五"最后收官和"十四五"开局起步的关键时刻所召开的一次关键会议。市委常委报告，深入分析杭州发展新的阶段性特征，明确"十四五"及2035年的发展导向和目标定位，提出具有引领性、突破性的十个方面重点举措，政治站位高、战略把握准、理论底蕴深、系统逻辑严，为全市政府系统持续推进"干好——六、当好排头兵"，加快建设社会主义现代化国际大都市提供了目标指引和重要遵循。

16日 SHI ER YUE

● ● 市人大常委会党组召开（扩大）会议，传达学习市委十二届十一次全会精神，研究部署贯彻落实工作。市人大常委会党组书记、主任于跃敏主持并讲话，郑荣胜、陈红英、罗卫红、卢春强、徐小林发言。

会议指出，这次市委全会是在"十四五"发展即将开局、全面建设社会主义现代化国家新征程即将开启的关键时刻召开的一次重要会议。市委常委会报告，立足杭州发展新的阶段性特征，对加快建设社会主义现代化国际大都市进行全面部署，充分体现了市委深谋远虑的战略眼光和定力，展现"重要窗口""头雁风采"的使命担当。全会通过的规划建议，全面落实中央和省委全会精神，明确提出"十四五"及2035年的工作导向、发展目标，是引领杭州未来发展的纲领性文件和行动指南。

● ● 市政府、市政协召开2021年民生实事项目专题协商会议。市政协主席潘家玮讲话。戴建平到会介绍情况、听取意见，汪小玫、叶鉴铭、陈永良、周智林参加。会上，市政协教科卫体委做主旨发言。

● ● 市政协召开党组（扩大）会议，传达学习市委十二届十一次全会精神，研究部署贯彻落实意见。市政协党组书记、主席潘家玮主持并讲话，汪小玫、叶鉴铭、陈永良、王立华、周智林参加。

会议指出，市委十二届十一次全会全面贯彻落实党的十九届五中全会和省委十四届八次全会精神，对杭州"十四五"经济社会发展、高水平打造"数智杭州·宜居天堂"、加快建设社会主义现代化国际大都市、奋力展现"重要窗口""头雁风采"做出全面部署。全会报告和审议通过的规划《建议》主题鲜明、重点突出、举措务实、催人奋进，充分体现了市委始终牢记习近平总书记嘱托、忠实践行"八八战略"、坚决做到"两个维护"的政治自觉和行动自觉，体现了市委保持清醒坚定、把握"亚运会、大都市、现代化"重要窗口期、抢抓发展机遇的责任使命，体现了杭州拉高标杆争当排头兵、展现"重要窗口""头雁风采"的省会城市担当。全市政协系统要深刻领会把握全会精神，切实把思想和行动统一到市委重要决策部署上来。

●● 亚奥理事会第39次全体代表大会在阿曼首都马斯喀特召开。大会以线上线下相结合的形式召开，亚奥理事会主席艾哈迈德·法赫德·萨巴赫亲王、亚洲各国（地区）奥委会主席及秘书长出席大会。杭州亚组委以远程视频方式参会并做筹办进展陈述。

会上，亚奥理事会允准杭州亚组委提交的关于优化竞赛项目设置的方案，在保持40个大项不变的前提下，增设电子竞技、霹雳舞两个项目。电子竞技属"智力项目"，霹雳舞属"体育舞蹈"，标志着电子竞技和霹雳舞被正式列入杭州亚运会竞赛项目。

亚奥理事会高度评价杭州亚运会筹办工作。艾哈迈德亲王表示，杭州亚运会筹备工作进展显著，亮点突出，成绩有目共睹，亚奥理事会对于杭州亚运会抱有信心，期待杭州能办成一届成功、精彩、圆满，令人难忘的体育文化盛会，为促进亚洲体育文化事业交流发展贡献智慧和力量。

此外，本次大会通过网上投票的方式，选出2030年亚运会主办城市多哈。得票数第二的利雅得自动顺延，成为2034年亚运会主办城市。

●● 城市社区智慧治理论坛在杭州举行。论坛由市社会治理现代化研究中心、市社科院、杭州国际城市学研究中心（浙江省城市治理研究中心）联合主办，来自长三角地区各个高校和研究机构的20多位专家学者，围绕"城市社区智慧治理"主题，探讨"新时代加强和完善城镇社区治理体系""提升社区智慧治理水平"等热点问题。

●● 由西湖区工商联主导起草的全国首个《基层商会管理和服务规范》市级地方标准正式发布。该规范从基本要求、管理要求、服务要求、评价与改进等方面对基层商会改革和发展成果进行高度凝练，主要针对商会组织标准化、商会管理标准化和商会服务标准化等重点环节，对基层商会管理和服务过程进行了优化和再造。

●● 杭州市首个既有住宅加装电梯售后服务中心（西兴站）在滨江区西兴街道缤纷

小区启用。中心覆盖区域为缤纷小区、缤纷西苑和缤纷北苑，三个小区共有多层住宅165个单元，已经加装电梯138台。中心执行24小时监管制度，可以在5分钟到达故障现场，提供一站式服务。该中心的投入使用，大大缩短电梯故障应急响应时间，改变维保的原有模式流程，并拓宽电梯加装政策咨询、方案优选、矛盾协调等工作的空间。

17 日 SHI ER YUE

●● 市管领导干部学习贯彻党的十九届五中全会精神集中轮训班在市委党校开班。

●● 市人大常委会主任于跃敏带队调研市法院、市检察院工作。陈红英和部分市人大代表参加。于跃敏一行视察了市法院大要案专用审判法庭、律师驿站、诉讼服务中心和市检察院院史馆、智慧检务系统等，分别召开座谈会，听取市法检两院2020年工作亮点、2021年工作打算、"七五"普法工作等情况汇报。

●● 迎亚运"蔚蓝·天"第二届中国（杭州）移动源排气污染防治高峰论坛暨杭州市社会环境检测机构岗位技能大比武在杭州举行。本次活动由中国环境保护产业协会、杭州2022年第19届亚运会组委会宣传部、杭州市总工会、杭州市生态环境局、杭州市交通运输局指导，杭报集团、副省级城市环境保护产业协会主办，杭州市环保产业协会、每日商报社承办。各省市环保部门、省市城市综合管理局、市政车辆使用单位、行业协会、汽车制造商、汽车维修企业、汽车检测机构等300多人参加。论坛首次公布杭州典型车辆清洁化测试结果分析报告，新能源和清洁能源汽车制造企业与车辆使用单位在论坛现场签约。

●● "数字城市，标准引领"——可持续发展标准国际现场会暨全球可持续发展标准化城市联盟（简称ISSCC）大会在江干区举行。来自国家部委、全国各省市的80多位城市管理者和标准化专家学者，50多位可持续发展、数字城市国际专家，以及英国、法国、俄罗斯等ISSCC国际城市代表，通过线上参会的方式，共同分享数字城市建设与管理的经验和成果，探寻数字城市发展的路径和方向。

17—18日 SHI ER YUE

●● 2020年空天信息大会在云栖小镇召开。大会由杭州市政府、浙江省经信厅主办，西湖区政府、杭州市投资促进局、杭州市经信局、中国空间技术研究院承办。此次大会围绕"空天地海、数智融合"主题，包括主峰会、空天信息产业论坛、路演会、无人机秀、闭门论坛等环节，充分展现空天信息产业和杭州数字经济的深度融合。会上，中国空间技术研究院杭州中心揭牌，落地云栖小镇。该中心把科技成果与杭州经济发展相融合，与相关高校、企业合作，建立产业链与生态圈，推动空天信息产业的落地应用。

18日 SHI ER YUE

●● 市领导会见中国人民解放军军事科学院副院长、中国计算机学会理事长、中科院院士梅宏一行。

双方表示，杭州是数字经济先发城市，数字是杭州最鲜明的标识。愿在成果转化、搭建平台、产业发展、人才培养等方面进一步加强合作交流，发挥各自特色优势，加快项目落地实施，助力杭州打造数字变革策源地、建设"数智杭州·宜居天堂"。

●● 市长刘忻到市委党校为市管干部学习贯彻党的十九届五中全会精神集中轮训班做专题辅导报告。刘忻强调，要深入贯彻习近平总书记重要讲话和指示精神，全面落实省委、市委全会部署要求，坚持创新在现代化建设全局中的核心地位，加快发展现代产业体系，增创经济高质量发展新优势，为杭州高水平打造"数智杭州·宜居天堂"做出更大贡献。戴建平主持报告会。

在本期集中轮训班做结业时，刘忻勉励各位市管干部要始终牢记习近平总书记重要嘱托，提高政治站位，树立系统观念，提升实干能力，抓好岁末年初各项工作，确保"十三五"圆满收官、"十四五"精彩开局，为建设社会主义现代化国际大都市再建新功。

● ● 市十三届人大常委会第六十一次主任会议召开，市人大常委会主任于跃敏主持。副主任郑荣胜、陈红英、罗卫红、卢春强、徐小林，秘书长张如勇参加会议。

会议听取市政府关于2020年市人大常委会审议意见、意见建议函办理情况的报告；听取市商务局关于《杭州市会展业促进条例》实施情况的报告和萧山区人民政府关于《杭州市萧山湘湖旅游度假区条例》实施情况的报告；讨论拟提交市十三届人大常委会第三十二次会议审议的有关内容；讨论并通过《关于提高市人大常务委员会会议质量的办法》，要求市人大常委会办公厅根据主任会议意见做进一步修改完善后印发实施；讨论并通过市人大常委会2020年民生实事项目满意度测评方案；听取市人大常委会法工委关于市人大常委会2021年立法计划编制情况的汇报；书面审议关于参加长三角G60科创走廊九城市人大工作交流会暨人大代表企业联盟成立大会情况的报告。

● ● 国家禁毒办检查组实地验收杭州市全国禁毒示范城市创建工作。检查组在对杭州工作予以肯定的同时，也指出当前存在的新型毒品制造滥用风险，并勉励杭州继续保持工作力度，在禁毒工作中继续当排头、做示范。

● ● 2020年全省高新技术企业发展大会在杭州召开。会议发布《2020浙江高新技术产业发展报告》，以及"2020浙江省高新技术企业创新能力百强""2020浙江省高新技术企业行业十强"榜单。来自全省的高新技术企业代表和科技服务机构代表共300多人参加会议。会上，浙江省高新技术企业协会联合浙江省科技服务机构专业委员会发布首批省"信得过"科技咨询服务机构评选结果，52个机构（组织）获评。

● ● "2020夜经济与智慧照明杭州论坛"在杭州举行。与会专家围绕"夜杭城·智慧光"的主题，共同探讨深化智慧照明建设、服务夜间经济发展、共创美好生活的思路和路径。本次论坛坚持"创新照明设计理念、融合智慧城市发展、促进亮化转型升级、推动夜间经济发展"的主线，深入探讨交流城市照明工作经验，展示推广照明行业先进技术和领先产品，助推城市智慧照明和夜间经济发展，共同谋划做好迎亚运照明提升保障工作。

19
日 SHI ER YUE

●● 杭州2022年第19届亚运会音乐作品创作研讨会在北京召开。有关领导和专家，在京知名音乐创作人、文艺界、传媒界专家代表、杭州亚组委相关负责人等出席会议并进行研讨，共同探讨亚运音乐创作。

研讨会上，杭州亚组委介绍杭州亚运会总体筹办情况，并就杭州亚运会音乐作品征集活动做详细介绍。参会人员结合参与大型体育赛事音乐作品创作的经验，围绕亚运元素和杭州元素的融合、杭州亚运会音乐作品的创作导向等话题进行深入探讨，并对各类功能性音乐作品的创作提出宝贵意见。

●● 之江实验室·AI莫干山基地项目开工仪式在德清举行。该项目是之江实验室的第一个外建科研基地，计划总投资约5亿元，建设用地4.87万平方米，包括AI论坛中心、服务中心、科研办公用房等。项目投入使用后，将定期组织人工智能领域的科学家举办国内外重大学术会议和学术交流活动、集聚高端科研人才队伍和创新要素，推进人工智能产业及相关技术的发展，为德清人工智能和科研事业发展提供新机遇。

22
日 SHI ER YUE

●● 省委、省政府举办全省"县县通高速"集中通车暨"十四五"综合交通重大项目开工仪式。"十三五"期间，浙江省高速公路总里程达5096千米，集中通车的9条高速公路标志着全省陆域全面实现"县县通高速"。集中开工的20个公路、水运项目，总投资1014亿元。省委书记、省人大常委会主任袁家军宣布通车和开工，省委副书记、省长郑栅洁讲话。

开工仪式前，省领导参观全省综合交通重大项目集中展示。开工仪式以视频形式召开，主会场设在省人民大会堂东门厅，各市在项目工地设分会场。11个市在分会场报告本次集中开工项目基本情况。许明、戴建平、卢春强、缪承潮、陈永良在杭州分会场参加。杭州绕城西复线杭绍段、千黄高速淳安段、建金高速3条高速公路参加集中通车。

●● 第十七届京沪杭高科技论坛暨"双千"行动萧山行活动在萧山信息港小镇举行。活动由市科协、萧山区政府主办。市人大常委会副主任罗卫红出席活动并致辞，省科协、市科协、萧山区人大等有关领导参加活动。中国工程院院士陈鲸出席活动并做主题报告，中国科学院院士杨树锋等通过视频寄语本届大会。

会上，市人大常委会副主任罗卫红与省科协一级巡视员姜长才为2020年12个新增杭州市院士工作站授牌。院士工作站旨在充分发挥院士的智力优势，提高企业自主创新，促进科技与经济深度融合，助推杭州企业高质量发展。

●● 卢森堡驻沪总领事贺文晟一行到杭州访问，市领导柯吉欣会见访问团。卢森堡与杭州商贸往来密切，柯吉欣从历史文化、创业创新、数字经济等方面介绍杭州。双方希望在金融商贸、数字经济、人工智能等领域深入交流，加强合作。在杭州期间，总领事一行访问阿里巴巴集团、网易公司、吉利控股集团等杭州企业。

●● 浙江省建设厅公布2020年度"浙江省园林式居住区（单位）、优质综合公园、绿化美化示范路、街容示范街"名单，杭州11条街容示范街（区）上榜，入选数量位居全省第一。

入选榜单的街（区）分别是：近代史缩影——清河坊历史街区；"吃货"集散地——中山北路；商业聚集地——民心路；文化活遗产——桥西直街、桥弄街；城西景观带——丰潭路；西湖观景台——孤山路；未来样板区——良睦路；文化休闲区——江滨西大道；"五员六治"示范区——钱王街、城中街、江桥路、临天路片区；高教核心区——2号大街；临湖景观路——新安南路。

23 日

SHI ER YUE

●● 市委常委会召开会议，传达学习中央经济工作会议和全省领导干部会议精神，研究杭州贯彻落实意见。

会议强调，要加强党对经济工作的全面领导，善于用政治眼光观察和分析经济社会问题，主动服务构建新发展格局，抓好发展和安全两件大事，切实提高推动经济社会发展的能力。岁末年初要毫不放松抓好疫情防控"内防反弹、外防输入"各项工作，抓好民生保障、物资供应、困难群众慰问等工作，排查整治安全隐患，努力让广大人民群众过一个欢乐祥和的节日。

● ● 市委召开议军会议。省委常委、省军区司令员冯文平做国防动员形势报告，市四套班子领导出席。会议传达学习省委议军会议精神，宣读新任人武部党委第一书记任职命令并颁发任命状，区县（市）人武部党委第一书记述职，杭州警备区汇报全市党管武装工作情况。

24 日

SHI ER YUE

● ● 中国（浙江）自由贸易试验区杭州片区建设推进大会召开。

会上发布自贸区杭州片区建设方案和创新清单，市领导为杭州数字自由贸易研究院授牌。萧山区、滨江区、钱塘新区、钱江海关、阿里巴巴集团、杭州趣链科技有限公司负责人做交流发言。

● ● 全市深化"千万工程"建设新时代美丽乡村现场会召开。

市农业农村局、市规划和自然资源局、余杭区、建德市、桐庐县合村乡、萧山区八里桥村负责人做交流发言。会前，与会人员考察余杭区径山村、小古城村和塘栖村美丽乡村建设情况。

● ● 杭州2022年第19届亚运会亚运村全面结顶仪式在亚运村项目现场举行，标志亚运村建设工作完成关键节点。下一步，亚运村将进入景观、幕墙、精装修施工阶段，预计于2021年底实现全面竣工，2022年3月投入试运行。

杭州亚运村位于钱塘江南岸，处于沿江地区城市新中心，由规划经一路—飞虹路—环路围合而成，总用地面积113公顷，建筑面积约241万平方米，共有108幢建筑，由运动员村、技术官员村、媒体村、国际区与公共区组成。

杭州亚运会期间，亚运村将容纳1万余名运动员和随队官员、约5000名媒体人员、近4000名裁判员及4000多名工作人员。其中运动员村除为运动员提供休憩住宿外，还设有升旗广场、总餐位5500座的运动员餐厅、体能恢复与力量训练中心、康乐休闲中心等。技术官员村和媒体村将为裁判员、媒体记者提供住宿、餐饮、休闲、娱乐等设施和服务。

●●"江山—江干科创飞地"在江干区开园。该园区是由江干区政府与江山市政府联合打造的山海协作亮点工程。开园仪式上，浙江腾准智能科技有限公司、浙江雷士灯具有限公司、浙江动迈医疗科技有限公司等8个企业分别与飞地运营单位浙江智新泽地科技发展有限公司签订入驻协议。

"江山—江干科创飞地"项目位于杭州市江干区九环路48号财通大厦4号楼第4层，地处江干区重要产业平台钱塘智慧城区域内，交通便捷、周边生活配套设施完善，总建筑面积为3300平方米，产业定位主要以销售总部、网红经济、远程物联网等新经济业态和以医疗器械为主导的生命健康、智能装备制造、人工智能等高科技产业。

25 日

SHI ER YUE

●●省委召开经济工作会议，全面贯彻党的十九届五中全会、中央经济工作会议和省委十四届八次全会精神，总结2020年经济工作，研究部署2021年经济工作。省委书记袁家军讲话。袁家军强调，要加强党对经济工作的全面领导，完善党领导经济工作机制，营造唯实惟先干事创业氛围，打造全面过硬干部队伍，凝聚全社会力量，在建设"重要窗口"、争创社会主义现代化先行省新征程中干出新业绩、展现新气象。省委副书记、省长郑栅洁主持并做具体部署。葛慧君和其他副省领导干部出席。各市、县（市、区）党政主要负责人，省部属各单位主要负责人和民营企业家代表参加了会议。

下午，与会人员进行分组讨论。

●●全市智慧人大建设工作推进会召开，杭州人大2.0版上线。市人大常委会主任于跃敏出席并讲话，郑荣胜主持。会上，市人大常委会办公厅汇报智慧人大建设工作有关情况，部分市人大代表及西湖区、桐庐县人大常委会做交流发言。

市人大加快推进智慧人大建设，积极对接浙政钉、杭州城市大脑等平台，推进杭州人大信息化平台迭代升级，实施杭州人大2.0版项目，开发代表在线、机关办公、数字会议、预算联网、民生实事、知识更新等6个场景和系统，实现门户登录一门进、代表履职一码通、业务办理一键办、市县两级一体化，全力构建"线下+网上+掌上"机关办公和代表履职新格局。各区县（市）人大积极参与智慧人大建设，形成上下联动、合力推进智慧人大建设的浓厚氛围。在"战疫情、促发展"中，智慧人大平台发挥了重要作用。

● ● 市政协召开市法院、市检察院工作通报协商会。市政协主席潘家玮出席并讲话。潘家玮指出，全市法检机关要坚持以习近平新时代中国特色社会主义思想为引领，把学习贯彻习近平法治思想作为重大政治任务，始终坚持党对司法工作的全面领导，坚持以人民为中心，坚持走中国特色社会主义法治道路，以高度的思想自觉和行动自觉把习近平法治思想贯彻落实到审判和检察工作各方面、全过程，转化为强大动力、思路举措和生动实践，为建设更高水平的法治杭州、推进大城市治理现代化提供更加有力的司法保障。张仲灿、汪小玫、陈永良、王立华、周智林、冯仁强参加。市中级人民法院院长斯金锦、市人民检察院检察长陈海鹰分别通报情况，并就委员意见做互动回应。黄伟源、李莲萍、周建平、叶钟、夏日东等市政协委员在会上发言。

● ● 全市人大民宗侨工作座谈会在余杭区召开。市人大常委会副主任徐小林，民宗侨、外事工委负责人，各区县（市）人大常委会分管副主任，民宗侨工委负责人等参加会议。会议学习传达全省人大民宗侨外工作会议精神，通报2020年市人大常委会民宗侨外工作开展情况及2021年工作思路，各区县（市）人大常委会做交流汇报。

● ● 文化和旅游部、国家发展改革委、财政部公布第一批国家文化和旅游消费示范城市名单，杭州市入选。

● ● 文化和旅游部命名9个园区为国家级文化产业示范园区，杭州白马湖生态创意城入选。

26
日

SHI ER YUE

●● 第七届中华茶奥会在西湖区龙坞茶镇举行。本届茶奥会由中国国际茶文化研究会、浙江大学、中华全国供销合作总社杭州茶叶研究院、中华茶人联谊会、杭州市政府等主办，以"科技茶奥、品质茶奥、人文茶奥、活力茶奥、时尚茶奥"为主题，全国300多名选手角逐四大类十组别的70个奖项，其中包括仿宋茗战等经典赛项，以及人机大战、茶网红锦标赛、县长说茶擂台赛等全新赛事。赛事期间，举办"茶文化传播与茶产业高质量发展"高峰论坛。本届茶奥会采用线上线下融合的方式，以数字赋能赛、会、展等系列活动，场外参与者通过融媒体平台体验"云上互动"。省、市领导史济锡、孙景淼、佟桂莉、陈红英、张仲灿出席开幕式活动。王宏主持开幕式。

中华茶奥会是我国首个以茶为主题的赛事活动盛会，通过赛、品、论、展等形式，进行茶品、茶艺和茶技的竞技角逐，以及茶文化、茶经济与茶产业的探讨研究。中华茶奥会和中国国际茶叶博览会共同形成一年"两会"的杭州茶事格局，成为促进茶产业发展、普及茶文化搭建重要平台。

●● 全市招商工作交流会召开，互学互鉴各地招商经验做法，谋划部署新一年招商工作。市长刘忻在会上强调，要深入贯彻落实中央、省委经济工作会议精神，坚持稳中求进工作总基调，立足新发展阶段、贯彻新发展理念、构建新发展格局，以实干为先的鲜明导向和突破争先的奋进姿态，抓紧抓实抓好"十四五"开局之年招商工作，为高水平打造"数智杭州·宜居天堂"增动能、添后劲。戴建平、柯吉欣、缪承潮、胡伟、陈国妹、陈卫强出席会议。会上观看了部分区县（市）招商宣传片，13个区县（市）政府和钱塘新区管委会负责人先后就本地区产业基础、目标定位、比较优势等进行交流展示。

刘忻就正确处理招大引强和强化反垄断、防止资本无序扩张的关系提出明确要求，强调要坚决落实中央和省委、市委部署要求，引导平台企业自觉接受反垄断监管，构建既有活力又有秩序的监管体系和平台经济生态圈，实现创新发展、有序发展、健康发展。

●● 西湖区举行首届西商大会·协同创新暨城市大脑创新论坛，180多名西商企业家、投资机构代表和专家学者参加。会上发布"2020年特殊贡献西商榜单""2020年行业领军西商榜单""2020年科技先锋西商榜单"三张榜单，农夫山泉股份有限公司、浙江涂鸦智能电子有限公司、每日互动股份有限公司等24个企业获奖。会上，西湖区发布西湖区科创直投基金最新举措，进一步加大资本投入、政策支持等方面的力度。

26—27日 SHI ER YUE

●● 第三届中国匠人大会在余杭区良渚梦栖小镇召开。大会旨在搭建一个不同手艺门类交流融合的平台，解决中国传统手工艺传承与发展中的难题。活动现场，各领域专家学者进行主题分享，并为40位当代杰出匠人代表颁发传承榜样、中国名片、创新匠人、人气匠人等荣誉。同时举行六大平行论坛，围绕手艺传承与发展、内容带货、商业新零售等多个选题交流探讨，献言建策，分享真知灼见。

会上，中国匠人大学成立。中国手艺发展研究中心主任赵普任首任校长，中国文坛泰斗冯骥才、中国文物学会会长单霁翔任名誉校长，多位文化名家成为首批"特别理事"。中国匠人大学由中国手艺发展研究中心发起，由国内一流文化学者、顶级匠人与不同行业先锋共同创办，不定期开设线下课程，搭建一个短时汇聚与长效联动、横向扩展与纵深挖掘的立体结构，更好地为匠人服务，更好地为文化产业赋能。

27日 SHI ER YUE

●● 市长刘忻主持召开座谈会，就2021年《政府工作报告》征求老领导意见建议。刘忻强调，要深入贯彻习近平总书记对杭州工作的重要指示精神，紧紧围绕"数智杭州·宜居天堂"的发展导向,虚心吸收借鉴老领导真知灼见,认真修改完善新一年《政府工作报告》,以科学行动纲领指引开启现代化建设新征程,以实干实绩展现"重要窗口"的"头雁风采"。

座谈中,孙忠焕、张明光、安志云、陈重华、项勤、金胜山、马时雍、高乙梁等老领导结合《报告》,分别就促进消费扩大内需、推动制造业高质量发展、加快农业农村现代化、提升公共卫生服务水平、夯实数字经济基础、建设新时代美丽杭州、优化城市空间布局、强化科技创新支撑等畅谈所思所想,积极建言献策。

●● 中国(杭州)数字贸易生态峰会暨全球数字营销创新中心揭幕仪式在江干区举行。峰会旨在促进我国数字贸易高质量发展,推动形成双循环发展新格局,培育新的经济增长点和贸易竞争新优势,创造开放合作、包容普惠、共享共赢的国际贸易新局面。

成功落地江干区彭埠街道的全球数字营销创新中心,结合浙江国贸数字科技"麒麟计划"与全球数字营销顶级资源合作的优势,以品牌为营销顶层设计核心、数据智能分析为驱动、技术创新为适应时代的底层架构、人才创新为培养方向,通过全球电商数据、数字贸易大脑、用户画像数据研究行业发展趋势,整合资源助力企业开拓海外市场、建立国际品牌。

28 日 SHI ER YUE

●● 市长刘忻主持召开市政府常务会议,研究部署老旧小区住宅电梯加装、婴幼儿照护服务、粮食安全责任制落实等议题。会议强调,要深入贯彻中央和省委、市委全会精神,坚持以人民为中心的发展思想,进一步强化统筹协调、深化改革创新、细化责任落实,扎实办好电梯加装、幼托服务等民生"关键小事",坚决保障城市粮食安全,让杭州百姓的获得感、幸福感、安全感更加充实。

会议审议《杭州市老旧小区住宅加装电梯管理办法》《关于促进3岁以下婴幼儿照护服务健康发展的通知》,研究落实粮食安全市长责任制有关问题。市政府党组召开扩大会议,传达学习习近平总书记在中央政治局民主生活会上的重要讲话精神,集体学习《中华人民共和国基本医疗卫生与健康促进法》。

●● 市十三届人大常委会第六十二次主任会议召开。市人大常委会主任于跃敏主持，郑荣胜、陈红英、罗卫红、卢春强、徐小林，秘书长张如勇参加会议。会议讨论拟提交市十三届人大常委会第三十二次会议审议的有关内容。会议要求各有关部门认真做好各项准备工作，确保会议如期顺利举行。

●● 英语广播节目Hangzhou Focus开播。Hangzhou Focus由浙江省委宣传部、杭州市委宣传部指导，杭州文广集团主办，FM89杭州之声承办，旨在打造一档集新闻资讯、历史人文、互动参与为一体的全新英语广播节目，重点服务在杭、来杭外籍人士及英语爱好者，及时报道浙江与杭州经济、社会最新发展情况，提供英文资讯和服务信息，展示杭州作为历史文化名城、创新活力之城、生态文明之都的城市形象。

除了在FM89杭州之声播出，杭州英文广播节目还在蜻蜓FM、喜马拉雅等网络音频平台以及"杭州之家"App、"学习强国"杭州学习平台、杭州新闻英文客户端Hangzhou feel和中国·杭州英文网、杭州网等多平台上线。

●● 由团市委、市交投集团联合主办的2020年"青春悦读·满城书香"活动正式启动。"悦读益站"是向公众常态化开放的公益场所，旨在培育书香社会，培养青年阅读习惯，提升青年文明素养，助推城市文明建设。在"悦读益站"，市民可以免费阅读，并进行书籍捐赠、以书易书等公益活动。活动现场表彰12个优秀"悦读益站"，并为六和塔"悦读益站"进行授牌。

●● 德寿宫遗址保护展示工程暨南宋博物院（一期）项目开工。2001年至今，杭州市文物考古研究所对德寿宫地块先后进行了四次考古发掘，基本确认德寿宫的基址范围、南宫北苑的整体格局及宫殿区的中轴线，其范围大致为南邻望江路，西至中河中路，东至直吉祥巷，北及梅花碑，占地面积近17万平方米。其中，历次考古出土遗迹面积达7000多平方米，包括中区南部的五开间殿宇、西区中部建筑群等建筑遗迹，以及西区水池、大型进水渠、假山石等园林遗存。

项目以遗址的保护展示为主，兼顾休闲、教育、文化活动等功能，总用地面积3.47万平方米，总建筑面积1.78万平方米，考古发掘面积0.69万平方米。将通过遗址的原貌展示、模拟展示、覆罩展示和标识展示等形式，运用声光电等数字化展示手段，增强土遗址的可看性，复原南宋皇家宫苑建筑和江南园林景致，丰富观众现场体验感，全面呈现德寿宫遗址、临安城遗址和南宋时的经济、文化、社会面貌。

●● 杭州萧山国际机场改扩建（国际货站及机坪）工程项目开工奠基。该项目大量使用自动化和信息化的集装货物处理系统和散货处理系统，是国内第一个"多层结构+智能化"的机场国际货站。国际货站项目主要为陆侧三层+空侧一层结构的智能化货运综合体，由浙江省机场集团与杭州空港经济区管理委员会共同组建的浙江杭州临空经济开发有限公司投资建设，计划于2022年底建成，2023年投运。

●● 文化和旅游部批复2020年新认定的15个国家级旅游度假区，淳安千岛湖旅游度假区入选。

●● 市十三届人大常委会召开第三十二次会议。市人大常委会主任于跃敏，郑荣胜、陈红英、罗卫红、卢春强、徐小林出席。会议审议了《杭州市物业管理条例（修订草案）》《杭州市淳安特别生态功能区管理条例（草案）》。

会议听取审议戴建平代表市政府做的关于《杭州市国民经济和社会发展第十四个五年规划和二〇三五年远景目标纲要草案》编制情况报告、2020年民生实事项目实施情况报告、"七五"普法决议贯彻实施情况报告、审计发现问题整改情况报告；胡伟做的关于2020年度环境状况和环境保护目标完成情况及生态文明建设规划执行情况报告。会上，对民生实事项目实施情况进行满意度测评。会议表决通过关于召开市十三届人大六次会议的决定，决定于2021年2月召开；关于设立"杭州市民日"的决定，2021年起将每年5月3日设立为"杭州市民日"；关于加强大运河世界文化遗产保护、修改市人大常委会议事规则的决定和有关人事任免事项。

●● 市委常委会召开会议，传达学习省委经济工作会议精神和省委常务委员会会议

关于促进平台经济规范发展、强化反垄断和防止资本无序扩张的精神，研究杭州贯彻落实意见。

会议指出，这次省委经济工作会议是在"十三五"收官、"十四五"开局、现代化新征程开启的关键节点召开的一次重要会议，为我们做好2021年经济工作指明了方向、提供了遵循。要把学习贯彻省委经济工作会议精神与学习贯彻中央和省委全会精神、中央经济工作会议精神结合起来，主动扛起使命担当，坚持系统观念，按照改革突破争先、服务提质争先、风险防控争先的要求，推动高质量发展实现新突破，加快建设社会主义现代化国际大都市，努力在争创社会主义现代化先行省中走在前列、多做贡献，确保以优异成绩庆祝建党100周年。

30 日

SHI ER YUE

● ● ● "开通300+，决战516，喜迎亚运会"暨地铁新线开通仪式举行，杭州地铁1号线三期、6号线一期、杭富线（与6号线贯通运营）、7号线首通段同步开通运营。至此，杭州地铁线网通车里程由206千米延伸至306千米，并继续向2022年建成516千米城市轨道交通线网进发。

市发改委、市规划和自然资源局、市地铁集团负责人做表态发言。开通仪式后，市领导从地铁6、7号线换乘站奥体中心站乘坐地铁7号线到杭州萧山国际机场，沿途听取机场轨道快线工程建设情况汇报。

● ● 2021年杭州新年音乐会在杭州大剧院举行。市四套班子领导出席，与老领导、老同志代表，抗疫先进、道德模范、劳动模范代表以及公安、消防、城管、驻杭部队官兵、医务工作者、音乐爱好者等社会各界代表一道聆听经典、辞旧迎新。

● ● 杭州大会展中心项目一期工程开工。市长刘忻宣布开工，市政协主席潘家玮、市委副书记佟桂莉出席开工活动，市领导徐小林、缪承潮参加。大会展中心项目位于地处钱塘江与杭州湾交接部的会展新城，总占地面积74万平方米，总建筑面积约124万平方米，其中一期占地面积约35万平方米，总建筑面积约62万平方米。大会展中心设置登录厅3个，标准展厅18个，展厅整体呈"鱼骨式+半围合式"形式布置。设计理念上，大会展中心项目以钱塘江畔"风帆"为整体造型，采用"杭扇与丝绸"的设计元素，取山体厚重沉稳之势和江水灵动飘逸之形，充分体现杭州山水文化特色。

●● 市人大常委会召开全市人大机关政治建设座谈会，深入学习贯彻习近平总书记关于党的政治建设的重要论述，传达学习全国人大、省人大有关会议精神，按照市委的要求，部署推进全市人大机关政治建设。市人大常委会党组书记、主任于跃敏讲话。郑荣胜主持。市人大常委会办公厅以及萧山区、余杭区、临安区人大常委会负责人做交流发言。

●● 杭州民用无人驾驶航空试验区在余杭区揭牌启用。该试验区以余杭区为试验运行主体、未来科技城为中心，针对城市低空环境下无人机超视距运行，开展常态化、多样化、规模化运行，重点探索无人机在城市物流、应急医疗配送、智能亚运和应急保障等城市场景的应用，以及5G通信、人工智能、物联网、云计算、边缘计算等先进技术在无人机领域的应用，推动建立空地一体无人系统的未来交通体系。该试验区空域面积1000多平方千米，开通低空主航线20多条，投入无人机进行血液应急输送、医共体医疗物资配送、城市内即时物流等。

杭州市无人机运行管理服务中心挂牌。该中心由杭州市政府牵头，杭州未来科技城管委会组建，负责开展杭州地区低空空域无人机运行管理服务工作，为无人机提供测试、验证、评价与运行管理服务，从而降低社会管理成本与企业运营成本，保障低空无人机安全有序运行。

●● 省民政厅、省建设厅、省文化和旅游厅、省文物局公布第二批浙江省"千年古镇（古村落）"地名文化遗产名单，滨江区西兴街道、萧山区临浦镇、建德市寿昌镇入选第二批浙江省"千年古镇"地名文化遗产，富阳区场口镇东梓关村、建德市寿昌镇乌石村入选第二批浙江省"千年古村落"地名文化遗产。

31 日 SHI ER YUE

●● 市委全面深化改革委员会第八次会议召开，传达学习中央全面深化改革委员会第十七次会议精神。

市委全面深化改革委员会成员出席会议，有关市领导和市直部门、区县（市）负责人列席会议。会议举行党委（党组）书记改革工作述职，高新区（滨江）、建德市、市人力社保局、市民政局的党委（党组）书记做了述职。会议审议通过《关于杭州市天然气体制改革实施意见》《关于加快产业园区嵌入式幼儿园（含托育）发展的实施细则》《关于持续深化"三位一体"农合联改革服务乡村振兴高质量发展的实施意见》，听取2020年全市全面深化改革推进落实情况及2021年改革思路、市域水务一体化改革、城西科创大走廊省域空间治理数字化平台建设试点、临安区省级农村产业融合发展示范园建设、西湖区深化与西湖大学产学研区校战略合作机制建设情况汇报。

●● 市政协召开十一届十九次常务委员会会议，深入学习贯彻中共十九届五中全会精神，贯彻落实省委十四届八次全会和市委十二届十一次全会精神，协商审议市政协十一届五次会议有关事项。市政协主席潘家玮讲话，张仲灿、汪小玫、叶鉴铭、陈永良、王立华、周智林参加。

会议审议通过《政协杭州市委员会关于加强和促进人民政协凝聚共识工作的实施意见》；审议通过关于召开中国人民政治协商会议第十一届杭州市委员会第五次会议的决定，决定市政协十一届五次会议于2021年2月召开；审议通过有关人事事项。会上，市委党校市情研究所所长姚如青教授就学习中共十九届五中全会，省委、市委全会精神做专题辅导讲座。

●● 位于市民中心的杭州市社会治理综合服务中心启用。市社会治理综合服务中心由市委、市政府统筹领导，指挥协调全市社会治理各项工作，承担市域社会治理"六和工程"运行协调、社会治理综合信息指挥、政法一体化办案运行监督、公共法律服务、社会矛盾纠纷指导服务、城市安全宣传等职能。

●● 2020年"书香杭州"系列活动总结分享会在杭州南宋书房举行，标志着活动正式闭幕。该活动以"梦想从学习开始"为主题，自2020年4月"世界阅读日"启动以来，"线上线下"共开展各类主题阅读活动960多场，参与活动人数860多万人次。

数智
杭州

SHUZHI HANGZHOU

宜居
YIJU TIANTANG
天堂